JN440951

돌봄과 케어의 철학

서로 돌보는 사회에의 염원

YANGSEOWON
양서원

서 문

돌봄이라는 주제

돌봄을 논한다는 것은 가정사 논의가 아니라 사회경제체제 발전과 나아가 글로벌 발전과 관련해서 돌봄을 논한다는 뜻이다. 따라서 돌봄 상황을 개선하려면 돌봄을 정치의 핵심적 의제로 만들 필요가 있다. 돌봄이 글로벌 거버넌스의 대상이 될 만큼 관심이 고조된 배경에는 1990년대 이후 특히 아시아에서 두드러진 노동력의 대규모 국제이동이 있다. 이주노동자의 대다수가 직간접적 돌봄종사자이기 때문이다. 국제기관들이 장차 돌봄문제는 곧 이주노동자문제가 될 수 있다고 지적하는 것도 이 때문이다.

하지만 가정과 여성의 상황은 돌봄 논의에서 큰 주제다. 그 이유는 여성과 가정에 관한 오래된 관념을 바꾸는 것이 돌봄문제 해결의 시작이기 때문이다. 바꾸어야 할 관념이란 '돌봄은 사회적으로 덜 중요한 일이며 여성의 일'이라는 생각이다. 오늘날 우리사회가 직면한 재생산위기는 이러한 해묵은 관념과 풍토의 결과다. 재생산위기를 타파하기 위한 정책에도 그 바탕에 가족주의가 여전히 자리 잡고 있다. 예를 들면 '좋은 가족'은 40~50년 전에는 소산가족이라고 규정되었지만 오늘날은 다자가족을 좋은 가족이라고 선전한다. 그런데 그 정책의 바탕에 있는 가족주의 이념은 변하지 않았다. 정책이념의 변화 없이 정책목표가 정반대가 되어 있는 기묘한 현상이다.

좋은 돌봄은 무엇보다 성숙한 인간관을 기본으로 한다. 성숙한 인간관이란, 인간은 과거에도 앞으로도 돌봄 없이는 생존할 수도 인간다운 삶을 영위하기도 불가능한 '약한 존재'이며 상호의존의 네트워크 속에서 살아가는 존재라는 생각이다. 제8장은 인간다운 케어를 지향하는 국제사례로서 '유머니튜드'나 '벨리데이션' 실천을 소개하는데, 그것들이 높이 평가받는 이유는 그 기법 때문이 아니라 "인간을 소중히 대하려는 태도" 때문이다. 이 책은 케어 본질 논의에서 먼저 이 점을 명확히 하고자 한다.

그러므로 돌봄 논의는 인간관의 논의에서 시작되며, 그 논의는 가정과 국가와 글로벌 거버넌스에 걸쳐 있다. 이 모두가 이 책의 논의 대상이다. 돌봄문제에는 고유의 역사문화적 전통이 반영되어 있기 때문에, 문제의 배경에 있는 역사적 맥락 또한 돌봄 논의의 주된 내용으로 삼는다.

케어의 개념에 대응하는 책의 구성

약 10여 년 전부터, 서구의 저명한 'care' 관련 저서들은 우리말로 번역 출간되어 왔다. 원저자가 사용한 'care'라는 용어는 거의 모두 '돌봄'으로 번역되어 있다. 국내에서 돌봄이라는 용어의 범위는 논객에 따라 약간씩 다르다. 좁은 의미의 돌봄은 육아, 그리고 장기요양이 필요한 노인이나 장애인을 대상으로 하는 신체적 돌봄을 뜻한다. 교사나 간호사 등 전문직의 원조행위를 돌봄에 포함시키는 논객들도 드물게 있다. 다만 그 경우에도 의료(Health Care)는 돌봄에 포함시키고 있지 않다.

그러나 ILO 등 국제기구가 규정한 'care'는 의료행위 등 전문직의 원조행위까지 포함시키고 있고, 요양보호사도 의사도 '케어노동자'(care worker)의 범주 안에서 논의한다. '케어경제'(Care Economy)라는 용어의 경우도 마찬가지다. 이 책에서는 돌봄을 포함하는 보다 넓은 개념으로서 국제사회에서 통용되는 'care'는 '케어'라고 표기하여 사용한다.

케어는 인간을 보살피는 행위의 총체다. 제2장에서 자세히 검토하지만 그 범위는 다음 세 가지로 나눌 수 있다. 첫째는 인간다운 삶의 실현을 목표로 신체 돌봄을 조건으로 하는 다양한 원조행위다. 한국에서 주로 '돌봄'이라고 지칭되는 개념이며 이 책에서도 이것을 돌봄이라고 칭한다. 이에 관련된 내용은 돌봄 및 돌봄인(care giver)의 현실과 문제상황을 가져온 역사문화적 배경이며 제3장과 제4장에서 주로 논의한다.

둘째는 인간의 발달과 건강을 보장하기 위한 전문직의 원조행위다. 사회복지사, 교사, 간호사, 카운슬러, 심리치료사, 의사 등의 전문직 실천이 거기에 포함된다. 그러므로 이 영역의 과제는 케어전문직의 과제라고 바꾸어 말할 수 있다. 이에 관해서는 주로 제5장과 제6장에서 교육 및 의료 전문직을 중심으로 논의한다. 전문직의 윤리는 '사회와 전문직 사이의 사회계약'이라는 생각에 기초하고 있음을, 전문직의 역사적 발전과정의 고찰을 통해 밝힌다. 그리고 영케어러(young carer)의 발견과정에서 나타난 전문직의 과제를 제시하고, 장차 그 역할이 기대되는 요양보호사가 전문직으로 발전하기 위해서 필요한 것이 무엇인가를 논의한다.

셋째는 타자를 배제하지 않고 가능한 한 포용하는 태도로서의 케어다. 배려, 공감, 포용을 실천하는 개인이나 단체의 활동, 그리고 보다 케어 친화적 정책을 지지하는 태도가 여기에 포함된다. 나는 이타주의를 바탕으로 설계된 제도와 정책은 보다 이타적으로 행동하는 인간을 양성하며, 반대로 사회서비스의 과도한 시장화는 우리사회의 이타주의적 가치를 몰아낼 수 있다고 믿고 있다. 제7장과 제8장은 이에 관련된 내용과 더불어 케어사회의 모델이 될 수 있는 몇 가지 연구 및 실천의 사례를 소개한다.

요컨대 이 책은 케어의 본질 논의와 더불어, 돌봄 및 돌봄인 문제, 케어전문직의 본질과 그 윤리문제, 이타주의적 시민의 양성에 필요한 조건의 논의라는 세 부분으로 구성되어 있다. 다만 케어의 범주가 세 가지라고 하더라도 그 각각의 본질은 모두 같다. 그래서 케어의 본질에 관해서는 책의 첫 부분(제1장 및 제2장)에서 논의한다.

집필의 방침

이 책은 돌봄에 관심을 가진 건전한 시민에게 돌봄이 어떻게 실제적인 문제이며, 또한 철학적인 문제인가가 정확하고도 쉽게 전해질 수 있도록 그 본질적 요소들을 선별하여 기술하려고 한다. 그래서 돌봄 및 케어 현장의 생생한 사례들을 소개하여 이해를 돕고 있다. 하지만 전문적 연구도 많이 인용되어 있는데, 전문적 논의의 소개에서도 단순한 문장 인용을 지양하고 각 연구자들의 논지를 파악한 후 해설을 곁들였다. 사실 체계화된 돌봄 지식의 제공은 누구보다도 돌봄 초심자에게 필요하다. 돌봄 문제에 파고 들려면 먼저 돌봄 세계의 전체상을 파악할 필요가 있기 때문이다.

다양한 케어 현장에서 일하는 사람들은 누구라도 질 높은 케어를 제공하여 이용자의 만족을 보고 싶어 한다. 가족이 제공한다고 해서 질 높은 돌봄이 된다는 보장은 없다. 케어에 지식과 경험과 기술이 필요하다는 것은 상식이지만, 사실은 그것들 만큼이나 필요한 것이 케어러의 철학이다. 왜냐하면 어디까지 케어에 포함시킬 것인가는 결국 철학이 정하는 것이기 때문이다.

이미 케어 현장에서 일어나는 일들은 간호사나 사회복지사, 요양보호사, 드물게는 의사 등의 저작에 의해 전해지고 있다. 확실히 현장은 구체적 문제를 전해준다. 하지만 돌봄 세계의 전체 모습은 현장에서 파악하기 어렵다. 한편 해외 저명학자들의 케어 관련 학술서들은 케어의 본질 이해나 케어 논의의 흐름 파악에 도움을 준다. 하지만 각 저서들은 철학, 정치학, 교육학, 심리학, 여성학 등 저자의 학문적 배경, 거기에 저자의 정치이념을 반영하고 있으므로 일반 독자들은 이해가 쉽지 않고, 모두 유사한 규범적 주장처럼 간주되기 쉬운 것이 현실이다.

학문적 직업적 관심에서 돌봄을 살피려는 사람들에게는, 돌봄을 사회경제체제와의 관련 속에서 나아가 지구적 관점에서 이해하는 것이 요구된다. 왜냐하면 그렇게 했을 때, 돌봄이 다른 영역들과 어떻게 관련되는지를 확실히 알 수 있기 때문이다. 이 책은 사회복지, 교육, 심리, 요양보호, 간호, 의학 등의 영역에서 케어전문직을 목표로 하는 학도들, 케어의 본질에 관심을 가진 케어실천자 등으로 하여금 돌봄의 본질 및 세계적 조류를 이해하게 하고, 케어의 관점에서 우리사회를 성찰하게 하는 것에 집필의 주안점을 두었다. 특히 한국에 충분히 소개되지 않은 국제적 동향 등은 가능한 한 자세히 소개하려고 했다. 또한 돌봄 관련 전문 연구자에 대해서는 케어에 관한 '또 하나의 관점'을 제공하는 것을 염두에 두었다.

돌봄과 케어에 관한 전체적 조망을 목표로 한다면 선행 저술들에 대한 포괄적 검토가 필요하다. 인터넷으로 책을 주문하면 며칠만에 일본까지 배달해 주는 편리한 세상이 된 덕분에 나는 지금까지 한국에서 출간된 케어 관련 책들이나 논문들을 대부분 검토할 수 있었다. 글쓰기는 역시 읽기의 폭과 깊이에 의해 그 질이 정해지는 법이라는 오래된 가르침을 새삼 새기는 계기가 되었다. 검토한 문헌들 중 실제로 인용하거나 소개할 가치가 있다고 판단되는 것들을 추려서 참고문헌에 실었다.

현장기록과 사례의 활용

나는 일찍이 복지사상사를 전공했으나 12년의 한국 교수생활을 접고 2002년부터 대학을 일본으로 옮기면서 동아시아 비교사회정책을 연구주제로 삼아 왔다. 이후 지난 20여 년간 중국과 타이완, 일본, 한국의 대학이나 연구기관 및 연구자와 정보교류와 연구협력을 행해 왔으며, 동아시아의 케어레짐 비교연구를 위해 케어현장에 대한 방문조사와 관계자들의 인터뷰를 축적해 왔다. 또한 좋은 공동체 만들기에 노력하는 실천가들을 찾아 직접 이야기 듣는 기회를 적극적으로 만들어 왔다.

그중에서도 특히 일본에서 돌봄 혹은 케어 당사자들로부터 직접 자신의 이야기를 듣는 기회는, 각각의 분야에 대한 깊은 이해뿐만 아니라 나의 인간이해의 성숙에 큰 도움을 주었다. 그 당사자들은 홈리스, 정신병 환자, 자살시도자, 히키코모리(은둔형 외톨이), 지적장애인, 치매환자, 성소수자, 아동학대 경험자, 영케어러, 치매 배우자를 간병하는 고령자 등이 포함되어 있다. 당사자들은 셀프헬프그룹(self-help group. 당사자단체)을 만들어 공개적으로 활동하는 경우가 많아졌지만, 그들의 목소리를 직접 들을 기회는 여전히 제한적이므로 그들의 이야기는 귀중했다.

이 책은 이상의 탐구활동 과정에서 수집된 이야기와 사례들을 적극 활용하고, 선행연구 등에서 제시된 의미 있는 사례들을 선별하여 소개하고 있다. 케어에 몸을 두고 케어를 탐구해 온 실천가들이나 당사자들의 육성은 독자들에게 구체적인 행동모델을 제공해 주고 돌봄의 지향점을 바르게 의식하게 해 준다. 다만 직접 체험한 사례의 절반 이상이 일본의 사례들인데, 그것은 내가 지난 20여 년간 주로 일본에 거점을 두고 활동해 왔기 때문이다. 세계의 수많은 사례 중 일본의 사례가 보다 교훈적이라는 의미는 아니다. 배워야 할 것도 배우지 말아야 할 것도 있는 것이 국제적 사례다. "현인(賢人)이란 누구로부터도 배울 수 있는 사람"이라고 한다. 독자에게는 이들 사례를 통해 교사적 혹은 반면교사적 교훈을 얻으려는 현명한 자세를 권하고 싶다.

우리 사회 철학하기

읽기쓰기 능력을 가진 사람이라면 누구나가 편지를 쓸 수 있다. 그런데 읽고 쓸 수 있다고 해서 편지를 쓸 것인가 말 것인가, 편지를 쓴다면 어느 시기가 좋을까 등을 적절하게 판단할 수 있는 것은 아니다. 그 점을 판단하는 능력은 읽기쓰기와는 별개의 능력이며 그것은 오직 스스로 생각해야만 얻을 수 있는 힘이다. 사유(思惟)함으로써 얻을 수 있는 판단력과 지혜, 그것이 곧 철학이다. 고대 그리스 노예출신 철학자 에픽테토스(Epiktetos)는 철학이란 사유를 통해서만 얻어지는 지식이라는 점을 위와

같이 편지를 소재로 간결하고도 쉽게 가르쳐 주었다.

돌봄이나 케어도 마찬가지다. 요양보호 노인의 식사 보조는 몸이 건강한 사람이라면 일단 가능하다. 그런데 당사자가 산책을 원할 때 그것을 보조하는 것이 돌봄인가 아닌가는 케어러가 사유를 통해 판단해야 할 문제다. 학생 교육은 교사 자격자라면 행할 수 있지만 학생을 어디까지 보살펴야 하는가는 교사의 철학적 판단의 문제다. 케어제공자의 철학이 케어의 범위를 결정하는 것이다.

학대로 인하여 한쪽 다리에 장애를 가졌던 에픽테토스는 철학자와 일반인의 차이를 다음과 같이 설파한다. "일반인은 흔히 '인생은 고통스럽다'고 말한다. 한편 철학자는 '인생은 고통스럽다. 그것은 모두 내 탓이다'고 말한다." 결국 내 탓이라는 생각을 할 수 있는가 없는가의 차이이다. 생각해 보면 그 말이 옳다. 자신에게 일어난 일을 우선 자기 탓으로 받아들이는 것은, 스스로를 성찰하지 않는다면 취하기 어려운 태도기 때문이다. 돌봄을 둘러싼 우리사회의 심각한 현실은, 바로 우리사회가 만들고 방치해 온 문제다. 그렇기 때문에 서로 돌보지 않는 풍토의 원인이 무엇인가의 답을 항시 '우리 안에서 찾으려고 하는 자세'가 요구되는 것이다. 이것이 이 책 제목에 철학이라는 용어가 붙여진 까닭이다.

약 40년 전 출간된 『복지국가의 개척자들』(*Founders of the Welfare State*)이라는 책은 19세기말에서 20세기 중반까지 영국 복지국가에 공헌했던 10여 명의 복지사상가의 삶을 각각의 전문가들이 간결하게 정리한 편저다. 흥미로운 것은 그 결론에서 사회정책학자 도니슨(D. Donnison)이 관찰해 낸 '그들의 삶에서 보이는 공통점'이다. '그들이 어느 한 세상에만 머물지 않고 다방면에 걸쳐 활동한 사람들'이었다는 사실과 더불어 도니슨이 지적한 또 하나의 공통점은, 그들이 '어린 시절 대부분 병약 혹은 드물게 가난으로 인하여 제대로 된 공교육의 혜택을 적게 받은 사람들'이라는 사실이었다.

그러한 경험이 어떻게 삶에 긍정적 역할을 줄 수 있는가? 이 문제는

한동안 나의 숙제였는데, 내 나름대로의 결론은 이렇다. '학교에 가지 못하는 시간은 그들에게 사유하는 습관을 붙여주는 철학의 시간'이었다는 것이다. 사람은 고독한 사람을 만나면 성숙한다고들 한다. 필경 고독한 사람이 곧 자신을 보다 많이 돌아보기 때문일 것이다. 고독은 고립이 아니다. 고독은 자기를 마주하는 시간 곧 철학의 시간이다. 많은 사람 가운데 있을 때나 혼자 있을 때나 고립감을 느끼지 않는 상태가 고독이다. 그들은 작은 철학자로서 인생을 시작했던 것이다. 그들이 남긴 저작이나 아포리즘(금언)에서 심오한 향기가 느껴지는 이유도 필경 그들의 철학에 연유한다고 생각된다.

본문에서도 소개하고 있는 엘리자베스 여왕의 긴 치세기는 포용의 시대로서 경제발전뿐만 아니라 문학과 예술과 빈곤정책 등에서도 큰 발전을 이룬 시기였다. 그것도 그녀의 철학의 힘에 의한 것이라고 판단된다. 왕비였던 자신의 어머니가 반역죄로 처형되고 왕족의 신분까지 박탈된 채 목숨마저 위태로운 상황에서 보낸 오랫동안의 어린 시기는 고독한 철학의 시간이었다는 점, 그리고 그 시기의 많은 독서가 그녀로 하여금 관용 철학의 소유자로 만들었다고 나는 믿고 있다.

이 책의 도전: 과학과 체험과 철학의 조화

이 책이 옹호하고 지향하는 사회는 케어러를 포함한 모든 사회성원이 스스럼없이 서로 보살피고 서로 보살핌 받는 가운데 인간다운 삶과 건강과 발달을 보장받는 사회, 즉 케어사회(caring society)다. 그 실현에 필요한 것이 무엇인가를 생각해 보는 것이 이 책의 취지다. 케어사회 만들기에는 공적 영역의 역할이 중요하지만, 국가정책의 바탕이 되는 국민적 합의를 위해서도 국민 한 사람 한 사람에게 케어사회에 어울리는 케어의식과 행동 즉 케어마인드가 필요하다. 케어마인드는 실천행위를 전제한다. 그 실천성은 아기에 대한 엄마의 사랑과 닮았다. 엄마의 사랑심이란 사랑으로 음식을 만들어주고 씻기고 입히며 아이의 발달을 지원하는 것, 나아가 아이의 발달에 관해서 그리고 자신의 역할에 관해서 끊임없이 사유하는 것, 그러한 행위 전체를 사랑이라고 부르는 것이다.

복지마인드와 더불어 케어사회 논의에는 우리사회의 성찰과 미래 사회의 장기적 비전 및 구상 또한 필요하다. 그것은 케어에서 소외된 사람들이 있는지를 늘 유심히 점검하는 것, 사회서비스 제공을 위한 법 제도를 만들 때는 우리사회의 한정된 자원이 허락하는 한에서 가능한 한 가장 니즈가 높은 사람 순으로 지원할 수 있도록 궁리하는 것이 포함된 구체적이고 과학적인 논의이기도 하다. 그러므로 과학적 지식은 케어사회 논의의 필수요소다.

한편 철학은 사유에 의해 획득된 지식이지만, 그 사유는 어디까지나 주체적이고 의식적인 사유다. 즉 어떤 문제가 이것저것 생각나기 때문에 그때그때 생각하는 행위와는 다른 것이다. 주체적 사유는 자신이 축적해 온 체험적 지식과 과학적 지식을 총동원한 사유다. 케어 논의의 장을 통해 **과학적 지식과 그에 관련된 체험 그리고 그 양자를 동원한 철학적 성찰**, 이 삼자를 적절히 조화시켜 독자들에게 전할 수 있다면, 그 저술은 성공적 저술의 조건을 겨우 갖추었다고 할 것이다. 그것은 결코 쉽지 않은 과업이겠지만 이 책은 그에 도전하려고 한다.

철학하기 가장 좋은 시간은 독서하는 시간이다. 내가 이 책의 독자들에게 바라는 것은, 돌봄과 케어에 관한 지식 그 이상의 것이다. 독자들에게는 이 책이 돌봄과 케어에 관하여 독자 스스로 성찰하는 철학의 시간을 만들어 주기를 염원한다.

감사의 말

책 출간은 수많은 분들의 은혜에 힘입는 법인데 이 책도 그 예외가 아니다. 무엇보다 중국, 타이완, 일본, 한국의 많은 대학이나 연구기관의 연구자들, 중앙정부와 지방정부의 담당자들, 케어 관련 현장의 사업자나 실천가, 당사자단체의 성원들, 훌륭한 공동체 실천을 주도하는 사람들 등이 이 책에 소개된 풍부하고 의미 깊은 자료를 제공해 준 원천이었다. 오랜 시간에 걸쳐 있고 은혜 입은 사람들이 실명 거론이 어려울 정도로 많다. 그 모든 분들에게 깊은 감사를 전한다.

내가 소속된 붓쿄대학에서 공동연구를 수행해 왔고 이제는 대부분 퇴직한 오래된 동료들은 연구심의 원천이었다. 또 대학은 다양한 방법으로 이 책이 완성을 지원해 주었다. 그리고 책 출간까지는 일본과학연구비 지원사업(과제번호: 23530787, 24K05488)의 지원과 각 과제의 해외협력자의 도움에 힘입은 바가 크다.

책 출간을 맡아 준 양서원은 오랫동안 인연을 맺어온 곳이다. 새삼 박철용 사장님과 박종선 실장님 그리고 특히 원고의 편집에 수고해 주신 편집부 직원들에게 감사드린다.

일/러/두/기

1. 케어는 돌봄을 포함하는 넓은 개념으로 사용된다.

2. 용어나 인물 등에 간략한 설명이 필요한 경우, 본문 중 ( )에 그 설명을 넣었다. 자세한 설명이 필요한 경우는 각주를 활용했다.

3. 참고문헌은 거의 직접 인용한 것에 한하여 실었다.

4. 외국서적을 인용하는 경우, 국내 번역본이 있는 경우는 가능한 한 국내 번역본을 활용했다. 다만 이미 원서 등에 기초하여 원고가 작성된 경우가 적지 않으므로, 국내 번역본 표기가 되어 있는 경우도, 반드시 번역자의 문체와 이 책의 인용 문체가 같지 않을 수 있다.

5. 본문 중 '굵은 명조체'(혹은 이탤릭체 등)는 강조의 의미로 표시했다.

6. 인명, 지명 등은 국립국어원의 외래어표기법 표기 일람표와 용례를 따랐지만, 관례로 굳어진 경우는 예외를 두었다.

7. 단행본과 정기간행물, 신문명 등은 겹낫표(『』), 논문, 시 등에는 홑낫표(「」), 노래 제목, 소설명, TV프로그램 등은 홑화살괄호(<>)를 사용했다.

8. 따옴표 ' '는 특별한 용어나 특별한 의미를 가진 단문의 의미로 표시한다. 겹따옴표 " "는 인용문 혹은 화자의 말을 그대로 옮긴 의미로 표시한다.

9. 색인 항목은 원칙적으로 처음 나온 페이지만을 명기했고, 중요한 항목에 한해서 모든 페이지를 명기했다.

차 례

제4장

케어경제론과 케어의 제도화

제5장

케어전문직의 본질과 역할

제6장

케어전문직의 윤리: 의료전문직의 경우

제7장

케어사회의 인간상과 사회상

제8장

고령자 이해와 인지장애 및 임종케어

결언: 돌봄 능력 그리고 돌봄 받는 능력

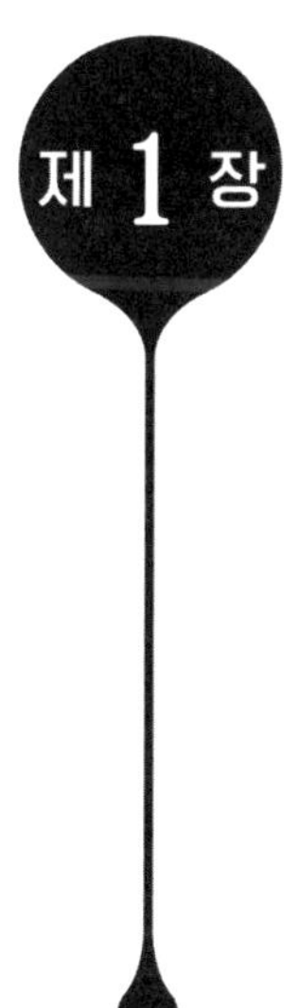

제 1 장

'서로 돌보기'라는 삶의 양식

'서로 돌보기'라는 삶의 양식

이 책이 옹호하고자 하는 사회는 사회성원들이 서로 돌보는 사회다. 그것은 돌봄사회, 케어사회, 공생사회 등으로 표현된다. 이 장은 먼저 돌봄사회 실현을 막아 온 인간차별의 역사적 기원을 글로벌 차원에서 확인한다. 그리고 돌봄사회의 바탕이 되는 인간관과 사회관이 어떤 것인가를 논의한다.

서로 돌보는 사회라는 이상적 사회의 본질을 탐구하고자 한다면, 바로 그 주제에 돌진하기보다는 한발 우회해서 '돌봄사회에 반하는 것은 무엇인가, 돌봄과 양립할 수 없는 것은 무엇인가'라는 문제부터 풀어보는 방법이 유효하다. 즉 '그것은 그것 아닌 것과 어떻게 다른가'라는 관점에서 접근하는 것이다. 그래서 돌봄사회를 논하는 이 책에서도 먼저 '명백히 반(反)돌봄적인 행위, 제도, 사상은 무엇인가'의 성찰을 논의의 시작으로 한다. 사실 이 접근법은 내가 존경하는 톨스토이의 다음 말에서 얻은 교훈이다: "현명한 자가 되기 위해서는 무엇보다 '나쁜 생각이나 행동이 무엇인가'를 먼저 탐구해야 한다. 무엇이 정의가 아닌가, 무엇을 먼저 하지 않아야 하는가를 알아야 한다."

1. 의식해야 할 차별문제

차별을 예사로 여기는 사회

차별문제는 ① 박해 단계, ② 방치 단계, ③ 특별한 배려임을 앞세운 최소한의 보호 단계를 거쳐 왔다. 보호 단계 전에는 그냥 방치 단계라고 생각하기 쉽지만, 그 이전에 박해와 배제의 시대가 있었다. 오늘날 장애인 인권보장이 가장 선진적이라고 일컬어지는 미국에서도 1900년을 전후한 시기까지, 장애인이나 기형인의 공공장소 출입을 금지하는 법규를 만든 지역이 다수 있었다. 그 점을 강조하고 싶은 생각에 이렇게 세 단계로 구분했다. 다만 위의 세 단계들은 시기적으로 겹치기도 하고 역행하기도 한다. 따라서 세 번째 단계라고 할 수 있는 오늘날에도, 여전히 그들을 적극적으로 배제하고 박해하는 태도가 남아있다.

오늘날을 보호의 시대라고 한다면, 앞으로 우리가 지향해야 할 사회는 어떤 것일까? 희망하는 바는 **서로 돌보는 시대라는 단계**다. 그것은 모든 사람들이 상시로 서로 돌보기도 하고 돌봄을 받기도 하는 사회, 돌봄제공자와 받는자가 고정되어 있지 않은 사회다. 원래 인류가 존속할 수 있었던 것은 서로 돌보는 생활양식 덕분이었다. 그러므로 서로 돌보는 사회는 새삼스러운 시도가 아니다.

우리사회는 차별 정도가 심한 편이다. 그 역사적 배경으로서는 다음의 요인들을 생각할 수 있다. 우선 내부적으로는 전통사회에서 극심한 빈곤을 장기간 겪었던 유산이 있다. 항산(恒産)이 없으면 항심(恒心)이 없다고 하지 않는가? 또한 조선왕조 500년은 대규모 노비에 의해 지탱된 노예제적 사회였다. 이 같은 오랜 역사문화적 유산이 인간다운 대접을 받지 못하는 사람들의 고통에 공감하는 감성을 무디게 하는 데 일조했다고 본다. 그렇지 않다면 차별을 예사롭게 보는 일이 지금보다 덜하지 않을까?

대외적으로 본다면 전통사회는 세계에서도 그 유례가 드물 정도로 극단적으로 폐쇄된 사회였다. 그것은 외부세계에 대한 배타성을 심화했다. 경제수준이 높아진 오늘날에도 개발도상국 출신 외국인에 대한 차별과 편견이 매우 심각하다. '다른 민족의 사람이 자신의 이웃이 되는 것', '에이즈 환자가 자신의 이웃이 되는 것' 등에 대한 국제조사(World Values Survey)의 결과를 보아도 한국인의 차별의식은 다른 나라보다는 강하다. 2018년 예멘 난민이 제주에 입국했을 때 여론조사를 보면 수용반대(60.1%) 의견은 여성이 남성보다 13% 이상 높았다. "약자와 약자의 연대가 일어나지 않았던"(김지혜, 2019: 40) 것은 이슬람에 대한 깊은 편견이, 여성의 눈에도 난민 중의 여성을 보이지 않게 한 탓일 것이다.

보통사람과 다르다는 이유로 이름으로 불리기보다는 특징적 범주로 불리던 사람들이 우리사회에는 많았다. 그것은 그 사람들을 지칭하는 언어가 발달했다는 사실을 통해서도 알 수 있다. 지금은 대부분 차별용어라고 취급되는 그 단어들은 이문열의 『아가』(雅歌, 2000)라는 장편소설의 첫 부분에 모아져 있다. 그 문장을 소재로 해서 두 가지 문제를 생각해 보기로 한다.

> 이제는 부르는 쪽도 불리는 쪽도 꺼려하는 환유(換喩)들이 있다. 앉은뱅이 절름발이 곰배팔이 귀머거리 벙어리 청맹과니 용천뱅이 곱사등이 언청이 땅딸이 난쟁이 키다리같이 신체적인 흠결(欠缺)이나 질병의 후유증으로 그 사람 전체를 이름하는 말들이 그러하고, 미치광이 반편이 비렁뱅이 바람둥이 덜렁뱅이 허풍선이 억보 떼쟁이 악바리 맹추 숙맥이 오입쟁이같이 정신적인 장애 혹은 불균형을 들어 비유의 대상을 갈음하는 말들이 그러하다.
>
> 그 환유들의 임자도 요즘 세상에서는 만나보기 쉽지 않다. 예전에 그들은 우리 곁에 있었고 우리와 함께 세상을 이루었다. 우리와 그들을 구분 짓는 것은 그러한 갈음의 말 뿐이었다. 그때는 누구도 그들을 우리와 다른 별난 존재로 여기는 법이 없었고, 더군다나 그들이 격리되거나 소제되어야 한다고는 생각조차 하지 않았다.
>
> 그런데 언제부턴가 그들은 우리 곁에서 하나둘 사라졌다. 정신병원과 각종

수용소, 재활원, 보호소 같은 시설들이 그들 중 생산능력이 없으면서 사회의 미관(美觀)과 편의만 해치는 이들을 먼저 골라 데려갔다. 그리고 예전의 환유 대신 구호 대상자, 정신병자, 심신미약자(心身微弱者), 장애인, 지체부자유자 같은 전문화되고 기능적인 호칭을 그들에게 부여한 뒤 우리가 볼 수 없는 곳에 감추어버렸다."[1]

차별의 정당화에 동원된 은유

이 글은 우선 사람의 외형이나 행실을 은유(metaphor)로 표현한 말들이 왜 그렇게도 많은가, 그것을 어떻게 해석해야 할 것인가의 과제를 사회과학도에게 던져 준다. 신체적 흠결을 당사자 이름으로 대용하는 낱말들이 많지만, 그 임자들에게도 엄연히 각자 이름이 있었을 터다. 그럼에도 밤나무골 아무개가 아니라 밤나무골 곰배팔이라고 불리는 것은, 말하는 이들에게 차별의도가 없었다 해도 듣는 이의 심사가 편했을 리가 없었을 것이다.

오늘날에 이러한 은유적 표현들은 대부분 병명으로 바뀌었다. 천형(天刑)은 은유고 한센병은 병명이다. 도대체 하늘이 내린 형벌이라는 이 은유는 어디에서 온 것일까? 중국 명나라 의서에 한센병을 천형이라고 기재한 예가 있다고 한다. 이 의서는 에도시대에 일본에 수입되어 널리 읽히면서 천형이라는 용어가 사회에 퍼졌다. 19세기 말 일본의 의서(医書)에는 천형병이 나병의 이명으로서 실려 있었고, 책제목에 천형이 들어간 경우도 있다. 의학이 사람들에게 공포와 차별을 조장하는 천형이라는 병명을 공식화해서 차별을 조장한 것이다. 일본의학계는 인간차별의 확산에 의학계가 기여한 측면이 있다는 것에 반성을 표명하면서, 이 사례가 의사에게는 누구보다도 높은 인권의식이 요구된다는 사실을 절실하게 깨

1 괄호 속 한자는 원문 그대로임. 곰배팔이는 팔이 굽은 사람. 청맹과니는 중증의 백내장 환자와 같이 겉으로 보아 눈이 보이는 것 같지만 앞을 볼 수 없는 사람. 용천뱅이는 한센인.

우쳐 주는 역사적 사례라고 반성했다. 일본은 1907년부터 나병이라는 병명을 공식화했지만 식민지 시기를 전후하여 한국에는 나병과 더불어 천형이라는 용어도 전해졌다.

한국 의서 『향약집성방』(1443)에 한센병이 대풍라(大風癩)라고 기록되어 있고, 허준의 『동의보감』에도 대풍라의 원인과 처방에 관한 기록이 있다(채규태, 2019). 한센병은 문둥병, 한센인은 문둥이로 흔히 불렸다. 그런데 이미 일제시대 초기 문학작품에 천형이라는 용어가 등장한다. 문둥이가 보리밭에서 아기를 잡아먹었다는 시구도 있다. 만약 문학을 통하여 천형이라는 차별적 은유가 우리사회에 확산되었다고 한다면, 한국문학계 스스로가 인간차별을 조장한 것에 대해 깊이 반성해야 할 것이다. 한센인 시인 한하운은 다음 시구(「봄」)로 차별의 고통을 시로 승화시킨다.

> 그래도 살고 싶은 것은 살고 싶은 것은
> 한 번밖에 없는 자살을 아끼는 것이요

손택은 『은유로서의 질병』(이재원 역, 2002)에서 은유를 "어떤 사물을, 그것이 아닌 다른 것으로 부르는 것"이라고 정의했다. 한센병은 천형이 아니라 병명이다. 천형의 은유는 한센인에게는 마치 죄인과 같은 고통을 주어 왔고, 다른 한편 차별주의자에게는 한센인 차별에 면죄부를 주는 구실이 되었다. 그러므로 우리사회가 한센병이 나균에 의해 전염되는 질병이라는 태도를 보여주는 것만으로도 당사자의 괴로움을 덜어줄 수 있다. 은유 아닌 병명의 사용은 주류사회의 변화다. 서로 돌보기란 다수자도 소수자도 상대방을 위하여 변하는 것이 전제된 개념이다.

손택은 암이 감정의 억압이라는 특수한 의미로 확산되어 당사자의 감정상태를 나타내게 된 측면이 있다고 지적했다. 암은 유방이나 자궁, 고환 등 밝히기 부끄러운 신체부위에 침범하는 일이 잦기 때문인지 그 실체를 터무니없이 왜곡시키는 은유적 표현이 가해져 왔다. 하지만 암은 그냥 육체의 질병, 즉 치료해야 할 그 무엇일 뿐이다. 그 점을 받아들이는 것만으로도 암환자를 대할 때, 이 사람에게는 어떤 억압된 감정이나 좌절이 있었을까 하고 은연중에 미심쩍어 하는 눈길을 사회에서 몰아낼 수 있다.

당사자 낙인으로 쉽게 이어지는 은유는 정치에도 이용되어 왔다. 나치즘과 파시즘은 자신들이 원하는 사회를 만들기 위해 질병의 은유를 교묘히 활용했다. 파시즘의 어원인 이탈리아어 팟쇼(fascio)는 묶음, 다발의 의미인데 제2차대전까지의 전쟁국가에서는 오로지 적국에 이기기 위한 국민 결속의 의미로 전용되었다. 다양성을 한 덩어리로 뭉쳐진 사회 만들기의 방해물이라고 치부하고, 그것을 잘라내야 할 질병과 같이 취급했다. 실제로 무솔리니는 스스로를 국가의 의사라고 칭했고, 일탈적이라고 간주되는 병든 무엇들을 잘라내 버리는 것이 근본적 치료법이라고 말했다. 다양성을 용인하지 않는 결속된 사회가 얼마나 많은 사람들을 고난에 빠뜨렸는지는 제2차대전의 경험이 우리에게 절실히 보여준다.

차별은 제도적 격리 이전의 문제다

『아가』의 문장은 또 하나 우리에게 생각거리를 던져 준다. 그것은 차별의 시작점은 어디인가다. 작가는 격리가 차별을 만들어낸 것처럼 말하지만 나는 그 견해에 동의하지 않는다. 장애인차별은 그들을 보호하는 복지시설이 만들어지기 이전에 이미 뿌리를 깊이 내리고 있었기 때문이다. 격리가 차별을 심화하는 측면은 분명히 있다. 처음부터 격리가 아닌 보다 따뜻하고 선진적 방법을 만들 수 있었으면 얼마나 좋았을까? 차별 없이 포용하는 넉넉한 사람들이 보다 많은 사회였다면 얼마나 좋았을까? 공생적 삶을 가능하게 하는 최소한의 경제조건이 보다 잘 갖추어져 있었더라면 보다 인간적인 방법들을 찾을 수 있지 않았을까? 하지만 정부도 전문가도 국민의식도 아주 최근에 들어서야 보다 성숙한 방안을 만들어낼 능력을 갖추었을 뿐이다.

우리는 자살의 배경에 있는 극심한 경쟁사회에 대해서도 우리 스스로의 삶의 방식을 성찰하기보다는 쉽게 배금주의를 탓한다. 그것은 돈을 배금주의의 희생양(scape goat)으로 삼는 태도다. 만약 배금주의가 문제라면, 수단과 방법을 가리지 않고 남보다 더 많은 돈을 차지하려고 욕심내는 인간이 문제다. 양이 제물로 희생되는 것은 죄를 지었기 때문이 아니듯이, 돈 그 자체는 아무 죄가 없다. 죄를 지었거나 죄의식을 가진 인간 때문에 양이 희생되는 것이다. 나는 차별의 기점 혹은 계기가 복지시설 격리에 있다고 여기는 것은, 바로 복지시설을 희생양으로 삼는 태도라고 본다. 우리 스스로가 행해 온 차별의 잘못을 죄 없는 복지시설에 뒤집어씌우고 있기 때문이다.

격리는 차별을 낳는다. 그것은 오늘날에는 맞는 말이다. 다만 인권의식이 어느 정도 공유된 현대사회에서 맞는 말이라고 해서 과거에도 맞는 말일 수는 없다. 한센인 시설 안에서 비인간적 처우가 어찌 없었겠는가? 하지만 과거 한센인 시설은 사람들의 박해와 공격으로부터 그들을 지켜주는 안식처이기도 했다는 사실을 결코 가벼이 여길 수 없다. 해방 후에도 보호시설이 생겼다는 소문을 들은 한센인들이 그 시설을 찾아 이동하면서 가장 두려워했던 것은, 거쳐 지나는 마을 주민들이 가할지 모르는 린치였다. 한센인은 남의 아이를 잡아먹는다거나 그들을 보는 것만으로도 전염된다고 믿는 이들이 많았던 시절이다. 분명한 것은 이윽고 시설에 도착했던 많은 한센인들이 생존의 위험이 사라진 것에 안도했다는 사실이다. **차별문제는 복지시설 이전에 전통사회로부터 지속되어 온 우리 스스로의 문제**다.

경호강이 내려다보이는 산청의 맑은 산기슭에 위치한 한센인 시설인 성심원에 나는 1990년대 초부터 혼자서 혹은 학생들을 데리고 몇 차례 방문한 적이 있다. 가족 단위 거주자도 있는 평화로운 곳이었고 그 안에 어린이집이 운영되기도 했다. 그곳 어린이집의 나이 지긋한 보모가 눈물을 머금고 하던 말이 생각난다: “아이들이 손가락이 몇 개인지 서로 다투기도 해요. 두 개 다 아니다 이렇게요. 각자 부모의 손가락 수가 다르니까요. 시설에 손님들이 방문해 오면 아이들이 손님 손을 붙잡고 좀처럼 놓지 않아요. 나는 손님들에게 이렇게 부탁한답니다. 아이들이 손을 만지더라도 가만히 좀 맡겨 주세요. 아이들은 다섯 손가락이 신기해서 그런답니다."

지금도 지역사회와는 완전히 격리된 시설(흔히 total institution이라고 함)이 사라지지 않았다. 최근 일본에서는 조현병으로 후쿠시마(福島)의 어느 정신병원에 입원, 그 후 증상이 없어졌음에도 40년간이나 퇴원하지 못했던 한 노인이 국가를 상대로 제기한 손해배상청구소송이 진행되고 있다. 사회의 깊은 어둠의 일단을 보여주는 이런 정신병원이 사람들의 공분을 사고 있지만, 퇴원하게 된 계기가 2011년 동일본 대지진으로 인한 병원 이전이었다고 하니 더더욱 놀랍다. 하지만 앞서 성심원 주민들은 그 당시에도 시설 앞 다리 건너 정류장에서 버스를 타고 진주로 산청장으로 자유롭게 나들이하고 있었다. 적어도 한 방향의 교류는 열려 있었던 셈이다. 복지시설이 생기고 차별이 생겼다는 터무니없는 논리는 안타깝게도 우리 사회에서 쉽게 먹힌다. 그만큼 희생양 찾기 풍조가 심하다는 뜻이다.

2. 인간차별의 사상과 그 기원

인종이라는 신화

인류사적 차원에서 차별문제를 논의하자면 무엇보다 인종주의를 언급하지 않을 수 없다. 인종주의는 가장 큰 규모의 집단차별이기 때문이다. 유네스코(UNESCO, 1950)는 이미 70여 년 전 "모든 인간은 호모 사피엔스라는 동일한 종(species)에 속하며, 인종(race)은 생물학적 실체를 가진 개념이 아니다"라는 성명을 발표한 바 있다. 그리고 인종이라는 비과학적 용어 대신 민족집단(ethnic groups)의 사용을 권고했다. 인종이란 신화

(myth)에 불과하다는 점을 분명히 한 것이다. 신화는 사실이 아니다. 신화란 그것을 믿는 사람 혹은 믿고 싶어 하는 사람들이 그것을 마치 사실처럼 여기는 것일 뿐이다. 그러므로 "백인과 흑인은 다른 인종이다"라는 말은 과학적 오류다. 사실 피부색도 어디까지나 연속적 개념이며 그 명확한 구분선이 존재하는 것이 아니다.

호모 사피엔스에 확연히 구분되는 집단적 차이가 있는 것은 사실이다. 그 차이는 인간이 지리적 및 문화적 고립에 의해 유전적 요소나 신체적 특징이 생성 변동 소멸해 온 결과다. 유네스코도 호모 사피엔스를 대체로 몽고계, 흑인계, 백인계의 세 가지로 구분될 수 있다고 말한다. 그 구분은 그들 사이의 집단적 차이에만 관심을 가지게 하기 쉽지만, 그들 각각에 존재하는 다양성에도 관심을 가질 필요가 있다. 타민족과의 공통점을 외면하고 그 차이점에만 주목하면 같은 민족 내에 존재하는 엄청난 다양성을 놓치기 쉽기 때문이다. 예를 들어 한국인과 중국인에 대해서도 그 차이만이 아니라 한국인 사이의 다양성 혹은 중국인 사이의 다양성에도 관심을 가질 필요가 있다는 것이다.

그러나 오늘날에도, 인종이라는 용어 사용은 말할 것 없고, 인종을 이유로 한 차별과 혐오와 폭력이 세계에서 횡행한다. 서스만(김승진 역, 2022)은 인종주의의 역사에 관한 저서에서, 한 저명한 저널리스트의 경험담을 다음과 같이 소개한다. "1980년대의 어느 날, 대학의 인류학 강좌에서 '생물학적 인종은 실재하지 않는다'라는 말을 난생 처음 들었다. 그리고 제시된 완벽하고 합리적인 근거를 확인한 뒤에는 배신감이 들었다. 초등학교에서는 왜 그것을 가르쳐주지 않았는가"라고. 이어서 그는 다음과 같이 반문한다. "거의 모든 인류학자가 생물학적인 인종 개념을 인정하지 않는다는 중대한 사실을, 대학에 입학하기 전 12년간의 학교에서 한 번 도 들은 적이 없다는 사실, 그것은 있어서는 안 되는 이야기 아닌가?"

인류의 본질적 특성은 혼혈성에 있다. 호모 사피엔스는 약 30만 년 전~15만 년경에 아프리카 남부에서 출현하여(타지역 기원설도 있음) 오랜 세

월에 걸쳐 이동과 정착을 거듭하면서 세계 각지역으로 퍼져 나갔다. 이동은 곧 혼혈의 과정이므로 인간 누구나가 혼혈성을 가진다. 인류사의 특징은 이동성이기 때문이다. 그래서 호모 사피엔스는 곧 호모 하이브리두스(Homo Hybridus, 혼혈인)라고도 불리는 것이다.

인간의 배제

오늘날의 인간차별문제가 자본주의 발전과정에서 확대된 측면이 있다는 사실은 새삼 말할 것도 없다. 다만 그렇다고 해서 고대 제국주의사회나 봉건사회에 인간차별이 없었던 것은 아니다. 루소가 지적했듯이, 인간차별은 인류에게 허영심, 경멸, 치욕, 선망 등 차별과 불평등을 전제로 한 감정이 만들어진 시대에까지 그 기원을 거슬러 올라가서 찾아야 할 만큼 인류의 근원적 문제다.

이문화 인간과의 접촉에는 교역과 같은 평화적인 형태도 있다. 그러나 물리력이나 기술력에 의한 정복의 형태가 되면 이민족과의 지배 종속 관계가 만들어진다. 거기에 종교가 가담하면 인간차별은 고착화된다. 기원전 1500년경부터 거의 천 년에 걸쳐 인도북부에 이주하여 지배자가 된 아리안족은 자신들을 최상위에 두고 선주민을 피지배계급으로 만드는 특별한 신분제도를 만들었다. 그것이 3000년 이상이나 존속하여 오늘날까지 그 그림자를 드리우고 있는 것은 주류 종교(바라문교 후일 힌두교)가 신분에 기초한 인간차별을 정당화했기 때문이다.

처음 접촉하는 타자에 대한 사회의 태도는 거부와 수용으로 대별된다. 케어사회의 최소한의 조건은 수용이다. 거부하는 경우도 ① 새로운 구성원으로 받아들이는 것을 거부하는 경우와 ② 이미 구성원이 되어 있는 사람을 사회에서 배제하여 몰아내는 경우로 다시 구분할 수 있다.

①의 예는 난민이나 이민의 배척이다. 과거사이기는 하지만 미국은 1870년대부터 아시아 이민을 문제시하여 1907년에는 중국인과 일본인의

이민이 제한되었다. 20세기 초의 시점에서 미국의 절반 이상의 주는 비백인과의 결혼 금지 법령을 가지고 있었는데, 중국인 및 일본인과의 결혼을 금지한 주도 적지 않았다. 심지어 백인을 더욱 세분하여 보다 열등한 백인을 배제하려는 움직임마저 있었다. 코카서스인(백인)을 노르딕인, 알프스인, 지중해인이라는 세 가지로 구분하고, 알프스인인 동유럽 사람들이나 지중해인인 이탈리아인의 미국 이민을 제한하려고 했던 것이다.

②의 예로서는 15세기부터 17세기에 걸쳐 유럽을 중심으로 횡행했던 마녀재판이라는 역사적 사실이 있다. 마녀재판의 희생자는 부랑인과 같은 이방인이 아니라 그 지역에 같이 살고 있던 주민이었다. 마녀박해에는 인종, 종교, 계층, 성별에 의한 차별이 복잡하게 얽혀 있는데, 아무 잘못도 없는 적어도 수만 명의 빈곤자, 민간신앙자, 정신장애인 등이 마녀(witch. 남자도 아동도 포함되어 있음)라는 죄명으로 죽임을 당했다. 오늘날에도 탄자니아, 가나 등 아프리카 일부지역에서는 에이즈 고아나 붉은 눈을 가진 여성 고령자 등이 마녀라고 지목되어 주민에 의해 죽임을 당하는 사건이 일어나고 있다. 인도(「*The Indian Express*」, 2019.4.1)에서도 2000년 이후 주민들이 미망인을 마녀로 꾸며 죽이는 마녀사냥의 희생자 수는 2,257명에 달한다.

또한 1939년 실행된 나치독일의 'T4계획'(장애인 안락사계획)은 타민족이 아니라 자국민 장애인 등에 대한 학살이었다. 그 희생자 수는 적어도 20만 명(ギャラファー・長瀬訳, 1996)에 달한다. 그를 위해 만든 가스실이 후일 유대인학살에 이용되었다.

법제도가 반공생적 생활양식을 유발하는 사례는 사회정책사에서도 확인된다. 예를 들어 영국의 거주지제한법(1662년)은 같은 지역에 살던 빈민들을 사회에서 배제하는 풍토를 만들었다. 그 법은 '빈민이 될 가능성이 높은 사람'이 이주해 오면, 당사자를 그 이전의 거주 교구로 강제송환할 수 있는 권한을 교구에 부여했다. 이 법을 계기로 실제로 다음과 같은 주민 배제 사례가 기록되어 있다(박광준, 2002).

교구(A)의 어느 거주자가 교구(B)로 이주하려고 했다. 교구(B)는 그 사람이 장차 빈민이 될 가능성이 있다는 이유로 교구 유입을 거부하고 이전에 살던 교구(A)로 송환했다. 그런데, 교구(A)는 얼마 전까지 그 지역의 주민이었음에도 불구하고, 그가 오래 전 다른 교구의 이주자일 뿐 원래 주민은 아니라고 주장하여, 교구(A) 이전에 살았던 교구(C)로 강제로 송환했다. 이 일련의 강제 송환이 일단락되기까지 1년 6개월이라는 시일이 걸렸다.

인류의 분류와 인종주의

인간을 분류하려는 중요한 시도는 18세기에 린네(Carl Linnaeus)와 브루멘바하(J. F. Blumenbach)에 의해 행해졌다. 분류학의 아버지로 불리는 린네는 스웨덴의 생물학자이며 호모 사피엔스의 명명자이기도 하다. 린네는 인류를 유럽인 아메리카인 아시아인 아프리카인으로 분류했는데, 그것은 흰색 적색 황색 흑색이라는 피부색과 그들의 출신 대륙을 근거로 한 것이었다. 뒤이어 브루멘바하는 인류를 다섯 가지로 분류했다. 그는 가장 이상적이고 아름다운 인간으로서 코카시스인(유럽계 백인)을 정전에 두고 그 밑에 아메리카 인디언과 마레인 그 밑에 오리엔탈인과 아프리카인을 두는 방식으로 인류를 위계적으로 배치했다.

다만, 린네는 피부색에 관계없이 인류는 단일의 종이라는 점을 밝혔고, 해부학적 유사성을 근거로 인간을 원숭이와 같이 영장류목에 넣었다. 브루멘바하도 인종주의자가 아니었고 노예제에도 반대했다. 인간을 붙잡아 노예로 삼는 노예사냥꾼보다는 노예가 오히려 도덕적으로 우월하다고 주장했을 정도였다. 그 역시 인간의 종은 하나며 모든 종족은 서로 접촉하고 혼합해 왔으므로 그 경계선 긋기는 불가능하다고 보았다.

하지만 문제는 그들의 **인간 분류가 위계적으로 배열**되어 있었다는 사실이다. 그것은 만물이 위계적으로 배열되어 존재한다는 중세 세계관의 반영이기도 했다. 현실에서 다름은 곧 우열로 해석되어 차별의 근거가 되고 말았다. 심지어 사람이 다르면 처우도 달라야 한다, 열등한 인간에

게는 열등한 처우가 필요하다는 논리에도 이용되어 불평등 처우가 곧 평등이라는 궤변까지 등장한다. 이러한 연유로 인간의 분류가 인종주의 패러다임의 기초가 되었다고 일컬어지는 것이다.

인간의 분류가 시도된 18세기에는 과학과는 거리가 먼 과격한 인종주의가 저명인들에 의해 제창되고 선전되었다. 그 선동가 중에서 특기할 만한 인물이라면 흄(D. Hume)과 칸트(I. Kant)를 들지 않을 수 없다(사스먼, 김승진 역, 2022: 제1장).

흄은 스코틀랜드 계몽주의의 가장 중요한 인물이자 애덤 스미스의 도덕감정 사상에 큰 영향을 미친 인물이다. 흄은 인간이 지나친 이기심을 스스로 자제하는 도덕적 감성을 타고났다고 주장했다. 흄의 사상은 제6장에서 기술하는 에든버러 의과대학의 의료윤리 정신에도 좋은 영향을 미쳤다. 하지만 그에게는 백인과 비백인이 각기 다르게 창조되었다고 하는 다원창조설의 창시자라는 또 하나의 얼굴이 있었다. 그는 “모든 비백인은 백인에 비해 태어나면서부터 열등하다. 비백인은 문명국을 건설한 적도 없고, 사람 개개인을 보더라도 비백인이 백인을 넘어선 경우란 없다. 비백인 중에는 독창적인 장인 기술도, 예술도, 과학도 존재하지 않는다”(서스만, 김승진 역, 2022)라고 주장했다.

흄의 사상은 칸트에게도 영향을 주었지만, 인종주의가 후세에 남긴 악영향이라는 관점에서 본다면, 칸트만큼 강렬하고도 오랫동안 악영향을 미친 인물은 없을 것이다. 칸트는 과거 200여 년간 가장 중요한 도덕 이론가이자 근대 도덕이론의 아버지로 숭상받고 있지만, 이 책은 돌봄사회를 논하는 만큼, 칸트의 과오 지적을 결코 주저해서 안 된다고 판단한다. 동시대 유럽의 인권론자들과 마찬가지로 칸트가 말하는 **인간이란 백인 남성**을 뜻했다. 칸트는 자유의지를 가진 인간, 즉 스스로를 교육하는 힘을 가지는 인간은 백인(남성)뿐이라고 주장했다.

칸트는 스스로가 인종에 관련된 몇 편의 논문을 집필하면서 인종(Human races)을 유럽인, 아프리카인, 몽고인, 힌두인이라는 네 가지로 분류했다.

그 분류는 각 인종의 지적 능력을 나타낸다고 되어 있었지만, 그 근거는 여행자로부터 들은 귀동냥이라고 일컬어질 만큼 과학성을 결하고 있었다. 칸트는 다음과 같이 말했다(Kant, 1764; 영역본, 1765: 58-59). "아프리카 흑인은 그 본성으로 인하여 사소한 수준을 넘어서는 감정을 느낄 수가 없다… 흑인과 백인의 격차는 너무나도 근본적인 것이며, 정신적 역량이라는 측면에서 보더라도 그 차이는 피부색의 차이만큼이나 커 보인다."

나아가 칸트는 인종 간의 혼혈은 불행과 폐해를 가져오기 때문에 극구 피해야 한다고 주장했다. 유대인도 대해서도 미신, 부정직, 비겁함 등의 바람직하지 못한 특성을 가진 자=비인격자(nonpersonhood)라고 간주했다. 인간 행동의 동기는 물질적 이익을 목적으로 하지 않는 경우에 한해서 도덕적이라는 것이 칸트의 지론이었는데, 유대교는 내재적으로 물질적 종교라는 것이 그 이유였다. 반유대주의 사상은 그 역사적 뿌리가 워낙 깊기 때문에, 물론 칸트가 그것을 창시한 것은 아니다. 그러나 칸트의 인종차별 사상은 칸트를 신봉한 저명한 음악가 바그너에게 이어졌다. 그리고 바그너의 극단적인 반유대주의는 그를 문화적 영웅으로 숭상했던 히틀러에게 계승되었다. 나치 만행의 배경에 이러한 인간차별의 논리가 연결되어 있음을 우리는 무겁게 여겨야 한다.

희생자 비난을 합리화하기 위한 역사적 왜곡들

사회변동이나 사고 등으로 피해자가 발생한 경우, 근본원인은 제쳐 두고 먼저 그 피해자에게 비난의 화살을 돌리는 것을 희생자 비난 혹은 피해자 비난이라고 한다. 차별주의의 피해자는 인종적 마이노리티를 포함한 사회적 약자다. 차별주의자들은 약자에 대한 박해와 차별을 정당화하기 위해 역사적으로 잘 알려진 인물의 사상을 교묘히 변형시키거나 왜곡시키는 일들을 꾸며 왔다. 단지 출생이라는 단 하나의 사실만으로 특권 신분을 얻었거나 분에 넘치게 권력과 돈을 손에 쥐게 된 사람들은 자신을 있게 해 준 **폐쇄사회의 합리화를 궁리**했던 것이다. 그 합리화는 그들 나름의 이론적 무장이었으므로 수법이 매우 교묘했다. 그래서 그 갑옷이 가짜 재료로 만들어진 것임을 알아차리지 못하는 사람이 지금도 적지 않다. 하지만 그러한 왜곡으로 인해 역사적 인물의 진가가 손상되기도 한다.

그 피해자들 중 돌봄사회 논의와 관련된 인물을 들자면 애덤 스미스, 나이팅게일, 그리고 다윈이 있다. 애덤 스미스에 대해서는 뒤에서 논의하기로 하고, 먼저 나이팅게일과 다윈을 보자. 이 두 사람의 사상과, 그에 대한 후대의 평가 사이에는 큰 괴리가 있다. 이들에게는 마치 강자사회의 순종자 혹은 무자비한 경쟁사회의 옹호자인 것 같은 이미지가 있다. 하지만 그것은 교묘한 왜곡의 결과다.

나이팅게일은 여성간호사의 정당한 보수와 처우를 확보하기 위해 남성주류의 의료체제 및 관료주의에 맞서 매우 격렬하게 싸웠다. 나이팅게일 연구의 권위인 맥도날드(McDonald, 島田他訳, 2015: 231)는 나이팅게일 이전에도 간호개혁 시도는 있었으나 간호사를 유급의 전문직으로 만드는 시도는 그녀에 의해 처음으로 행해졌다고 평가한다. 그런데 그녀는 사회질서에 순종하는 천사 혹은 등불을 든 귀부인(밤에도 병실을 돌아보는 사람)이라는 이미지로 둔갑되었다. 당시 크리미아 전쟁은 영국군에도 많은 사상자를 낳았다. 그런데 그중 많은 수가 부상 후 적절한 간호와 영양을 받지 못한 사망이었다. 나이팅게일은 부상병 병동의 위생환경과 영양개선을 통해 몇 개월만에 최대 40% 이상이던 후송군인 사망률을 2%대로 끌어 내렸다. 후송군인 수가 수만명 규모였으므로 얼마나 많은 생명을 구했는지 헤아릴 수 없을 정도다.

이 같은 혁신은 기존 의료체제와의 투쟁 없이는 불가능한 일이었다. 그녀는 "전선에서 목숨을 잃는 남자들을 눈앞에서 보면, 내가 살아 있는 한 그들을 죽음으로 몰아넣었던 것들과 맞서 끊임없이 싸워야 한다고 생각하게 된다"라는 결의에 찬 말을 남겼다. 그럼에도 그녀에게는 왠지 백의의 천사라는 순종적 이미지가 붙어 있다. 그것은 당시 영국정부 및 남성주류의 의료계가 상징조작한 결과라고 일컬어진다. 간호사의 노력으로

부상병 사망률이 획기적으로 낮아졌다는 사실이, 의료계 및 영국군대의 무능으로 해석되는 것을 우려했기 때문이다.

나이팅게일은 사회통계를 활용하여 질병과 사망률의 관계를 밝힌 냉철한 과학자(丸山, 2008)였고, 여성 최초로 왕립통계협회의 회원으로 선출된 인물이다.[2] 그러나 이런 사실은 비교적 알려져 있지 않다. 보건위생에 대한 그녀의 관심과 지식은 크리미아전쟁 전 20대 초반의 나이에 확립되어 있었다. 영국사회정책사에서는 1842년 채드윅(E. Chadwick)의 보고서 『영국 노동계급의 위생상태』의 발간과 그것이 가져온 1848년 공중위생법이 공중위생에 획기적인 발전을 가져왔음이 비교적 잘 알려져 있다. 나이팅게일은 체드윅과 교류하고 있었고 물론 이 보고서를 읽고 있었다.

그녀의 활동은 간호 영역을 넘어선 투쟁의 연속이었다. 나이팅게일의 저작들은 간호 지침서이자 의료철학서이며, 오늘날 원조전문직에게도 필독서라고 생각한다. 그 저작들에 담겨진 수 많은 아포리즘(금언)은 개혁과 도전정신으로 가득 차 있다. "천사는 예쁜 꽃들을 주위에 뿌리는 사람이 아니라 고뇌하는 사람을 위해 싸우는 사람이나", "인생이란 싸움이며 부

2 좀 전문적인 내용이지만 나이팅게일의 저작에 관해서 언급해 둔다. 그녀의 저작 일부는 우리말로 번역되어 있다. 다만 그녀는 저작뿐만 아니라 많은 편지나 강연원고, 팸플릿을 남겼다. 대표적인 나이팅게일 연구자 맥도날드(Lynn McDonald)는 주 편집인으로서 2012년 그 저작들을 모아 16권으로 된 저작집(*The Collected Works of Florence Nightingale*)을 간행했고 그 저작들을 참고로 한 단저(Florence Nightingale at First Hand, 2010; 島田他訳, 2015, 한국어역은 없음)도 출간했다. 그런데 저술가 스몰(Hugh Small)은 1999년 『*Florence Nightingale-Avenging Angel*』이라는 저서를 출간했다(일본어역은 田中京子訳, 2003, 『ナイチンゲール 神話と真実』, みすず書房. 한국어역은 없음). 그 제목이 『복수하는 천사』로 되어 있듯이, 선행의 연구결과를 뒤집는 비판적 내용이다. 다만 그것이 근거 없는 중상 혹은 모욕이라는 문제제기가 학계로부터 나와 있다. 그 후 스몰은 2017년 신판(*A Brief History of Florence Nightingale*)을 출간했는데 내용은 거의 그대로다. 이에 대해 전문연구자들이 중대한 오류로 판단되는 내용들에 대해 스몰에게 근거 제시를 요구했지만 아직 대응이 없다고 한다. 혹 이 책이 한국어로 번역되더라도 조심해서 읽을 필요가 있다. 한편 통계학자로서의 나이팅게일에 관한 선행연구는 필자가 인용하는 마루야마(丸山, 2008)를 비롯하여 서구 및 일본에서 많이 나와 있다. 한국에도 나이팅게일 평전은 여러 권 출간되어 있는 것으로 보이는데, 필자는 그 내용은 아직 검토하지 못했다.

정과의 격투다" 등의 아포리즘은 그녀의 삶을 잘 보여준다.

다윈(장대익 역, 2019)은 또 어떤가? 적자생존 그리고 자연도태는 다윈에게 붙어 다니는 말이다. 다윈은 인류의 진화과정을 탐구하여 호혜적 이타주의의 성향이 강한 집단일수록 생존과 번영에 유리하다는 것을 밝혀냈고, 그것이 다윈의 핵심적 발견이었다. 하지만 그러한 사실도 비교적 잘 알려져 있지 않다. 그는 적자생존 원리가 인간에게 적용된다고 말하지도 않았다. 또한 그의 적자생존 개념에는 가장 배려 깊은 동물이 살아남는다는 의미가 내포되어 있었다. **주위를 배려하는 동물이 곧 환경에 잘 적응하는 동물**이며 생존가능성이 크다는 것이다. 그는 인간의 도덕감정이 종교 이전부터 존재했다고 지적했다. 그것은 다른 사람의 고통에 공감하는 태도야말로 선사시대부터 현생인류가 살아남은 가장 중요한 적응력이었음을 시사하는 것이다.

그러나 다윈의 논지는 '강한 동물이 살아남는다'라는 주장이라고 바뀌어져서 이용되었다. 약자 도태가 마치 자연의 섭리인 양 선전하고 싶은 사람들이 만들어낸 교묘한 왜곡 탓이다(朴・村岡他, 2023). 사실은 자연계의 약육강식이라는 것도, 같은 종 사이에서 일어나는 현상을 설명하는 것이 아니다. 서로 다른 종 사이의 먹이사슬, 예를 들면 새가 벌레를 먹이로 삼는 것 같은 현상을 의미할 뿐이다. 어디 자연계에서 호랑이가 자기 배를 불리려고 힘 약한 호랑이를 잡아먹는 일이 있는가?

3. 반(反)공생의 역사와 그 교훈

차별・무관용은 곧 사회의 쇠퇴

사회발전의 원동력은 이문화와의 접촉과 융합이다. 온통 동질적 구성원만으로 결속된 사회는 창의력을 얻기 어렵다. 인간은 거울을 보는 것만으로는 새로운 무엇을 만들어 내기 어렵다고 하지 않는가?

노예제를 기반으로 한 고대 그리스에서는 폴리스 간 전쟁에서 사상자가 발생하여 당사자나 그 가족이 곤궁하게 되면, 폴리스가 주체가 되어 자유민에 한하여 구제를 행했다. 그 구제가 암즈(alms)다. 노예는 그 대상이 아니었다. 그러나 다른 한편 그나마 그리스와 로마는 일정 범위 내에서 노예나 주변민족의 동화를 인정했다. 로마 초기의 급속한 사회발전, 그리고 로마의 장기 존속에는 전쟁에서 패배한 타민족에게도 로마 시민권을 부여하는 포용정책이 작용했다. 차별이 더 심했던 그리스에서도 야만인이라고 규정된 사람들에게 개종과 동화를 통해 형식상으로는 그리스인이 될 수 있는 길을 열어 두었다.

유럽에서 오늘날 인종차별에 직접적인 영향을 준 큰 전환점은 대항해시대(15~17세기)다. 이 시기에 새로운 차원의 인간차별이 행해지고 그 차별을 정당화하는 교묘한 교설들이 생겨났기 때문이다. 스페인은 대외적으로 아메리카나 아프리카의 수많은 선주민들을 노예로 삼으면서 대내적으로는 국내에 살던 이교도나 이민족에 대한 무자비한 차별과 박해를 제도화했다. 그래서 인종차별은 근대 유럽의 발명품이라고 일컬어진다.

스페인의 역사적 사례는 관용사회가 어떻게 발전하는가를 보여줌과 동시에, 반대로 무관용사회가 어떻게 쇠퇴하는가를 선명하게 보여준다. 15세기까지의 스페인은 비교적 관용적 사회였다. 스페인 지역을 오랫동안 지배했던 이슬람 세력이 크리스트교에 비하여 종교적으로 관대했다는 사정도 작용했다. 유럽에서 유대인들이 가장 살기 좋은 곳이라는 평판도 있었다. 약 50만 명 규모였다고 알려진 유대인들 그리고 많은 이슬람교도 중에는 금융전문가나 과학기술자들이 많았고, 그들은 스페인 번영에 크게 공헌했다. 그러나 15세기에 들어 스페인이 가톨릭 순수혈통주의를 표방하고 급격한 종교적 동질화가 추진되면서 사회분위기는 표변했다. 1478년에는 이단을 심문하는 종교재판소가 공식적으로 설치되어 가톨릭신자가 아니라는 이유만으로 많은 사람이 죽임을 당하는 비극이 시작된다. 여기가 스페인 쇠퇴의 기점이다.

1492년은 콜럼버스가 신대륙을 발견한 해다. 그런데, 그만큼이나 중요한 두 가지 역사적 사건 또한 바로 그해에 일어났다. 하나는 스페인 영토를 일부 지배하던 이슬람을 국토에서 완전히 몰아낸 정치적 통일이다. 다른 하나는 유대인의 국외추방을 결정한 알함브라 칙령이다. 사실 이들 세 가지 역사적 사건은 서로 깊은 연관성을 가진다. 15세기 말부터 이교도에 대한 박해가 강화되자 유대인 유력자들은 스페인 탈출을 모색했다. 콜럼버스 항해의 주 스폰서는 개종한 유대인, 즉 콘베르소(converso. 스페인어)였으며 선원 중에도 콘베르소가 상당수를 차지했다고 알려져 있다. 그렇기 때문에 신대륙 발견이 종교박해의 정점기와 시기적으로 일치하는 것은 결코 우연이 아니다.

가톨릭으로 개종하지 않았던 십수만 명의 유대인은 알함브라 칙령에 의해 즉시 국외로 추방되었지만, 개종 후 스페인 거주를 선택했던 유대인들도 많았다. 스페인은 그들 콘베르소가 국외로 탈출하지 못하도록 바다 가까이 살지 못하게 하면서 박해 수준을 높여갔다. 그리고 그 박해를 정당화하기 위해 콘베르소가 자신들과는 **생물학적으로 다른 인간**이라고 규정했다. 5대를 거슬러 올라가서 선조 중 유대인이 있다면 콘베르소로 규정되어 대학입학이나 공직 취임이 제한되었다. 그러한 박해는 프로테스탄트나 집시까지 확대되었고, 아시아인이나 아메리카 선주민도 극단적 차별의 대상이 되어 가톨릭 개종이나 스페인사회에의 동화조차 허락되지 않았다.

인간차별로 말미암은 많은 사람들의 국외추방 내지 탈출은, 당사자의 고난은 제쳐 두더라도 인재 유출로 인한 금융산업의 파산으로 이어졌다. 신대륙에서 막대한 금을 착취하여 계속 유입했음에도 불구하고 스페인이 16세기말 재정파산을 맞게 되는 결정적 요인이 이것이었다. 스페인과 대조적으로 15세기말 이후 유럽에서 다양성에 가장 관대했던 네덜란드에는 종교와 사상의 자유를 구하여 많은 우수한 인재가 모여들었고, 그것이 네덜란드가 강대한 독립국으로 발전하는 계기가 된다. 엘리자베스 시대의 영국 발전도 그와 유사한 양상을 띤다.

가짜 과학으로 정당화한 인간차별

신대륙 발견 직후부터 스페인에 의해 자행된 아메리카 선주민의 노예화와 가혹한 학대는, 그것을 목격한 성직자들이 본국이나 로마 교황청에 문제를 제기하기도 했으므로 로마 교황청도 그에 대한 입장 표명을 하지 않을 수 없게 된다. 1537년 로마 교황 파울스 3세는 **아메리카선주민도 인간이며 가톨릭 선교의 대상**이라는 것, 그리고 노예제도의 금지를 내용으로 하는 칙령을 발표했다. 스페인에서는 1550~1551년 '인디오는 인간인가 아닌가'를 둘러싼 소위 바야돌리드 논쟁(Valladolid Debate)이 있었고, 그 결과 인디오도 신의 자손이라는 것이 받아들여져서 그들에 대한 학살행위는 어느 정도 개선되었다고 한다.

그러나 노예제도는 개선되지 않았다. 노예제를 경제석 기빈으로 삼고 있던 귀족 등 식민주의자들은 오히려 노예제와 인종차별의 정당화를 위해 그럴듯한 교설들을 꾸며냈다. '**노예는 노예로서 창조되었으므로 노예제는 인간이 만든 것이 아니다**'라고 하는 거짓 과학을 마치 사실인 양 포장하는 것이 그 목적이었다. 인간이 환경적 요인에 의해 우열이 결정된다는 식의 설명은 불편한 진실이었다. 왜냐하면 그것은 노예에게도 백인처럼 될 가능성이 열리기 때문이었다.

처음 등장한 것은 소위 퇴화설이었다. 모든 인간은 애덤과 이브를 그 기원으로 하지만, 비백인은 기후나 생활조건, 기독교문명으로부터의 고립 등에 의해 퇴화했다는 설명이다. 그러나 식민주의자는 보다 과격한 설명을 필요로 했다. 과학적 근거가 전혀 없더라도 비백인은 백인보다 열등하게 태어났다는 것, 즉 **그들과 백인은 생물학적으로 다른 인종**이라는 것을 선명하게 제시해 주는 설명을 구했던 것이다(朴·村岡他, 2023).

그러한 요청에 부응하여 성서에도 도전하는 과격한 설명이 등장한다. 애덤의 창조 이전에 이미 비백인 같은 인류가 존재했다는 설, 혹은 흑인 등과 백인은 따로따로 창조되었다고 하는 설 등이 그러했다. 그러나 그러한 교설을 만들어낸 사람들은 과학자가 아니라 작명가였다. 아무런 근거도 제시하지 않고 명칭만을 교묘히 그리고 그럴듯하게 고안했기 때문이다. 그럼에도 이러한 비과학적 설명이 500년이나 지난 오늘날에까지 살아 남아 있다. **생물학적으로 서로 다른 많은 인종이 존재한다는 허위**가 마치 사실인 것처럼 받아들이는 사람이 의외로 많지 않은가? 왜 그런가 하면 그러한 허위의 설명도 시대의 변화에 대응하면서 대중 선동을 위해 설명방식을 교묘히 바꾸어 왔기 때문이다. 따라서 사스먼(김승진 역, 2022)의 주장대로, 인류는 생물학적으로 단일 인종이라는 사실을 바르게 인식하기 위해서도, 그리고 피부색에 관계없이 모든 인간이 인간다운 대우를 받는 사회를 만들기 위해서도 인종주의 역사의 성찰이 필요하다.

아시아의 두 얼굴: 인종주의 피해자, 그리고 그 속의 차별

인종차별의 가해자와 피해자는 반드시 고정되어 있는 것이 아니다. 가해자 커뮤니티 속에서도 차별받는 사람이 있고, 피해자 커뮤니티 속에서도 가해자가 있기 때문이다. 아시아도 그 예외가 아니다. 유럽에서 본 아시아의 이미지는 오리엔탈리즘이라고 불린다. 동양사회에는 서양보다 열등한 어떤 공통적 특질이 있다는 생각이다. 이 용어는 19세기 후반부터 사용되었으나 대항해시대 유럽에서는 그것이 상식이었다.

대항해시대의 아시아인은 야만인으로 취급되어 유럽의 문명인과 곧잘 대비되었다. 예를 들어 『방법서설』(1637)의 저자 데카르트는 다음과 같이 기술한다. "…같은 정신을 가진 같은 인간이라도, 어린 시절부터 프랑스인이나 독일인 사이에서 자라난 사람과, 중국인 혹은 식인종 사이에서 계속 살아온 사람은 얼마나 달라질 것인가…"(식인종이란 아메리카 인디언을

지칭한 것으로 알려져 있음) 그 시절 일본에서는 전쟁에서 패배한 지역민들이 인신매매되는 경우가 적지 않았는데, 그들 일부는 포르투갈 선교사나 상인들에 의해 해외로 팔려 나가기도 했다. 적어도 16세기에는 인신매매된 중국인과 일본인 노예가 포르투갈 혹은 그 점령지(마카오, 마닐라, 인도 등)에서 확인된다(藤木, 2005; 渡邊, 2021; ソウザ・岡, 2021).

그러나 동아시아를 내부적으로 보면 그 속에 **공생과 양립하기 어려운 인간차별의 사상이나 관습**이 존재했다. 중화사상도 그 하나다. 중국은 고대부터 자신을 세계의 중심에 두고 그 주변의 민족을 네 가지 야만인(四夷. 동이, 서융, 남만, 북적-東夷・西戎・南蛮・北狄)으로 규정하여 멸시하는 시각을 가지고 있었다. 청나라 말기 유학자(정치가) 캉유웨이의 『대동서』(大同書)에는 인생에서의 6가지 고통이 제시되어 있었는데, 그중 두 가지가 야만의 고통과 변경에서 살아가는 고통이었다. 중국이 변경으로 취급하던 조선왕조나 일본에도 소중화주의라고 하는 자국중심의 세계관이 깊이 뿌리내리고 있어서, 서로를 미개국이라고 멸시하는 풍조가 있었다.

국경을 넘어선 인신매매나 납치도 고대부터 행해져 왔다. 전쟁에서 이기면 정복지역 주민을 인신매매하는 행위는, 일본에서는 적어도 10세기에 확인된다. 11세기 초, 아무르강 상류지역에서 바다 건너 키타큐슈(北九州)를 습격한 여진족에 의해 납치된 일본인 남녀는 1,300명을 넘었다(藤木, 2005: 76-77). 신라의 해적이 일본을 습격하는 일도 있었다. 왜구(14~16세기 큐슈 지역 일본인을 주축으로 고려인 및 조선인, 그리고 중국인 등으로 구성된 다국적 해적)에 의해 납치되어 노예로서 해외로 팔려간 조선인과 중국인도 많았다. 임진왜란 때는 군대가 주체가 되어 대대적인 조선인 납치를 행하는 만행이 있었다. 조선에도 15세기 초에는 일본인 노예가 존재했음이 공식 사료를 통해서도 확인된다.

일본정부(出入国在留管理庁)의 발표(2024.10.18)에 의하면 2024년 6월 현재 일본에는 소위 자이니치(在日. 흔히 북한국적은 재일조선인, 한국국적은 재일한국인이라고 불림) 혹은 재일코리안이 434,799명 거주한다. 그중 한국 국적

은 411,043명, 북한국적자는 23,756명이다. 10년 전인 2014년에는 각각 465,477명과 40,617명이었다.

일본식민지가 된 후 많은 한인들이 일본에 거주하게 되었다. 성공의 땅이 된 경우도 없지는 않았으나 민족이 다르다는 이유로 오랫동안 박해와 멸시를 받아왔다는 것은 역사적 사실이다. 차별이 당사자에게 깊은 상처를 남긴다는 점에서는 예외가 없지만 개인의 차별 체험은 주관적 성격이 있어서 때로는 상반되기도 한다. 내가 당사자들로부터 직접 들은 두 사례를 소개한다.

하나는 치매에 걸린 어느 재일한국인 노인의 이야기다. 2019년 오사카의 츠루하시(鶴橋) 지역에서 고령자케어 활동을 하는 동포분으로부터 이야기를 듣고 그 지역사정을 알아보는 모임에 참가했다. 지금은 한국음식을 즐기려는 사람들이 모이는 곳이기도 한 이 지역은 재일코리안이 집단적으로 거주해 온 지역이다. 거기서 들은 가슴 아픈 이야기다. 한 할머니는 치매를 앓은 뒤부터 일본어로 "와타시와 니혼진데스"(나는 일본인입니다)라는 말만 되풀이한다고 한다. 일본인이 아니라는 이유로 얼마나 차별과 멸시를 받았던 것인지 그 사무침을 짐작하게 한다.

다른 하나는 2019년 7월 26일 장애를 가지고 태어난 재일코리안 청년으로부터 들은 이야기다. 그날은 도쿄 근처 사가미하라(相模原)의 한 장애인복지시설 직원이 입소자 중증장애인 19명을 살해한 사건이 일어난 지 3년째 되는 날이었다. 그날 교토에서는 장애인차별문제를 반성하는 장내집회가 열렸다. 초청강연 연사가 지인이라는 인연도 있어서 나도 참가했다. 그런데 그 집회행사의 마지막 발언자가 〈YOU〉라는 이름으로 작사 작곡 가수활동을 하는 재일코리안이었다. 나는 그의 이름도 처음 들었다. 그는 기타를 반주하면서 자신의 인생을 소개했다.

그는 태어나면서 구순구개열이라는 장애를 가졌다. 일본에서는 약 500명에 한 명의 발생률이라고 한다. 그의 장애는 무거운 편이어서 발음도 어려웠고 어느새 코삐뚤이(鼻まがり)라고 불리고 왕따를 당하기도 했다.

그러나 부모님 사랑 등에 힘입어 어려움을 극복하고 여러 차례 수술을 통해 발음도 잘하게 되었다. 그는 노래 한 곡을 열창했는데, 노래명이 〈코삐뚤이라고 불린 소년의 노래〉(〈鼻曲がりと言われた少年の歌〉)였다. "코삐뚤이라고 불리던 소년은 오늘도 노래 부른다. 우리들에게 만들 수 없는 미래는 없다는 이 희망의 노래를…"이라고 시작되는 가사였다. 청중석에서는 열광과 탄식과 눈물이 있었다. 그 노래를 마치고 그 청년은 똑똑한 어조로 다음과 같이 말했다.

> 나는 자이니찌로 태어났습니다. 살아오면서 얼굴에 있는 장애로 말미암아 많은 차별을 겪었습니다. 그러나 일본에서 태어나 36년 반을 살아가면서 적어도 나는 자이니찌라는 이유로 차별 받은 적은 한 번도 없습니다.

전통사회는 공동체사회였다는 환상

우리는 선통사회가 상부상조의 미덕이 일상화된 공동체적 사회였다고 믿는 경향이 있다. 그러나 그것은 현 사회의 도피처 찾기가 만들어낸 환상이다. 김동리의 〈바위〉(1936)의 주인공은 한센병으로 말미암아 가족이 파괴되고 주민들의 멸시와 폭력 속에서도 모진 목숨을 이어가는 술이 엄마다. 효자 아들 술이는 장가 밑천으로 마련해 둔 저축을 어머니 약값으로 다 써 버리고 돈 번다고 집을 나갔다. 남편은 "이 원수야 그만 죽으렴. 지금이라면 나도 묻어줄 힘이라도 있으니"라며 박대했다. 그런 남편이 비상이 든 찰떡을 놓아 두고 나갔을 때 그녀는 그것을 삼켰지만 토해버려서 끝내 죽지도 못했다. 술이 엄마는 그 길로 집을 나와 오갈 곳 없는 사람들이 모여 사는 기차다리 밑에 토막을 지었다. 그 근처 소원을 들어준다는 복바위를 만지며 그리고 주민들이 지른 불로 그녀의 토막이 불타는 것을 바라보면서, 아들과의 만남만을 빌던 그녀는 죽어간다.

전통사회는 서로 돌보는 사회였다고 생각하기 쉽다. 그런데 그런 공동체사회는 과거에 실제로 존재했을까? 실재하던 공동체사회가 근대에 들

어서 와해되었을까? 공동체사회 와해설은 사회과학계에도 뿌리 깊게 남아 있지만, 그것은 안이한 견해다. 왜냐하면 **공동체사회란 근대화와 더불어 도시 중심의 이익사회가 만들어지기 이전의 사회를 지칭하기 위해 만들어진 개념**이었기 때문이다. 요컨대 이익사회가 가진 문제점들을 비판하기 위해서 전통사회를 미화하고 싶었던 사람들이 만들어낸 환상의 이미지인 것이다.

자본주의 출현 이전에도 공동체적 생활양식이 주류였다고 보기 어렵다. 어느 시대 어느 사회에도 공동체적 인간, 반(反)공동체적 인간, 비(非)공동체적 인간이 뒤섞여 살았기 때문이다. 물론 이 삼자의 조합은 시대 상황과 지역 상황에 따라 다른 모습을 띤다. 확실히 전통사회에서는 상호부조를 기본으로 하는 지역공동체가 오늘날에 비하면 많았다. 그것은 사실이다. 그러나 내적 결속이 강한 사회는 외부세계에 매우 폐쇄적이고 배타적이었다는 사실 또한 잊어서는 안 된다. 사회의 안쪽으로도 바깥쪽으로도 모두를 아우르는 관대한 사회, 서로 돌보는 사회를 만들어 보자는 의식적인 운동성은 오히려 오늘날 더욱 활성화되고 있다고 나는 생각한다. 따라서 **우리의 희망은 과거의 전통사회에 있는 것이 아니라 미래의 이상사회**다. 이상사회 실현을 위한 실천과제를 하나씩 해결해 나가는 노력과 의지가 우리의 희망이다.

4. 돌봄사회의 전제: 행동하기와 변하기

돌봄사회 실현의 전제

돌봄사회의 시작은 우리가 돌보지 못했거나 소외시켜 온 사람들에 대해 반성적 태도를 보이는 것이다. 사회정책학자 티트머스(R. Titmuss)는 경제발전에 치중한 나머지 생활환경의 악화에 직면한 사람들에 대해 '반성하고 사과하는 자세'가 사회복지의 동기라고 통찰했다. 미래를 위한 진지한 약속에는 반성적 태도가 필요하다. 예를 들어 치매노인에 대한 사회지원체제를 약속할 때도 먼저 반성적 태도가 필요하다. 어떤 것이 약속이고 어떤 것이 레토릭인가? 그 판단기준은 '책임을 다하지 못하여, 혹은 대응이 늦었다는 것에 대해, 국민에게 진정하게 사죄하는 마음을 가지는가 아닌가'라고 나는 판단한다. 우리는 물론 치매 국가책임제라는 목표를 가질 수 있다. 중요한 것은 그 목표 이전에, 치매에 대처해 온 모든 국민과 가족에게 감사하는 마음, 대처가 늦었다는 것에 대해 사과하는 자세다.

돌봄 및 케어의 대상이 되는 타자의 범위는 극히 넓다. 그래서 그 용례 속에서 공통 요소를 추출해 내기가 쉽지 않다. 예를 들어 '기후 돌봄'과 '치매노인 돌봄'이라는 두 가지 주제를 돌봄이라는 하나의 기준으로 논의하기는 어렵다. 이 책은 돌봄 및 케어를 가능한 한 인간을 대상으로 하는 행위에 한정한다. 물론 돌봄과 케어를 목표로 하는 국가정책이나 국제정책도 논의의 대상이다. 국가 간 상호의존이 점점 더 깊어지는 국제환경에 대응하여 글로벌 거버넌스의 대상도 넓어지는데, 그중 케어노동자의 국제이주 문제는 이 책의 논의와 관련된다. 1990년대 이후 노동자의 국제이주는 급증했다. 케어전문직 양성은 그 나라의 공적 부담에 의해 행해지는 경우가 많다. 따라서 개발도상국에서 교육과 훈련을 받은 케어전문직이 선진국으로 유입되는 것은, 그 나라의 심각한 인력부족과 가족의 분열 등 사회문제를 발생시킨다. 더구나 값싸다는 동기로 외국 노동력을 받아들이는 국가에도 돌봄노동자의 사회적 지위를 낮추는 문제를 야기한다. 한마디로 국제적 공생과는 모순되는 일이다.

돌봄사회를 지향한다면 초월해야 할 인간의 범주가 있다. 민족, 국적, 출신지역, 성별, 성 자의식 및 성적 지향, 연령, 신체적 정신적 상황, 종교적 문화적 배경, 사회적 지위, 경제상황 등이 그것이다. 지금까지 돌봄 및 케어 논의에서는, 주된 관심대상자가 어떤 형태로든 케어나 서포트를 상시로 필요로 하는 사람들이었다. 아동, 장애인, 고령자, 저임금자나 비정규 노동자, 여성, 빈곤자, 병약한 자 등이 그들이다. 이 책에서는 거기에 케어러 및 케어노동자를 그 대상에 포함시킨다.

케어사회 실현을 위해서는 우선 두 가지가 필요하다. 하나는 돌봄사회라는 목표에 대한 국민의 합의와 협력이다. 국민의 협력이란 구체적으로 말하면 돌봄과 케어의 지원에 필요한 경제적 부담을 분담할 용의다. 돌봄사회란 단순히 인권 등 의식수준만의 논의가 아니다. 그에 필요한 책임을 행동으로 분담하는 자세가 필요하다. 모든 인간이 인간다운 삶을 영위할 권리를 가진다는 생각은 이미 대부분 공유되어 있다. 문제는 그 실현을 위한 행동이다. 두 번째 전제는 케어사회 실현을 위해서는 다수자의 변화가 필요하다는 것이다. 흔히 케어의 대상이라고 여겨져 온 사람들을 포함하여 사회 전체가 스스로 변화해야 한다는 명확한 인식이 필요하다는 것이다.

행동을 수반한다는 것

이 책은 케어를 행동과 태도의 변화를 수반하는 실천적 개념으로 파악한다. 케어는 니즈를 가진 사람에 대한 구체적 원조행동이다. 그러므로 돌봄사회의 실현을 목표로 시도되어 온 다양한 실천사례나 정책사례를 활용하면서 돌봄사회를 가능한 한 구체적으로 논의하고자 한다.

돌봄사회는 행동이 수반될 때 그 실현이 가능해진다. 요구되는 행동이란 예를 들어 빈곤해소를 위해서는 보다 무거운 재정 부담을 질 용의가 있다고 하는 국민의 마음 준비와 같은 것이다. 돌봄사회에는 찬성하지만 새로운 부담이 생기는 것은 찬성할 수 없다는 자세라면 그 실현은 어렵다. 나는 어떤 사회라도 적어도 20% 정도의 사람들은 상시로 케어를 필요로 하고, 나머지는 케어의 예비군이라고 보고 있다. 경제적인 지원의 측면에서 보아도 마찬가지다. 20%와 80%라는 수치는 나의 주관적 기준

일 뿐이지만, 만약 80%에 속하는 사람들에게 보다 나은 사회를 위한 부담용의가 없다면 돌봄사회의 실현은 어렵다고 생각한다. 하물며 그 80%에 속하는 사람들이 국가원조에 기대려고 한다면 희망은 없다.

복지사회의 기초가 되는 의식을 흔히 복지마인드라고 부른다. 말은 마인드지만 그것은 단순히 생각 수준에 머무는 것이 아니다. 즉 인간 존엄이라는 가치관을 가지는 것만이 아니라는 뜻이다. **인간존엄의 실현을 위한 행동이 수반된 것이 복지마인드**다. 영국의 온라인신문 『인디펜던트』(*The Independent*)의 기사(2014.4.14)는 케어란 곧 행동이라는 것, 나아가 스웨덴이 돌봄사회라고 불리는 이유가 단순히 훌륭한 가치관 때문이 아니라 행동력을 가지고 돌봄 실현을 위해 노력하는 시민의 힘 때문이라는 사실을 감동적으로 전해준다.

스웨덴에 거주하는 부인과 두 아이를 가진 크루드인 남성이 스웨덴 정부에 난민인정을 신청했다. 그러나 심사결과 난민으로 인정받지 못했고 국외추방이 결정되었다. 그는 스웨덴 중부도시인 에스테르슨드(Östersund) 공항에서 스톡홀름행 비행기에 태워져 최종적으로는 이란으로 강제 주방되있다. 그는 에스테르슨드 공항의 탑승 게이트에서 탑승을 기다리던 승객들에게 자신의 어려운 처지를 호소하며 도움을 요청했다. 그의 호소에 일리가 있다고 판단한 스웨덴 승객들은 비행기에 일단 탑승한 후, 이륙을 저지하는 행동 그것도 지극히 평화적인 행동을 시작했다. **안전띠를 매지 않음으로써 비행기 이륙을 못하게 한 것**이다. 그 크루드인에게는 일시적인 구제(재심사 기회)가 필요하다는 생각을 행동으로 보여주었던 것이다. 결국 당국은 그 당사자를 비행기에서 내리게 했다. 그랬더니 승객들은 안전벨트를 매기 시작했고, 이윽고 비행기는 이륙했다.

자료원: *The Independent* (2014.4.14.)

모든 사회구성원에게 요구되는 태도 변화

돌봄사회가 행동이나 태도의 변화를 수반하는 사상이라고 하자. 그 행동의 변화가 필요한 사람은 누구인가?

사회에 다수자와 소수자가 있다고 하자. 보다 좋은 사회를 만들기 위해 변화가 필요할 때 그 변화는 다수자에게도 소수자에게도 요구된다. 다만 그 양자가 실제로 변하는 경우도 변하지 않는 경우도 있다. 그 관계를 조합으로 나타내 본다면 다음 네 가지 유형이 되겠다(표 1-1).

표 1-1 다수자 소수자의 변화 유무와 그 조합

		주류사회 / 다수자	
		변화 없음	변화
소수자	변화 없음	I 격리, 각자도생	II 동화
	변화	III 동화	IV 공생/서로 돌보기

첫 번째 유형 I 은 다수자도 소수자도 행동의 변화를 요구받지 않고 아무런 변화없이 각자 살아가는 유형이다. 격리 혹은 각자도생이라고 표현할 수 있겠다. 다수자와 소수자는 서로 격리된 채 상대방의 커뮤니티를 '그들의 커뮤니티'라고 간주한다. 비록 거주지를 같이 한다고 하더라도 서로간 소통과 교류와 협력이 없는 경우다.

두 번째는 어느 한쪽만이 변화를 요구받고 어느 한쪽만이 행동의 변화를 일으키는 유형II와 유형III의 경우다. 이것은 동화(同化)라고 표현할 수 있겠다. 사실 소수자의 행동변화가 없는 가운데 다수자가 일방적으로 행동을 변화시키는 경우란 드물기 때문에, 현실적으로 나타나는 것은 유형 III일 것이다. 소수자에게만 행동과 태도의 변화를 요구하는 것이다. 소수자 고유의 가치관과 생활문화를 포기하고 다수자의 가치관을 받아들이도록 강요하는 유형이다. 그 배경에는 주류 사회는 정당하므로 개선해야 할 것이 없다고 하는 완고한 의식구조가 있다.

세 번째는 소수자에게도 다수자에게도 사고방식과 태도의 변화를 요구하고 양자가 변화하는 경우이다. **각자가 고유의 가치관을 가진 채, 상대와의 다름을 받아들이고 태도를 수정하면서 서로 가까이 다가서는 것**이다. 이러한 삶의 방식이 바로 유형Ⅳ의 공생, 서로 돌보기다. 공생은 다수자끼리도 소수자끼리도, 다수자와 소수자끼리도 서로 돌보는 삶의 방식이다.

요컨대 서로 돌보기란 소수자와 다수자의 분리도 아닐 뿐더러 소수자에게 일방적으로 적응을 요구하는 것도 아니다. 양자가 태도의 변화를 받아들일 때 비로소 돌봄사회의 길이 열린다. 그 실현을 가로막는 가장 단단한 벽은 '다수사회에 태도 변화가 필요할 리 없다'라고 하는 인식이자 태도다.

5. 돌봄사회의 인간관과 사회관

약한 존재, 상호의존의 존재

인간은 약한 존재다. 그래서 인간은 의존하고 또 상호 의존한다. 의존과 상호의존 사이를 오가는 것이 인생이다. 그러므로 의존은 보편적인 현상이다. 케어는 인간이 기본적으로 약한 존재라는 것, 의존하고 상호의존한다는 생각의 기반 위에서 상호지지망을 만드는 행동이다. 비단 인간뿐만 아니라 만물은 서로 의존하고 서로 이바지하는 관계 즉 상의상자(相依相資)의 관계로서 존재한다. 이것은 흔히 연기법으로 불리는 불교의 기본적인 인식방법인데, 실은 매우 사회과학적 인식방법이다.

흔히 약한 인간이란 출생기와 종말기의 두 시기만이고 그 이외의 시기는 약하지 않다고 생각하기 쉽다. 그러나 인간은 약하고 그 약함이 현저히 나타나는 시기가 있고 그렇지 않은 시기가 있을 뿐이다. 아리스토텔레스(『니코마코스 윤리학』 7권)가 논한 아크라시아(akarasia)는 '어떤 행위가 나쁘다는 것을 알면서도 욕망 때문에 그 행위를 하는 성향'이다. 아크라시아는 '약함'이라고 번역되는데 원 뜻은 '자제심 없음'이라고 한다. 아크라시아 논의가 시사하는 것은, 결국 인간이 이성에 의해 움직이는 합리적 존재가 아니라는 점이라고 생각한다. 합리적 인간이라면 나쁘다는 것을 알면서도 그 행위를 할 리가 없기 때문이다. 인간은 모든 것을 자제할 강함을 가지지 못한 존재다. 손에 조그만 가시라도 박히면 모든 관심이 거기에 쏠리고 마는 그런 존재다.

의존이라는 용어 자체에 대한 편견도 극복해야 한다. 인생의 전 과정에서 케어 니즈는 보편적이기도 하고 우발적이기도 한 방식으로 발생한다. "세상에는 두 종류의 사람이 있다. 하나는 지금 장애를 가지고 있는 사람이며, 다른 하나는 앞으로 장애를 가질 사람이다"라는 한 시각장애인 사회운동가(藤井克德)의 말은 케어 니즈의 보편성과 우발성을 말한다. 케어 니즈의 발생은 인간이 가진 근원적 약함이 구체적 모습으로 나타난 것이다. 따라서 타인의 케어 니즈에 대한 관심이 없다면 인간다운 삶은 불가능하다. 영유아기 돌봄이 없었다면 어떤 인간도 생명 보존이 불가능했다.

인간은 다른 동물에 비하여 출생 후 의존상태 기간이 길다. 걷기에도 적어도 약 9개월이 걸린다. 하라리(Y. Harari)(조현욱 역, 2015)는 인간이 다른 동물보다 돌봄에 더 많이 의존하게 된 기원을 다음과 같이 설명한다: "약 30만 년 전 아프리카에서 진화한 호모 사피엔스는 직립보행을 하게 된다. 직립보행은 여성의 산도(産道)를 좁아지게 하면서 인간의 뇌를 커지게 해서 출산 시에 산모의 생명을 위협했다. 그 리스크를 피하기 위해 인간은 태아가 충분히 자라기 전에 출산하게 되었다. 그런 만큼 탄생 후 절대적 의존기가 길어진 것이다."

실로 인간은 항상 도움을 주고 받는 거대한 서포트 네트워크 속에서

살아간다. 온전히 자기 힘만으로 살아가는 것처럼 행동하는 사람들이 우리사회에는 있다. 하지만 그것도 그 정도의 허세를 가능하게 하는 서포트 네트워크가 이미 사회에서 작동하고 있기 때문에 가능하다. 스웨덴 사회서비스시스템의 바탕에 있는 인간관은 "인간은 모두 장애인이다. 우리들은 우연히 비장애인으로 살고 있음에 불과하다"(須永, 2016: 78)라는 것이다. 지구상에서 돌봄사회에 가장 가까운 사회시스템을 만들었다고 평가 받는 스웨덴에서 오랜 경험을 가진 운동가의 말이다.

영국의 간호사이자 작가인 크리스티 왓슨(김혜림 역, 2021: 180)은 돌봄의 기능이라고 바꾸어 말할 수 있는 간호의 기능에 대해 다음과 같이 말한다: "간호의 기능은 간의 기능과 유사하다. 간은 감염을 통제하고 혈액응고와 조직재생에 관여하는 효소와 단백질을 만들어 상처를 치유하며, 건강유지를 위해 음식을 소화시켜 영양을 책임진다. 간호사들이 간처럼 몸 안의 독소를 직접 제거해 줄 수는 없지만 희망, 위로, 친절을 통해 나쁜 것늘을 변화시키려고 많은 시간을 들여 노력하는 것만은 확실하다."

인체기능을 건강하게 만드는 것이 간이라면 사회의 기능을 건강하게 돌아가도록 작용하는 것이 돌봄이다. 돌봄은 행동이며 그 행동은 인간의 몸을 통해 이루어진다. 그리고 그 몸을 선택적으로 움직이게 하는 것은 과학적 지식과 철학이다. 왓슨은 신규 간호사 시절에는 화학, 생물학, 약학, 해부학만이 간호의 영역이라고 생각했는데 20년간 간호경험을 쌓은 후에는 철학, 심리학, 예술, 윤리와 정치가 간호학의 실체임을 깨닫게 되었다고 술회한다. 질 높은 케어는 모든 영역의 학문적 지식과 통찰을 동원하지 않으면 확보하기 어렵다는 것을 시사한다.

상호의존성과 '대리고(代理苦)이론'

건강한 사람과 병약한 사람은 아무런 관련 없이 각자 독립적으로 존재하는 것처럼 보인다. 하지만 양자가 상호의존적 존재임을 이론적으로 증명

하려는 노력이 있다. '대리고이론'이 그것이다. 대리고란 고통을 대신해서 짊진다는 뜻이다. 의사이자 철학자 무라오카(村岡潔)의 창안인데, 나의 오랜 공동연구자이기도 한 그의 논지를 간략히 소개한다(朴·村岡他, 2023).

그에 의하면 병약자를 사회의 짐이라고 보는 사회적 편견은, 그들이 건강한 사람과 아무 관계없이 존재한다는 사고방식 때문에 만들어졌다. 그 배경에는 마치 과학인 양 포장된 우생사상이 있다. 병약자가 직면하는 신체적 정신적 사회적 부담 및 불이익은 모두 그들 자신의 책임이라는 생각이다. 무라오카는 이러한 반케어적 논리의 배경에 질병은 개인단위에서 일어난다는 인식이 있다고 지적한다. 그리고 그러한 사회적 편견에 대항하기 위해 그가 제시하는 통계가 다음의 질병발생률이다(표 1-2).

예를 들어 다운증은 인구 1천명에 한 명 정도 발생한다. 이 사실은 어느 집단에서나 본인 의사에 관계없이 1000분의 1이라는 확률로 불가피하게 다운증이 나타난다고 해석된다. 이들 질병발생률은 대체로 안정적으로 나타나는데, 그것은 다운증과 다운증 아닌 사람이 서로 관련되어 존재함을 보여주는 것이다. 즉 "1천명 중 한 사람이 다운증이 되고 999명은 다운증이 아니라는 것은, 분리해서 생각하기 어려운 하나의 현상"이라는 것이다. 무라오카는 이것을 한 사람이 다운증 리스크를 떠안음으로써 나머지 999명의 다운증 리스크를 대신 부담하는 관계로 볼 수 있다고 해석한다.

표 1-2 질병의 발생률과 모집단

질병	발생빈도	모집단
혈우병	7.4	100,000
가족성 대장폴리포시스	0.57	10,000
뒤쉬엔느 근위축증 Duchenne Muscular Dystrophy(DMD)	4~5	10,000
다운증	1	1,000
악성신물질(암)	28.3	10,000

자료: 村岡潔(2001)

무라오카는 이러한 인식방법을 불교의 보살사상, 이타행사상으로 연결지운다. 실제로 일본 헤이안(平安)시대(794년 수도를 현재의 교토로 옮긴 시기부터 카마쿠라[鎌倉] 막부가 성립하기까지 약 390년간의 시기)에는 자선활동이 활성화되어 있었는데 그 배경에는 대리고 구제사상이 있었다는 것이다. 실제로 병자나 빈궁자 등을 일반인들의 고뇌를 대신해서 받아주는 사람이라고 여겼다고 한다. 그렇게 보면 **병약자는 보살과 같은 존재**라는 것이다. 그는 다음과 같이 말한다: "보살은 중생의 고통을 대신 짐 지는 존재다. 그렇다면 보살은 어디에 있는가? 병원의 중환자실, 장애인 시설 등에 그들이 존재한다." 그의 저술은 한국에도 소개되어 있는데, 불교학자 김호성은 이 이론을 다음과 같이 요약했다: "그는 아프다. 고로 그는 보살이다."

이 이론은 가설적 수준이며 통계적으로 증명될 수 있는 것은 아니다. 또 다운증 등 당사자나 그 가족에게 직접적인 케어나 위안이 되기 어렵다. 하지만 희생자비난 이데올로기와 같은 강고한 사회인식을 바꾸고, 장애 및 질병의 발생을 사회와의 관련성 속에서 이해하게 함으로써 불건강자 등에 대한 인식 전환에 도움을 주는 사고방식임에 틀림 없다.

자립신화와 사회과학

상호의존의 인간관은 결코 자립(independence)의 가치를 부정하는 것이 아니다. 다만 **자립신화를 부정**할 뿐이다. 자립신화란 '다른 이의 도움을 받지 않고 살아가는 것, 케어 받지 않는 것이 곧 자립'이라는 생각이다. 만약 이 신화대로라면 세상 사람 어느 누구도 자립할 수 없다. 자립신화는 의존에 대한 편견과 한 쌍이다.

자립은 자신에 관한 일을 스스로 판단하고 결정하고 그에 따른 책임을 스스로 지려는 삶의 방식이다. 유머니튜드(Humanitude. 프랑스어. 제8장 참고) 제창자 지네스트(이인숙 외 역, 2019)는 **케어러는 케어 받는 사람의 자립을 보조하는 사람**이라고 규정한다. 케어는 케어받는자를 대신하여 무

엇인가를 결정하는 것이 아니라는 것이다. 신체를 거의 움직일 수 없는 상황에서도 인간은 어떤 형태로든 커뮤니케이션 사인을 보낸다. 비록 숙련된 케어러라도 그 사인을 모두 캐치할 수 없을 수 있다. 그러나 사인을 보내려는 의식이 있는 한(=살아있는 한) 그 당사자는 훌륭한 자립인이다. 이것이 진정한 자립 관념이며, 자립신화와는 거의 정반대의 관념이다.

자립이 이데올로기적 성격을 띠게 되면, 한편에서는 케어나 지원을 받는 사람에 대한 스티그마(stigma, 낙인)가 강화된다. 그리고 케어 받는 상태가 되는 것을 극단적으로 두려워하는 풍조가 만들어지기 쉽다. 간호철학자 트러벨비(長谷川他訳, 1974: 112)가 지적하듯이 타인의 신체적 케어에 의존하는 상황을 죽음보다도 두려워하는 풍조가 있다. 그 풍조는 원래 인간이란 것이 다른 사람에게 의존하면서 살아온 존재라는 명백한 사실조차도 망각하게 만들어 버린다.

자유주의적 개인주의는 의존을 모르는 "자립적인 성년의 몸을 기준으로 삼기에"(김영옥 외, 2022: 16) 돌봄이 필요한 사람은 정상성에서 이탈된 존재로 취급하는 경향이 있다. 이러한 풍조가 그리도 널리 퍼져 있는 데에는 철학과 사회과학이 그에 힘을 보탰기 때문이다. 데카르트의 이성주의는 자율적이고 이성적 인간만을 가치 있는 인간으로 보게 했다. 그것은 인간이 서로 돌보는 관계적 삶을 산다는 사실을 보이지 않게 하는 사고다. 다행히 흄이나 애덤 스미스는 인간감정의 중요성을 부각시켰다. 그러나 거의 동시대의 칸트 등장 이후 인간이 이성적 존재라는 인식은 오늘에 이르기까지 주류적 사고가 되었다. 머리가 손과 가슴을 지배한다고 굳게 믿어져 왔던 것이다.

교육영역에서도 감정노동, 케어, 연대노동 등이 경시되어 온 경향이 있다(린치, 김순원 역, 2016: 37). 거기에는 고전적 자유주의 교육에 있어서 중심적 지위를 차지했던 모범시민이라는 이상적 시민상이 있었다. 그로 인하여 교육학도들은 케어가 필요한 인간, 상호의존적 존재의 관계적 삶에 대한 준비를 하지 못하는 경향을 가졌다.

사회과학 중 일찍부터 발전한 경제학은 개인 한 사람 한 사람의 행동에 지나치게 주시한 나머지 인간이 관계적인 삶을 사는 존재라는 사실을 경시했다. 시장을 매개로 하여 행해지는 생산 매매 교환, 즉 국민소득(GDP)에 포함되지 않는 활동은 경제활동 혹은 공식적 노동으로 간주되지 않았다. 애덤 스미스 이래 경제학이 상정하는 인간상은 경제적 합리주의와 개인주의에 기초하여 행동하는 호모 에코노미쿠스다. 그것은 모유를 먹이는 여성과 대비되는 전통적 남성상이다. 나아가 남성적이 아닌 것(=감정이나 케어, 자기희생 등)이 여성의 특성으로 간주되었고(마르살, 김희정 역, 2017), 경제활동이 아닌 것은 의존적인 것으로 인식되었다. 그 후 19세기 초 선거권이 확대될 때는 재산을 가졌다는 이유로 남성에게 우선적으로 선거권이 부여되었는데 그것은 독립적인 남성과 의존적인 여성이라는 이분법적 사고를 강화했다.

마르살(김희정 역, 2017)은 "남성이 자기 가사도우미와 결혼하면 그 나라의 GDP가 감소하고, 자기 어머니를 양로원에 보내면 국민소득이 상승한다"라는 경제학자들의 농담을 소개하는데, 이는 가족돌봄이 국민소득에 포함되지 않음을 빗댄 것이다. 그녀의 문제제기는 『잠깐 애덤 스미스씨, 저녁은 누가 차려줬어요?』라는 책 제목에 축약되어 있다. 애덤 스미스의 가장 유명한 말의 하나가, "우리가 저녁식사를 즐길 수 있는 것은 정육점 주인이나 빵집 주인 등의 자비심 때문이 아니라 그들의 이익추구행동 때문"이라는 말이다. 이 말의 의미도 잘못 이해되고 있는 경향이 있지만(제8장 참고), 그 점은 후술하기로 하고, 애덤 스미스의 논의에는 보이지 않는 것이 있다. 그것은 정육점 주인 등의 일상을 돌보고 경제활동을 가능하게 해 주는 주부의 존재다. 애덤 스미스가 저녁식사를 즐길 수 있었던 것은 그의 어머니가 저녁밥을 차려주었기 때문이다. 그의 인류사적 업적도 일찍이 미망인이 된 이래 어린시절부터 노년까지 모든 일상을 뒷바라지 해 준 그의 어머니 마그릿 더글라스(Margaret Douglas)의 가사노동 없이는 불가능했다.

다만 한 가지 지적해 두고 싶은 것은, 자립신화 문제를 지적하면서 그 원흉으로 애덤 스미스를 지목하는 것은 본질을 잘못 짚은 견해라는 점이다. 애덤 스미스 이후 왜 그리 오랫동안 그 사고방식이 변하지 않았는가를 먼저 살펴야 한다.

돌봄사회의 모습

이상적 돌봄사회라고 하면 가장 먼저 떠오르는 인물이 영국이상주의의 원조 러스킨(1811~1900)이다. 영국이상주의는 자신들이 추구하는 이상사회를 그려 두고 그 실현을 위한 구체적 제도 만들기에 주력하던 사조다. 옥스포드대학의 미학 교수였던 러스킨은 의무교육제도나 노동조합의 성립으로부터 복지국가체제에 이르기까지 거의 모든 제도적 원리에 관한 아이디어를 제공한 인물이다. 노동하는 삶의 가치를 교육하기 위해 그는 학생들과 함께 옥스포드의 도로공사를 몸소 했고, 지식인의 빈곤지역 거주를 통한 사회개혁운동 즉 인보관운동(settlement movement)을 주도했다. 그는 물려받은 거액의 유산을 여러 분야의 사회개혁 실천가들의 재정지원에 쓰고 스스로는 급료와 인세로 생활하면서, “대지에서 식량을 얻듯 정직에서 행복을 추구하는 삶”을 실천하고 그러한 삶의 중요성을 사회에 호소했다.

러스킨은 예술과 아름다움의 경제적 가치를 발견한 선구적 경제학자이기도 했다. 그래서 노동자에 대한 예술교육에 큰 힘을 쏟았다. 초기 인보관 운동에 예술활동이 깊이 결부되어 있었던 것은 이 때문이다. 그는 1871년부터 1884년에 걸쳐 노동자에게 96통에 이르는 공개편지를 보내는데, 거기에는 노동자에 대한 깊은 사랑과 존경, 보다 살기 좋은 영국을 만들기 위해 교육에 거는 희망이 엿보인다. 그중 첫 번째인 장문의 편지(1871.1.1)[3] 내용은 다음과 같은 호소들로 이루어져 있다: “빈곤이 많

3 러스킨의 노동자에의 공개서한 중 25편의 편지는 Weare & Tyne, *Time and Tide*에 수록되어 있다.

이 존재하는 한 부유한 국가라고 불릴 수 없다… 이웃의 번영이 우리를 행복하게 한다… 나에게는 특별한 즐거운 의무가 생겼는데, 그것은 영국 젊은이들이 예술에 보다 관심을 갖도록 해야 한다는 것이다… 정부나 외부의 원조에 기댈 일이 아니라 우리의 번영은 우리 스스로의 힘에 달려 있다는 두려운 사실을 엄중하게 인식하기를 간청한다… 가장 기본적인 일은 의식주와 연료를 확보하는 일이지만, 그러나 의식주가 갖추어져 있지 않은 최악의 상황에서도 교육은 중요하다… 예술의 확대는 고용을 창출할 수 있다… 예술활동은 다른 직업처럼 수익성이 좋은 직업이 되어야 한다…"

그의 정치경제사상이 농축된 대표 저작 『나중에 온 이 사람에게도』(*Unto This Last*, 1862, 곽계일 역, 2020)는 영국복지국가 성립에도 직접적인 영향을 주었다. 그 속에 나타난 러스킨의 정치경제관은 **이웃을 행복하게 만드는 것이 내가 행복하게 사는 길**이라는 한 마디로 집약된다. 복지국가체제 성립에 결정적으로 기여했던 영국노동당이 결성된 20세기 초에 그 노동당의원들을 대상으로 '자신의 정치생활에 가장 큰 영향을 끼친 책'에 관한 의견조사가 있었는데 의원들의 압도적 다수가 이 책을 들었다. 러스킨을 자신의 스승이라고 명언한 마하트마 간디는 이 책이 자신의 인생을 바꾼 책이라고 평가하면서 자신의 글로 개작하여 출간하기도 했다. 러스킨과의 만남은 나에게도 인생 최대의 행운의 하나다.

『나중에 온 이 사람에게도』라는 책 제목은 마태복음(20장)의 다음과 같은 일화에서 따온 것이다.

> 천국은 일꾼을 구하러 아침 일찍 시장에 나선 포도밭 주인에 비유된다. 그는 일거리 없는 사람들이 일할 수 있도록 포도밭으로 보내고 하루 임금 1데나리온을 약속했다. 그 후에도 그러기를 세 번 반복했는데 다섯 번째 시장에 나갔을 때도 일 없이 있는 사람들이 있었다. "왜 종일 일하지 않고 지내는가" 물었더니 "누구도 일거리를 주지 않았다"라고 대답했으므로 그들도 포도밭으로 보내 일을 주었다. 그 시각이 히브리시간으로 11시, 현재시간으로 오후 5시였다. 포도

밭 노동시간은 그 한 시간 후에 끝났고 주인은 관리인에게 모든 노동자에게 임금지불을 지시했다. 아침부터 일한 사람들은 한 시간만 일한 사람의 임금이 자신들과 같다는 것에 불평했다. 그에 대해 주인은 다음과 같이 말했다. "나는 부정한 일을 하지 않았고 1데라리온의 약속을 지켰어요. 자기 임금을 받았으면 다른 사람 임금에 신경 쓰지 말고 돌아가세요. 내 생각은 마지막에 온 사람에게도 1데라리온을 지불하는 것입니다."

일하고자 하는 사람에게는 일자리가 제공되고 일한 사람에게는 그날 하루 살아갈 수 있는 임금이 지불되는 사회, 그것이 천국의 조건이라는 것이 이 책 제목에 시사되어 있다. 다만 그것은 천국의 제도적 조건일 뿐이다. 아마도 러스킨이 더 중시했던 것은 천국의 또 하나의 조건, 즉 이웃을 공동체의 한 사람으로써 따뜻하게 받아들이는 사회문화였다. 풍요로운 삶이란 곧 이웃을 풍요롭게 하는 삶이라는 것이다. 마지막에 포도밭에 온 사람의 1시간 노동은 자신이 할 수 있는 최대한의 노동시간이었다. 그에게도 하루 빵 값의 임금이 지불되는 것에 이의를 제기하지 않는 사회, **그 마지막 사람의 행복이 곧 자신의 행복이라고 믿는 사람들로 이루어진 사회**, 그곳이야말로 천국이라는 것이다.

현대사회에서는 신체적 정신적 조건에 의해 혹은 출산이나 육아 등 일시적 사정에 의해 하루 종일 일할 수 없는 많은 사람들, 말 그대로 케어를 위해 경제활동을 중단할 수밖에 없는 사람들이 있다. 더구나 노동시장에서 배제된 사람도 있고 노동능력을 상실한 사람도 있다. 러스킨의 사상은 케어러를 포함한 모든 사람들의 생활을 보장하고 그들을 행복하게 만드는 것이 곧 우리사회 전체를 행복하게 하는 것임을 보여 준다.

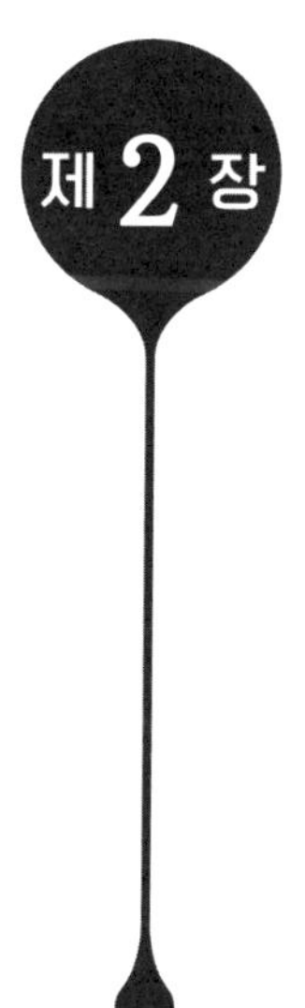

제2장 돌봄과 케어 : 사회 존속의 조건

돌봄과 케어: 사회 존속의 조건

생명보전과 인간다운 삶을 위해 인간을 돌보는 행위를 일단 '케어'라고 해 두자. 케어는 영어의 'care' 혹은 'caring'에 해당한다. 케어논의는 1980년대 초 미국에서 시작되어 오늘날은 전 지구적 관심사가 되어 있다. 서구의 저명한 저서들이 다수 우리말로 번역되어 있는데, 'care, caring'은 대부분 '돌봄'으로 번역되고 있다. 한편 윤리학이나 교육학 분야에서는 후술하는 길리건이나 나딩스의 '케어윤리(ethics of care)'가 비교적 일찍부터 소개되면서 '배려윤리'라고 번역되어 사용되고 있다.

한국에서 돌봄이라는 용어가 일반적으로 사용되기 시작한 것은 2010년경부터이며 그 이전에는 케어가 일반적으로 사용되었다. 그리고 지금도 여전히 케어가 사용되기도 한다. 또한 돌봄이라는 용어를 채택하여 사용하는 논객들도 그 용어의 적절성에 의문을 가지고 있음을 표명하기도 한다. 요컨대 한국에서 'care'는 케어, 배려, 돌봄으로 번역 사용되고 있다. 이들 용어는 전문용어지만 또한 일반용어로서 사용되기도 하므로 케어문제를 논의하기 위해서는 먼저 용어문제를 분명히 해 둘 필요가 있다.

1. 돌봄 및 케어의 용례와 구분

돌봄과 케어의 용례

교보문고 통합검색을 통해 케어 및 돌봄에 관한 저서를 검색하면(검색일 2024.6.2) 저서들은 주로 1990년대 말부터 발간되고 있다. 먼저 케어는 데이케어, 노인케어, 케어복지, 케어매니지먼트, 케어기술, 예방케어, 터미널케어, 임종케어, 식사케어, 예술케어, 헬스케어, 존엄케어 등으로 사용된다. 전체적인 경향을 보면 케어라는 타이틀의 저작물은 2010년경부터 줄어들고, 대신 돌봄이라는 이름의 저작이 증가한다. 『고통과 돌봄』, 『돌봄의 기술』 등과 같은 제목의 저서들은 2002년경부터 출간되고 2007년경부터는 그 수가 많아진다. 용례는 가족 내 돌봄노동, 신체적 돌봄노동, 돌봄제공(care giving), 돌봄사회, 돌봄 경제학, 완화돌봄, 배우자돌봄, 노노돌봄, 목회적 돌봄, 방문돌봄 등이다. 드물지만 기후돌봄이라는 용어도 있다.

이 책에서 케어는 다음 세 가지 차원으로 사용된다(그림 2-1).

첫 번째 차원의 케어는 아동, 임산부, 장애인이나 장기요양을 필요로 하는 고령자 등을 돌보는 행위다. 이것은 "신체적 케어를 기본으로 하면서 심리적 · 정서적 케어를 제공하는 대면적 활동"이다. 오늘날 흔히 사용되는 돌봄이라는 용어가 이에 해당된다. 돌봄은 가정 내에서 무급노동으로 제공되는 경우도 있고, 요양시설 등에서 유급으로 제공되는 경우도 있다. 이것은 흔히 재생산노동이라고 불리는데, 생산노동을 지속적으로 가능하게 하는 기반이 되는 노동이라는 뜻이며 가사, 출산과 육아, 가족돌봄 등이 대표적인 예다. 개발도상국의 경우, 부엌문과 텃밭이 연장선상에 있다는 뜻에서 자급농업을 재생산노동에 포함시키기도 한다.

이 의미의 케어 개념에 가까운 것은 린치(강순원 역, 2016: 84)다. 그녀는 'care'를 "한 사람 이상의 신체적 · 사회적 · 심리적 · 정서적 요구와 발달상의 요구를 보살피는 노동"이라고 정의하므로 돌봄의 개념에 가깝다. 장기요양(long-term care)도 이에 해당한다. 린치의 정의에서 주의할 것은, 교육이나 간호 등의 케어는 "인적 서비스 노동"이라고 규정하여 그것을 돌봄과 구분하고 있다는 점이다.

두 번째 차원의 케어는 돌봄 개념을 포함하면서 "인간의 신체적 · 정신적 건강과 발달을 위해 전문직이 제공하는 행위" 즉, 전문적 원조행위다. 이것은 보육, 교육, 간호, 사회복지, 보건의료 등의 영역에서 행해진다. 그리고 대부분 명칭독점 혹은 업무독점의 형태로서 전문직에 의해 행해진다. 다만 전문직이라고 해도 사회적 인정의 높낮이는 다양하며 사회적 인정 수준은 해당 직업에 관한 사회문화에 의해서도 영향을 받는다.

이 개념은 돌봄보다는 광의의 개념인데, 이 개념과 유사하게 사용된 저서로서는 김창엽 외(2022)가 있다. 이 책은 교육이나 간호를 돌봄에 포함시키고 있다. 하지만 의료(health care)는 돌봄 범위 밖의 것으로 여기는 것 같다. 즉 '진료행위를 제외한 케어노동'을 돌봄의 범위에 포함시키고 있다. 그러나 오늘날 국제기구는 의료를 케어에 포함시키며 이 책에서 사용하는 케어 역시 의료를 포함한다. 국제기구(ILO, WHO 등)는 케어노동자(care worker)의 범위에 의사도 요양보호사도 포함시킨다.

세 번째 차원의 케어는 첫 번째 및 두 번째 행위를 포함하면서, 타자에 대한 포용적 태도까지 포함하는 개념이다. 이것은 시민행동 및 시민의식으로 나타나는 케어다. 종교나 민족 사회계층의 다양성, 개인의 신체적 · 정신적 조건의 다양성을 인정하고, 그 위에 그들과 함께 살아가는 것에 가치를 둔 시민이 보이는 포용적 태도를 말한다. 이타주의적 태도, 공생의 사회가치를 실현시키기 위한 시민활동이나 자원봉사 활동, 헌혈 행위 등 인류애적 행위가 여기에 포함된다.

세 번째 차원의 케어는 정치적 의미를 가진다. 또한 그것이 세계적으로 케어 논의가 활성화된 배경이기도 하다. 후술하듯이 **케어에는 신자유주의가 추구하는 경쟁, 시장화 등의 가치에 대항한다는 상징성**이 있다.

또한 이 개념에는 케어사회에 친화적인 공공정책을 지지하는 시민적 태도도 포함된다. 그 바탕에는 '인간은 약한 존재'라는 인간관에 기초한다는 사실은 눈여겨보아야 한다. 신승철(2023: 105)은 케어제공자 받는자의 관계의 거리에서 볼 때, "근접거리 돌봄으로서의 사랑노동, 그 다음 거리인 돌봄노동으로서의 우애노동, 자신과 가장 먼 거리의 존재를 돌보고 사랑하는 연대노동이 있을 수 있다"라고 말한다. 여기서 말하는 노동 모두가 이 세 번째 범위의 케어에 해당한다.

케어제공자는 위의 케어의 유형에 따라 다르게 호칭되는 경향이 있다. 첫째의 경우, 무급노동(unpaid work)이라면 돌봄인, 케어러, 그리고 유급노동자는 돌봄노동자로 불리는 경향이 있다. 두 번째 케어를 직업적으로 제공하는 사람은 흔히 케어노동자 혹은 케어전문직으로 불리는데, 보육사, 사회복지사, 요양보호사, 간호사, 의사 등이 포함된다. 세 번째 케어를 수행하는 주체에는 이타주의적 시민, 배려, 공감, 포용을 실천하는 개인이 포함된다. 이 인간상은 상호적 인간(Homo-Reciprocans) 혹은 호모 쿠란스(Homo-Curans)로 불리는데, 이 두 가지 인간상은 호모 이코노미쿠스와 대비되는 의미로 흔히 사용된다.

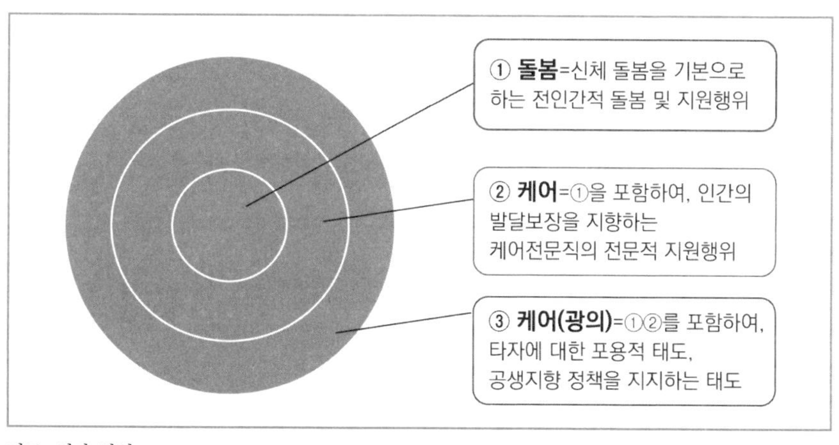

자료: 필자 작성

그림 2-1 돌봄 및 케어의 개념 범위

돌봄과 케어의 구분

전문용어를 가능한 한 엄격히 구분하는 이유는 그 용어의 범위를 어떻게 정하는가에 따라 연구범위가 달라지기 때문이다. 앞에서 케어의 의미를 세 가지로 구분했지만 그렇다고 해서 그 구분이 늘 명확한 것이 아니다. 예를 들어 돌봄이라고 해도 대면적 원조실천행위가 아니라 원거리의 원조가 포함되기도 한다. 나는 2017년 일본의 약년성(若年性) 인지증환자(65세 이하의 인지증) 당사자와 그를 돌보는 딸로부터 한 자리에서 직접 여러 가지 이야기를 나눈 적이 있다. 다음은 그 딸이 경험한 내용이다.

> 홀아버지는 50대 초에 약년성 인지증이 발병했다. 나이 들어가면서 조금씩 증상이 심해졌다. 나는 일반주택에 사는 아버지를 근처에 살면서 7.8년 돌보았다. 그동안 결혼도 했고 아이도 태어났다. 아버지는 평소에 조용히 지내지만 이른 새벽이면 두세 시간 진공청소기로 집 안 청소를 했다. 아무리 말려도 듣지 않았다. 청소기 소리가 크게 들리는 새벽이라 이웃에게 폐가 될까 늘 조마조마했다.
>
> 갓난 아이를 데리고 가서 아버지를 케어했던 어느 날, 비바람이 심하여 아이와 함께 아버지 집에서 하룻밤 자게 되었다. 그런데 그날 아버지는 새벽 청소를 멈추었다. 청소는커녕 좀 큰 소리만 내도 아기를 손으로 가르키며 조용히 하라는 시늉을 했다. 정말 뜻하지도 않게 케어러인 자신의 가장 큰 고민거리가 해소되었다(딸이 이렇게 이야기하는 동안 그 아버지는 그냥 남일 같은 표정으로 듣고 있었다).

사실 그 딸의 행위는 전형적인 돌봄이다. 그러나 이 사례는 돌봄이라는 용어에 포함되지 않는 케어의 장면을 보여준다. 그 아버지의 증상을 개선해 준 것은 굳이 따지자면 아기의 존재 그 자체다. 다만 그 아이가 돌봄 행위를 했던 것은 아니다. 하지만 케어관계로 맺어진 가족 속의 아기가 할아버지의 증상을 개선한 것이다. 그 바탕에는, 갓난아이는 특별히 보호받아야 한다는 풍토 속에 살아온 당사자의 경험이 있을 것이다. 어쨌든 이 상황은 돌봄보다는 케어가 적절한 용어라고 생각된다. 인지장애

어머니를 직접 돌보는 요양보호사 이은주(2023)의 에세이에는 곳곳에 정명이라는 어린 조카(조카손자)가 할머니나 이은주와 나누는 말들이 자주 등장한다. 주의가 산만한 성향을 가진 이 아이가 두 사람을 위해 돌봄행위를 하는 것은 아니다. 그러나 나는 두 사람이 이 아이에 의해 케어 받고 있다는 느낌을 받았다.

이 책은 위의 세 가지 유형의 케어 모두를 논의의 대상으로 삼는다. 따라서 케어논의에는 ① 돌봄문제, ② 케어전문직의 사회적 책임과 윤리문제, ③ 시민의 이타주의적 행동양식이 포함된다. 다만, 첫 번째 범위의 케어를 지칭할 때는 돌봄이 이미 널리 사용되고 있다는 점을 존중하여, 돌봄이라는 용어를 사용한다. 그 범위를 넘어선 케어행위는 케어라고 칭한다.

사실 돌봄에는 '상대방에 대한 일방적인 원조'라는 뉘앙스가 있다. 케어라는 용어를 돌봄으로 대체하기 어려운 중요한 이유의 하나가 이 점 때문이다. 케어라는 용어가 책제목에 들어간 일본 최초의 학술서는 의학자 카시와기(柏木, 1978)의 『죽어가는 사람들의 케어』다. 저자도 처음 케어를 책타이틀에 사용할 때에 망설임이 있었던 모양이다. 그의 술회에 의하면, 당시 책 제목으로 검토했던 용어는 간호, 원조, 배려의 세 가지였다고 한다. 하지만 세 용어 모두에게 '누군가가 특정인에게 일방적으로 무엇인가를 제공한다'라는 뉘앙스가 있어서 그냥 케어를 사용하기로 했다고 말한다.

확실히 **케어라는 용어에는 관계성과 상호성이 전제**되어 있다. 관계성과 상호성은 두 가지 차원에서 사용된다. 먼저 거시적 차원의 논의는 케어공급자와 케어수급자의 니즈를 상호관계 속에서 논의하는 것인데, 이 점은 놓치기 쉽다. 지금까지 케어 논의는 케어를 필요로 하는 사람의 니즈에 관심이 집중되는 경향이 있었기 때문이다. 그러나 케어제공자의 니즈 역시 관심의 대상이 되어야 한다. 양자의 니즈는 한 쌍이다. 그러므로 무급의 가족돌봄자, 열악한 노동조건의 돌봄노동자, 그리고 자율성과 윤리성이 약해지는 케어전문직의 윤리문제 등이 케어 논의의 대상이 된다.

한편, 실천적 차원의 상호성이란 '케어행위는 일방적 행위가 아니라 주는자 받는자의 상호관계 속에서 행해진다는 것', '케어를 제공하는 것에서 그 대상자로부터 케어 받는 부분이 있다'라는 말로 풀어 쓸 수 있다. 다만 특히 후자의 해석은 신중해야 한다. 왜냐하면 그것은 '과도한 부담의(=비대칭적) 케어'의 경우에는 해당되지 않을 수 있고, 돌봄 당사자에게 오히려 압력이 될 수 있기 때문이다.[1] 하여간 영유아의 돌봄 부담도 엄마 한 사람만의 과도한 부담이 아니라면, 부모 역시 아이로부터 케어 받는 부분이 있음을 부정할 수 없다. 동물을 케어하면서 그 과정에서 케어받고 성장할 수 있는 것이 인간이다. 교육자가 학생으로부터 케어 받는 일은 일상적으로 일어나고 있고 환자로부터 의료인이 케어 받는 경우도 그렇다.

돌봄이라는 용어

돌봄이 독립용어로서 사회서비스 영역에서 일반적으로 사용된 것은 아마도 2008년 노인장기요양보험제도 시행이 그 계기였던 것 같다. 그 이후 돌봄은 보건복지부 등 중앙정부와 지방공공단체, 학계에서 이미 널리 사용되고 있다. 다만 이 용어가 어떤 경위로 선택되었는지 분명치 않다. 정부 문서 중 처음으로 돌봄이 등장한 문서를 확인하는 것은 어려웠다. 정부는 돌봄을 공식적인 용어로서 처음 사용할 때, 용어사용의 의미와 배경을 공식적으로 밝히는 것이 도리였다고 생각된다.

먼저 돌봄 및 유사용어의 용례를 살펴보자. 『국어대사전』(이희승 편, 1988년 증보판)에는 '돌보다'라는 동사만이 실려 있는데 그 어의는 "(1) 도와 주다, (2) 뒤를 보살피다, 보호하다"로 되어 있다. '돌보다'는 사람 이

1 우리사회에서 어느 한 사람에게 짐 지워진 과도한 돌봄부담을 '독박돌봄'이라고 표현하는 논객들이 있다. 용어 사용에서 보다 케어적인 용어선택이 필요하지 않을까 생각된다.

외의 가축이나 사물에도 사용되는 말이었다. 그 명사형인 돌봄은 사전에 실려 있지 않으므로 돌봄은 비교적 최근에 사용되기 시작했음을 짐작케 한다. 네이버국어사전에는 돌봄이 다음과 같이 간략하게 정의되어 있다: "의학용어로서 건강 여부를 막론하고 건강한 생활을 유지하거나 증진하고 건강을 돕는 행위". 한편 두산백과에는 '돌봄노동(caring work)'이라는 용어가 실려 있는데, 어린이 등 약자부양, 자원봉사자의 무급노동, 보육 교육 의료 등에 종사하는 유급노동자의 노동, 나아가 치료견으로부터 도움받는 것이나 사람이 동물을 돌보는 것까지 포함하여 매우 폭넓게 규정하고 있다.

한국의 신문지상에서는 1997년 9월 6일자 복수의 중앙지가 테레사 수녀의 어록(『사랑의 등불 마더 테레사』, 1996)을 소개한 것이 케어라는 의미로 사용된 돌봄의 첫 용례로 보인다. 거기에는 1979년 테레사 수녀의 노벨평화상 수상 수감이 다음과 같이 소개되어 있다: "배고프고 헐벗고 집 없는 사람과 불구자 맹인 나환자, 아무도 원하지 않고 사랑하지도 않는, **돌봄**을 받지 못하고 오히려 사회에 짐이 됐던, 그래서 모든 사람들이 기피했던 사람들의 이름으로 이 상을 받게 된 것에 감사합니다."

법조문에서 돌봄이 처음으로 사용된 시기는 적어도 2015년(「가족친화 사회환경의 조성 촉진에 관한 법률 시행규칙」, 여성가족부령 제80호, 2015.11.4 시행)인 것 같다. 거기에는 가족친화환경을 조사할 때 "지역사회 가족돌봄 운영실태"를 조사해야 한다고 규정되었다. 그 이후 비교적 잘 알려진 「건강가정기본법」(시행 2020.5.19)에서는 위기가족에 대한 긴급지원의 한 종류로서 가족돌봄(아이돌봄, 가사돌봄)이 규정되었다. 법률명에 돌봄이 사용된 가장 최근의 예는 「의료 요양 등 지역돌봄의 통합지원에 관한 법률」(약칭: 돌봄통합지원법)(2024.3.26 제정, 2026.3.27 시행)이다.

한편 정부의 공식 직업분류에서 '돌봄서비스 종사원'이 2017년 공식적 직업으로 인정되었다. 통계청이 공표하는 한국직업표준분류 7차 개정(2018.1.1 시행)은 직업을 10개의 대분류로 나누는데 그중 네 번째가 '서비스 종사자'다. 그 안에 '돌봄 보건 및 개인생활 서비스직'이라는 중분류가 있는데 거기에 '돌봄서비스 종사원', '노인 및 장애인 돌봄서비스 종사원'이라는 직업이 공식화되어 있다.

돌봄에 관한 학술서, 번역서, 논문 등도 적지 않게 출간되었으나 돌봄의 의미를 학술적으로 정의하지는 않는 것 같다. 다만 사회복지사의 클라이언트 지원, 의료전문직의 병약자 케어를 돌봄이라고 칭하는 용례는 드물다. 한국사회에는 해외 저명학자의 번역서가 상당수 출간되어 있는데, 원저 제목에 있는 'care'는 대부분 '돌봄'으로 번역되어 있다. 노인장기요양보험 시행 후, 6개월 이상 돌봄을 필요로 하는 상태는 공식용어로서 장기요양이 사용되고 있다.

한편 돌봄의 의미를 가진 우리말 중 '수발'이라는 단어도 있다. 특히 2000년대 초 장기요양보험 시행을 앞두고 독일이나 일본의 제도를 수발보험이라고 부르던 시기가 있었으나 지금은 거의 사용되지 않고 있다.

케어의 기본 스텐스: 곁에 서기

서비스의 어원은 산스크리트어 'seve'(세바)다. 곁에 있어 준다는 뜻이다(박광준, 2020: 제2장). 돌봄의 스텐스는 곧 피돌봄자의 옆에 선다는 것이다. 깊이 새겨야 할 뜻이라고 생각해 왔지만 특히 그것을 통감한 계기가 있었다. 약 6년 전 일본인 히키코모리(은둔형 외톨이) 당사자의 이야기를 직접 들었던 경험이다. 32세의 그 청년은 거의 외출하지 않고 가끔 당사자단체에 참여하는 상태였다.

그는 8년 걸려 대학을 졸업했다. 3학년 때부터 수년간 자취방에서 나오지 못했기 때문이다. 그때 고등학교 친구가 가끔씩 그의 자취방으로 찾아왔다. 그러나 사람 만나기가 두려워 문을 열어주지 않았다. 그 친구는 우편함에 편지나 메모를 남기고 갔는데 그 내용은 그 자신의 근황이었다. 전문학교에 들어가 무언가 배우고 있는데 잘 안 되어 고민이다, 이런 책을 읽었는데 재미있었다, 등등. 가끔은 간편 우동 같은 음식을 우편함에 넣어 두고 갔다. 하지만 외부 음식은 무서움과 불안감 때문에 먹지 못했다. 그런데, 그 음식들은 생활쓰레기라서 그때그때 밖에 버려야 했는데 무서워서 외출을 못해 곤란했다. 그래서 다음에 그 친구가 오면 음식 넣지 말라고 말하려고 했다. 다음 방문 때 문을 열었더니 친구는 음악 공연 티켓을 한 장 주고는 학교 가야 한다며 곧장 돌아갔다. 그는 그 티켓으로 혼자 공연장에 가 보았다. 그것이 낮시간에 혼자서 한 첫 외출이었다. 그는 다음과 같이 회고했다.

> 만약 그 친구가 "너 왜 그러냐, 무슨 어려움이 있느냐, 조금이라도 도움이 되고 싶다" 등의 메모나 말을 했다면 아마도 문을 열어 직접 만나지 않았을 것입니다. 그런데, 그 친구는 편지에서도, 닫힌 현관문을 사이에 둔 간단한 대화에서도 늘 자기 자신의 이야기만 했어요. 요즘은 이런 일을 시작했다는 등. 친구의 그런 마음 씀씀이 덕분에 나는 외출할 수 있었어요. '너를 바꾸고 싶다'는 등의 말과 태도였다면 필경 그를 직접 대면하지 않았을 것입니다.

히키코모리는 신분이 아니라 하나의 현상일 뿐이다. 그 사람 요즘 기침을 많이 한다는 등의 상태를 표현하는 개념이다. 여건이 조성되면 언제나 밖으로 나올 수 있다. 이 사례에서 볼 때, 그들을 밖으로 나오게 하는 계기는 가끔 찾아와서 자신의 이야기를 하는 사람이다. 자신을 도와주고 싶다고 말하거나 실제적 도움을 주거나 하는 사람들이 아닐 수 있다. 클라인먼(노지양 역, 2020: 15)도 "케어의 핵심은 현존(presence) 즉 서로의 옆에 존재함"에 있다고 말한다. 자신의 곁에 있어 줄 사람이 필요한 것이다.

그런데 2023년 또 다른 히키코모리 당사자와 이야기 모임의 기회가 있었다. 그는 집에서 나와 히키코모리를 지원하는 카페에서 단시간 일하고 있었다. 모임 중 다음과 같은 두 가지 질문이 나왔다. 한 가지는 "가장 힘들 때, 죽고 싶다는 마음을 가지지 않았는가"는 대담한 질문이었다. 그는 담담하게 답했다: "죽고 싶다는 생각은 방을 나오고 좀 지나서야 떠오

른 생각이다. 자살을 생각하는 것 자체가 어느 정도 에너지가 있을 때 이야기다. 그때는 완전한 무기력 상태였으므로 아예 자살을 생각할 힘조차 없었다.” 다른 하나의 질문은, “히키코모리 자녀를 가진 부모에게 조언하고 싶은 것은?”이었다. 그는 “밖에 나가보라고 말하기보다는 집 안 어디든 좋으니 방 밖으로 가끔 나오라고 말하는 것이 좋다”라고 말했다.

2. 케어의 개념 정의

케어의 어의와 관련 용어

케어는 다양한 학문영역에 걸쳐 있는 실천행위다. 케어라는 용어가 널리 사용되기 시작한 것은 서구에서도 오래되지 않았다. 케어가 많이 사용되는 간호영역에서도 일반적으로 사용된 것은 20세기 중엽부터라고 한다. 번팅(김승진 역, 2022: 66-67. 김승진은 care를 돌봄으로 번역함)에 의하면 care는 보살핌, 관심, 걱정, 슬픔, 비통함을 의미하는 고대 영어 카루caru와 한탄이나 마음의 부담을 뜻하는 고대 게르만어 카라chara에서 나왔다. 그리고 돌봄은 늘 고통과 밀접하게 관련이 있었다. 그는 care의 어의를 다음과 같이 정리한다: ① 누군가 혹은 무언가의 건강, 복리, 유지, 보호를 위해 필요한 것을 제공함, ② 무언가를 정확하게 수행하기 위해 또는 손상이나 위험을 피하기 위해 들이는 진지한 관심과 고려, ③ 마음이 쓰이는 상황이나 감정. 번팅의 개념은 이 책의 케어 용례 범위와 대체로 같다. 즉 돌봄의 범위를 넘어서 있다.

한국에서 돌봄 혹은 케어를 주제로 한 저작의 학문분야는 간호학, 교육학, 노년학, 가족학, 유아교육학, 사회복지학, 사회학, 심리학, 여성학, 철학, 종교학, 의학 등 거의 모든 학문분야다. 좀 의외인 것은 법학 및 의학의 시점에서 케어를 논의한 저술이 드물다는 것이다. 왜 의아한가

하면, 서구에서는 철학과 의학 영역에서 출간되는 저작이 상대적으로 많기 때문이다. 사실 국내에 번역된 케어 관련 저작의 상당 부분이 의사 혹은 의학자의 저술이다. 일본에서도 1970년대부터 처음으로 등장하는 케어 저술은 주로 철학과 의학의 관점이었다. 말기환자에 대해 치료 중시에서 탈피하여 보다 인간적인 호스피스나 터미널케어를 도입할 필요가 있다는 의학계의 문제의식이 그 배경에 있다. 의료의 본질은 케어에 있다는 인식은 오늘날 의학계에 널리 공유되고 있다.

반면 국내에는 의사의 저작이 드물다. 호스피스 의사와 의료인류학자의 대화를 엮은 책(송병기, 김호성, 2024)이 그 드문 케이스다. 어쩌면 그 배경에 의학의 관심은 치료며 케어는 간호 등의 일이라는 사고가 있는지 모른다. 한편, 법학의 경우는 케어 시설 등에서 일어나는 돌봄 관련 사고가 소송으로 번지는 사례가 많기 때문에 그 판례분석이 중요한 연구과제가 되어 있다.

일본에서는 care의 발음표기인 'ケア'가 주로 사용되는데 전문직의 실천행위뿐만 아니라 일상에서도 널리 사용된다. 후생노동성(2002)은 장애인의 케어를 다음과 같이 정의한다: "간호, 개호, 개조(介助) 그리고 그 밖의 재활이나 의료를 포괄하고 장애를 가진 사람의 사회참가를 지원하는 모든 서비스를 포함하는 넓은 개념". 다만 신체돌봄을 주로 하는 장기요양의 의미로서는 '개호(介護. 카이고)'가 널리 사용된다. 2000년 시행된 개호보험제도의 영향이기도 하다. 개조는 개호보다 좁은 범위의 신체적 도움을 나타내는 말이다. 한국어의 돌봄 혹은 수발에 가까운 일상용어로서는 세화(世話, 세와)가 있다.

중국은 2016년부터 도시지역을 중심으로 노인장기요양보험의 시범사업을 개시했는데 2024년 7월에는 2025년부터 장기요양보험을 전면적으로 시행한다는 정부 발표가 있었다. 돌봄, 개호, 장기요양에 해당하는 한자어는 호리(護理=护理. 후리)와 조고(照顧=照顾. 자오쿠)가 있다. 중국의 제도명은 '장기호리보험'(長期護理保險)이다. 한편, 2017년 이후 노인장기요양

보험을 시행한 타이완은 그 제도 명칭을 '장기조고보험'(長期照顧保險)으로 하고 있다.

케어의 범위는 여전히 논란거리다. 국제기구가 사용하기 시작한 케어경제(care economy)라는 용어는 케어의 범위를 크게 확장했다. 케어경제는 직접적 케어노동과 간접적 케어노동으로 구성된다고 규정했고 직접적 노동에는 의료행위를 포함시키고 있으며, 간접적 노동에는 식사준비와 청소, 가사를 포함시켰기 때문이다. 케어경제는 후술하듯이 돌봄에 관련된 무급노동 전체를 공식적 경제체제 속에서 논의하자는 취지에서 사용된다. 그 목적은 케어경제에의 투자를 촉구하는 것이다. 케어의 범위가 워낙 넓으므로, 예를 들면 육아에 관련된 양육 케어(nurturant care)와 비양육 케어(non-nurturant care) 등으로 구분해서 케어를 보다 세부적으로 논의할 필요가 있다는 주장도 나온다. 확실히 양육 케어는 비교적 보편적으로 행해지는 것이고, 특히 영유아기 케어는 과도한 케어 부담이 되기 쉬운 만큼 고유의 특징이 있다.

실천 현장이나 학문 영역에서 다양하게 사용되는 케어라는 용어의 공통적 요소는 친절, 포용적 태도, 배려, 옹호, 서포트, 공감 등이다. '친절은 들리지 않는 사람도 들을 수 있고, 보이지 않는 사람도 볼 수 있는 언어'(마크 트웨인)이며, 그 자체가 케어다. 케어는 그것을 필요로 하는 대상에 따라 그리고 전문적 실천영역에 따라 많은 유사용어로 표현된다. 즉 돌봄, 의료, 큐어, 치료, 수발, 보살핌, 친밀성, 간호, 간병, 요양보호, 임종 입회, 육아, 보육, 발달보장, 사회복지실천, 교육, 사회화, 갱생보호, 재사회화, 사회복귀지원, 상담원조, 대인서비스 등이 그것이다. 그것을 정리한 것이 〈표 2-1〉이다.

표 2-1 케어와 관련된 용어들

대상 인구집단	케어 관련 용어
모든 사람	돌봄, 친밀성, 친절, 공생, 배려, 포용, 상호의존성 인식 등
병약자, 환자	치료, 간병, 간호, 임종케어(호스피스, 터미널케어)
장애인, 장기요양자	장기요양, 보호, 지역사회 계속거주(care in place)
아동, 피교육자	육아, 보육, 교육, 사회화, 상담지원, 사회복지실천
범죄 및 학대피해자	긴급보호, 일시보호, 생활지원
죄를 범한 자	재사회화, 갱생보호, 사회복귀지원
이주자, 이민	난민인정, 난민보호, 이민보호

자료: 필자 작성

케어의 철학적 정의

케어의 본질 논의는 철학적 주제다. 그리고 케어의 학문적 정의가 가장 일찍 시도된 영역이 철학이었다. 메이어로프(Mayeroff, 1965: 463-472; 田村他訳, 1987: 9-10)는 "케어(caring)란 타인의 인격의 성장과 자기실현을 원조하는 것"(1987: 8-10)이라고 정의했다. 이것이 케어에 관한 대표적인 철학적 정의다. 그는 케어 대상을 자신의 연장이자 성장욕구를 가진 독립된 인간으로 여기고, 그가 성장 방향성을 보일 때 헌신하는 자세로 그에 응답하는 것이 곧 케어라고 규정했다. 케어란 대상자의 발달에서 자기 자신의 행복감을 얻는 것, 그리고 그 타자의 성장에는 자신이 필요하다는 느낌을 가지는 것이라고 했다.

메이어로프의 정의의 특징은 무엇보다 케어의 상호상을 강조한다는 점이다. 즉 '타인의 인격 성장을 도와주는 행위는 그 과정에서 자신의 성장도 일어나기 때문에, 케어행위는 곧 케어 받는 것이 될 수 있다'라는 것이다. 다만 이 부분에는 비판도 있다. 비판은 특히 육아나 케어부담을 혼자 짐지고 있는 여성케어러의 경우, 혹은 중증장애인 혹은 와상노인 케어의 경우, 케어제공자와 받는자의 비대칭적 관계를 너무 가볍게 본다는 것이다. 이 지적은 일리가 있다. 다만 메이어로프가 말한 상호성이란, 자신이 제공한 케어에 의해 대상자에게 바람직한 성장과 자기실현 혹은 만족과 감사의 반응이 있을 때 그 결과로서 자아실현이 있을 수 있다는 의미다. 케어가 자신의 인간적 성숙을 위한 행위라는 뜻이 아니다.

외형적으로 본다면 확실히 어떤 형태든 케어주는자와 받는자 사이에는 비대칭성이 존재할 수 있다. 문제는 케어주는자의 자세다. 양자의 관계를 평등하게 만드는 것은 무엇보다 '약한 존재라는 인간관의 공유'라고 나는 생각한다. **약한 존재란 의존적이면서 상호의존적 존재며, 주는자도 받는자도 보다 더 성숙할 여지를 가진 존재라는 의미**다. 상호의존관계 그 자체에 배움이 있을 수 있다는 자세다. 누구로부터도 배울 수 있는 현인의 자세가 평등한 관계 유지에 필요하다.

확실히 케어 부담에는 비대칭적 요소가 있다. 그렇다고 케어가 주는자-받는자에게 상호이익을 줄 수 없는 것은 아니다. 상호이익이라는 것도 장기적 시각에서 볼 필요가 있다. 실제로 「2018 한국의 돌봄」 조사(서울대 국제이주와 포용사회센터)에 의해서도 이 사실이 뒷받침된다. 가정에서의 고령자 돌봄 경험에 관한 돌봄제공자의 주관적 평가를 보면 '돌봄으로 인해 삶을 잃어버리고 있다는 생각이 든다'(29%), '이 상황에서 벗어나고 싶다'(32%)는 응답도 많다. 하지만 '어르신을 돌보는 일에서 보람을 느낀다'가 52%('보람을 느끼지 않는다'는 11%)를 차지하고 있다. 내 주위에 시부모 두 분을 임종 시의 병원 입원 전까지 집에서 케어한 어느 고령부인이 있다. 돌봄 부담의 무거움은 짐작이 간다. 그런데 시부모가 돌아가신 후 그 분을 보았을 때 '인생을 달관한 사람의 평화'라고 할까 '내가 할 도리는 다했다는 프라이드'와 같은 기운을 느꼈다.

철학적 견지의 케어 논의에서 하나 더 소개하고 싶은 것은 헬드(김희강 외 역, 2017: 66-67. 김희강은 케어에 관한 중요한 저작들을 번역해 왔는데, 케어를 모두 "돌봄"으로 번역하고 있다)의 견해다. 그녀는 영어권에서 일상적으로 쓰이는 'take care of you'(조심해서 가세요)가 'goodbye'를 대신하는 것의 의

미를 상호성이라는 관점에서 성찰했다. 그것은 "내가 당신에게 마음을 쓰고 있으니까, '잘 보살피세요'(=위험한 짓, 어리석은 짓은 마세요)"라는 뜻이다. 그 말은 상대방에게 일어날 수 있는 일에 대한 **공동의 책임성**, **감정의 공유**를 의미한다고 헬드는 해석한다. 관계성과 유대가 케어의 본질적 요소임을 보여주는 견해다.

실천행위의 목표에 중점을 둔 케어 정의: 잉스터

케어는 행위다. 활동과정으로서의 케어는 다음과 같은 4가지 차원으로 구분될 수 있다(트론토, 김희강 외 역, 2021: 72-73): 즉 ① 걱정하는 것(caring about), ② 책임을 떠맡는 것(take care of), ③ 케어를 제공하는 것(care giving), ④ 케어를 받는 것(care receiving). 곧 관심, 책임성, 수행성, 응답성이다. 여기서 유심히 볼 것은 두 가지다. 첫째는 상식적 의미에서 흔히 ③이 곧 케어라고 이해하지만 케어 행위 이전에 상대를 확인하고 케어책임을 진다는 의식이 케어에 포함되어 있다는 것이다. 두 번째는 ④ 케어받는 것의 의미다. ①에서 ③까지의 행위의 결정자는 케어제공자다. 그러나 케어받는자는 주관과 감정을 가진 인간이다. 받는자에게 좋은 변화가 있거나 혹은 케어의 만족 여부에 따라 ①~③ 과정이 평가된다. "④ 케어를 받는다는 인식"은 케어의 완성을 의미한다.

잉스터(Engster, 김희강 외 역, 2017)의 케어정의는 매우 명쾌하다. "케어는 인간 존재의 심장(heart)"이라는 문장으로 시작하는 저서에서, 그는 '무엇이 케어가 아닌가'라는 관점에서 케어를 정의한다. **케어와 케어 아닌 것(noncaring)을 구분함으로써 케어의 개념정의를 명확히 제시**한다는 점에서 독창적이다. 잉스터의 케어 논의는 정치학을 기반으로 하기 때문에 사회과학도에게는 그 논리가 친근하고 또 이해하기 쉽다. 그는 어느 문화권에서나 보편적으로 적용될 수 있는 케어행위의 세 가지 목표를 제시하고 **세 가지 목표를 가지지 않는 행위는 케어가 아니다**는 접근방법을 취한다. 그의 정의는 다음과 같다.

> 케어는 사람이 사회에서 생존, 발달, 역할수행을 할 수 있도록 기본적 생물학적 니즈를 충족시키는 것, 기초역량을 개발 유지하는 것, 불필요한 고통이나 고난을 회피하거나 완화하는 것을 목표로 하여 인간을 도우는 여러 활동이다.

잉스터에 의하면 케어의 첫 번째 목표는 인간의 생명유지에 불가결한 생물학적 니즈의 충족이다. 예를 들면 죽음이나 QOL 피폐 등을 회피하려는 니즈다. 아동의 경우 최소한의 신체적 접촉뿐만 아니라 안전한 식수, 적절한 의식주, 충분한 휴식, 위생적 환경, 기본적 의료가 그에 포함된다. 이 견해는 어느 페미니스트가 케어 행위를 서비스 제공 행위와 구분하여 케어의 본질을 강조하는 것(Held, 2006: 32)과 공통점이 있다. 즉 어린 자식에 대한 식사제공은 케어지만, 요리를 잘 할 수 있는 남편에 대한 요리 제공은 서비스이며 케어가 아니라는 것이다.

성행위 니즈는 생명유지에 불가결한 니즈에 포함되는가? 잉스터에 의하면 비록 경우에 따라 성행위가 생물학적 니즈로 간주될 수도 있지만, 그것이 생존에 직결되는 니즈라고 보기는 어렵기 때문에 케어의 범주에 포함되지 않는다고 말한다.

케어의 두 번째 목표는 인간의 기초적이고 내재적인 역량(=감정, 상상, 이성, 읽고 쓰고 말하기, 계산, 다른 이와 관계 맺는 역량 등)의 발달과 유지를 도와주는 것이다. 이 역량들은 노동생활과 생존에 불가결한 자원의 습득능력을 높여 준다. 다만, 케어의 목표는 인간의 **'모든' 잠재적 역량의 발달을 도우는 것이 아니다**는 점 또한 잉스터는 강조한다. 예를 들어, 미적 감상능력의 개발을 도우는 행위까지 케어의 범주를 넓히게 되면, 자녀의 미적 감각 개발에 노력하지 않는 부모는 케어하지 않는 자가 되어 버리기 때문이다. 그는 그것을 케어 이상의 행위라고 말한다. 기초적이고 내재적인 역량 발달을 지원한다는 목표는 당연히 중증장애인이나 와상노인에 대해서도 마찬가지로 두어진다. 인간은 어떤 상태에 놓이더라도 적절한

자극과 케어가 제공된다면 반드시 발달(=인격 성숙)하는 존재기 때문이다.

케어의 세 번째 목표는 앞의 두 가지 목표와 부분적으로 겹치는데, 위험한 환경이나 질병 및 영양실조를 회피하도록 도우며 안전한 생활이 유지되도록 지원하는 것이다. 안전 확보는 장애 발생을 억제하여 사회적으로 케어 부담을 경감시킨다.

케어와 큐어

케어에 큐어(cure. Health Care)가 포함되는가는 더 이상 논란거리가 아니면서 또한 여전히 쟁점이다. ILO(2024)는 의사도 요양보호사도 케어노동자로 보기 때문에, 그 안에 직업간 분단이 현저하다고 말한다. 의료현장에서는 의사는 큐어를 전담하고 케어는 간호사 등이 역할이라는 관행이 있다. 하지만 큐어는 케어의 기반 위에 성립하는 것이다. 전설적 외과의 파레(A. Paré, 1510~1590)는 의사의 역할에 관하여 아래의 유명한 시를 남겼다. 이 시구 중에서 'relieve'나 'comfort'는 케어의 의미로 이해된다.

> To cure sometimes 가끔은 치료하고
> To relieve often 때때로 고통을 들어 주며
> To comfort always 늘 편안하게 해 준다

미국 내과학회(ABIM. 홈페이지)의 헌장에는 의사의 행동원칙 세 가지와 그에 기초한 열 가지의 헌신이 열거되어 있는데, 거기에도 모두 'care'가 사용되고 있다. 예를 들어 '케어의 질 향상에의 헌신'이라는 행동규칙에는 다음과 같은 내용이 포함되어 있다: "의사는 케어의 질의 계속적인 향상에 헌신할 것, 케어의 질 향상에는 임상능력의 유지뿐만 아니라 타전문직과의 협력을 통하여 의료과실을 줄이고 환자의 안전성을 높일 것, 의료자원의 과다 사용을 최소 수준으로 억제하여 최적의 결과를 기할 것".

그런데 병원에서 일하는 다양한 전문직 중에서 의사-타 전문직의 관계를 위계적 관계라고 여기는 풍토가 강하다면 의사-환자의 관계 또한 위계적인 관계로 여겨질 가능성이 크다. 케어보다는 큐어가 전문성이 높다는 인식, 큐어와 케어는 주역과 조역 관계로 보는 인식이 반영되기 때문이다. 한국문화는 인간관계의 위계적 질서가 강하므로 병원조직도 예외일 수 없을 것이다.

'의료에는 돌봄이 없다'(김창엽, 2022)라는 지적은 의료에서 케어가 주변화된 현실의 지적이다. 이 말은 의료에 '겸손/배려/공감'이 없다는 뜻이기도 하다. 사실 의료현장에서 큐어와 케어를 구분하는 경향은 어느 나라에서나 있다. 진정한 차이는 의료의 본질이 케어라고 하는 성찰의 목소리가 의사 커뮤니티 내부에서 나오는가 아닌가다. 우리말로 번역된 해외 케어 저술 중에는 의사의 저술이 적지 않다. 일본의 한 의대 총장(阿部, 1986: 5)는 1980년대에 병원에서 'para에서 co로'를 제창한 적이 있다. 병원에서 간호사 등을 'paramedical staff'라고 불러온 관행을 'co-medical staff'로 부르자는 호소였다. '의사가 중심, 주위의 다른 스텝'이라는 인식에서 '함께 일하는 공동멤버'라는 인식전환을 요구한 것이다. 케어에 관한 성찰이 의사사회 내부에서 나오고 있다는 증거다.

의사로서 케어를 언급한 홍창기(『동아일보』, 2009.10.10. 당시 아산의료원 원장)의 견해는 소개할 만하다(기사원문 그대로임): "완치cure가 불가능할 때도 돌봄care은 가능하다. 의사의 할 일에는 돌봄이 반드시 포함돼야 하며 돌봄을 통해 환자의 삶의 질을 향상시켜야 한다. 그러기 위해서는 환자가 소중하게 생각하는 것들을 알아야 하고 그를 잘 이해해야 하며, 환자를 한 '사람'으로 잘 알기 위해서는 많은 대화를 나눠야 한다. 때로는 반복적으로 조심스럽고 계획적으로 많은 대화를 나눠야 한다. 환자의 삶의 질을 높이는 방법을 환자나 그 가족과 함께 모색하는 것은 좋은 환자-의사 관계의 수립과 돌봄에는 불가결한 요소다. 돌봄을 잘하는 의사는 사람과 의업을 사랑하는 의사다."[2]

세상 인심도 홍창기가 말하는 이런 의사를, 기술이 뛰어난 의사보다 더 가치 있게 보는 것이 아닐까? 선스트럼(노승영 역, 2011)은 병원에서 목격한 어느 의사의 타 직종 전문직에 대한 태도의 성숙함을 다음과 같이 글로 남기고 있다: "… 나는 류머티즘 내과 의사가 물리치료사에게 말하는 태도에 감명받았다. 의사인 자신에게는 없는 지식과 기술이 물리치료사에게 있기라도 한 듯, 말투에 존경과 겸손이 담겨 있었다…"

일본에서도 의료의 본질이 케어에 있다는 생각의 가장 강력한 전도사라면 누구나가 단연 히노하라(日野原重明, 1911~2017)를 꼽을 것이다. 100세 넘도록 현역의사로서 활약했던 그는 큐어와 케어의 관계에 관하여 다음과 같은 말을 거듭해 왔다: "큐어는 의사가 하고 케어는 간호사가 한다는 생각은 잘못입니다. 무의촌을 담당하는 보건부(保健婦)는 경우에 따라 진단하고 상처를 봉합해야 합니다. 외딴 섬을 지키는 의사는 조산부나 보건부의 일도 당연히 합니다. 나는 왕진해서 환자의 임종에 입회한 경우에는 그 가족과 함께 돌아가신 분의 몸을 알코올 솜으로 깨끗이 닦고 코 등을 솜으로 막는 일을 하고 있습니다."

3. 케어는 왜 권리인가?

쿠라설화가 시사하는 것: 케어는 인생 그 자체

인간이 케어와 불가분의 관계에 있음을 알려주는 것이 쿠라설화다. 이 설화는 20세기 대표적 철학자 하이데거가 『존재와 시간』(전양범 역, 2016)에서 이 설화를 소재로 케어가 인간과는 분리될 수 없는 본질적 문제라

2 100세를 넘겨서도 사회적 발언을 계속하는 김형석의 대담 중에 홍창기의 언급이 있다. 김형석에 의하면 친구인 홍창기는 어린 시절부터 "나는 (그냥 의사가 아니라) 소아과 의사가 되겠다"고 말했다고 한다. 아마 당시의 높은 아동 사망률을 안타까워하는 마음이 있었을 것이라고 김형석은 회고한다.

고 주장했다는 것이 널리 알려져 있다. 먼저 쿠라설화의 내용을 보자.

> 근심걱정의 여신 쿠라(CURA)는 강을 건널 때 강바닥의 점토를 떼어 내어 인간 형상을 만들었다. 마침 수확의 신 유피텔(로마신화의 주신)이 다가왔으므로 쿠라는 그것에 정신을 불어넣어 달라고 부탁했고 유피텔은 소원을 들어주었다. 쿠라는 그것에 자신의 이름을 붙이려 하자 유피텔은 자기 이름으로 해야 한다고 말했다. 또 대지의 여신 테루스는 그 재료 제공자인 자신의 이름을 붙여야 한다고 주장했다. 그들은 시간의 신인 사투르누스에게 판결을 부탁했고, 사투르누스는 다음과 같은 공정한 판결을 내렸다. "유피텔이여, 그대는 정신을 불어넣어 주었으니 그것이 죽으면 정신을 거두어 가라. 테루스는 몸뚱이를 부여했으니 죽은 후 그 몸을 가져가라. 쿠라여, 그대는 그것을 처음으로 만들었으니 그것이 살아있는 동안 그대가 소유하라. 이 새로운 물체는 후무스(humus. 흙)로 만들어졌으니 호모(homo)라고 이름 붙이자."

이 설화에서 주목할 것은 두 가지다. 하나는 하이데거가 말했듯이 '근심 걱정'을 의미하는 라틴어 'CURA'에는 ① 걱정이나 고생, ② 다른 사람에 대한 헌신이라는 두 가지 의미가 있다는 점이다. 라틴어 'CURA'는 영어의 'care'에 해당하며 케어의 어원이다. 그렇다면 오늘날 관점에서 해석하면 ① '걱정이나 고생'은 **인간 고통에의 공감**이고, ② '다른 사람에 대한 헌신'은 **근심걱정을 가진 사람 곁에 서는 것**이라고 생각된다.

두 번째로 주목해야 할 것은 이 설화에는 호모 쿠란스라는 인간상이 제시되어 있다는 것이다. 하이데거는 쿠라가 인간을 처음으로 만들었다는 것의 의미는 "유한한 존재인 인간의 근원에 근심걱정과 케어가 있다는 것"이라고 해석했다. 그것은 **죽어야 할 존재인 인간은 살아있는 동안 근심걱정과 케어에서 벗어날 수 없다**는 의미와 다름없으며, 근심걱정과 케어야말로 다른 동물과 구별되는 인간의 근원적 특징이라는 것이다. 이러한 생각은 아마도 기원 전후의 로마 사회에서는 널리 퍼져 있었던 것으로 보인다. 예를 들면 세네카(기원전?~65. 정치가, 철학자)도 인간의 본성을 근심걱정에서 찾았다. 세네카는 4개의 자연(수목, 동물, 인간, 신) 중에서

인간과 신만이 이성을 가지고 있는데, 신은 불사의 존재이지만 인간은 죽어야 할 존재라는 점, 신의 본성은 신의 선을 완성하는 것이지만 인간의 본성은 걱정(케어)에 있다는 점에서 구분된다고 하면서 근심걱정 돌봄을 통하여 인간은 신의 경지에 다가갈 수 있다고 말했다.

이런 이해를 바탕으로 사토르누스가 여러 신들에 대해 내린 위의 판결문을 '인간에 대한 판결문'으로 고쳐 쓴다면 다음과 같이 될 것이다.

> 죽어야 할 존재인 인간이여. 죽은 후 너의 정신은 신의 세계로 돌아가며 육체는 흙으로 돌아간다. 그리고 살아 있는 동안에는 근심걱정과 케어에서 떠날 수 없다. 너는 이성을 가지고 있지만 신과 같은 완전한 존재가 아니다. 다만 살아있는 동안 걱정과 케어를 계속함으로써 보다 완전한 존재에 다가설 수 있다.

케어는 곧 인간발달의 전제

인간은 어떤 상황에 놓이더라도 발달가능성을 가진다. 다만 발달에는 두 가지 조건이 있다. 첫째, 인간의 자유를 억압하지 않을 것, 둘째 최소한의 물질적 조건하에 적절한 교육과 훈련 혹은 자연적 자극의 제공이다. 이 조건들이 충족되면 아무리 무거운 장애를 가지고 있더라도, 완전한 와상상태라도 발달가능성이 개화한다. 그러므로 발달할 조건을 보장하는 것은 사회의 의무다. 그것이 곧 발달보장의 사상이다.

다만 인간의 발달가능성은 사람에 따라 천차만별이다. 한 인간 내에서도 분야에 따라 발달가능성과 발달 속도가 크게 다를 수 있다. 그러나 아무리 편차가 있더라도 인간이 '발달하는 존재'임을 믿는 것이 중요하다. 발달의 속도나 크기만이 아니라 **발달 그 자체에서 가치를 발견**하려는 믿음이다. 이 점을 이해한다면 "발달장애란 구체적으로 말하면 발달기회상실 장애다"라는 장애인 당사자의 말뜻이 분명해진다. 케어가 없다면 발달 기회는 가로막힌다.

발달(development)의 본질은 그 반대말을 살펴보면 분명해진다. 반대말

은 'envelope'(봉투)다. 사람을 억압하고 가두는 봉투와 같은 것을 열어서 그 안에 갇혀 있던 존재가 밖으로 나올 수 있도록 하는 것이다. 억압 요소를 제거하면 어떤 생명체도 품고 있던 내재적 힘을 발휘하여 발달해 간다는 원리다. 사람을 가두는 봉투 같은 억압의 대표격은 인간차별이다. 그러므로 사회적 약자에게 먼저 필요한 것은 그 사람을 가두는 억압을 걷어내는 것이다. 그 위에 필요에 따라 각 개인에 적합한 외부적 원조가 내재적 힘의 발휘를 실현시킬 수 있다.

인간발달은 인류의 역사적 발전 속에서 이해되어야 한다. 베를린올림픽 금메달리스트 손기정의 기록은 2시간 29분 19초, 당시 올림픽 신기록이었다. 그런데 오늘날은 어떤가? 여성 마라토너의 기록이 손기정 기록보다 20분 정도 당겨졌다. 기록 단축은 오늘날 운동선수의 신체능력이나 노력이 옛 사람보다 더욱 높아졌음을 의미하는가? 그렇지만은 않다. 그 기록도 인류의 역사적 발전 속에서 해석되어야 한다. 여성 억압이 개선되어 보다 많은 여성들에게 능력발휘의 기회가 주어졌다. 마라톤신발이나 스포츠의류의 기능이 놀랄 정도로 좋아졌고 영양도 개선되었다. 훈련과정에는 과학적 기술이 활용된다. 거기에 운동에 전념할 수 있는 환경이 있고 그들을 지지하는 네트워크도 잘 정비되었다. 기록갱신은 이 모든 발전들의 열매다.

의료도 마찬가지다. 예전에는 치료할 수 없던 많은 질병들이 오늘날에는 완치되고 있다. 의료발전은 의료에 관련된 전체 사회의 역량 향상과 과학기술 축적의 결과물이다. 의료의 중심에 의사가 있지만 의료발전을 의사의 개인적 역량만으로 설명할 수는 없다. 그 배경에는 화학 등 기초과학의 발전과 안전한 약의 개발, 진단과 치료에 활용되는 첨단의료기기도 있다. 거기에 병원에서 같이 일하는 관련 전문직의 높아진 역량과 그 조직화가 있다. 모든 조직의 발전 원동력이 조직 내 다양성에 있다는 점에서 의료영역도 예외일 수 없다. 나이팅게일이 병원환경에서 맑은 공기, 깨끗한 환경, 적절한 영양 등 그녀가 개선에 주력했던 것은, 환부와 환자

만을 보는 좁은 눈의 의료인들이 주목하지 못했던 것이었다.

건강보험의 정비 또한 진료접근성을 획기적으로 높였고 질병의 조기발견에 공헌한다. 환자 이송시스템도 교통사고 사망자를 줄이고 있다. 나와 오랫동안 공동연구를 해온 한 일본 외과의는 외과수술 발전에 시신을 기증한 분들의 공헌이 있다고 하며 그것을 잊지 말아야 한다고 입버릇처럼 말한다. 20세기 거의 전 기간 동안 알츠하이머 연구에 큰 진척이 없었던 이유의 하나는 뇌 기증자가 적었기 때문이라고 지적된다(제8장 참고). 의료뿐만 아니라 교육이나 법률 분야의 전문직 역시 오늘날의 발전을 자신의 역량 덕으로 치부해서는 곤란하다. 전문직은 '우선 겸손해야 한다'라는 말은 자신이 무수한 상호지지망 속에 위치하여 능력이 발휘되고 있음을 인식하라는 뜻이다.

인간은 왜 케어를 보장받아야 하는가?

인간은 왜 적절한 케어를 보장받아야 하는가? 이 질문에는 '인간이기 때문'이라는 대답이 가장 간명하다. 막 태어난 절대적 의존기에 케어가 없었다면 어떤 인간도 생존할 수 없었다. 인간은 태어난 순간부터 한편에서는 케어를 제공받으면서 다른 한편 누군가를 케어하는 존재로 살아가기 때문이다. 그러나 위의 답만으로는 충분하지 않다고 한다면, 보다 설득력 있는 답을 어디에서 찾아야 할까?

인간은 이성을 가진 존재이기 때문이라는 대답이 있을 수 있다. 그것은 칸트류의 대답이다. 하지만 칸트가 말한 이상적 개념인 이성은 실제에서는 백인 남성이 가진 것이었고 모든 인간이 보편적으로 가진 것이 아니었다. 이성과 불가분의 관계에 있는 합리적 행동이란, 대부분 남성적이라고 불리는 특성이다. 케어는 감정친화적 행위다. 그러므로 우리에게 필요한 것은, 인간다운 케어를 받아야 하는 정당성 논의에서 이성을 지우는 일이라고 나는 생각한다.

'인간에게 가장 중요한 조건은 무엇인가'라는 질문을 통하여 위의 답을 구해 보자. 아리스토텔레스는 인간의 최고목표는 행복이라고 말했다. 그에 의하면, 행복은 가장 좋고 가장 고귀한 것이고 가장 즐거운 것인데, 행복은 신의 의지나 운에 의해 주어지는 것이 아니라 자기실현을 통해 달성된다. 자기실현이란 **인간이 가진 잠재력을 개발하는 것**이며, 그 잠재력은 미덕을 실천함으로써 발휘된다고 했다. 관용, 절제, 용기, 정의, 신중함, 우정 등이 미덕의 예다. 미덕은 행동이 전제된 것이다. "우리는 정의로운 행동을 행함으로써 정의로워지고, 절제된 행동을 행함으로써 절제되며, 용감한 행동을 행함으로써 용감해진다"는 그의 경구는 바로 이 논리를 보여 준다.

이렇게 본다면 '인간의 자기실현을 위해서는 적절한 케어가 불가결하기 때문'에 국가는 적절한 케어 제공을 의무로 여겨야 한다. 아리스토텔레스는 "정치학의 목적은 가장 좋음을 얻는 데 있고 정치학이 가장 힘을 쏟는 일은 시민을 특정한 성품을 지닌 사람 즉 고귀한 행동을 할 수 있는 좋은 시민을 만드는 것"(『니코마코스 윤리학』 제1부)이라고 했다.

오늘날 인간개발이나 빈곤해소, 장애의 본질 해석 등과 관련해서는 센(A. Sen)이나 누스바움(한상연 역, 2015)의 케이퍼빌리티 어프로치(capability approach. 역량중심접근)가 널리 인용된다. 그런데 이 역량 개념은 아리스토텔레스의 자기실현 관념의 연장선에 있다. 그들은 자유라는 개념을 강제가 없는 상태가 아니라 **무엇을 할 수 있는 상태, 무엇이 될 수 있는 상태**로 파악한다.[3] 센에 의하면, 인간의 궁극적 목표는 바람직한 삶을 위해서 인간에게 반드시 필요한 것들을 개인이 선택하여 그것을 실제적으로 보장받을 수 있는 상태(=본질적 자유를 행사할 수 있는 상태)라고 했다. 인간에게 반드시 필요한 것에는 읽기 · 쓰기와 더불어 케어와 교육이 포함되

3 이러한 생각은 나이팅게일이 내린 다음과 같은 건강 정의(McDonald, 島田他訳, 2015: 219)와 상통한다: "건강이란 좋은 상태를 말하는 것이 아니라, 우리들이 가지고 있는 힘을 충분히 활용할 수 있는 상태를 말한다."

어 있다. 역량이란 그 실현가능성이다. 다만 잠재능력은 개개인에 따라 차이가 있으므로 인간의 잠재능력을 발휘하게 하려면 개인차를 고려한 자원 배분이 필요하다는 것이 그들의 주장이다.

누스바움(Nussbaum, 2002: 59)은 역량접근방식 혹은 인간개발 관점의 대표적인 정책사례로서 1997년 미국의 장애인 교육법(Individuals with Disabilities Education Act)을 든다. 그 법은 장애가 있는 모든 아동이 '가능한 한 가장 제한적이지 않은 환경'에서 장애아동의 발전에 적합한 '개별화 교육 계획'에 근거하여 '적절한 교육'을 받을 권리가 있다고 명시하고 있기 때문이다. 즉 단순히 그들을 '억압하지 않는 자유를 보장'하는 것에 그치지 않고, 그들의 잠재역량이 발휘되도록 '적절한 교육의 제공'이 전제되어 있다는 것이다. 그녀는 이것을 '개성과 자유에 관한 사상'이라고 주장한다.

국가의 적극적 역할과 소극적 의무

그런데 인간의 잠재력이든 역량발휘 가능성이든, 그것을 국가정책 내지 제도와 관련해서 논의하려면, 누구보다 주시해야 역사적 인물은 그린(T. H. Green, 1836~1882)이다. 옥스포드대학의 철학교수였던 그린은 45세의 나이로 요절하였지만, 복지국가의 사상적 지주인 19세기말의 "신자유주의"(New Liberalism. 후술하지만 오늘날 신자유주의[Neo-Liberalism]라는 개념과 거의 반대어임)를 사회정책으로 실현한 결정적 공헌자였다.

케어의 정당성 논의에서 그린의 사상과 실천을 주시해야 할 이유는 다음 두 가지다. 하나는 그린이 인간의 목적을 '인격의 성장'(=인간답게 사는 것)이라고 규정하고, 인간은 자신의 인격성장을 위해 자유를 행사해야 한다는 견해를 제시했기 때문이다. 그는 국가 제도의 목적은 인간의 인격성장에 방해가 되는 것들을 제거하는 것이라고 주장했다. 교육제도를 예로 들자면, 어린이를 교육시키지 않는 것은 어린이가 자신의 권리를 유

익하게 행사할 능력의 성장을 저지하는 것이라고 해석했다. 그렇기 때문에 아동교육은 부모의 도덕적 의무에 맡겨 둘 것이 아니라 국가권력을 동원하여 시행해야 한다는 것이다(박광준, 2002: 제10장). 의무교육은 아동의 성장가능성을 가로막는 장애물을 제거하는 조치였다. 인격성장의 가능성에는 개인별 편차가 크지만, 인격이 성장한다는 사실 그 자체는 변하지 않음을 주장했던 것이다.

또 하나 그린을 주목해야 하는 이유는, 개인의 인격성장의 권리는 타인의 권리행사와 상호적으로 승인되어야 한다고 주장했기 때문이다. 즉 권리의 상호성이 인정될 때 비로소 인격의 성장이 가능하다는 것이다. 인간의 자유권은 지고한 것이다. 하지만 만약 개인의 자유권과 재산권 보장이 재산을 가지지 못한 사람들의 권리를 침해한다면 사회적 약자를 보호하기 위해서 국가는 재산권과 자유권의 제한조치를 행할 수 있다고 주장했다. 그리고 그러한 국가의 역할확대는 사회주의로의 전환을 의미하는 것이 아니라, 어디까지나 자유주의 가치를 유지하는 범위 내에 있다고 보았다. 당시 노동자의 생활환경악화를 배경으로 사회주의세력이 대두되자, 국가는 사회주의를 선택할 것인가 자본주의를 수호할 것인가라는 딜레마에 직면해 있었다. 사회주의적 정책을 도입하는 것은 곧 자본주의를 포기하는 것이라고 여기는 풍토가 있었던 것이다. 그때 당시의 개혁정당 자유당에게 그 탈출구를 마련해 준 것이 그린의 사상이었고, 그것이 바로 시장경제하에서 복지국가를 지향하는 오늘날의 복지국가체제의 사상적 기반이 되었던 것이다.

4. 인간발달을 보장하는 케어: 몇 개의 사례

어느 장애아 어머니의 훌륭한 발달관

2018년 여름 나는 히로시마(広島)현에서 50년간 지적장애인과의 공동체를 실천해 온 테라오(寺尾文尚)라는 분을 찾아 7시간에 걸쳐 직접 이야기를 들었다. 그것이 첫 만남이었지만 방문 취지를 미리 알려 두었기에 그는 나와 3명의 공동연구자들을 위해 들려 줄 이야기를 미리 준비해 두고 있었다. '지적장애인들의 질문에 어떻게 대답해야 할까?-내가 사귀어 온 동료들-'이라는 제목으로 된 한 페이지의 이야기 요지에는 여섯 개 항목이 열거되어 있었다. 꼭 들려주고 싶은 이야기를 미리 뽑아 두었던 것이다. 그 목록 첫 번째가 '오늘은 팥밥 지을래요'(今日は赤飯を炊くよ)였다.

테라오는 대학에서 불교를 전공하고 승려자격도 취득해서 졸업 후 사찰의 부주지 자리를 찾고 있을 때, 지인으로부터 틈새일로서 복지시설을 소개받았다고 한다. 그곳은 고향에서 멀리 떨어진 나가노(長野)현의 지적장애아복지시설이었다. 평일에는 시설에 입소해 있다가 주말에는 일시귀가하는 곳이었다. 그곳에 가서 얼마 후 어느 날, 보호자 어머니가 시설 사무실에 찾아와서는 "오늘은 팥밥 지을래요"라고 말하더란다. 일본에서 세키항(赤飯)이라고 부르는 팥밥은 비교적 귀하게 여기며 경사스러운 날에 먹는다. "무슨 좋은 일 있나요?"라고 물었더니 "오늘 우리 딸 미도리가 현관에서 신발을 벗고 들어왔어요, 신발을 벗을 수 있게 되었어요"라는 대답이었다. 미도리 나이를 물었더니 "열 여섯"이라고. 반응에 궁한 채 있던 그에게 그 어머니가 다음과 같이 말을 시작했다.

> **나는 미도리가 우연히 신발을 벗을 수 있게 되었다고 생각하지 않아요.** 가족은 가족대로 시설 직원은 직원대로 미도리가 조금이라도 발달하도록 도와주

> 없어요. 또 지역주민은 미도리를 보면 "미도리 예쁘다, 미도리 힘내라"라고 말을 걸어 주었고 같은 시설에 있는 미도리 친구들도 마찬가지였어요. 그리고 누구보다도 미도리 자신이 뭔가 더 잘 해보려고 나름대로 열심히 노력했다고 생각해요. 이 모든 것 덕분에, 비록 16년이나 걸리기는 했지만, 오늘 신발 벗기를 혼자 할 수 있게 되었다고 생각합니다.

거기서 끝나지 않았다. 그 어머니는 "지금까지 그랬던 것처럼 모두가 이 아이를 잘 돌보아 준다면 앞으로 미도리가 무엇을 할 수 있게 될지 누가 알겠어요? 그러니 모두 앞으로도 변함없이 우리 미도리를 잘 돌봐 주세요"라고 말을 이었다. 테라오는 이 일을 계기로 지적장애아 복지사업에 뛰어들었고 그렇게 50년이 지났다고 했다.

미도리 어머니는 더없이 훌륭하다. 더없이 훌륭한 발달관을 가졌다. 케어에 관한 주요 논객 키테이(김희강 외 역, 2016)는 장애를 가진 자신의 딸을 언급하면서, 부모가 자식에게 행하는 것과 같은 돌봄으로 세상이 아이를 받아들일 수 있도록, 아이를 사회화하고 세계를 사회화하는 일이 부모의 임무라고 주장한 바 있다. 이 학자의 말을 인용할 것도 없이, 미도리 어머니의 언행이야말로 장애 케어의 본질이 무엇인가를 보여주는 사표(師表)다.

와상 상태 병자의 케어

발달은 아동에게만 있는 것이요, 성인이나 고령자가 된 후에는 발달이 없고 쇠퇴만 있다는 편견도 의외로 널리 퍼져 있다. 하지만 인간이란 죽음의 순간까지 발달과 퇴화를 반복하는 존재다. 노년적 초월(Gerotranscendence, 혹은 노년 초월)이라는 개념은 20여 년 전 스웨덴에서 제기되었다. 60대, 70대가 되면 신체적 노쇠로 좀 우울한 시기를 겪지만, 그 단계를 넘어 80세, 90세가 되면 자신이 할 수 있는 일을 찾아내어 편안하고 행복한 삶을 누리는 현상을 말한다. 흔히 요양시설에 입원하면 죽을 날

만 기다리는 서글픈 생활이라고 여기는 풍조가 있지만, 요양시설이 평온한 생활을 제공한다고 여기는 고령자도 많다. 그렇기 때문에 "살던 곳에서 노후 맞기"라는 말을 자택거주라고 집착해서 해석하지 말아야 한다고 지적되는 것이다. 요양시설 안을 들여다보면 친구를 사귀고 때론 좋아하는 요양사의 케어를 받으려고 입소자끼리 갈등관계가 되기도 하면서 나름대로 평화로운 일상을 보낸다는 것이다.

약 15년 전, 일본의 한 방송프로는 100세 노인 100명을 대상으로 한 의견조사 결과를 소개했다. 의견조사의 결과에 관해 출연자에게 예측하게 하고 그것을 실제의 조사결과와 대조하는 형식의 오락성 프로였다. 나는 이 프로의 끝부분만을 보았는데, 내가 본 장면은 '자신의 인생에서 가장 감동적인 일은?'이라는 질문 대답 중 '제1위 대답'만 가려져 있던 장면이었다. 2위 이하 응답은 공개되어 있었는데, 거기에는 '자녀 및 손자녀의 출생/결혼/취업'이나 '자신의 결혼' 등 나올 법한 대답은 모두 나와 있었고 그 응답들은 의외로 모두 한 자릿수였다. 그런데 제1위는 압도적으로 26명 응답이었다. 곧 공개된 1위 응답은 '자신이 100세 생일을 맞았을 때'였다. 나에게도 좀 놀라운 대답이었고 그 경험은 나의 노인관에도 영향을 주었다.

내가 직접 만난 최고령자는 중국인 104세 할머니다. 2006년 8월 뜻있는 시민들이 북경 도심의 건물을 빌려 운영하는 서민용 200상 규모 요양시설에서 만났다. 방문조사에서는 친화관계를 의식해서 먼저 가벼운 질문을 한다. 그날도 입소자 중 최고령자의 연령을 물었더니 104세라고 했다. 그래서 약 30분의 면담이 실현되었다. 그 할머니는 혼자서 2인실 방 침대에 비스듬히 기대어 있다가, 나를 보고는 당황한 듯이 큰 소리로 직원을 불렀다. 알고 보니 그녀는 삶은 고구마를 길게 썰어 말린 것을 우물우물 먹던 중이었는데, 손님 보기에 민망하니 입에 든 것을 얼른 뱉고 싶다, 빨리 휴지를 가져다 달라는 말이었다. 그 우(吳, Wu) 씨 할머니의 평화롭고 다정하고, 그리고 내가 밥을 먹었는지 하고 신경을 쓰시던 그

얼굴을 잊을 수 없다.

카와구치(川口有美子)라는 여성은 어머니가 루게릭병에 걸리자 해외거주를 포기하고 일본으로 돌아와 2007년 어머니 임종 시까지 12년간을 케어했다. 그리고 그 경험을 『좀처럼 죽지 않는 몸』(2010)이라는 책으로 내놓았다. 그녀는 어머니가 말까지 못하게 된 후에도 "온실에서 난 꽃 키우듯이 소중히 대했다"[4]라고 하면서 다음과 같이 말한다.

> 병자를 가까이서 보면, 하루에도 다양한 땀을 흘린다는 것을 알 수 있어요. 심리적인 땀, 초조함이나 스트레스에 의한 땀도 있어요. 땀에도 질적인 차이가 있기 때문에 무심코 지나칠 수 없어요. … 얼굴색도 무엇인가를 말해 줍니다. 운동신경장애가 있으면 표정이 굳어지므로 표정 지을 능력을 잃어버렸다고 속단하기 쉬워요. 그러나 **움직이지 않는 피부 밑 모세혈관에는 환자의 의식과 정감이 움직이고 있음**을 알게 해 줍니다. (강조는 인용자)

이 글은 발달이란 케어러가 그것을 발견할 때 비로소 확인된다는 사실, 그것을 발달이라고 믿을 때 비로소 발달이 있다는 사실을 가르쳐준다. 사람은 어떤 상태에서도 발달하고 반응한다. **발달하지 않는다는 속단은 상대가 보내는 많은 메시지를 알아차릴 능력이 자신에게 없다는 것을 인정하는 포기선언이다.**

어린 자녀와의 깊은 커뮤니케이션

출전이 어디인지도 확인이 어려운, 내 오래된 수첩에 적혀 있는 에피소드가 있다. 어린 아이가 엄마와 함께 삼계탕집에 가서 나눈 대화다. 식당 안 벽에 가격표가 붙어 있었다. '그냥 닭 1만 원', '인삼 닭 1만 5천 원' 이렇게.

---

4 이은주(2019; 2023)가 "신들을 모시듯 정성을 다하겠다는 다짐의 표현"으로서 여성의 돌봄대상자를 '뮤즈'(그리스신화에서 음악 예술 등을 관장하는 여신), 남성을 제우스라고 부르는 것이 이런 자세다.

아이: (주인에게) 인삼 닭은 왜 1만 5천 원인가요?
주인: 인삼을 먹은 닭이라서 그래요.
(아이는 이해가 되지 않았다.)
아이: (엄마에게) 엄마, 닭이 먹은 인삼 값을 우리가 내는 거야?

비범한 질문이다. 그 엄마가 어떻게 대응했는지는 모른다. 아마 이런 활달한 질문을 할 수 있는 아이이므로, 그 어머니는 아이와 평소에 좋은 의사소통을 했을 것이다.

내가 재직하는 대학에 나보다 7.8년 연배인 존경하는 수재형 교수(이하 H교수)가 있었다. 타이완 출신이었는데 유교적 교양인 같은 그런 내적인 그윽함을 가진 교수였다. 그가 직접 들려준 이야기다. 이야기 제목을 붙이자면 '10분 동안의 스승'이라고 했다. 대학 밑 센본키타오지(千本北大路)라는 버스정류장에서 10분여 동쪽에 있는 키타오지 버스터미널로 이동하려고 노선버스를 탔을 때다. 너댓 살로 보이는 어린 소녀와 젊은 엄마가 함께 탔다. 곧바로 버스 안내방송이 나왔다: "이 버스는 키타오지 버스터미널 행입니다!"

안내방송을 들은 그 아이가 어머니께 물었다.
"마마 버스터미널이 뭐예요?"(バスターミナルって何？)
그 질문을 엿들은 H교수는, 어떤 대답이 나올까 하고 긴장했다. 이렇다할 대답이 자신에게는 떠오르지 않았기 때문이다. 엄마가 잠시 뜸 들일 동안, 아이는 같은 질문을 서너 차례 반복하며 답을 재촉했다.
이윽고 그 엄마가 대답했다.
"버스터미널은요, 버스의 집이에요."(バスのお家だよ)
그 대답이 비범해서 H교수는 그 젊은 엄마를 다시 봤다.
그런데 더 놀라운 것은 그 아이의 반응이었다. 그 아이는 더 이상 만족할 수 없는 듯한 표정을 보이면서, 엄마 대답을 음미하듯이 끊임없이 되뇌었다.
"그렇구나(そうか) 버스의 집. 버스의 집인가… 버스의 집…"

이 노교수는 우연히 엿들은 짧은 대화에서, 그 모녀가 평소에 얼마나 평화로운 의사소통을 하고 지내는지, 그 모습을 생생히 상상할 수 있었다고 한다. 그는 말했다: "버스에 동승했던 10분 동안, 나는 마음속으로 그 젊은 여성을 스승으로 모셨답니다."

'1.5인칭'의 케어

요양보호사 전계숙(2020: 1부)은 치매노인과의 대화를 소개한다. 자신(A)을 '이년아'라고 부르는 중증 치매인(B)이 있었다. '물 좀 줘, 이년아' 이런 식이다. 그 분과의 대화 몇 마디다.

B: 아줌마 집이 어디유?
A: 왜 물어보세요?
B: 너무 고마워서 따라갈려구.
A: 제가 사흘 쉬고 나오는데 그동안 밥 많이 드시고 잘 계셔야 해요.
B: 이년아 니가 안 오면 밥은 누가 주냐?

전계숙의 어머니도 치매를 앓았다고 한다. 그녀는 이런 식의 대화가 오가는 중증 치매인을 보고 있으면, 이전에 병원문을 나서며 흘렸던 자신의 눈물이 떠오른다며 어머니와의 기억을 다음과 같이 회상한다.

> 나는 엄마와 이런 대화를 해본 적이 있었나? 치매에 걸리면 그 순간부터 우리는 그 대상이 '인지와 대화능력'을 상실한 걸로 간주한다. 나도 엄마가 치매에 걸린 것을 안 이후 엄마를 '엄마와 딸' 관계에서 벗어나 '인지와 대화능력을 상실한 사람'으로 환원시켰다.

조한진희(김창엽 외, 2022: 96)는 다음과 같이 성찰한다. "보호를 강조할 때 약자는 영원히 약자로 남는다. 우리는 이제 그 너머를 질문해야 한다. 어떤 조건이 특정 존재를 약자로 만드는가? 약자를 약자로 만들지 않을 수 있는 사회는 어떻게 가능한가?"

두 인간의 어느 한 편을 약자로 만드는 것은 **있지도 않은 그 경계선을, 마치 없을 리가 없다는 듯이 기어이 찾아내어 구분선을 그을려는 집착**

이다. 약한 존재인 인간에게 특별히 약해지는 시기가 언제 찾아올지는 거의 우연이 결정한다. 길지 않은 인생을 더더욱 짧은 주기로 세분하여 각각의 시기에 우열의 구분선을 그을려고 하는 태도가 인위적 약자를 만들어내는 것이다.

후지카와(藤川幸之助)라는 시인은 26세 때 알츠하이머병에 걸린 어머니를, 아버지의 유언에 따라 24년간 직접 돌본 사람이다. 그 체험을 바탕으로 치매 돌봄에 관한 많은 시를 발표했고 50세를 갓 넘었을 때 『생명이 생명을 살리는 순간』이라는 시집을 출간했다. 다음은 자신이 찍은 사진을 배열한 시집에 실린 시 한 수다.

이쪽과
저쪽이
있는 동안은
거기에는 동정밖에
생겨나지 않는다

후지카와는 이 시에, 위의 조한진희와 그 맥을 같이 하는 다음과 같은 단문을 붙이고 있다. “정상이라고 생각하는 ‘이쪽’에서 치매를 앓는 어머니를 ‘저쪽’이라고 규정하고 “이상한 행동! 이상한 행동!”하면서 바보취급을 할 수도 있겠지. 그런 눈으로 보면 어머니는 불쌍하게만 보일지 모른다. 하지만 자신의 머릿속에서 펼쳐져 있는 세계에 따라 살아간다는 점에서는, 어머니와 ‘이쪽’에 있는 우리들이 다르지 않다. 나에게는 어머니가 치매를 앓기 이전보다도 행복하게 보일 때가 있다.”

이쪽과 저쪽을 구분하지 않는 돌봄, 바람직한 케어의 한 형태를 나타내는 낱말로서 일본의 돌봄 실천 현장에서 사용되는 ‘1.5인칭의 케어’라는 말이 있다. 나는 1인칭, 돌봄받는자는 2인칭 이런 관계가 아니라 **돌보는 사람인지 돌봄을 받는 사람인지 그 경계가 없는 듯한 케어**를 가르키는 말이다. 교육현장도 마찬가지다. 교육자끼리 학생끼리 그리고 교육자와 학생이 서로 배우려는 자세가 필요하다. 양쪽의 입장을 확실히 나누어 버리면 서로 배움이 없고 '1.5인칭의 교육'이 실현될 리 없다.

5. 돌봄 없이 사회 없다: 할머니가설의 시사

할머니가설이란 무엇인가

케어가 없다면 어떤 사회적 위험이 발생할까? 이것은 우문이다. 사회 자체의 소멸이라는 답이 분명하기 때문이다. 이 답을 보충하는 의미에서, "할머니가설"을 소재로 케어와 케어러를 어떻게 바라보아야 하는가를 성찰해 보기로 한다.

출산율 저하를 막아 보려고 정부는 막대한 자원을 투입해 왔지만 한국 출산율은 세계적으로도 가장 낮은 수준에서 멈추어 있다. 이 문제를 출산에 대한 직접적 인센티브 제공으로 해결하려는 것에는 한계가 있다. 경제적 인센티브는 출산의 성격을 바꾸어 버릴 수 있다. 제7장에서 논의하듯이 인간은 인센티브에 따라 움직이는 단순한 존재가 아니다. 그 점을 인식하고 시간이 걸리더라도 올바른 방향을 설정하는 것이 필요하다. 할머니가설은 그 방향의 설정에 큰 시사를 줄 수 있다고 생각된다.

할머니가설(grandmother hypothesis)이란 여성이 생식능력을 잃은 후에도 오랫동안 생존하는 이유를 설명하는 가설이다.[5] 일반적으로 동물계에서 암컷은 어미로부터 떨어져 살게 되면 곧 임신 가능한 몸이 되고, 새끼를 출산하면 새끼가 성장하여 독립할 때까지는 임신하지 않는다. 출산간격이 비교적 긴 이유는 어린 새끼 위에 다음 새끼가 태어나면 생명보전이 어렵기 때문일 것이라고 추측된다. 그리고 암컷은 사망 직전까지 생

5 인간진화를 설명하는 가설의 하나지만 여기서는 할머니가설 자체보다는 그 가설이 갖는 사회과학적 해석문제만을 다룬다.

식능력을 가진다. 그러나 인간은 이와는 대조적이다.

인간의 출산 관련 특징은 두 가지다. 하나는 첫 아이가 성장하기 전에 다시 임신과 출산을 반복한다는 점이다. 1960년 기준으로 한국 여성은 평균적으로 약 6명의 자녀를 출산했다. 십여 명을 출산하는 경우도 아주 드물지 않았다. 두 번째 특징은 여성은 폐경 후에도 수십 년을 생존한다는 사실이다.[6] 폐경기를 50~55세로 본다면 그 후 30여 년을 생존하는 것이다. 이 두 가지 현상을 설명해 보자.

첫째, 절대적 의존상태의 아이가 있음에도 불구하고 왜 다음 아이를 가질 수 있는가? 이것은 완전 의존상태인 아이에 더하여 다음 아이가 탄생하더라도 아이들 목숨이 위험하지 않다는 것을 모친이 알고 있기 때문이라고 해석된다. 여기에 할머니가설을 동원한다면, **산모는 아이의 할머니(=혹은 친인척 중 공동육아 참가자)라는 믿을 만한 존재가 있기 때문에 안심하고 임신**을 할 수 있게 되었다는 것이다.

둘째, 왜 여성의 폐경이 그렇게 일찍 일어나게 되었는가? 여기에 할머니가설을 동원한다면, 집단생활을 하는 인간세계에서 할머니는 자신의 딸과 생식을 둘러싸고 자칫하면 경합이 생길 수 있다. 그런데 폐경은 그러한 경합을 피하게 하면서 더욱이 손자의 생존가능성을 높일 수 있으므로 그렇게 진화했다는 것이다.

인간과 가장 유사한 동물이라는 침팬지조차도 출산 육아가 인간과는 매우 다르다고 한다. 인간은 그만큼 독특하다. 영장류 중 인류와 가장 늦게 분리된 동물이 침팬지고 오늘날 인류의 아프리카남부 기원설이 널리 받아들여진 이유도 침팬지가 지금 살고 있는 곳이 오직 이 지역뿐이기 때문이라고 한다. 침팬지의 수명은 50년 정도, 사망 직전까지 출산할 수 있고(최근 이설이 있다고 함), 포유기간은 4~5년, 그동안 새끼는 어미의 몸에

6 폐경(閉經)이라는 용어가 차별적이라는 이유로 대신 완경(完経)을 사용하자는 주장이 있다. 그 취지는 존중하지만 그 의미가 애매하여, 여기서는 폐경을 사용하지만 용어 개선을 희망한다.

서 거의 떨어지지 않으므로 출산 간격은 5년에서 7년 정도라고 알려져 있다. 하지만 침팬지의 육아는 어미 혼자서 행하며 손자를 돌보는 예는 없다고 한다.

요컨대 할머니가설은, 할머니는 손자를 기르는 역할을 수행하기 위해 생식능력 상실 시기를 앞당기는 방향으로 진화했고, 그 때문에 폐경 후 오랫동안 생존하게 되었으며, 젊은 여성은 아이의 할머니라는 존재가 있기 때문에 갓난아이가 있더라도 다음 아기를 안심하고 출산하게 되었다는 것이다.

오늘날 '할머니'는 누구인가?

할머니가설의 본의는 왜곡하지 않아야 한다. 조부모의 손자녀 육아 지원이 인간 본래의 자연스런 모습이라고 해석하는 것, 혹은 할머니 보육의 합리화를 위해 이 가설을 동원하는 것은 완전히 시대착오적이다. 손자녀 지원의 정도와 방식은 전적으로 조부모가 자주적으로 결정해야 할 일이며 사회적 동조압력은 삼가해야 한다. 한국의 「2009년 전국보육실태조사」에 의하면 일하는 어머니의 5세 이하 아동의 케어는 42.9%가 조부모에 의해 행해지고 있었고 1세 이하 유아의 경우는 57%였다.

사실 세계 어느 나라에서나 손자녀의 양육에는 조부모가 관여한다. 2004년 유럽의 조사데이터(SHARE: 2004)를 기초로 유럽 10개국에서 조부모가 손자녀의 양육에 어느 정도 관여하는가를 분석한 연구(Hank and Buber, 2009)에 의하면 조부모가 손자녀 양육에 관여하는 비율은 대체로 60% 정도였다. 국가책임주의의 대표격인 스웨덴 등 북유럽과 가족주의의 영향이 강한 이탈리아 등의 남유럽 사이에 큰 차이가 없었다. 손자 돌봄은 조부모의 의무라는 견해에도 모든 나라에서 70% 이상이 동의했다. 문화권에 관계없이 대체로 조부모가 손자녀의 보육에 관여하고 있는 것이다.

그렇다면 할머니가설에서 우리가 얻어야 할 교훈은 무엇일까? 나는 **육**

아를 도와주는 든든한 존재가 있을 때 인간은 안심하고 출산한다는 것이라고 해석하고 싶다. 그렇다면 우리는 오늘날 할머니 역할을 수행하는 존재 혹은 제도가 무엇인가를 찾아내고, 그 마련에 노력을 집중해야 한다.

인간이 팬더의 육아를 대신해 주면 팬더가 잦은 주기로 임신 출산한다는 것은 중국사천성 팬더연구소에서도 증명되어 있다. 이 점은 필자를 포함한 한중일 고령화 비교연구를 통해 확인되었다(駄田井他編, 2010). 일본에서도 같은 사례가 있다. 와카야마현(和歌山県) 한 팬더시설에 있는 '라우힌'(良浜, 2000년 9월 6일 이곳 출생)이라는 이름의 팬더는 7차례에 걸쳐 모두 10마리의 새끼를 출산했다(2024년 3월 현재). 라우힌은 인간 나이로는 60대 고령이지만 사육관계자는 아직 출산 가능성이 있다고 말한다. 나도 현지를 방문하여 출산 숫자 등을 확인했지만 이런 다출산이 어떻게 가능했는가? 그 이유는 팬더의 육아를 인간이 지원하기 때문이다. 즉 팬더는 출산만 하면 사육사들이 새끼 키우기를 도와주기 때문에 새끼가 죽을 염려가 없다는 것을 알고 안심하고 출산한다는 것이다.

할머니가설에서 우리가 얻어야 할 교훈은 팬더에게 할머니 역할을 하는 존재가 누구인가를 생각해 보면 알 수 있다. 팬더가 믿는 구석은 인간 즉 사육사다. 다음으로 오늘날 인간사회에서 할머니가설 속의 할머니는 누구인가를 찾아보자. 제도에서 그 답을 찾는다면 보육시설 즉 어린이집이 할머니에 해당한다. 그렇다면 할머니가설의 교훈은 분명하다. 질 높고 접근성이 좋은 어린이집을 철저하게 보급하는 것, 혹은 보육지원 파견사업을 확충하는 것, 바로 그것이 안심 출산의 핵심인 것이다.

이 가설은 오늘날 보육에 종사하는 케어노동자와 어린이집이 어떤 역할을 하며 어떤 과제를 가지고 있는가에 큰 시사를 준다. 그리고 그 존재들이 부실할 때 어떤 위험이 발생하는가 역시 잘 보여 준다. 보육전문직의 사회적 인정을 높이고 그들이 지치지 않고 높은 질의 보육을 실천할 수 있도록 지원하는 것, 질 높은 어린이집의 확보가 얼마나 사회적으로 중요한 일인가를 시사하는 것이 할머니가설이다.

할머니 역할을 어떻게 제도화할 것인가?

영유아의 돌봄을 중단하면 곧바로 생명이 위험하므로 돌봄인은 아이 돌봄 외의 다른 활동을 하기 어렵고 경제적으로도 취약해진다. 그것은 무급이든 유급이든 마찬가지다. 즉 이 문제는 가족의 역할분담만으로 해결될 수 있는 문제가 아니다.

영유아의 의존상태는 말하자면 일차적 의존이며 절대적 의존이다. 일차적 의존상태의 영유아를 돌보는 사람도 생활을 유지하기 위해서는 누군가에게 의존하지 않을 수 없다. 그것이 이차적 의존이다. 우리사회에 이차적 의존이 심각하다는 것은, **우리사회가 이차적 의존자에 의존하여 유지되고 있다**는 의미에 다름 아니다. 갓비(전경훈 역, 2023: 16)가 '돌보는 사람들에게 의존하는 사회'라고 말한 그 상황이다. 그들에게 돌봄을 떠맡기고 무임승차하는 사람이 많다는 뜻이기도 하다. 그러므로 이차적 의존을 해소하려면 반드시 국가개입이 필요하며 그것은 일차적 의존의 개선으로 이어진다. 출산 및 육아에 있어서 이차적 의존 해소를 위한 지원의 예로서는 키테이(김희강 외 역, 2016)가 두리아(doulia)라고 예를 든 방식이 있다.

두리아는 산모를 케어하던 사람 두라(doula)에서 딴 이름이다. 두라는 고대 그리스에서 산모를 돌보는 사람, 산모가 신생아의 돌봄에 전념할 수 있도록 돕던 사람이었다. 어원은 여자 노예라고 한다. 오늘날 용어로 표현하면 출산 및 육아 지원을 위하여 돌봄인을 파견하여 그 부담을 덜어주는 제도다. **돌봄인을 돌보는 제도**라고 말할 수 있겠다. 키테이는 두리아의 원리를 사회적 협동의 원리로 삼아 공적부문의 케어윤리로서 그것을 도입해야 한다고 주장한 바 있다. 산모를 돌보는 두리아와 같은 제도를 공적으로 만드는 것은 곧 할머니를 제도화하는 성격을 갖는다.

한편 할머니를 보다 넓은 차원에서 제도화한다면, 일하는 여성의 커리어(및 고소득)와 가정생활의 양립을 가능하게 하는 노동개혁정책이나 그것을 추구하는 기업 역시 그에 포함된다. 육아와 일자리 양립을 위해서는 그 일자리를 유연한 시간노동 선택이 가능하도록 만들 필요가 있다. 이 점에 대해서는 남녀임금격차를 '노동시간의 경직성과 유연성'의 관점에서 설명한 노벨경제학상 수상자 클라우디아 골딘(김승진 역, 2021)의 논의를 참고할 수 있다.

골딘은 동일노동에 여성임금을 낮게 지불하는 등의 여성차별이 거의 없어진 상태의 미국에서, 왜 남녀임금격차가 해소되지 않고 있는가를 설명했다. 그녀는 종래에 강조되던 남녀직종분리(의사 등 고소득 직업에 남성이 보다 많이 진출하는 것에 의한 임금격차)는 부분적 설명 요인일 뿐이며, 보다 중요한 요인은 **같은 직종 내의 임금격차**라고 주장했다. 즉 채용 당시의 남녀소득은 차이가 없지만 시간이 지날수록 임금격차가 벌어지는 것이 임금격차의 주된 원인이라는 것이다. 같은 직종 내 임금격차는 바로 여성의 재생산과 밀접하게 관련되어 있다.

그녀는 일자리가 노동자에게 '어떤 시간적 요구를 하는가'라는 관점에서, 높은 임금을 보장하는 '탐욕스러운 일자리'(greedy work)와 보다 낮은 임금의 '유연한 일자리'로 나눈다. 전자는 어느 때라도 호출에 응해야 하는 온콜(on-call) 상태의 장시간 노동인데, 여성의 경우 미혼이라면 진입이 가능하지만, 아이가 태어나면 진입이 어렵다. 아이의 돌발적 케어니즈에 대응하려면 시간사용이 유연한 일자리 선택이 불가피하기 때문이다. 그것이 남녀임금격차의 주된 원인이라는 것이다. 아이를 가진 가정은 높은 소득을 위해 주로 남편이 전자의 일자리를 선택하고 여성은 후자를 선택하는데, 이것은 일견 가족이 소득과 육아 두 가지를 손에 넣는 합리적인 역할분담처럼 보인다. 그러나 골딘은 그로 인하여 남편도 아내도 '무언가를 잃는다'라고 말한다. 남편은 가족과의 교류시간을 포기해야 하며, 여성은 커리어를 포기해야 한다는 것이다. 여성이 커리어를 선택한다면, 결혼과 출산은 미룰 수밖에 없다.

한국의 극단적 출산율 저하는 골딘류의 설명이 가능하다. 더구나 한국

사회는 미국과 달리 여성차별의 관습까지 남아 있으므로 일하는 여성은 더더욱 포기할 것이 많을 수밖에 없는 것이다. 다나카(田中, 2020)는 1990년대 독일과 일본은 모두 보수적 남녀역할분담이 일반적이었지만, 오늘날 독일은 가장 여성평등적 국가가 된 반면, 일본은 젠더불평등의 대표적 국가가 되었음을 지적하면서, 그 갈림길을 노동시간의 유연성 문제와 관련지어 설명했다. 독일은 시간 사용이 유연한 일자리를 선택해도 임금수준이 저하되지 않도록 하는 개혁(단시간 정규직 등)에 성공했기 때문이라는 것이다. 그것은 여성이 기업의 시간에 맞추는 것에서 탈피하여 기업 스스로가 노동자(여성)의 시간에 맞추는 노력의 결실이다.

제 3 장

저평가된 돌봄노동, 그리고 반성의 목소리

저평가된 돌봄노동, 그리고 반성의 목소리

여성주의 경제학자 폴브레(Folbre, 2001)는 남성노동이 시장의 보이지 않는 손에 의해 질서가 잡힌다고 주장되듯이, 여성노동은 "보이지 않는 심장"(Invisible Heart)에 의해 질서가 잡힌다고 주장한 바 있다. 동서양을 막론하고 돌봄은 여성의 본능적이고 자연스러운 행위, 경제활동이 아니며 곧 자립적 활동이 아니라는 인식이 오랫동안 지배해 왔다. 그 배경에는 일이나 노동에 관련된 세 가지의 이분법적 사고의 관행이 있다. 이성과 감정의 이분법, 소득을 얻기 위한 경제활동과 비경제활동이라는 이분법, 그리고 정신노동과 육체노동의 이분법이 그것이다.

이러한 이분법적 사고는 19세기를 전후하여 공적인 규범으로서 제도화되어 그 영향을 남기고 있다. 그에 대한 반성의 목소리는 1980년을 전후한 시기가 되어서 비로소 사회에 울리기 시작했다. 하지만 지금도 돌봄문제가 '머리 대 가슴', '숙련 대 미숙련' 같은 거짓 이분법으로 쉽게 짓뭉개질 수 있는 현실(번팅, 김승진 역, 2020: 20)이 여전하다. 이 장은 위의 이분법적 사고의 역사적 경위와 여성 케어규범이 제도화되는 과정, 그리고 그 반성의 목소리를 주로 검토한다.

1. 돌봄노동의 가치를 경시하게 한 세 가지 이분법적 사고

이성과 감정의 이분법

인간의 인식능력은 흔히 이성과 감성으로 이분되고 양자는 서로 대조적인 것으로 여겨져 왔다. 이성은 중세 암흑기를 밝히는 시대적 조류와 관련된다. 중세의 기독교 신학체계에 의하면 진리는 이미 신에 의해 주어졌으므로 인간은 신의 섭리를 받아들이고 그에 순종해야 하는 존재로 상정되었다. 즉 인간이 진리나 세상의 원리에 대해 독자적인 견해를 가지는 것은 신학체계에 도전하는 것으로 여겨졌다. 그러나 중세가 끝나는 17세기가 되면, 사고력 이상의 지적 능력인 이성(reason)이 발견되어 이성을 찬미하게 된다. 합리주의, 계몽주의, 경험주의가 대두된 것이다.

하지만 이성이 지나치게 강조되면서 이성과 감성은 서로 대립적 존재로 여겨지고 나아가 이성은 감성보다 우월한 것이라는 인식이 넓어진다. 이 경향성에 큰 영향을 준 인물이 칸트라는 점은 새삼 언급할 필요도 없을 것이다. 흔히 인간은 이성적 동물이라고 한다. 그것은 인간을 인간답게 만드는 것은 이성이요, 이성을 가짐으로 인해서 인간은 동물과 구분된다는 사고다. 이러한 사고에 의해 감정은 비합리적인 것으로 여겨졌고, 감정적 행동은 부정적으로 여겨졌으며, 심지어 감정을 연구하는 것조차도 비합리적이라고 여겨지는(長瀨, 2008: 16) 경향이 있어 왔다.

감정(emotion)을 비합리적인 충동이라고 보는 것은 편견이다. 감정에는 인지적 요소가 있고, 그래서 감정은 지적 능력의 한 형태라고 볼 수 있기 때문이다. 나는 감정을 그 유사용어인 정동(情動, affect)을 포함하는 의미로 사용한다. 일반적으로 정동이란 신체 내외부의 자극에 대한 신체적 반응이며 외부에서 관찰 가능하고 곤충을 포함한 모든 동물에서 관찰

된다. 공포스러운 장면에 놀라는 표정이 되거나 몸 안의 편두통 자극에 깜짝 놀라는 듯한 반응을 보이는 것이 그 예다. 감정이란 정동에 의해 수반된 주관적 의식체험이나 해석이다. 정동에 의해 발생하는 감정은 외부에서 관찰하기가 어려운 경우도 적지 않다.

감정과 이성의 위계적 파악은 해묵은 사회적 관습과 결합하여 여성은 감정적이며 남성은 이성적이라는 이분법으로 해석된다. 나아가 일에도 이성이 하는 일과 감성이 하는 일이라는 역할 분담론으로 이어지고, 양자에 우열을 두어 여성의 일을 폄하하거나 혹은 덜 중요한 일이라고 여기는 풍조가 심해졌다. 처음부터 이성의 영역은 남성이 차지했기 때문에 여성에게 남겨진 것이 감정 영역이 되었다. 이러한 경향성에 경제학이 가세했다. 경제활동의 주체는 기본적으로 이성적 존재라고 보았기 때문이다.

이성적 영역이라고 하는 **경제활동도 사실은 고도로 상호의존적 관계 속에서 일어나며 각 주체들은 서로 얽혀서 도움을 주고받는다.** 어려움에 처한 주체들에게 도움의 손을 내밀게 하는 힘은 어디에서 나오는 것일까? 이 문제에 대해서는 스코틀랜드 계몽주의의 대표적 인물이자 윤리학의 기초를 제시한 흄, 그리고 그의 생각을 계승 발전시킨 애덤 스미스의 견해가 참고할 만하다. 흄은 도덕적으로 선인가 악인가를 구별하게 하는 것은 감성이며, 이성만으로는 도덕적 선과 악을 구별할 수 없다고 주장했다. 도덕적 선을 행하는 결정에 이성의 도움을 받기도 하지만, 무엇인가를 행해야 한다고 하는 판단이나 믿음의 최종 결정은 감정에 달려 있다는 것이다. 물론 거기에 사회적 유용성에 대한 고려나 도덕에 관련된 지식 수준이 영향을 준다. 흄의 생각은 뒤에서 보다 자세히 검토하는 애덤 스미스의 『도덕감정론』으로 이어진다. 이 중요한 견해들은 1980년 전후에 케어론이 제기될 때 비로소 재평가된다.

인간을 남녀로 나누어 감성과 이성으로 설명하려는 것은 애초부터 부조리한 시도다. 사실은 그 이전에 인간이 이성적 존재라는 믿음 그 자체를 다시 생각해야 한다. 그것은 누스바움(2002: 45-46)이 지적하듯이 인간 존엄이라는 것이 사실 동물적 존엄이기도 하다는 사실, 동물성 자체가 존엄을 가진다는 사실을 간과하게 만든다고 지적한다. 인간이 감정에 의해 움직인다는 것은 인간행동에 이성이 개재하지 않는다는 의미가 아니다. **인간은 동물적 존엄 위에 이성을 가지고 있는 존재**라고 받아들이는 것이 현명하다.

『동방견문록』에는 마르코 폴로가 장기간 체재했던 몽고 풍습에 관한 사실적 언급이 많다. 거기에는 초원에서 비교적 먼 지역을 약탈하는 부족들이 특히 일기가 나쁜 날 밤 습격에 나설 때는 '출산한 지 얼마 되지 않은 말'을 타고 나서는 관습이 소개되어 있다. 그 말은 안개비 등 악천후에도 길을 잃지 않고 반드시 자신의 새끼가 있는 곳으로 돌아오기 때문이라는 것이다. 인간 모성 역시 그런 것 아닐까? 그와 같은 본성을 가지고, 거기에 이성을 겸비하고 있다는 것이 인간의 특성이라고 보아야 할 것이다.

경제활동과 비경제활동의 이분법

두 번째는 경제활동과 비경제활동이라는 이분법, 돈 버는 활동이 아니라면 비경제적 활동으로 간주하는 풍조다. 그것은 나아가 경제적 활동은 자립적이며, 배려와 공감과 케어 등 감정을 그 바탕으로 하는 비경제적 활동은 의존적이라는 이분법으로 전개된다. 하지만 **사회가 유지되려면 경제활동뿐만 아니라 재생산활동이 필요**하다. 경제활동 자체도 누군가의 가사노동이 뒷받침해 주지 않는다면 성립하기 어렵다. 재생산문제는 유급의 돌봄노동도 관련되므로(폴브레, 윤자영 역, 2023: 116) 그것은 여성이나 가족에 국한 된 문제가 아니라 지역사회와 기업, 공공부문 역시 깊이 관련되는 문제다.

돌봄노동이 저평가되어 있다는 의미는 단순히 경제적 저평가 만이 아

니라 도덕적 저평가도 포함된다. 1972년부터 수년간 페데리치(황성원 역, 2013: 제1장) 등에 의해 전개되어 재생산문제에 대한 세계적 관심을 크게 고취시킨 "가사노동에 대한 임금 캠페인"이 보여준 임금요구는, 재생산 노동에 대한 도덕적 재평가 요구였다. 임금요구는 남편에 대한 투쟁이 아니었다. 가사노동을 통해 이윤을 획득한다고 간주된 국가에 대한 투쟁이었지만, 문화적 투쟁의 성격을 가지고 있었다고 생각되기 때문이다.

다만 오늘날에는 적지 않은 나라에서 공식적으로 무급노동의 가치를 추계하여 공표하고 있다. 추계방법은 두 가지다. 하나는 무급노동을 임금노동으로 대체했을 때 드는 비용을 기준으로 추계하는 방법이다. 예를 들어 가사노동자를 고용했을 경우 어느 정도의 비용이 드는가를 기준으로 삼는 것이다. 다른 하나는 무급의 가사노동자가 집안일 대신 다른 노동을 했을 때 벌 수 있는 임금을 기준으로 하는 것이다. 후자의 방법을 취하면 무급노동의 몫이 커진다. 왜냐하면 오늘날 가정 내 무급노동주체의 교육수준이 높고 그만큼 높은 소득이 기대되기 때문이다. 어쨌든 그 추계방식에 따라 편차가 있지만 호주의 경우(ILO, 2024) 무급 돌봄노동에 그에 맞는 금전보상이 행해진다면 그 규모는 GDP의 40% 이상이라고 추정된다.

일본 내각부도 가사노동 등 무급노동의 화폐가치에 관한 조사를 1980년대부터 적어도 5년에 한 번 정도 행해 왔다. 2021년 가사 육아 등 가사노동에 들어간 시간을 임금으로 환산하면 143.6조 엔이며 전체 GDP의 약 30% 수준이다(内閣府, 「無償労働の貨幣評価」, 2023.7). 이 수치는 과거 40년 동안 거의 3배 수준으로 높아진 것인데, 그 이유는 고임금 연령층의 가사노동이 많아졌고 또한 여성 임금이 상승했기 때문이다. 무급노동 중 여성 몫은 77.5%(약 111.3조 엔), 남성 몫이 22.5%(32.3조 엔)를 차지한다. 남성의 비율은 상승하는 추세다. 1인당 가사일의 경제적 가치는, 여성이 연간 194만 엔, 남성 60만 엔이다. 무보수 노동이 모두 여성에 의한 것은 아니지만, 여전히 그 대부분을 여성이 담당하는 현실은 바뀌지 않고 있다.

한국의 경우, 개인이 돌봄에 투입하는 시간과 그 경제적 가치를 추정한 연구(장지연 외, 2020: 56) 결과는 다음과 같다: "만 19세 이상 한 명이 연간 돌봄노동에 할애하는 시간은 여성의 경우 시장노동에 투입하는 시간의 약 77%다. 이들이 무급 돌봄노동을 통해 생산하는 재화와 서비스의 가치는 남성은 연간 583~657만 원, 여성은 1,681~1,858만 원에 달했다. 특히 만 19세 미만 자녀와 함께 사는 여성 가구주나 배우자의 돌봄노동시간은 임금근로자의 연평균 시장노동시간의 1.26배에 달할 만큼 길었고, 그 연간 경제적 가치는 2,786~3,261만 원이었다. 이 가구 중 미취학 자녀가 있는 경우는 남녀 모두 그 시간은 더욱 증가하며, 여성의 무급돌봄노동의 경제적 가치는 3,539~4,173만 원이 되었다."

경제활동과 비경제활동의 이분법은 '사랑과 돈의 이분법'(마르살, 김희정 역, 2017)이라고 일컬어진다. 어떤 행동은 돈을 위해서 행해지고 어떤 행동은 돌봄을 위해 행해진다는 것, 그리고 이 양자는 절대 만나서는 안 되는 것으로 취급되는 현상이다. 이 이분법은 케어 영역의 논의에서도 정당한 보수에 관한 논의나 케어의 경제적 가치 논의를 방해해 왔다. 돌봄 영역에서 보수를 요구하는 행위는 곧잘 비난 받을 일로 치부되었다. 그래서 무급노동 영역에서 어떤 목소리를 낼 때는, '돈 때문에 어려움을 호소하는 것이 아니다'라는 말을 먼저 내세우지 않으면 안 될 만큼 방어적인 입장이 되었다.

돌봄노동의 경제적 가치를 인정하자는 것은 돌봄노동을 상품화하자는 주장이 아니다. 케어노동의 경우에도 케어노동을 성실히 행한다는 것과 케어노동자가 잘산다는 것 사이에는 아무런 모순이 없다. 높은 소득과 인술(仁術)은 결코 트레이드 오프의 관계가 아니다. 성실한 의료를 실천하는 의사가 경제적으로 유복하다는 것은 전혀 모순적이지 않다. 나이팅게일이 여성간호사의 정당한 대우와 보수를 주장했다는 사실은 결코 간호의 상품화 주장이 아니다. 소득을 얻기 위한 케어노동에서도 이타적 실

천이 가능하다. 장기요양의 질을 높이려면 요양보호사에게 장기요양노동을 발전적이고 지속적으로 재생산하게 할 만큼의 경제적 보수와 사회적 명예를 보장하는 것이 우선이다.

계급적 이분법: 정신노동과 육체노동

세 번째의 이분법적 사고와 관행은 중산계급 이상의 노동과 하층계급의 노동, 정신적 노동과 육체적 노동의 이분법이다.

돌봄노동의 조상벌인 하인의 존재(번팅, 김승진 역, 2022; 트론토, 김희강 외 역, 2021 등)는 오늘날까지 돌봄의 저평가에 영향을 미치고 있다. 하녀 노동은 평가되지 못했고 그들 스스로의 기록도 거의 없으므로 역사가의 관심도 받지 못했다. 하녀가 실제로 사라지는 것은 여성이 산업체에 본격적으로 고용되는 시기다. 그 시기부터 중산층 가정의 주부가 실제로 돌봄에 직접 종사하게 된다.

영국 런던 근교에 1860년 모리스(William Morris)의 주도로 완성한 레드 하우스(Red House)가 있다. 이 주택은 모리스가 모던 디자인의 시조였다는 점, 노동과 예술의 공존을 지향한 공간이었다는 점 등이 예찬을 받아왔다. 그런데 나에게는 그보다 더 높이 평가할 만한 것이 있다. 그것은 그 집에 하인들의 공간을 배치하고 그들의 공간 역시 가능한 한 아름답게 장식했다는 사실이다. 모리스의 생각은 레드 하우스에 장식되어 있는 "나는 몇몇 사람만을 위한 예술을 원하지 않고, 소수 사람들만의 교육과 자유를 원하지 않는다"라는 그의 글에 잘 나타나 있다. 통상 하인들은 저택 안의 별도 출입구와 계단을 이용했고 자신들의 존재가 드러나지 않도록 아주 먼 동선으로 다녀야 했다. 그들의 거주지는 지하 공간 혹은 저택 뒤편의 초라한 오두막이 일반적이었다. 그러므로 레드 하우스의 시도 그 자체가 아름다운 공생사회의 상징이라고 말할 수 있으며 나는 그 점을 특기해 두고 싶은 것이다.

한국의 전통사회는 노동에 가치를 두지 않았다. 노동은 육체노동을 의미했고 그것은 하인의 일이었으며 노동 자체가 하층계급의 증표와 같았다. 구한말 축구 경기를 본 어느 양반이 "왜 저런 힘든 일을 하인에게 맡기지 않느냐"라고 말했다는 일화는 아주 황당한 이야기가 아니다. 직업에 귀천이 없다는 말이 강조되어 온 것은 역설적으로 귀천을 심하게 따지는 풍조의 반증이다. 이러한 부적절한 선긋기가 오늘날까지 노동을 천시하는 풍조를 남기고 있다. **돌봄을 '아랫것들'의 일로 여기는 풍토**는 조선왕조 500년이 대규모 노예제적 사회였던 것과 무관하지 않다. 양반계층이나 경제적 여유가 있는 가정은 근래에 이르기까지 간접적 케어노동을 흔히 식모라고 속칭되던 가정부에 맡기는 경향이 있었다.

오늘날에도 노동하는 사람에 대한 이미지가 크게 바뀌지 않았다. 한 기사(『경향신문』, 2010.11.26)에 의하면, 경찰은 복장과 머리모양 등을 통해 범죄 용의자를 수배할 때 양복 차림에 깔끔한 인상이면 '사업가풍', '회사원풍', 양복을 입지 않고 깔끔하지 않으면 '노동자풍'이라 했다고 한다. 네이버 뉴스라이브러리를 통하여 '노동자풍'이라는 용어가 신문에서 언제부터 사용되었는지 찾아보니 적어도 일제시대인 1929년에 "범법자의 수배와 검거"와 관련된 특징적 외모의 표현으로서 그 용어가 사용되고 있다.

2. 공감의 재발견: 케어의 기초 그리고 사회질서의 근본

공감의 어의

흄이나 애덤 스미스는 인간에 대한 도덕적 행위가 이성에 앞서 감정에 의해 일어난다고 했는데 이것은 매우 중요한 주장이며 나도 그에 동의한다. 돌봄 혹은 케어행동 제공의 감정적 원동력은 '공감'이다. 하지만 최근까지의 약 200년 동안 도덕이론에서는 이성이 지배적인 지위를 점해 왔다. 공감이라는 감정의 가치가 재평가 내지 재발견된 것은 근자의 케어논의에 의해서였다. 이제는 케어와 관련하여 공감을 집중적으로 검토한 전문서(Slote, 2007)도 나와 있다.

공감에는 유사용어가 많다. '동감', '동정(심)', '배려' 등이다. 보통 공감으로 번역되는 'empathy'에도 'sympathy, compassion, fellow-feeling' 등의 유사용어가 있다. 양옥경(2022: 제1장)은 공감을 "타고난 천성이 아니라 성장하면서 계발할 수 있는 능력"으로 본다.[1] 그리고 공감을 다음 네 가지 차원으로 이해한다: ① 정서적 공감(느낌으로서의 공감), ② 인지적 공감(생각으로서의 공감), ③ 실천적 공감(행동으로서의 공감), ④ 사회적 공감(책임으로서의 공감).

'empathy'는 자신과 유사한 체험을 한 타인의 감정을 공유하는 것, 상대의 입장에서 감정을 공유하는 것이다. 사회복지실천이나 심리학, 상담 영역에서 공감이라는 용어는 주로 'empathy'의 번역어다. 한편 'sympathy'는 흔히 '동정'이라고 번역되는데 자신이 체험한 것은 아니지만 상대의 감정을 상상하여 이해하는 것, 자신의 입장에서 감정을 공유하는 것이다. 학자에 따라서는 'sympathy'를 동정심으로 번역하고 상담자가 보이지 말아야 할 감정이라고 지적하기도 한다. 그렇다고 양자 사이에 명확한 구분을 지우기는 쉽지 않다. 'empathy'는 "당신과 같은 기분이다"(I feel with you)라는 감정이고, 'sympathy'는 "당신의 기분을 잘 알겠다"(I feel for you)의 감정(Slote, 2007)이라고 양자를 구분하는 연구자도 있다.

공감이라는 용어는 사실 철학분야에서 일찍이 사용되었다. 철학적 의미에서 공감을 사용한 선구적 인물은 흄과 애덤 스미스였다. 특히 애덤 스미스는 도덕철학(경제학) 논의에서, 사리를 판단하게 하고 **어려움에 처한 사람을 동정하는 감정에 의해 사회질서가 유지**된다고 주장했다. 그 내용은

1 사실 나는 "공감은 타고난 감정이다. 다만 그 감정을 억압하는 사회환경에서는 발휘되지 않을 수 있다"라고 여기므로 엄밀히 말하면 양옥경과 다른 입장이다. 독자들은 "공감이란 사회환경에 따라 계발되기도 하고 억제되기도 하는 것"이라고 이해한다면 될 것이다.

케어 실천의 원동력으로서의 공감을 이해하기 위해서도 중요하다.

애덤 스미스(1723~1790)는 생애에 걸쳐 『도덕감정론』(1759)과 『국부론』(1776) 두 대작을 출간하고 각각의 수정판 출간을 거듭하는 것이 그의 평생 학술작업이었다. 첫 저작인 『도덕감정론』은 그에게 영국 최고의 철학자라는 명성을 가져다주었다. 애덤 스미스는 프랑스 중농주의자의 자연법 사상에 큰 영향을 받았는데, 자연법 사상이란 법과 정의의 근거를 인간 본성에서 찾는 사상이다. 신의 계시나 가르침에 의해 정의감이 생기는 것이 아니라 인간의 본성에 정의감이 있다는 사상이다. 그는 인간에게는 **이성보다 우선하는 두 가지 원리**가 있다고 주장했다. 하나는 우리 자신에 대한 안녕과 생명유지에 관심을 갖는 감정, 다른 하나는 우리 동포가 고통을 당하는 것을 보면 그냥 두고 볼 수 없다는 감정이 그것이다.

확실히 애덤 스미스는 경쟁의 가치를 중시했다. 오늘날 경쟁의 반대말을 묻는다면 '협력'이라는 대답이 많지 않을까 생각된다. 그러나 그는 '담합과 독점'에 대한 반대어로서 경쟁을 사용했다. 그는 산업혁명 시작기를 살았기 때문에 그가 목격했던 인구 증가와 경제발전에 근거하여 다가올 산업상의 변화를 낙관했다. 자유로운 경제활동을 보장하면 노동자의 직업선택의 자유가 보장되고 고임금노동의 실현으로 이어질 것이라고 예견했다(박광준, 2002). 그는 사용자에 비해 노동자의 지위가 열악함을 인정하고 그에 대해 동정을 표했지만, 자유로운 경제활동을 보장하기 위해서는 노동자도 사용자도 담합과 단결이 있어서는 안 된다고 주장했던 것이다.

도덕감정이라는 개념은, 애덤 스미스가 사회질서를 유지하게 하는 인간의 자율성을 설명하기 위해 고안된 것이다. 그는 인간이 이기심을 비롯한 다양한 동기에 의해 행동하지만 사람 마음속에는 '공정한 관찰자'라는 또 하나의 자신이 있어서, 그것이 지나친 이기심에 기울어지지 않도록 유도하여 인간을 자율적 존재로 만든다고 보았다. 지나친 이기심이란 다른 사람의 분노를 사는 행동이다. 그러므로 그는 적정선을 넘어선 이기심을 용인하지는 않았다. 그는 이기심이 공익과 사회발전에 기여할 수

있다고 말했는데, 그 근거는 바로 지나친 이기심을 자제하는 도덕감정이라는 인간 본성이었다.

그런데 흄이나 애덤 스미스가 사용한 공감이라는 용어는 영어 'sympathy'였다. 사실 'empathy'는 애덤 스미스 시대에는 존재하지 않았던 용어다. 'empathy'는 20세기 초에 심리학 영역에서 독일어를 영어로 번역함으로써 탄생했다고 한다. 애덤 스미스는 'sympathy'를 'compassion'과, 타인의 감정을 공유한다는 의미의 'fellow-feeling'(동류의식)을 포함하는 넓은 개념으로 사용했다. 그러므로 그가 사용한 'sympathy'의 의미는 오늘날의 'empathy'의 의미라고 보아 무방하다.

다만, 이 책에서는 이상의 단어들을 엄밀히 구분하지 않는다. 앞서 든 공감의 유사용어가 가진 공통적 요소를 아우르는 의미로 공감을 사용하기로 한다. 이 책에서 케어 논의와 관련하여 중시하는 요소는 다음 세 가지다: ① 타인과 자신이 상호의존관계에 있다는 인식, ② 타인이 겪는 어려움이 해소되어야 한다는 감정, ③ 문제 해결을 위해서는 행동이나 실천이 필요하다는 인식. 이 요소들은 위의 유사용어들 속에도 공통적으로 들어 있다. 예를 들어 배려를 "다른 사람이나 생명체가 우리들과 관계 맺고 있다는 의식에서 생겨나는 삶의 방식"이라고 정의한 견해(Roach, 2002)도 공감과 맥을 같이 한다.

공감이라는 용어에 대해 좀 장황하게 소개한 이유는, 공감은 흔히 알려진 '돌봄의 원동력'의 측면뿐만 아니라, 공감이 '사회정의의 기반'이라는 차원으로서 사용되어 왔다는 역사적 사실을 지적해 두고 싶기 때문이다. 애덤 스미스가 사용했던 공감은 바로 사회정의의 기초적 감정이었다.

공감 ①: 사회질서의 기초

케어의 바탕은 공감이다. 그러나 공감이라는 감성이 있다고 해서 곧 케어가 실현되는 것이 아니다. 적절한 케어에는 무엇보다 제도적 인프라

등이 갖추어져야 한다. 그래서 공감 논의가 개인 혹은 가족책임 논의로 변질되지 않도록 유의할 필요가 있다.

애덤 스미스는 『도덕감정론』 모두에서 다음과 같이 말한다: "설사 인간이 이기적 존재로 상정된다고 하더라도, 인간 본성에는 분명히 여러 개의 원리가 존재한다. 그 감정들은 타인의 행불행에 관심을 가지게 한다. 타인의 행복한 모습을 본다고 해서 자신에게 이익이 생기지는 않지만, 그래도 인간은 타인의 행복을 필요로 한다. 타인의 슬픔을 보면 슬픈 감정이 일어난다는 것은 명백한 일이다."

사실 이것은 매우 새로운 인간관이자 새로운 세계관이다. 인간은 하나의 동기가 아니라 매우 복잡한 **여러 가지 동기에 의해 행동하는 존재**로 본다는 점에서 새로운 인간관이다. 다른 한편, **타인의 존재를 자신과의 관계 속에서 이해하는 감정 덕분에 사회질서가 유지된다**고 본다는 점에서 새로운 세계관인 것이다.

애덤 스미스는 산업혁명 전야의 경제적 풍요를 목격하고 무엇이 경제적 번영과 안정적 사회질서를 가져오는가를 해명하고자 했다. 그가 내린 답이 바로 인간 본성인 공감이었다. 공감은 인간 개개인이나 집단 사이에 상호관계성을 만들어주고, 인간을 타인과의 관계 속에 놓이게 하여 사회적 존재로 만들어 주는 것으로 해석되었다. 그는 지인들이 자신에게 있었던 기쁜 일을 말할 때 그에 무관심한 듯한 태도를 보이는 것은 그냥 무례한 태도일 뿐이지만, 불행한 일을 겪고 있는 사람의 고통에 무관심으로 대응하는 것은 인간에 대한 잔인한 모욕이라고 했다. 그는 공감에 의해 인간 사이에 상호의존성이 강화되면 개인자유의 신장, 나아가 노동자층의 물질적 혜택 등 바람직한 변화가 만들어진다고 보았다. 그가 사회구성원 사이에 공감이 없다면 그 사회는 결코 건전한 사회가 될 수 없다고 주장한 이유가 이 논리에 있다.

그러나 사람들은 타인의 모든 행위에 공감하지는 않는다. 오히려 공감에 반대되는 혐오감이나 불쾌감의 감정을 보이기도 한다. 그렇다면 '공감

을 가져오는 행위인가 불쾌감을 가져오는 행위인가'의 판단은 누가 하는가? 그 주체가 바로 인간 속에 존재하는 '공정한 관찰자'라는 또 하나의 자신이다. 타인의 비난이나 분노를 살 일이라고 판단되면, 실제로 타인의 비난이 일기 전에 공정한 관찰자가 그런 행위를 하지 못하게 하는 것이다. 그래서 인간은 자율적 존재라는 것이다.

애덤 스미스는 탐욕이라는 바람직하지 못한 속성은 **가난과 부유함의 차이를 과대평가하는 것**에 의해 생긴다고 날카롭게 지적했다. 이것은 "물질적 이익만을 위해 인간이 일한다면 그것은 우리 자신이 우리의 감옥을 만드는 것에 불과하다… 돈을 가지고 외롭게 유폐되는 것과 같다"라고 말한 생텍쥐페리(『인간의 대지』)의 생각과 닮았다. "성인이 되어 간다는 것은 책임을 아는 것이다"라고 한 그의 말은 자신이 하는 일이 곧 타인의 삶과 연결되어 있다는 자각을 준다. 그 말은 "성인은 케어할 책임을 아는 존재"라고 바꾸어 말할 수 있다. 생텍쥐페리는 자신이 관대해지고 있음을 느낄 때 받는 인간의 감동을 "감옥에서 나온 죄수가 한없이 넓은 바다를 보았을 때의 놀란 눈"과 같다고 표현한다.

애덤 스미스는 상인과 기업가의 도덕적 적정성을 넘어서 탐욕스러운 행위에 대해서는 국가가 적극적으로 대처할 의무가 있다고 주장했다. 하지만 다른 한편, 그는 사회질서가 국가 등에 의해 인위적으로 만들어지는 것이 아니라는 인식 또한 명확히 가지고 있었다. 인간은 제 나름대로 복잡한 동기를 가지고 행동할 뿐이지만, 보이지 않는 손에 의해 사회질서가 성립한다는 것이다. 잘 알려진 "보이지 않는 손"이라는 용어는 두 저서에서 각각 단 한 번 언급되었다고 한다.[2] 참고로, 보이지 않는 손의 본질에 관해서는 '신을 섭리'라는 주장도 있지만(그는 독실한 프로테스탄트였다), 종교를 떠나 자연의 섭리를 의미했다는 주장이 보다 주류인 것 같다.

2 도메(堂目卓夫, 우경봉 역, 2010)는 『도덕감정론』과 『국부론』에서 단 한 번 언급된 '보이지 않는 손'이 어떤 문맥에서 사용되었는지를 특정하고 있다. 그에 관심있는 독자에게는 참고가 된다.

공감 ②: 돌봄 및 케어의 바탕

공감을 대인관계 차원에서 보면, 그것은 케어실천의 바탕을 이루는 감정이다. 케어러에 대한 피돌봄자의 신뢰는 자신의 문제에 케어러가 어느 정도 공감하는가에 달려 있다. 피돌봄자의 니즈는 케어러가 발견하기도 하지만, 아무래도 피돌봄자나 그 가족이 제공하는 정보에 의해 파악되는 부분이 크다. 신뢰하는 케어러일수록 중요한 정보를 더 많이 제공하고, 그것은 적절한 케어방법을 찾게 하여 질 높은 케어로 이어지게 할 것이다. 요컨대 좋은 돌봄은 신뢰를 기본으로 하고, 신뢰는 상대방의 공감이 감지될 때 쌓인다. 그래서 공감이 돌봄의 질을 결정한다고 일컬어지는 것이다.

질병에서 오는 직접적인 고통 이상으로, 질병이나 환자에 대한 사회적 편견이 당사자에게 더 큰 고통이 될 수 있다는 사실은 손택(이재원 역, 2002)이 지적한 바 있다. 다만 피돌봄인이 자신의 고통에 대해 이야기할 때 두려워하는 것은, 자신의 처지에 대한 상대방의 편견만이 아니다. 자신의 고통을 '대수롭지 않게 여기는 것' 즉 비(非)공감적 태도 역시 두려워한다. 선스트럼(노승영 역, 2011: 101-102)은 자신의 통증 체험을 통해 통증으로 인한 실제의 고통 이상으로 상대방의 비공감적 반응을 두려워할 수 있음을 보여 준다. 그녀는 다음과 같이 회상한다.

> 커트와 사귀는 동안 줄곧 외로움을 느꼈다. 커트가 나를 진정으로 알지 못한다는 생각을 떨칠 수 없었다. 하지만 커트가 나에 대해 모르는 게 뭘까, 생각해 보면 통증말고는 생각나는 게 없었다. 통증은 우리의 거리를 드러냈지만 거리 자체이기도 했다… 그토록 오랫동안 입을 열지 못한 것은 커트가 내 통증을 버거워할지도 모른다는 두려움 때문이었다. 하지만 진짜로 두려웠던 것은 커트가 **내 통증을 대수롭지 않게 여길지도 모른다**는 것이었다. (강조는 인용자)

공감적 케어실천이란 구체적으로 어떤 모습인가? 일본의 한 외과의사는 자신이 겪었던 암환자와의 교류를 책(松岡, 1997)으로 엮었다. 다음 소

개하는 사례는 암을 앓는 어느 부인 환자의 마음에 공감한다는 것이 어떤 것인가, 신뢰할 수 있는 의사-환자의 케어관계가 어떤 것인가를 잘 보여 준다. 그리고 그 환자가 이 의사에게 보내는 신뢰, 그리고 의사가 제공하는 케어의 질을 가늠하게 한다.

> 그녀의 가슴에 청진기를 대고 복부를 촉진했습니다. 그 날도 별 차도는 없었습니다. 나는 그녀의 환자복 끈을 다시 묶어 여며 주면서 “이제부터 수술 일정이 잡혀 있어요”라고 말했습니다. 병실을 나오려다 뒤돌아보니 병상에 있던 하나야마씨가 말을 걸어 왔습니다. “잘 다녀오세요”(行っていらっしゃい=수술 잘 하고 오세요)라고.
>
> 이 말이, 남편을 배웅하는 아내의 인사말처럼 느껴졌습니다. 그녀에게는 틀림없이 이 말이, 그날 일하러 집을 나서는 남편에게 건네고 싶었던 인사말이었을 것입니다. 나는 병을 앓는 아내의 마음이 어떤 것인지를 잠시 엿본 것 같은 마음이 들었습니다.
>
> 그 1개월 후 하나야마씨는 사랑하는 가족들에게 둘러싸여 조용히 길을 떠났습니다.

의사로서 10년간 치매 아내를 간병했던 클라인먼(노지양 역, 2020: 26)은 아내를 데리고 방문했던 어느 의사의 감동 없는 반응을 다음과 같이 묘사했다: “그의 말투로 봐서는 그 의사가 앞으로 우리의 (치료)여정을 지켜봐 주고 의지할 수 있는 사람이 아니라 **그저 무슨 일이 일어나는지 관찰하고 싶어 하는 것** 같았다.”(강조는 인용자) 공감이 없는 듯한 케어전문직을 마주할 때 당사자가 느끼는 인간적 실망이 생생히 전해지는 글이다. 톨스토이의 소설 『이반 일리치의 죽음』에는 재판관이었던 주인공이 병원에 갔을 때 받았던 인상이 다음과 같이 묘사되어 있다: “병원은 모든 것이 법정과 똑 같았다. 그가 법정에서 피고를 대하면서 짓는 표정을, 의사는 환자를 대하면서 똑같이 짓는 것이었다.”

3. 여성 케어규범의 제도화

여성 열성관(劣性觀)의 뿌리

문명국가에서조차도 여성은 오랫동안 이성이 결여된 존재, 보다 중요하지 않은 일의 담당자로 취급되어 왔다. 남성우위사회가 지속된 데에는 많은 저명인사들의 여성 비하 선전이 작용했는데 헬드(Held, 김희강 외 역, 2017: 제4장)는 여성 열성관의 긴 역사를 다음과 같이 요약했다: "아리스토텔레스는, 여성을 인간 본성인 이성적 능력이 뒤떨어지고 결함을 가진 인간이라고 간주하고, 여성의 본성과 기능은 동물과 마찬가지로 재생산에 있다고 주장했다. 이러한 사고방식은 13세기에 아퀴나스에 의해 계승되었다. 18세기에 루소는 여자는 어릴 적부터 남자에게 복종해야 한다는 교육을 철저하게 시키지 않는다면 사회는 붕괴할 것이라고 주장했다. 20세기에 프로이트는 해부학적으로 보아 여성에게는 페니스가 없다는 이유로 여성은 심리적으로 열등한 존재라는 관점을 제시했다."

확실히 케어를 여성의 몫, 덜 중요한 일이라고 보는 고정관념의 뿌리는 깊다. 다만 여성을 사적 영역으로 몰아넣은 풍토의 시조로서 아리스토텔레스를 지목하는 논자들(예를 들어 트론토, 김희강 외 역, 2021: 39)이 있지만 그것은 지나친 단순화다. 여성열성관은 아리스토텔레스 이전에 이미 형성되어 있었다. 노예제가 시작되기 전에 이미 여성의 노예화가 정착되어 있었다는 것은 페미니스트 사학자도 인정하고 있다. 다른 한편 오늘날의 여성폄하는 200~300년 전의 인물들에 의한 광적인 선전이 크게 작용하고 있다. 여성차별주의자들은 여성이 활약하는 영역에서 여성을 몰아내기 위해 혹은 남성주도사회를 더욱 공고히 하기 위해 자신들의 여성차별적 교설에 아리스토텔레스의 이름을 교묘히 악용해 왔다.

일찍이 아리스토텔레스는 '인간은 폴리스적 동물'이라고 정의한 바 있다. 인간은 한 사람의 개체로서 살아가지만, 다른 한편 하나의 폴리스를 형성하고 살아간다는 점에서 다른 동물과 구분된다는 뜻이었다. '폴리스적'이라는 말은 정치적이라는 의미였는데 라틴어로 번역되어 로마에 전해졌을 때 '사회적'이라고 번역되어 '인간은 사회적 동물'이라는 말이 널리 퍼졌다. 'social'의 어원은 라틴어에 있고 그리스어에는 그에 해당하는 단어가 없었다고 한다.

한나 아렌트(『인간의 조건』 제2장)는 이 말을 "폴리스가 발생함으로써 인간에게는 가정생활 이외에 제2의 생활이라고 할 수 있는 정치적 생활이 부여되었다"라고 해석한 바 있다(朴光駿, 2017b). 가정생활과 정치생활의 구분은 쉽게 사적 생활과 공적 생활의 구분으로 받아들여졌다. 그리고 나아가 **공적 영역의 활동을 본업으로 하는 남성, 사적 영역의 생활을 본업으로 하는 여성**이라는 남녀역할 분담론으로 단순화되어 세상으로 퍼졌다. 오히려 아리스토텔레스는 경제를 논할 때 사적 단위로서의 집을 의미하는 그리스어 오이코스(oikos, 사회의 최소단위)를 고려했고 남편-아내 관계는 지배-피지배 관계가 아니었다.

오늘날의 여성열성관에 가까이 있는 여성비하론자 프로이트의 경우를 보자. 그의 뒤틀린 여성관은 앞에서도 지적되어 있지만, 그는 돌봄노동과 관련해서도 도저히 묵과하기 어려운 차별적 주장을 과학인 양 꾸며서 펼쳤다. 그에게 여성이란 자신의 몸에는 없는 페니스의 선망과 수동성으로 특징지어지는 인간이었다. 그에 대해서는 "억압적인 부권적 남성문화에 의해 날조된 주장이다, 그가 죽어야 가족이 산다" 등등의 비판이 제기되어 왔다. 프로이트는 실제로 여성이 청소를 더 잘하도록 태어났다고 주장했는데(마르살, 김희정 역, 2017: 16) 그 근거는 여성의 질이 원래 불결하기 때문이라는 것이었다. 여성은 자신의 신체에서 느끼는 불결한 느낌을 보상하기 위해 닦고 털고 한다는 것이다.

나는 프로이트 비판이 한 학자의 일부분만을 보고 그 사람 전체의 업적을 부정하는 논리로 비추어지지 않기를 바란다. 단지 지금 우리사회에 실제적인 해악을 끼치고 있는 극단적 여성 폄하 논의를 직시하기보다는 손쉽게 아리스토텔레스를 거론하는 풍토에 동의하지 못함을 밝히고 싶을 뿐이다.

다윈의 아들 식물학자 다윈은 "과학계에서는 처음 생각한 사람이 아니라 그 생각을 처음으로 세상에 납득시킨 사람이 공로를 차지한다"(선스트럼, 노승영 역, 2011)라고 말했다. 이 통찰을 응용하면 다음과 같은 주장도 가능할 것 같다: **어떤 사상이 인간사회에 끼친 해악은 그 내용 자체의 해악성에 의해 결정되는 것이 아니라 그 주장이 얼마나 그럴듯하게 포장되었는가에 따라 결정된다.** 프로이트가 자의적 주장을 얼마나 교묘히 포장했으면 아직도 그것을 과학으로 여기는 사람들이 많을까 싶다.

전통사회의 규범

돌봄은 여성 몫이라는 도덕규범은 사회적으로 만들어져 온 것이다. 일찍이 프랑스 여성 철학자 보보와르(『제2의 성』, 1949)는 "여자로서 태어난 것이 아니다. 여자로 만들어지는 것이다"라고 지적했다. 그보다 약 100년 전 선각자인 밀(J. S. Mill)은 여성이 교육을 통하여 자신들은 자기희생적 본성을 가진 인간으로 창조되었음을 받아들이도록 강요받고 있다고 비판했다. 그럼에도 과거의 돌봄 이미지는 바뀌지 않고 있다. 19세기말에 확산된 공교육이 돌봄을 여성규범으로 공식화했기 때문이다.

영미에서도 가정의 천사(번팅, 김승진 역, 2022: 38-39)라는 도덕규범이 강하게 남아 있다. 그것은 자신의 권리를 방기하고 가족을 위하여 희생하고 남편에게 순종하는 여성상이다. 그 여성상이 공식화되는 것은 19세기말 빅토리아 시대였다. 그래서 길리건은 그것을 '여성의 몸을 빌려서 말하는 빅토리아조 남성의 목소리'라고 비판한다. 또한 보보와르는 가정의 천사를 죽여야 여성이 산다고 말했다.

한국 전통사회의 성별규범이 돌봄에 가치를 두지 않았다는 것은 지적할 것까지도 없다. 명분은 남녀유별이었지만 실제는 차별이었다. 여기서 생각해 보아야 할 것은 '국가가 돌봄을 완전히 가족에 맡겨 둔 결과 가족 내의 가부장적 권력구조에 의해 케어가 여성책임으로 귀결되었는가, 아니면 여성의 책임을 강제하는 것과 같은 방식으로 국가의 실제적인 권력이 작용했는가'라는 문제다.

이 양자는 서로 관련되어 있지만 한국과 일본을 비교해서 어느 쪽이냐고 하면 일본은 전자, 한국은 후자에 가깝다. 즉 일본 전통사회에서는 가장에게 절대적 권력을 보장하는 사회체제를 만든 후, 가족사에 대해서는 가장에게 일임했다. 그러나 조선사회는 가족규범에 국가권력이 직접 관여하는 정도가 상대적으로 강했다. 물론 주로 사대부 가족에 한하는 이야기다. 국가의 권력 행사는 당근과 채찍의 형태를 띠었다. 불효에 대해 국가 처벌은 엄했고 부모 장례를 법도대로 치르지 않는 것도 처벌대상이었다(박광준, 2018). 모친의 3년상을 치르지 않았다는 이유로 관리가 처벌받기도 했다(『태종실록』, 1406.3.19). 사대부의 이혼에는 국왕의 재가가 필요할 정도였고, 여자의 결혼도 국가가 강제하는 성격을 띠었다.

전통사회의 하인문화에 관해서도 '하인을 두는 계층이 어느 정도 넓게 존재했는가, 그리고 그러한 관습이 얼마나 늦게까지 존재했는가'라는 문제를 검토할 필요가 있다. 노비제가 공식적으로 폐지된 것은 19세기말이었으며, 그 후에도 집에 머슴이나 식모를 두는 가정이 널리 존재했기 때문이다. 일제시대에는 이 문화가 일본과 조선의 문화적 갈등 양상을 보였다.

당시 『매일신보』(1943.8.30)의 보도에 의하면 1943년 9월부터 경성직업소개소는 식모 알선 업무를 폐지했다. 일본인 직업소개소장은 식모 없이도 생활할 수 있는 가정임에도 불구하고 부유층이 옛 풍습에 젖어 식모를 들이는 것을 문제로 지적했다. 한편에서는 여성의 옥외노동을 극히 꺼리는 문화로 인하여 여성의 일자리는 옥내 노동인 식모 이외에는 거의 없었고, 집안의 허드렛일은 살 만한 집 아낙이라면 직접 하지 않던 당시의 풍토를 간접적으로 보여 준다. 내 기억으로 1970년대에도 집에 식모를 두는 가정을 내 주위에서도 어렵지 않게 볼 수 있었고, 가사노동자는 직업이기는 하지만 마치 하나의 신분 같은 성격을 띠고 있었다.

여성 케어규범의 제도화

그렇다면 여성규범에 관한 전통사회의 유산이 근대사회 이후 어떻게 유지되고 강화되었는가? 구한말의 상황을 확인하기 어려우므로 일제하에서 초등교육을 행하는 보통학교(1906~1938년 한반도에 설치된 의무교육학교)나 심상(尋常)소학교(1886년 설치된 의무교육초등학교. 처음 4년제였으나 1907년부터 6년제), 그리고 중등학교에서 여성과 관련된 가족규범이 어떻게 교육되고 있었는가를 살펴보자. 공교육의 여성수혜자는 한정되어 있었지만 당시 사용되던 교과서 내용을 통해서 가족규범을 유추해 볼 수 있다. 당시에는 일본 교과서가 그대로 수입 사용되었다. 근대국가 이후 일본의 공교육 교과서에 여성과 관련된 규범이 어떻게 기술되어 있었는가를 살펴보자(朴, 2023).

초등학교 교과서(『尋常小学修身書』, 1892)에는 "부모가 병에 걸렸을 때에는 여성은 화장하지 않고 항상 곁에 있으면서 수발해야 한다"라고 기술되어 있었다. 나아가 1910년 출간된 같은 이름의 교과서에는 '남자의 일과 여자의 일'이라는 제목의 독립된 항목이 설정되었다. 거기에서 성별 역할은 다음과 같이 규정되었다: "남자는 성장 후 집의 주인이 되어 직업일에 힘쓰며, 여자는 아내가 되어 일가의 뒷바라지를 하는 자."

메이지시대(明治時代, 1868~1912) 이후 여자도 중등교육을 받을 수 있었는데 그 가정학 교과서(『新撰家政学』)에는 "노인의 보호 및 수발은 가정(家政)의 주축인 여자가 가장 중시해야 할 일"이라고 기술되었다. 1890년 교과서 『가정학』(家政学)에는 '노인의 간호'라는 장이 따로 만들어졌다. 거기에는 주부라는 존재는 "노인에 대해 충분히 주의를 기울이며 돈독한 간호를 행할 의무를 지는 자"라고 기술되어 있었다.

당시 중등학교 교육을 받는 여성은 극히 일부였지만, 이상과 같은 여성의 케어규범 공식화가 후대에 남긴 영향은 크다. 그 시대의 가족윤리는 어디까지나 전통사회의 가치관을 계승한 것이었다. 하지만 중요한 것은 **근대교육을 통하여 전통적 대처방식이 공식적으로 재생산**되었다는 점이다. 다만 구한말부터 시작된 근대적 교육과정을 통해 가족윤리가 공식화되었다고 해서, 여성의 사회적 지위가 전통사회의 지위보다 낮아진 것은 아니었다. 적지 않은 논객들이 근대국가 성립기에 공식화된 가족윤리를 가족이나 여성의 지나친 돌봄부담의 시작으로 보고 있지만, 나는 그에 동조하기 어렵다. 만약 오늘날 돌봄에 대한 여성의 과잉부담을 문제시한다면, '왜 그 규범을 한 세기 이상이나 방치했는가'라는 질문의 해명에 초점을 두어야 한다고 생각하기 때문이다.

근대국가 성립기에 여성은 사회적 존재로서 사회와 역사의 전면에 등장하는 의미가 있었다. 그러므로 이 시대의 움직임은 다음과 같이 해석할 수 있겠다: '19세기 말부터 시작된 근대교육에서는 전통적 여성관에서 한발 나아가 여성을 사회의 일원으로 공식적으로 인정하고는, 그 위에서 여성을 가족윤리의 주역으로 삼는 관습을 제도화했다.'

여성의 돌봄규범과 관련해서 한 가지 특기해 두고 싶은 것은, 평생 돌봄을 행한 여성 역시 인생의 마지막에는 돌봄이 필요한 존재가 된다는 사실이다. 시부모의 돌봄과 남편의 돌봄을 행하는 자로서 여성을 생각하기 쉽지만 여성에게도 임종이라는 긴 과정이 있다는 것이다. 일본에는 "여자는 늙음을 세 번 경험하며 산다"(女性は三度老いを生きる)라는 말이 있다. 부모와 남편의 노후 돌봄을 행하고 이윽고 스스로의 노후문제 어려움에 직면한다는 뜻이다.

4. 길리건이 제기한 『또 하나의 목소리』

특기할 케어론자, 길리건

인간을 이성적 존재로 상정한 도덕이론은 돌봄 등 사적 영역의 도덕적 중요성을 경시한 채 20세기말까지의 약 200년간 주류를 형성했다. 그 도덕이론은 인간의 올바른 행동을 선택하게 하는 것은 이성적 인간이 가진 정의윤리라는 것이었다. 이에 대항한 최초의 케어 논객은 길리건(*In a Different Voices*, 1982; 허란주 역, 『다른 목소리로』, 1997)이었다. 길리건은 주류적 도덕이론의 한계를 지적하고 그 대안으로서 케어윤리를 대두시키는 결정적 계기를 만들었다. 그런 만큼 그녀는 케어 논객 중에서도 매우 특별한 존재이며 그녀의 논지는 지면이 허락하는 한 자세히 소개할 가치가 있다.

길리건의 저술은 전문영역인 심리학을 넘어선 다양한 학문에 새로운 시각을 제공했으며 연구방법론의 발전에도 공헌했다. 그리고 학문세계에서 여성이 폄하되어 온 풍토에 큰 자성과 변혁을 가져왔다. 그녀는 교육학자 콜버그(L. Kohlberg)의 잘 알려진 도덕발달이론에 대한 의문에서 논의를 시작한다. 콜버그는 여아가 남아에 비해 낮은 도덕발달 수준에 머문다는 연구결과를 제시했었다. 이에 대한 반론으로서 길리건의 문제제기를 보여주는 것이 그림 3-1이다. 그녀는 11세 남아와 여아(초등학교 6학년 같은 반)가 각각 어떻게 도덕적 판단을 다르게 하는가를 설명하기 위해 다음과 같은 '하인츠의 딜레마'를 그들에게 각각 부여했다(이하 길리건의 제2장 내용 참고). 각각 자신들의 타개책을 제시하게 하면서 그 타개책의 선택이유를 설명하게 했다.

하인츠라는 남성은 암에 걸린 아내의 생명을 구하기 위해 자신의 경제력으로는 구입이 불가능한 고가의 약이 필요했다. 그 약의 원가는 매매가의 10분의

1 정도였다. 하인츠는 매매가의 절반가격으로 사게 해달라고 약국에 사정했으나 거절당했다. 이 상황에서 하인츠는 아내를 살리기 위해 약국에서 그 약을 훔쳐야 할 것인가 아닌가.

남아인 제이크는 주저하지 않고 약을 훔쳐야 한다고 대답했다. 제이크는 이 딜레마를 **재산과 생명 중 어느 것이 더 중요한가**를 비교하고, 생명이 보다 더 중요하다는 판단하에 아내의 목숨을 살리는 선택, 즉 약을 훔치는 것이 정당하다고 판단했다. 다만 하인츠는 그 대가로 교도소에 가도 좋다고 받아들였다. 이 대답을 콜버그류로 해석하면, 제이크에게는 정의의 원칙을 이성적으로 받아들이는 자율성이 생성되고 있고 도덕발달 단계의 상위에 위치했다.

한편 여아인 에이미의 타개책은 그와 대조적이었다. 에이미는 이 과제에 대한 명확한 답을 제시하지 못한 대신, 하인츠가 **교도소에 들어가지 않으면서 약도 구하는 방법**을 궁리했다. 하인츠는 약사에게 다시 한 번 사정해서 약을 제공해 주도록 상담하거나 돈을 빌리거나 하는 해결책을 제시했다. 즉 그녀는 도덕문제에 대한 논리를 제시하지 않고, 이 문제를 인간관계의 이야기(narrative)로 풀어나갔다. "왜 훔쳐서 안 되는가"라는 질문에 대해서도 법이나 도덕을 그 근거로 언급하지 않았다. 약을 훔치면 눈앞의 문제가 해결된 듯하지만, 만약 하인츠가 체포되기라도 하면 아내의 병이 오히려 악화될 것이라고 걱정했다. 쉽게 말하면 에이미는 하인츠와 아내의 관계성이라는 측면에서 '왜 약을 훔치면 안 되는가'를 판단했던 것이다. 만약 이 대답을 콜버그류로 해석한다면, 에이미는 정의의 개념에서 도덕(옳은 일)을 판단하지 못하는 상태였고, 에이미는 제이크보다 낮은 도덕발달 단계에 있는 것으로 간주되었다.

그러나 길리건은 에이미의 사고방식을 **남성과는 다른 또 하나의 목소리**라고 규정지었다. 그녀는 제이크와 에이미는 같은 세계에서 사는 것이 아니라고 말했다. 제이크가 정의라는 도덕의 세계에 살고 있다면 에이미는 인간관계의 세계이자 심리적 세계에 산다는 것이다. 따라서 두 사람의 **해결책 모색방법의 차이를 도덕발달의 우열로 파악해서는 안 되며, 서로 다른 도덕 유형이라고 보아야 한다**고 주장했다. 남아와 여아는 무엇이 옳은가에 관한 입장과 관점(perspective)을 서로 달리함을 명확히 한 것이다.

정의 관점에서 본다면 법에 준거하여 성장하는 개인이 상정된다. 반면, 에이미가 가진 케어 관점에서 본다면 **타인에 대한 책임감**이 행동의 가장 중요한 준거가 된다. 도덕은 논리의 문제가 아니었다. 콜버그 이론의 문제점은, 남아를 대상으로 한 연구를 모든 아동의 행동이라고 일반화함으로써 여아의 특성이 반영되지 않게 만든 바로 그 연구방법이었다. 길리건은 콜버그의 문제는 연구의 표본추출에서도 여성을 배제한 젠더 바이어스, 그리고 남성규범을 중심에 두고 여성은 일탈적이라고 간주해버리는 남성주도 세계에 그 오류의 근원이 있음을 통렬히 지적했던 것이다.

딜레마 성격의 과제
하인츠라는 성인 남성은 아내의 생명을 구하기 위하여 약국에 있는 고가의 약을 훔쳐야 할 것인가 아닌가?

제이크(11세 남자)의 대응	에이미(11세 여자)의 대응
약을 훔쳐야 한다고 즉답. 재산과 생명 어느 것이 더 소중한가를 비교하여, 생명을 구하는 일을 우선해야 함. 이것을 권리의 문제로 인식.	약을 훔치지 않고 아내를 구하는 방법을 강구. 만약 훔쳐서 체포되면 아내 병이 더 악화될지도 모른다고 걱정함. 책임의 문제로 인식.

콜버그류의 해석
제이크는 정의의 원칙을 이성적으로 받아들이는 자율성이 생성되고 도덕발달의 상위단계, 에이미는 도덕을 정의의 개념에서 생각하지 못하고 하위단계에 있음

길리건의 새로운 해석
양자는 서로 다른 해법이며 도덕의 우열로 판단해서는 안 됨. 제이크가 가진 것이 정의윤리라면 에이미가 가진 것은 케어윤리다.

자료: 『다른 목소리』 제2장에 근거하여 필자 작성

그림 3-1 길리건 케어윤리의 논지

남성과 다른 목소리

『또 하나의 목소리』 이전에 심리학 내부의 주요 이론은 **남성을 대상으로 한 연구**를 토대로 한 것이었지만, 연구의 결론은 **모든 인간에 적용되는 이론**인 양 내세웠다. 그런 연유로 심리학에서 여성적 특징은 거의 고려되지 않았다. 길리건은 그러한 통설을 뒤엎고 또 하나의 목소리(=여성의 목소리)를 학문적 무대의 전면에 내세웠다. 그녀의 문제제기는 거의 모든 학문영역에서 남성과는 다른 여성의 특성을 반영한 패러다임 전환을 가져왔다. 남성의 목소리가 흡사 인간 전체의 목소리인 양 확대해석해 온 과학계를 반성하게 했던 것이다. 그리고 1980년대 이후 케어윤리 논의가 각국에서 사회의 주된 의제가 되는 데에 결정적으로 기여했다.

사실 남성을 표준화된 인간으로 여기는 풍토는 거의 모든 학문에서 있어 왔다. 소위 '죽고 없는 백인 남성'(white dead male)이 만든 이론적 틀이 1980년대까지도 학문계을 지배하고 있었던 것이다. 의학계도 인간 신체에 관한 새로운 지식생산을 시도할 때, 남성의 몸을 인체의 기준으로 삼고 있었다는 점에서 예외가 아니었다. 『여성의 몸이 사라진 과학』(김승섭, 2018: 17)이라고 지적되듯이, 성인 남성의 몸을 표준화된 인체로 삼고 있었기 때문이다. 그래서 농약 등 화학물질이 인체에 어떻게 영향을 미치는가에 관한 연구에서도 여성호르몬은 고려되지 않았고, 인간이 선호하는 실내온도도 성별에 따라 다르다는 사실도 고려되지 않았다.

길리건에 의하면 여성은 여러 행동 중 보다 올바른 행동을 선택할 때, 도덕감정과 실천능력, 그리고 그 행동에 의해 발생하는 인간관계의 변화를 보다 소중하게 고려하는 경향이 있다. 그것은 타인에 대한 관심, 배려, 케어, 친밀함, 책임 등을 중요한 가치로 내면화한 결과다. 그녀는 이것을 '케어윤리'(ethics of care)라고 이름 붙였다. 남성의 경우는 이성적 판단을 도덕성의 기준으로 하는 '정의윤리'의 경향이 강하다. 길리건의 문제제기 전에는 여성의 특성이 반영되지 않은 정의윤리가 인간의 보편

적인 도덕윤리라고 간주되고 있었다. 길리건의 저작은 정의윤리의 관점에서 인간의 자율성과 독립성이 우위에 있고, 사랑과 배려에 바탕을 둔 상호의존성이나 친밀성이 열위라고 판단해 온 안이한 관행을 과학적 방법으로 뒤집은 것이다.

정의윤리에 의하면 도덕 문제는 여러 권리들 사이의 경합에서 발생한다. 재산권이 중요한가 생명권이 중요한가가 문제가 되며 그 권리의 우선순위 정하기를 통하여 문제 해결이 도모된다. 제이크는 생명권이 재산권보다 우선하기 때문에 약을 훔쳐야 한다고 했던 것이다. 그것은 **주위에 영향 받지 않는 판단**이다. 그러나 케어윤리에서는 **다른 사람의 니즈에 어떻게 대응할 것인가**가 가장 중시된다. 그래서 도덕상의 딜레마는 여러 개의 책임이 충돌하여 발생하는 것이다. 타인의 니즈에 대한 감수성과 책임성을 바탕으로 자신의 판단에 타인의 입장을 반영하는 것이다. 그것은 일견 약해 보이고 명확한 판단을 내리지 못하는 것으로 보이지만, 이야기방식으로 제시되는 여성의 해법은 강한 힘을 가진다. 왜냐하면, 그 해법은 **주위 사람의 상황을 고려한 판단**이기 때문이다.

다만 이 논의에는 주의해야 할 것이 있다. 그것은 정의윤리나 케어윤리의 역할이 기대될 수 있기 위해서는 각기 그 전제가 있다는 것이다. 정의윤리의 전제란 물론 개개인의 평등이다. 그렇다면 케어윤리가 활성화되기 위해서는 어떤 조건이 필요한가? 그것은 비폭력이다. 여성에 대한 억압과 착취, 돌봄 이외의 선택을 할 기회를 박탈하는 것, 가사나 돌봄에 대한 부당한 저평가 등이 말하자면 폭력이다. 만약 그러한 폭력이 존재한다면 케어윤리가 제 역할을 다할 수가 없게 된다.

케어윤리의 강조는 인간의 자율성이나 정의를 부정하기 위해서가 아니다. 도덕과 윤리, 케어와 정의는 상호 배타적 개념이 아니므로 이분법적으로 볼 것이 아니다. 오히려 더욱 우선시되어야 하는 것은 케어윤리이며 따라서 성별을 떠나 케어윤리의 수용은 보다 성숙한 사회의 조건이 된다. 그녀가 정의윤리와 케어윤리는 상호보완적 관계라는 점을 강조했던 뜻은, 자립인간에 약한 인간이 함께 고려되어야 하고 도입되어야 한다는 것이라고 이해할 수 있다. 한마디로 인간의 삶을 타인과의 관계 속에서 살펴야 함을 주장한 것이다. 길리건은 일본어판의 『독자에의 편지』(1993)에서 다음과 같이 말한다.

> 인간생활과 인간관계에 관한 이야기에는 인간의 자립성을 뿌리에 둔 이야기와 관계성에 뿌리를 둔 이야기가 있고 이 두 가지는 서로 대립한다. 그 대립은 앞으로도 계속될 것인가? 그렇지 않으면… "우리들은 별개로 존재하는 것이 아니라, 관계를 맺으면서 살아간다"는 것을 그 출발점으로 하는 새로운 사고방식에 길을 내어 줄 것인가?

케어'윤리'의 의미, 그리고 상징으로서의 케어

길리건의 논지와 관련해서는, 쉽게 놓치기 쉽지만 중요한 두 가지 논점이 있다. 하나는 케어에 관한 '도덕'이 아니라 '윤리'가 갖은 의미에 관해서다. 다른 하나는 길리건의 논의가 어떤 시대적 상황에서 전개되었는가의 문제다. 이 두 가지 문제는 길리건이 직접 언급한 것이 아니므로 그녀의 저작을 철학적 시대적 맥락 속에서 검토했을 때 비로소 발견할 수 있다.

첫째, 케어윤리에서 '윤리'라는 용어의 의미에 관해서다. 사실 이것은 길리건의 논지 파악을 위해서는 매우 중요한 포인트다. 프랑스 여성 철학자 부루젤(Brugere, 原山他訳, 2014)은 "길리건이 왜 케어'도덕'이 아니라 케어'윤리'라는 용어를 선택했을까"라고 문제제기했다. 이 문제제기는 **도덕이 아닌 윤리가 가지는 본질적 요소**에 주목하게 한다.

부루젤(제1장)은 길리건의 논지 중 길리건이 모든 사람들에게 통용되는 보편적인 도덕이 있다는 생각을 거부했다는 점에 특히 주목했다. 그녀는 길리건이 보편성을 강조하면 다양성의 부정으로 이어진다는 것을 우려했다고 해석한다. 확실히 도덕은 지시적이고 권위적이며 개개의 풍습이나

행동을 초월한 규범을 형성한다. 그것은 개개인의 특수성, 약한 인간이 가지는 행동의 다양성을 이해하지 못하게 할 수 있다. 하지만 윤리는 인간의 주관적 삶의 다양성을 고려한다. 부루젤은 도덕과 윤리를 다음과 같이 대비한다: "도덕이 교훈적인 설명의 철학이라면, 윤리는 개개의 특수성을 중시하는 실례(実例)의 철학이다."

부루젤의 지적은 **도덕과 윤리를 왜 굳이 구분해야 하는가**에 주목하게 한다. 우선 인간관에서 보면, 도덕은 자립인을 상정한다. 자립인은 정신이 육체를 초월한다. 그러나 윤리는 약한 인간, 관계적 인간, 타인의 니즈에 관심을 가진 인간을 상정한다. 그리고 육체에 대한 정신의 우월성을 인정하지 않고, 정신과 육체는 각기 중요하고 각기 역할이 있다고 간주한다. 돌봄은 주로 육체의 일이지만 정신의 일보다 열등한 것이 아니라는 것이다. 누군가는 육체의 일을 맡아야 한다.

한편, 실천현장이 늘 직면하는 문제는 윤리문제다.[3] 현장은 문제가 발생한 맥락에서 멀리 떨어진 채 선악을 논의하는 안이함을 허락하지 않는다. 케어전문직의 일은 매뉴얼로 만들기 어렵다. 예를 들자면, 호스피스 환자가 술을 간절히 요구할 때 "환자가 원해도 절대 안 된다"도 아니고 "환자가 원하면 그냥 다 준다"도 아니라는 것(송병기, 김호성, 2024: 84-85)이다. 환자를 간호할 때도 사람마다 약 먹이는 방법이 다르듯이 간호 양상이 달라야 한다는 점에서 "간호는 과학인 동시에 맞춤형 예술"(김수지, 2010)이라고 일컬어진다. 그때그때 적절한 대응을 가능하게 하는 것이 전문성이다. 전문성이 있다는 것은 현장에서의 재량권이 크다는 의미기도 하다. 케어실천에 규칙을 그대로 적용하려는 것은 전문성의 포기다. 만약 우리가 어떤 해결책을 선택할 때 그 **선택에 대한 확신을 가지기 어려운 문제에 직면한다면 그것은 윤리적인 문제다** 라고 말할 수 있는 바로 그 상황이다. 그런 연유로 전문직의 실천은 아트영역이라고 일컬어지는 것

3 요양보호사가 현장에서 체험하는 다양한 윤리갈등에 대해서는 이은주(2023)가 권할 만한 책이다.

이다.

요컨대 **윤리의 본질은 딜레마적**이라는 점에 있다. 한 의료윤리학자(宮坂, 2023: 4)는 윤리란 “약한 존재인 인간을 앞에 둔 인간이, 자기 자신의 행위에 관해서 생각하는 것”이라고 정의했다. 사람에 대해 어찌 행동해야 할까 고민하는 것이 윤리라는 것이다. 윤리에서 문제가 되는 것은 합리성의 인간이 아니라 쉽게 상처받는 약한 인간 즉 감수성의 인간이다. “거짓말하면 안 된다”는 도덕이다. 사망한 어머니에 대해 “엄마는 곧 돌아오실 것이다”라고 말하는 것은 도덕의 문제 곧 선악의 문제에 가깝다. 그러나 “엄마는 너를 볼 수 있지만 우리 눈에는 엄마가 안 보이게 되었다”라는 대답은 기본적으로 윤리의 문제다. 윤리문제가 되면 판단기준은 **적절한가 부적절한가**가 된다.

두 번째로 놓쳐서 안 될 것은, 길리건의 케어논의가 제기된 시기가 미국에서 신자유주의 발흥기였다는 사실이다. 전후 성립한 복지국가 합의는 1980년을 전후한 신자유주의의 대두에 의해 막을 내렸다. 신자유주의는 영국의 대처리즘(Thatcherism), 미국의 레이거노믹스(Reaganomics) 일본의 나카소네리즘(Nakasonerism)이 그 대표격이었다. 레이건 정부는 1981년 탄생했는데, 이 시기를 전후하여 경쟁과 자립이 이념적 성격을 가지게 되었고 사회적 약자에 대한 배려와 지원이 급속히 축소되었다. 사회서비스 영역에도 시장원리가 도입되었다. 1982년 길리건의 케어론에 대한 사회적 지지가 확산된 데에는 이와 같은 신자유주의 경향을 우려하고 그에 저항한다는 사회적 의미가 있었던 것이다.

20세기의 가장 중요한 변화는 사회주의국가의 탄생, 복지국가의 성립, 신자유주의의 대두와 석권의 세 가지라고 나는 생각한다. 사실 신자유주의는 복지국가 시기보다 더 길게 지속되고 있다. 신자유주의는 사회서비스 영역에서 시장규제의 완화가 마치 개인자유의 확대인 것 같이 선전했고 그 전략은 먹혔다. 그 결과 급기야 **사회라는 용어와 사회적이라는 용어가 대립적** 의미가 되었다. 즉 신자유주의 사회는 사회적인 사회가 아니라는 것이다. 케어가 신자유주의의 대안으로서 논의되는 시기가 신자유주의의 본격적 시동기와 일치한다는 것은 우연이 아니다. 케어라는 용어에는 신자유주의 거부라는 상징성이 있다. 그래서 케어는 신자유주의 본질 논의와 함께 논의되는 것이다.

5. 여러 케어 논객들

나딩스의 케어론

길리건에 뒤이은 케어논객으로 소개할 만한 인물이 교육철학자 나딩스(Noddings, 1984)다. 나딩스는 길리건에 이어 1980년대 케어논의를 선도했다. 그녀는 메이어로프나 길리건 등의 연구를 종합하면서 케어윤리를 보다 정교하게 만들었다. 그녀의 교육철학과 관련된 저작은 다수가 한국어로 번역 출판되어 있지만, 케어 관련 저작은 번역되어 있지 않는 것 같다. 다만 교육학이나 윤리학 분야에서는 나딩스의 케어논의가 비교적 상세히 소개되어 있다.

앞서 언급했듯이 교육학 분야에서는 길리건이나 나딩스의 케어윤리는 대체로 '배려윤리'라고 번역되고 있다. 나딩스의 이론은 기본적으로 모성에 기반한 케어규범에 기초한다. 10명의 아이(그중 절반은 입양이라고 함)를 양육한 어머니이기도 한 그녀는, 여성의 정체성은 모성에 기초하며, 모성은 케어를 통하여 형성된다는 논지를 폈다. 이 논의는 **케어 안에 존재하는 본질적 요소의 이해**에 도움을 준다. 다만 그 논지로 인하여 나딩스에 대한 평가는 엇갈린다. 나딩스가 "케어윤리에 관한 상세한 설명을 시도한 최초의 학자"(Slote, 2007)라고 평가하는 연구자도 있다. 그러나 앞에 소개한 부루젤 같은 학자는 그녀를 신랄하게 비판한다. 케어문제를 여성차별과 연결 짓는 관점이 없다는 이유 때문이다.

일부 페미니스트들은 나딩스가 모성주의의 대표격이며 케어가 가진 상징성에 대해 잘못된 메시지를 사회에 전한다고 비판한다. 나딩스에게는 여성의 본질을 케어를 통하여 이해하려는 경향이 있다고 비판하는 것이다. 다만 그 비판이 설득력 있는 것이라고 하더라도, 길리건과 나딩스는 관점을 달리한다는 것 자체가 시사하는 것이 있다. 그것은 케어논의가 그 시작점부터 외부적 관점과 내부적 관점으로 나누어져 있었다는 사실이다. 길리건은 케어가 여성의 일로 여겨지고 덜 중요한 일로 여겨지는 상황을 사회적·역사적·문화적 맥락 속에서 이해하려고 했다. 반면 나딩스는 케어라는 행위를 그 내부에서 정교하게 설명하려고 했다.

나딩스는 케어란 단순히 특정행위나 태도에 대한 지칭이 아니라, 케어제공자와 케어받는자의 인간관계에서 상대방을 수용하고 상대방에 반응하는 모습이라고 정의한다. 그녀는 케어주기와 케어받기가 인간의 근본적 니즈라는 것을 전제한다. 그녀는 케어관계를 다음과 같이 정의한다 (Noddings, 1992: 15): "케어관계는 케어제공자와 케어받는자 사이의 연결 혹은 만남이다. 그 관계가 케어로 불릴 수 있기 위해서는 이 양자가 상대방에 대해 독특한 방법으로 공헌하는 것이 있어야 한다." 즉 케어는 일방적인 배려만으로 성립하는 것이 아니라 주는자와 받는자의 관계성이 중시된다는 것이다. 나딩스(Noddings, 2002: 19)는 A는 케어제공자, B는 케어받는자라고 할 때, 다음과 같은 세가지 조건이 모두 충족될 때 케어관계가 성립된다고 주장한다.

ⅰ. A는 B를 케어(=걱정하고 케어할 필요가 있음을 의식)한다.
ⅱ. A는 ⅰ에 따라 어떤 행동을 실행한다.
ⅲ. B는 A가 자기를 케어하고 있음을 승인한다.

여기서 주목할 것은 'ⅱ'인데, 이것은 케어가 성립하기 위해서는 어떤 **행위가 있어야 한다**는 것이다. 원래 나딩스의 초기 저작에서는 행위(act)를 케어의 요건으로 간주하지 않았기 때문에 이것은 초기 저작 이후 그녀

의 입장변화라고 지적된다. 요약하자면, 케어제공자는 케어행위를 행하고 케어받는자는 상대의 케어에 대해 수용, 승인 응답의 형태로 반응할 때, 케어관계가 성립되고 서로가 서로의 관계의 일부가 된다는 것이다.

케어민주주의 논의와 WHO(세계보건기구)

케어민주주의를 논한 트론토(Tronto, 2013, 김희강 외 역, 2021)도 대표적 케어 논객으로서 거론할 만하다. 그녀는 케어불평등과 그 대안을 케어민주주의의 관점에서 논의했다. 케어부담이 여성에게 집중되어 있는 비민주적 현실, 그것이 케어문제의 본질이라는 것이다. 그러므로 그 해결의 열쇠는 케어시스템의 민주화, 나아가 사회 전체의 민주화가 된다. 케어행위의 목적은 케어를 제공하고 보장하는 것에 그치지 않고, 민주주의를 키워 나간다는 것도 포함된다는 생각이다. 그 점에서 트론토는 케어 컬랙티브(『돌봄선언』, 2021)의 관점과 닮았다. 그들은 케어의 목표가 **케어사회 자체를 케어하는 것**이라고 규정하기 때문이다.

트론토는 모두에서 케어의 공평한 분담과 사회 전반의 여성평등 실현에는 혁명적 변화가 필요하지만, 다음 세 가지 안이한 현실인식 때문에 근본적 변화가 일어나지 않는다고 진단한다: 그것은 첫째, 케어는 자연스러운 일이며 그것을 자연스럽게 수행할 수 있는 사람이 케어에 종사할 때 사회가 좋아진다는 인식. 둘째, 케어는 다른 재화처럼 시장에 맡기는 것이 좋다는 인식. 셋째, 기존의 문제해결책을 통해서도 케어문제에 잘 대처할 수 있다는 인식.

트론토는 케어의 성별 분단을 넘어서 민족적 계급적 분단 문제, 즉 사회 전반의 민주주의 문제로 논의를 확대했다. 그녀는 케어문제가 민족문제이자 계급문제이기 때문에 그것을 정치적 의제로 삼아야 한다고 주장한다. 미국의 경우, 비양육케어 부문은 인종적 소수자가 주로 담당하고 있고, 일본에서도 케어영역에 외국인 노동자도입이 추진되어 왔으며 홍

콩이나 타이완도 외국인 노동자가 돌봄의 중요한 역할을 차지한다. 한국에서도 간병 영역에 중국동포가 상대적으로 많이 진출해 있다. 역사적으로 보아도 케어는 비시민(non-citizen)이라고 간주되던 여성이나 노예, 값싼 노동력인 외국인 노동자에 의해 커버되어 왔다.

트론토(Tronto, 2013: 17-18)는 케어결핍(care deficit)과 민주주의결핍(democracy deficit)이라는 두 가지 문제가 서로 연결되어 있다고 지적한다. 케어결핍이란 "아동이나 병약한 가족구성원 등이 자신의 케어 니즈를 충족시켜 줄 케어노동자를 찾지 못하고 있는 상태"다. 요컨대 필요한 케어서비스를 이용할 수 없는 문제다.[4] 그녀는 이러한 케어불평등은 마이노리티의 시민적 역량을 제한하고 그것이 사회 전체의 불평등을 야기시킨다고 지적한다. 그렇기 때문에 **케어문제의 해결에는 사회 전반의 민주주의가 필요**하다는 것이다.

오늘날 복지국가위기의 큰 부분을 차지하는 것이 케어위기다. 케어위기는 급격한 사회변화에 직면한 문화적 및 정치적 위기며 또한 윤리적 위기(번팅, 김승진 역, 2022)다. 노인돌봄에 한정해서 보더라도 그 위기가 본질적으로 젠더문제(페데리치, 황성원역, 2015: 210)의 성격을 가진다는 점은 부정할 수 없다. 국가는 돌봄이 가족의 일이라는 생각에서 벗어나지 못하고, 남성은 가족돌봄이나 가사노동의 분담한 준비가 되어 있지 않은 상태에서, 여성의 경제활동 참가 증가가 가져온 위기인 것이다. 민주적 사회는 남성만이 그리고 케어에 종사하지 않는 사람만이 자유롭게 살아가는 사회가 아니다. 여성도 유급 무급의 돌봄노동자도 자유롭게 살아가

---

4 복지국가에서도 이 문제는 심각하다. 영국에서는 2020년 현재 필요한 개호를 받지 못하는 고령자 수가 150만 명 이상(「케어컬렉티브」)이다. 일본에서 이 문제는 흔히 개호난민문제라고 불리는데, 2022년 후생노동성의 조사에 의하면 개호시설(특별양호노인홈)에 입소를 원하지만 입소하지 못하고 대기하는 인원이 약 25만 명이다. 한국 장기요양보험의 경우, 석재은(2018: 77-78)의 추산에 의하면 보험수급률은 83.3%, 돌봄니즈 집단의 69.5%가 수혜를 받고 있다. 그 범위 밖의 사람이 사회적 돌봄을 받지 못하는 사람들이라는 시산이다.

는 사회가 민주적 사회다.

한편, 2000년을 전후하여 여러 국제기관은 장기요양(케어)과 돌봄노동자 문제에 관한 중요한 보고서를 발표하여 애정이나 시장 원칙에만 의존하지 않는 대안 마련을 위해서는 국가가 주도적 역할을 해야 한다고 촉구해 왔다. 그것은 케어논의의 확산에 기여했다. 특히 WHO는 개인 차원에서 장기요양의 니즈 발생은 예측할 수 없으므로 국가가 전반적인 니즈 예측과 자원의 효율적 배분을 위해 노력할 것을 촉구해 왔다. 그 배경에는 장기요양이 복지국가뿐만 아니라 개발도상국도 장차 몇십 년 안에 장기요양 니즈가 최대 400%까지 증가할 것이라는 판단(WHO, 2002a)이 있었다. 그리고 돌봄부담으로 인한 여성의 사회경제활동 참여의 제한, 개발도상국 케어노동자의 선진국 이동은 지구적 차원의 대처를 요구한다는 인식이 있었다.

누스바움의 케어정의 논의

WHO는 장기요양과 관련하여 돌봄받는자와 주는자, 양자의 상황에 대한 대안을 모색하려면 장기요양 자원분배의 지침이 되는 윤리적 토대를 만드는 것이 중요하다고 판단하여 철학자 누스바움(Nussbaum)에게 돌봄정의 실현을 위한 윤리원칙에 관한 논문을 의뢰했고, 누스바움은 그에 관한 중요한 논문을 발표했다.[5]

누스바움은 케어제공자 받는자에 관련된 **케어정의를 실현하기 위해서는 무엇보다 인간관의 전환이 필요**하다고 주장한다. 따라서 그녀의 케어논의는 지금까지 소개한 케어논자들의 논의와는 다소 성격을 달리하며,

5 논문(Nussbaum, 2002. *Ethical Choices in Long-Term Care*)은 WHO(2002d)의 부록에 실려 있다. 롤즈의 사회계약 원리의 한계를 지적한 누스바움의 반대의견인 다니엘(Daniels, 2002)의 논문도 함께 실려 있다. 누스바움의 돌봄정의 논의에 대해서는 석재은(2018)이 비교적 자세히 소개하고 있다.

거기에는 인간개발에 관여해 온 자신의 관심이 반영되어 있음을 이해할 필요가 있다. 또한 그녀는 자유주의에 대한 강한 신념을 가지고 있다는 점에서도, 케어정의에 관한 좌파 논객인 프레이저(Fraser, 2008; 2016; 장석준 역, 2023)나 혹은 자유주의의 수정을 요구하는 키테이(Kittay, 김희강 외 역, 2016) 등과 정치적 입장을 달리한다.

누스바움의 논지는 다음과 같이 요약할 수 있다(Nussbaum, 2002: 44, 63): 현실의 사회는 돌봄을 주기도 받기도 하는 사회다. 인간은 유능하면서도 장애를 가진 존재며 각자의 자기실현을 위해서 그에 맞는 사회적 지원을 필요로 한다. 따라서 케어정의 논의의 초점은 결핍과 의존이라는 현실에 대처하는 방법의 모색에 두어져야 한다. 그리고 그 방법은 돌봄제공자의 자존감과 양립되는 것이어야 하며 돌봄제공자를 착취하는 것이어서는 안 된다.

그녀는 돌봄정의에 어울리는 새로운 인간관을 확립하기 위해서 지금까지 정치이론에서 거의 절대시되어 온 롤즈의 정의론에 대한 수정이 필요하다고 주장했다. 롤즈의 정의론은 사회계약원리와 칸트의 이성적 인간관이 전제되어 있으므로 결국은 칸트, 사회계약원리, 롤즈 등 삼자에 대한 비판적 검토가 행해졌다.

그녀는 칸트의 핵심사상이 “모든 인간이 존엄성을 가지고 있으며 그 자체로 목적으로서 대우받아야 하고, 타인의 목적을 위한 수단으로서 대우받아서는 안 된다”라는 것에 있음을 상기시킨다. 이 원리는 UN헌장을 비롯하여 각국의 헌법정신에도 반영되어 있는 이상론이지만, 현실적으로 보면 세계 모든 국가와 전통에서 여성의 존재는 “주부, 어머니, 아내로서 돌봄을 제공하는 자, 즉 일반적으로 타인의 필요와 목적을 지지하는 존재”(Nussbaum, 2002: 33)이다. 즉 **여성 그 자체가 목적으로 취급되기보다는 타인의 목적을 위한 수단으로 간주되고 있다**는 것이다. 정치적으로는 시민권이 보장되어 있고 노동할 권리가 보장되어 있음에도 그러하다.

누스바움은 폴브레(N. Folbre)가 비유한 달리기 경주를 인용한다. 홀몸으로 달리기에 참가한 사람과 다른 사람(아이, 병자, 노인 등)을 업고 달려야 하는 사람 사이의 불공정한 경주다. 그리고 이러한 현실이 오랫동안 지속되어 온 바탕에 인간은 이성적 존재라는 칸트류의 사고가 있다고 지적한다. 인간이 독립적으로 살아가는 존재라는 관념이, 인간이 물질적이고 동물적인 본성 역시 가지고 있다는 생각을 배제했고, 나아가 인간을 비시간적 존재로 파악하게 하여 인간 생애 중 극도의 의존기가 포함되어 있음을 망각하게 했다고 간파했다. 나는 칸트 논의의 한계는 제1장에서 지적했듯이 그가 상정한 이성적 인간은 백인남성에 한했다는 것에 기인한다고 생각한다.

누스바움은 롤즈의 『정의론』(1971)은 후술하는 기본재에 대한 국가배분의 필요성을 주장했다는 점에서 칸트의 관념에서 한걸음 나아갔다고 하면서, 그의 공헌과 정의론이 바탕으로 삼는 사회계약원리에 대해서는 존중해야 할 점이 있다고 평가한다. 예를 들면 거기에 포함된 상호성과 평등이라는 개념적 요소와 더불어 인간존엄, 행위주체성, 불가침의 권리에 대한 상호존중 등을 그 예로 든다(Nussbaum, 2002: 56-57).

그러나 다른 한편 그녀는 롤즈의 인간관은 칸트와 별로 다르지 않다고 지적한다. 롤즈의 논의에서 바탕을 이루는 사회계약원리는 자연상태의 무질서를 방지하기 위해 개인은 국가와 계약을 맺어, 국가에게 권력을 위임하고 대신 개인은 국가로부터 보호받는다는 원리다. 그 전제는 무엇보다 사회구성원이 상호이익을 위해 협상하고 협력하기 위해 자발적으로 계약 협상 테이블에 앉아야 한다는 것이다. 즉 거기에는 **독립적 협상자로서의 시민**이 상정되어 있는 것이다. 그러나 현실의 협상테이블은 어떤가? 극도의 의존상태에 있거나 혹은 누군가를 업고 달려야 하는 사람은 협상의 장에 앉기조차 힘들다.

또 하나 롤즈 정의론 및 사회계약 원리의 한계로서 누스바움이 제시한 중요한 지적은, 그것이 케어노동자의 국제적 이동이 증가하면서 이 문제가 국가와 국가 혹은 글로벌 거버넌스의 문제가 된 상황을 고려하지 않았고 따라서 그 설명력에 한계가 있다는 점이다. 확실히 돌봄정의를 실현할 주체는 국가만이 아니라 국제기구나 지역 등 다양화하고 있다. 롤즈가 국경을 초월한 노동자이동을 배제한 사회를 가정하고 있었다는 것은 프레이저(Fraser, 向山訳, 2013: 55)도 지적한 바 있다.

결국, 누스바움은 돌봄과 의존의 문제를 정치적 정의의 관점에서 논하려면 롤즈가 제시한 기본재(primary goods)의 개념을 확대하는 수정이 불가피하다고 주장한다. 기본재는 정의로운 사회라면 구성원에게 평등하게 배분해야 할 재화인데 사회적 기본재에는 권리, 자유, 교육 및 노동 기회, 소득 등이 있다. 누스바움은 그 목록에 '절대적 의존에 대한 케어'를 포함시켜야 한다는 것이다.[6] 바꾸어 말하면 롤즈는 돌봄문제를 사적인 문제로 보았다는 것이다.

문제해결의 관점에서 보면, 기본적 재화의 분배문제는 자원의 관점보다는 인간능력의 함양이라는 관점에서 생각해야 한다는 것도 중요한 지적이었다. 그녀는 돌봄부담을 진 여성이 원하는 수준의 능력에 도달하게 하기 위해서는 인간에게 서로 다른 양의 자원이 필요하다고 지적한다. 그에 대한 유효한 해결책이 자신과 센이 주장해 온 역량접근이며, 그것은 세계의 헌법에서 강조하는 권한 부여와 기회에 잘 부합하기 때문에 자유주의의 수정 없이 새로운 자유주의를 만들 수 있다는 이점을 가진다고 주장한다.

요컨대 누스바움의 생각은 장기요양제도의 설계에서 **이성적 인간, 자급자족하듯이 살아가는 인간의 관념에 대신할 새로운 개념이 필요**하다

6 롤즈가 제시한 기본재에는 사회적 기본재와 자연적 기본재가 있다. 정부는 국민 개개인의 인생설계에는 관여하지 않는 대신, 기본재를 시민에게 평등하게 배분할 의무를 진다. 자연적 기본재는 개인이 가진 건강, 지성과 상상력, 자존감 등 주로 태어나면서 가진 재능과 능력이다. 자연적 기본재도 사회에 의해 영향을 받지만, 정부가 사회적 기본재처럼 직접 국민에게 평등하게 배분하기 힘든 재화라고 보았다. 이러한 이유로 롤즈의 정의론은 예를 들면 장애를 가지고 태어난 사람의 문제를 고려하지 않았다는 한계가 지적되어 왔다.

는 것이다. 롤즈의 정의론은 사회계약 사상에 기초하고 있고 사회계약은 칸트류의 '이성적 인간'을 상정하고 있음을 그 한계로 지적한 것이다. 누스바움은 지금 요구되는 인간관은 칸트의 인간관보다는 아리스토텔레스나 마르크스의 인간관이라고 주장한다. 그들은 '인간이란 유능하면서도 궁핍한 존재'로 보기 때문이라는 것이다.

김희강과 공병혜, 기타 논객들

최근 돌봄이 우리사회의 중요한 의제가 되면서 돌봄 관련 연구와 출판물은 늘어나고 있다. 한국에서 케어문제에 대한 학문저술의 시작은 공병혜(2017)로 본다고 해도 무리가 없을 것 같다. 이 저술은 케어문제에 철학적으로 접근하는데, 그것은 저자의 학문배경을 반영하는 것으로 보인다. 그녀는 독일어 'sorge'를 돌봄이라고 번역하여 사용한다. 책의 제2부('돌봄의 미학적 실천')는 돌봄에서 오랫동안 제기되어 온 아트적 성격을 "예술"이라고 번역하여 그 실천 사례를 제시하고 있다.

국내 저서 중에서도 철학적 성찰이 엿보이는 양서의 하나는 『새벽 세 시의 몸들에게』(메이 엮음, 2020)다. 글을 읽는 중 왠지 『통증연대기』(노승영 역, 2011)나 『은유로서의 질병』 등에서 보여지는, 과학에 경험을 더한 성찰이 감지되었는데 집필진 소개를 보고 나서 그 이유를 나름대로 납득했다. 케어를 멀리서 관찰한 책이 아니라 **케어에 몸을 두고 케어를 성찰한 책**이라고 실감하게 하는 무엇이 담겨 있다고 느껴지는 책이다. 『돌봄과 인권』(김영옥 외, 2022)도 돌봄문제에 대한 철학적 성찰과 돌봄현장의 고뇌를 알기 쉽게 전한다.

케어의 현장과 그 목소리를 생생히 전하는 책으로는 『돌봄의 온도』(이은주, 2023)가 있다. 『돌봄이 돌보는 세계』(김창엽 외, 2022)는 돌봄을 광의로 보고 우리사회의 현실을 잘 보여준다. 『정동적 평등』(린치, 강순원 역, 2016)은 실제로 돌봄일을 하는 케어러의 이야기(대화)에 초점을 둔 연구결과다. 『사랑의 노동』(번팅, 김승진 역, 2022)은 케어하는 몸을 중심에 둔 케어 논의로서 케어란 곧 행동이자 태도라는 사실을 잘 깨우쳐 준다. 『돌봄의 시간들』(권범철 외, 2023)은 돌봄을 사건, 세대, 가정 등 아홉 가지 시선으로 논의한 책이다.

국제적으로 잘 알려진 주요 저서들도 상당수 번역되어 출간되어 있다.[7] 김희강과 나상원은 케어 논의의 중요한 서구 저작들을 우리말로 번역해 왔다. 키테이(Kittay, 2016), 헬드(Held, 2017), 잉스터(Engster, 2017), 트론토(Tronto, 2021) 등이다. 모두가 중요한 문헌들이므로 번역의 학문적 공헌이 크다. 각각의 번역서에는 역자 해제가 붙어 있어서 각 저자의 논지 이해에도 도움이 된다. 나아가 김희강은 저서(2022)에서 자신의 논리를 전개한다. 그녀의 논지는 정치이론과 케어에 관해서는 잉스터, 정의로서의 케어에 관해서는 트론토의 논지와 가까워 보인다. 그리고 케어에 관련된 정치이론을 소개하고, 돌봄민주국가의 제도적 디자인을 제시한다.

위의 번역서와 저작은 케어에 관심을 가진 학도들에게 좋은 읽을거리다. 보다 역사적 관점에서 돌봄문제를 탐구하고자 한다면 폴브레(윤자영 역, 2021)가 권할 만한 양서다. 사회과학의 관점에서 케어문제의 역사적 배경을 이해하려는 사람에게는 더욱 그렇다. 아울러 『잠깐 애덤 스미스 씨, 저녁은 누가 차려 주었어요?』(마르살, 김희정 역, 2017)는 여성 배제의 역사와 현실을 다각도로, 그리고 재미있게 보여준다.

지금까지 소개한 모든 저술에서 공통적으로 보이는 것은 케어가 여성의 일, 하찮은 일로 취급되어 온 것에는 여성에 대한 억압이 있다는 인식이다. 억압은 폭력이다. 길리건이 지적했듯이 폭력은 케어윤리마저 제대로 작동하지 못하게 하고 그것을 여성 안에 가둔다. 하지만 케어윤리는 남성에게도 적합하며, 성원 모두가 케어의 가치를 받아들이고 케어부담

7 이하의 저작들은 대부분 본문에서 인용되고 있는데, 번역본이 있는 경우는 번역본을 표기하지만, 원문 인용이 적지 않기 때문에 번역서와 문맥이 반드시 일치하지 않을 수 있음을 밝혀 둔다.

을 공평하게 분담하는 것이 사회의 지속을 위해서도 필요하다. 사실, 사회의 근원적인 가치를 따지자면 정의보다는 케어가 우선한다. 왜냐하면 정의 없는 공간은 있어도 케어 없는 공간이란 있을 수 없기 때문이다. 정의가 없는 가족 공간 속에서도 케어는 지속되어 왔다. 가족이 유지되어 온 것이 그 증거다.

6. 케어노동의 특성

대면적 실천행위

케어노동의 첫 번째 특성은 실천(practice)행위라는 것, 대면적 관계하에서 이루어지는 직접적 지원활동(Engster, 김희강 외 역, 2017)이라는 점이다. 그리고 이 점은 케어와 경제행위를 구별하게 하는 기본적 기준이다. 케어를 제공하는 직업군은 의사나 간호사 등의 의료전문직, 사회복지사나 심리상담사, 교사나 보육사 요양보호사 등 케어전문직이다. 전문직의 케어에는 대체로 보수가 공식화되어 있다. 보수가 지급된다고 하더라도, 직접적으로 원조행위가 제공되는 한 그것은 케어다. 다른 한편 대면적 실천행위라도 그 일차적 동기가 이익추구에 있다면 케어로 간주되지 않는다. 아동에게 영양과 식사를 제공하는 행위와 영리를 추구하는 레스토랑이 아동 고객에게 식사를 제공하는 것은 구별된다.

주택회사는 경제적 이익을 위해서 주택을 건설하고 판매한다. 주택은 삶의 질 확보를 위한 가장 기본적인 조건이며, 또한 케어를 고려하여 설계된 주택인가 아닌가는 입주자의 케어의 질을 좌우할 수 있다. 그러므로 주택회사는 간접적으로 케어에 공헌한다. 하지만 그 활동의 일차적 목적은 케어에 있지 않다.

실천행위의 핵심적 요소는 명확한 목표를 가진다는 점이다. 즉 목표를

가지지 않은 활동은 '실천'이 아니다(Ruddick, 1989: 13-14). 교사가 학생을 지도하는 것을 교육실천이라고 하는 이유는 거기에 지도의 목표가 있기 때문이다. 영화 감상을 감상실천이라고 부르지 않는 것도 바로 이 같은 이유에 의한다.

케어는 대면적 상황에서 인간 신체를 통하여 표출된다. 다만 그 실천을 표준화하기 어렵다. 대상자의 다양한 니즈에 그때그때 적절하게 대응해야 하기 때문이다. 따라서 케어러가 누구인가에 따라 케어의 질에 격차가 발생할 수 있다. **케어의 질은 케어러가 가진 지식이나 기술에 의해서뿐만 아니라 케어러가 가진 철학적 신념에 의해서도 결정**된다. 왜냐하면 일관성 있는 케어실천, 예측가능한 케어실천 여부는 사실 케어러의 철학에 달려 있기 때문이다.

간호영역의 케어에 관하여 미국 간호학자 트라벨비(J. Travelbee, 長谷川·藤枝訳, 1974: 69)는 간호전문직의 철학적 신념은 질병, 고통, 죽음의 의미를 어떻게 해석하는가에 영향을 주고, 케어의 질을 결정하며, 케어 대상자에게 제공해야 할 케어의 범위를 결정한다고 말한다. 어디까지가 케어인가는 케어러의 철학이 정하는 것이다. 따라서 질 높은 케어를 확보하기 위해서는 케어노동자의 형식적 자격요건 갖추기만으로는 모자란다. 양성과정에서도 또 그 이후에도, 철학적 성찰과 인격적 성숙의 기회를 케어러에게 지속적으로 제공해야만 케어의 질 향상을 기대할 수 있다. 물론 케어러 스스로도 인격성숙을 도모하는 의식적 노력을 요구받는다. "좋은 일을 하려고 노력하기보다는, 좋은 사람이 되려고 노력하라"라고 하는 톨스토이의 말은 특히 케어러를 위한 조언처럼 들린다.

한편 케어받는자는 누구나가 자신을 독자적 인생력과 고유의 니즈를 가진 인간으로 대우해 주기를 원한다. 그리고 가장 질 높은 케어를 기대한다. 질 높은 케어에의 기대란 곧 마주하는 케어러가 좋은 사람이기를 바라는 기대다. 따라서 케어를 사회적 의제로 삼을 때는, 케어의 질의 최저기준도 중요하지만 항상 질 높은 케어에 초점을 둘 필요가 있다.

일본의 저명한 사상가 우치다(内田樹, 박동섭 역, 2012)는 교육을 두 가지로 구분한 적이 있다. 최저기준의 충족에 목표를 둔 교육과 한도가 없는 높은 수준의 지식과 기능이 존재함을 알아차리도록 하는 교육의 구분이다. 자동차 교육이라면, 전자는 운전교습의 경우, 후자는 서키트 양성 교육이 그 예가 된다고 한다. 그런데 우치다는 선생님(=스승)이라고 불리기에 어울리는 교육자란 후자에 한한다고 말한다. 최저기준을 달성하면 자동차면허를 주는 방식의 교육이 아니라, 서키트 기술 수준에는 한도가 없음을 가르치기 때문이라는 것이다. 이 교육론과 마찬가지로 케어에 있어서도, 케어노동자의 형식적 요건도 중요하지만 그 위에 **한 없이 높은 수준의 케어**를 지향하는 것이 요구된다. 유자격자가 제공하는 케어라면 반드시 만족스러운 케어가 된다는 논리는 케어 영역에서는 통용되지 않는다.

문제가 되는 것은 과잉부담

케어는 케어제공자에게 **과잉부담이 될 때 문제가 발생**한다는 특성을 가진다. 즉 케어의 부담이 가볍거나 적절한 경우, 케어 행위는 직업인이든 무상제공자이든 그 제공자에게도 경제적 · 비경제적 도움이 될 수 있고 문제되지 않는다. 아이를 어린이집까지 데리고 오가는 아버지의 케어부담과 다른 가족의 보조 없이 혼자서 아이를 키우는 어머니의 케어 부담에는 큰 차이가 있다.

오늘날 케어러를 케어하기(돌봄인을 돌보기)가 사회적 의제가 된 이유는, 가족과 여성의 돌봄부담이 과도한 현실, 케어노동자의 노동조건이 열악하기 때문이다. 특히 부모와 자녀를 동시에 돌보는 샌드위치 케어러, 더욱 케어러, 이중돌봄자(송다영 외, 2018)라고 불리는 사람들의 상황은 더더욱 심각하다. 과잉부담이란 구체적으로 말하면 이용가능한 사회서비스가 결핍된 상태다. 최근 관심을 모으고 있는 영케어러 문제는, 가족이 사회

적 케어 네트워크로부터 소외되었을 때, 반드시 가족 중 누군가에게 과잉부담이 짐 지워진다는 현실을 보여준다. 과잉부담의 기준은 유동적이지만, 필자로서 생각할 수 있는 과잉부담의 구체적인 상황은 다음과 같은 것들이다.

① 이용 가능한 사회적 서비스 없이 케어 부담이 온전히 가족에게 짐 지워진 상황
② 케어부담이 가족구성원 중 특정 사람에게 불합리하게 집중되어 있는 상황
③ 케어를 위해 이직하고 그로 인하여 수입이 현저하게 줄어드는 상황
④ 케어노동자의 열악한 노동조건과 그 직업에 대한 부적절하게 낮은 사회적 평가

메이야로프는 케어 행위에 보람이 있고, 케어는 케어제공자에게 인격 성숙의 기회를 제공하는 측면이 있음을 강조한 바 있다. 다만 그것은 '과잉부담 상태가 아닌 케어'에 한정된 것이라고 이해할 일이다. 메이야로프에 대해서는 비판도 있지만, 그러나 메이야로프의 견해를 전면적으로 부정하기도 어렵다. 드브리스(P. de Vries)의 다음 명언은 케어를 통한 케어러의 인격 성장 가능성을 알기 쉽게 보여 준다: "아이가 태어나기 전부터 아이 키울 자격을 갖추고 있을 정도로 성숙한 인간이 어디에 있겠는가? 결혼의 기적은 두 사람의 성인이 아이를 만들어 내는 것에 있는 것이 아니라, 태어난 아이가 부모를 '진정한 성인'으로 만들어 간다는 사실에 있다." 『나를 잃지 않고 엄마가 되려는 여자들』(정경경 외, 2022), 『나만의 방식으로 엄마가 되기를 선택한 여자들』(김유담 외, 2023)의 이야기는 이 점을 실감하게 한다.

관계성과 상호성

케어노동의 세 번째 특성은, 케어는 항시 케어의 주는자와 받는자의

관계 속에서 그리고 그 관계를 통해서 일어나는 행위라는 점이다. 양자의 관계는 영향을 서로 주고받는 관계이며 이해가 대립하는 관계가 아니다. 다만, 케어에 있어서의 상호성은 주는자 받는자의 두 사람 관계가 아니라 늘 다자 관계 속에서 일어날 수 있다. 아동 양육에서도 요양보호에서도 개호에서도 주케어러 이외에도 복수의 가족구성원이 관여하는 경우가 많으며 가족관계 그 자체가 케어 관계에도 큰 영향을 미친다. 더구나, 트론토가 지적하듯이 케어를 주는자 받는자의 두 사람 관계로 파악하게 되면, 케어 관계를 친밀관계 혹은 사적관계 차원의 문제로서 파악해버리는 오해를 불러오기 쉬우며, 그것은 케어 영역에 대한 국가 개입을 가로막는 요인이 된다.

케어 관계에 비대칭성이 있다는 것은 사실이다. 가족 내에서 거의 일방적인 헌신과 부담으로 케어가 행해지는 경우가 적지 않기 때문이다. 그 같은 상황의 케어러에게 케어를 통하여 스스로 케어 받는 효과가 있다고 말하는 것은 가혹하며, 부적절한 압력이다. 다른 한편, 케어의 관계성을 양자 간의 비대칭성에서 구하는 견해 역시 적절하지 않다. 예를 들어, 페미니스트 우에노(上野千鶴子, 2011: 63-64)는 다음과 같이 말한다: "케어가 복수의 엑터를 포함하는 상호행위라는 점은 전제로 한다고 하더라도, 그것이 엑터들 사이의 비대칭성을 부정하는 것은 아니다… 케어사회를 구상하는 사람들은 케어의 상호성을 강조하지만, 실제로는 케어제공자와 받는자는 호환성을 가지지 않는 경우가 흔하다… 케어의 상호성을 듣기 좋은 말로 포장한 이념이, 타자에의 케어가 자신에의 케어와 같은 의미가 된다고 하는 메이어로프류의 레토릭이다… 케어는 주는자와 받는자의 상호행위이기는 하지만, 결코 상호성도 대등한 교환도 아니다."

이것은 상호성을 너무나도 직접적 단기적으로 해석한 견해며 메이어로프의 논지를 약간 곡해하고 있다. 린치(강순원 역, 2016: 6장)는 아일랜드 돌봄인들과의 대화 연구를 통하여 돌봄관계가 일반적으로 생각하는 것보다는 권력관계가 균형적이었고 서로에게 이익이 되는 경우 역시 있음을 보

여 주었다. 케어제공자와 받는자의 상호성은 즉각적으로 나타나지 않고 긴 시간을 통하여 나타나는 경우도 흔하다. 더구나 케어받는자가 자신이 받은 케어에 대한 은혜를 제3자에게 갚는 릴레이형식의 보답 방식일 수도 있다.[8]

케어받는자의 협력적 응답은 케어의 관계성과 상호성 유지에 도움이 될 수 있다. 일본에서 대학졸업 후 곧바로 5년간 장애아복지시설에서 일하는 한 사회복지사는 한 초대모임에서 "그동안 가장 기억에 남은 이용자는?"이라는 질문에 다음과 같이 답했다: "아침에 버스로 마중 가서 부축하여 자리에 앉히면 아무 말 없이 나의 손을 자신의 뺨에 대는 장애아입니다. 말 한마디 하기 어려운 아이지만, 그럴 때는 서로 대화하고 있다는 느낌이 듭니다."

하지만 케어에 대한 응답성을 확인하기 어려운 중증장애인의 케어에 있어서도, 케어러에게는 관계성이 단절되지 않도록 하려는 노력이 요구된다. 그 관계성 유지를 위해 노력하는 케어전문직의 실천 사례를 보자. 중증환자가 입원하는 구급병원에서 의식이 없는 환자에게도 말걸기를 계속하는 어느 베테랑 간호사의 실천이다. 그녀는 자신의 실천을 다음과 같이 말한다(村上, 2021: 9-22).

> (식물인간 상태에 있는) 환자 병실에 틈이 나면 잠시 잠시 들러서는 말걸기를 합니다. 그저 일방통행적인 말이지만요. "오늘 어때요?"라든가 "감기 걸리지 않게 몸을 따뜻하게 하세요"라든지, 그런 말들을 내 맘대로 하고 돌아와요… 뭐라고 할까 그런 말걸기에 틀림없이 의미가 있을 것이라고 생각하면서요…

식물인간 상태의 환자에게 "감기 조심하세요"라는 말을 건네는 모습은 케어의 수준에 상한이 없음을 새삼 깨우쳐 주는 감동이 있다. 그것은 "내 말 들리세요? 들린다면 반응해 주세요"와 같은 검사대상으로서 상대를

8 이 형식의 케어 보상은 후술하는 장기려박사의 의료실천이 좋은 예다. 그는 자신이 남한에서 어려운 사람들을 힘껏 도우면, 북에 두고 온 가족을 누군가가 돌보아 줄 것이라고 말하곤 했다. 일본어 온오쿠리(恩送り)는 이와 같은 관계성을 나타내는 용어다.

보는 말걸기와는 다르다. "감기 조심하세요"라는 말에는 **의식 없는 환자와 만남의 장을 어떻게든 열어보려고 하는 케어전문직의 강한 의지**가 배어 있다. 무라카미(村上靖彦, 2021)는 다음과 같이 말한다: "의식이 희미한 사람, 몸이 움직여지지 않는 사람도 역시 무엇인가를 전하려고 노력한다… 손가락의 미세한 움직임일 수도 있고 혹은 눈 깜작임일 수도 있다. 만약 그것을 알아차리는 사람이 있다면 그것들이 곧 커뮤니케이션이 되는 것이며, 그것을 캐치하는 행위 그 자체가 케어가 된다." 그 미세한 사인을 붙잡는 장이 상호성이 맺어지는 장이자 만남의 장인 것이다.

감정노동

네 번째로, 케어는 감정노동이라는 특성을 가진다. 감정노동은 조립라인 노동, 육체노동, 두뇌노동 등과 대립되는 용어로 흔히 사용된다. 공식 법규에서도 전화상담업, 고객 대면근로자, 민원처리 직종과 더불어 돌봄서비스 직종이 감정노동 고위험 지업군에 포함되어 있지만[9] 여기서는 케어노동의 감정노동적 특징에 한하여 언급한다.

케어노동은 무엇보다 '돌봄/케어 니즈를 가진 인간'을 대상으로 하는 노동이라는 점에 그 특징이 있다. 돌봄니즈를 가진 사람들의 언행은 예측이 어렵고 설명이 어려운 경우가 많다. 요양보호사나 사회복지사 등의 현장에세이에 '화내지 말자'라는 스스로의 다짐이 더러 보이는 것도 그 때문이다.

약 10년 전, 덴마크의 노인요양시설에서 일하는 케어전문직 4명을 교토에 초청한 약 4시간 동안의 워크숍에 참가했다. 그들은 덴마크의 케어

9 한국에서 감정노동문제를 제도화한 최초 사례인 「서울시 감정노동 종사자의 권리보호 등에 관한 조례」(2015년)는 감정노동을 "고객 응대 등 업무수행과정에서 자신의 감정을 절제하고 자신이 실제 느끼는 감정과는 다른 특정 감정을 표현하도록 업무상 조직상 요구되는 노동형태"로 규정한다. 2018년에는 「산업안전보건법」이 개정되어 감정노동자를 보호하기 위한 사업주의 책임이 명시되었다.

실천을 일본과 비교하면서 소개해 주었는데, 그들과의 대화는 많은 성찰을 주었다. 그 장에서 "덴마크 노인요양시설에는 노인학대가 없는가"라는 질문이 나왔다. '케어직원에 의한 입소자 학대'를 뜻한다는 질문 취지에 서로 얼굴을 보며 놀란 표정을 짓다가, 한 사람이 다음과 같이 되묻는 것으로 답했다: "그것은 의사가 자신의 치료법이 효과가 없다고 환자에게 화내는 행위나 마찬가지 아닙니까?"

케어노동에 있어서 케어제공자의 감정을 논하기는 매우 까다롭다. 그것은 강조하기도 어렵고 그렇다고 강조하지 않을 수도 없는 상황이기 때문이다. 감정노동은 사랑과 자비와 같은 감정을 가져야만 가능하다는 의미가 아니다. 감정노동에는 인간의 상호작용(경쟁, 협력, 갈등, 화해 등)에 관한 전문적 지식과 기술을 필요로 한다. 페데리치(황성원 역, 2013: 262)의 말처럼 "감정노동은 의사소통의 흐름을 촉진하는 능력을 필요로 하는 노동"이다.

확실히 케어러의 감정은 케어행위에 영향을 준다. 다소 극단적인 예지만 상대가 죽기를 바라면서 행하는 케어와 진정한 애정으로 행해지는 케어가 완전히 등가적일 리는 없다. 잉스터(Engster, 2007: 197)는 케어사회를 지지하고 가족케어러를 지원하는 제도나 정책을 지지하는 사람들의 심성을 케어심성(caring disposition)이라고 하면서, 그 핵심을 이루는 것은 넓은 의미의 공감과 상대방 배려, 그리고 케어실천 자체에 대한 적극적인 마음이라고 말한다.

하지만 케어 논의에서 공감 등 케어러의 심성을 지나치게 강조하는 것은 적절하지 못하다. 케어의 질은 그것만으로 결정되는 것이 결코 아니기 때문이다. **개인적 심성을 구체적인 케어 행위로 연결시키기 위해서는 케어노동에 대한 정당한 사회적 평가를 보장하는 등 사회환경의 정비가 필요**하다. 그렇기는 하지만 케어받는자의 입장에서 볼 때 케어받았다는 느낌이 남겨지지 않는다면 케어가 제공되었다고 볼 수 없다고 단언하는 연구자(Tronto, 2013: 151)도 있다. 그 정도로 케어제공자와 받는자의 감정적 교류가 중요하다는 말이다.

감정은 본성이지만 사회적으로 학습되기도 한다. 케어적 커뮤니티에서 자라면, 케어하는 태도가 자연스레 학습된다. 좋은 복지시설은 그 자체가 케어교육의 장이 된다. 제7장에서 살펴보듯이 좋은 공공정책은 정책 본래의 목적 이외에 케어라는 사회적 가치를 전파하는 간접적 효과를 갖는다.

한편, 케어노동은 감정노동이라는 일반적 인식이 케어노동을 저임금노동으로 만든 원인의 하나라는 지적(田中, 2008)도 있다. 감정은 이성보다 열등한 것, 따라서 감정노동의 가치도 보다 열등한 것이라는 인식이 저임금으로 이어졌다는 말이다. 다만, 이러한 관념은 예를 들어 의사의 실천을 감정노동으로 보는가 아닌가의 문제와도 관련된다. 의사 스스로가 자신의 노동이 감정노동이라고 주장(阿部, 2019)하는 경우도 있다.

케어경제론과 케어의 제도화

케어경제론과 케어의 제도화

케어문제를 둘러싼 최근의 국제동향은 케어를 한 국가의 공식적 사회경제체제와 관련하여 파악하거나 국제적인 관점에서 파악하려는 것이다. 가정 내 무급노동을 경제체제 속에 편입시켜 그 경제적 가치를 추계하여 공표하기도 하고 케어 관련 노동자의 국제이동문제를 논의하는 것이 그 증거다. 이것이 케어경제 논의인데 이 장에서는 우선 케어경제론의 배경과 내용을 다룬다.

한편 케어러를 지원하기 위한 제도의 도입은 국가에 따라 상당한 시기적 격차가 있다. 거기에는 사회경제적 요인뿐만 아니라 가족주의 등 문화적 요인도 작용한다. 또한 케어에 대처하는 사회서비스 영역에 시장화원리가 도입되는 경향은 거의 모든 국가에서 보이지만, 시장화의 영향은 획일적이 아니며 그 국가의 사회서비스 발달단계에 따라 다르게 나타난다.

사회서비스는 사회적 니즈가 있다고 해서 자동적으로 제도화되지는 않는다. 거기에는 그 니즈를 발견하고 니즈 가진 사람을 대변하는 집단이 있다. 그래서 영케어러 문제를 소재로 사회적 니즈가 어떻게 제도화되며 어떤 과제를 안고 있는가를 검토한다.

1. 케어를 사회경제 속에서 파악하기

사회적 재생산노동

사회적 재생산은 생명유지의 측면, 그리고 규범과 가치 재생산의 두 얼굴을 가진다. 전자는 생물학적 재생산, 노동력 재생산, 그리고 노동력 재생산을 가능하게 하는 돌봄 및 가사노동이다. 가치의 재생산은 돌봄노동이 여성의 몫이라고 여기는 사회 · 경제 · 정치적 구조를 뒷받침하는 규범과 가치를 재생산하는 것이다(Fawcett *et al.*, 2023: 1041). 전자를 중심으로 본다면, 사회적 재생산을 공식적 경제체제에 포함시키지 않거나, 혹 그 속에 포함시키더라도 그 가치를 낮게 평가하여 저임금으로 이어지게 하는 현실이 있다.

이 현실에 대처할 과제는 두 가지다. 하나는 무급노동의 돌봄에 관한 과제다. 돌봄이 필요한 가족구성원을 가진 가정에서 **사회적 고갈**(social depletion)이 발생하지 않도록 적절한 사회적 지원책을 마련하는 것이다. 다른 하나는 돌봄노동을 소위 '괜찮은 일자리'(decent work)로 만드는 것이다. 돌봄노동자가 직면한 낮은 임금과 보호의 부족, 다양한 피해의 노출에 대한 대책마련이 거기에 포함된다.

이 과제들은 글로벌 차원의 과제이기도 하다. 먼저 세계적으로 여성은 전체 무급 돌봄노동의 76.2%를 수행하며, 무급 돌봄노동을 풀타임으로 행하는 경우는 여성 21.7%, 남성 1.5%다. 여성의 42%는 돌봄으로 인하여 노동에 참여하지 못하지만 남성의 경우는 6%다(ILO, 2019: 35-36). 여성차별과 결부된 유급돌봄노동의 지구적 현실을 요약하면 다음과 같다(ILO, 2019; 2024).

- 2018년 보건, 교육, 사회복지 부문의 케어노동은 전세계 GDP의 8.7%

를 차지한다. 무급돌봄노동은 전 세계 GDP의 9%에 기여한다.

- 케어영역은 2억 1,500만 명의 종사자와 7,010만 명의 가사 노동자가 종사하는 주요 고용 창출원이다. 간접적 돌봄노동을 추가하면 전 세계 유급돌봄인력은 3억 8,100만 명, 즉 전 세계 고용의 11.5%에 달한다.
- 15~29세의 전체 청년근로자 중 10.7%이 의료, 사회사업, 교육 분야 또는 가사노동자로 일하고 있었는데, 숫자로 본다면 3,360만 명의 젊은 여성(전체 젊은 여성근로자의 20.2%)과 1,420만 명의 젊은 남성(전체 젊은 남성근로자의 5.1%) 계 4,780만 명의 젊은 근로자다.
- 케어영역의 고용은 증가하고 있으며 2000년부터 2019년까지 OECD 국가에서 보건 및 사회복지 분야의 고용은 49% 증가했다.
- 의료 분야에서 여성은 전 세계 인력의 70%를 차지하는데, 49개국 중 34개국에서 간호사와 조산사는 고숙련 근로자의 평균보다 낮은 임금을 받고 있다. 영국의 경우 케어노동자 임금은 평균임금의 80%에 미치지 못한다. 여성 가사 노동자는 평균 임금의 절반(51.1%) 수준의 임금을 받고 있다.

돌봄노동을 위한 여성이주노동자 문제도 중요한 과제다. 국제 이주노동자는 전 세계 노동력의 4.9%를 구성하는데 그들 대부분(66.2%)이 서비스 부문에 과도하게 집중되어 있으며 이 부문의 79.9%가 여성이다(World Economic Forum, 2024). 그리고 이에 대한 글로벌 수요는 증가할 것으로 예상되므로 장차 여성이주노동자가 케어경제의 얼굴이 될 가능성도 있다. 『세계화의 하인들』(파레냐스 저, 문현아 역, 2009)은 이 문제를 생생하게 전한다.

재생산노동은 한계에 달해 있다. 즉 사회적 고갈에 직면해 있다. 사회적 고갈이란 경제활동을 지탱하게 하는 돌봄노동에 대한 압력이 과대하여 돌봄 주체의 힘이 고갈되는 현상이다. 그들이 경험하는 신체적 및 정신적 고갈 즉 건강, 자아의식, 권리의식의 고갈을 예방하고 돌봄인력의 능력을 보존하고 발전시키는 것은 미룰 수 없는 과제다. 돌봄인의 고갈

은 가족에게 큰 영향을 준다. 저출산율은 사회적 고갈의 지표나 다름없다. 가족구성원 간의 상호작용의 약화도 초래한다.

사회적 고갈 현상이 의미하는 것은 **사회재생산이 돌봄노동자의 사회적 고갈에 의지하여 근근이 유지되는 현실**이다. 그러므로 이 문제는 기본적으로 착취의 문제다. 그래서 돌봄노동은 『친밀한 착취』(갓비, 전경훈 역, 2024)라고 일컬어지는 것이다. 마르크스적 관점에서 이 문제를 제기하는 페데리치(황성원 역, 2013)는 다음과 같이 말한다: "그들은 사랑이라고 하지만 우리들은 무급노동이라고 말한다. (이 문제를 제기하면) 그들은 (우리를) 사랑 불감증이라고 부르지만 우리는 결근이라고 부른다. 모든 유산은 산업재해다. 신경증, 자살 등은 주부의 직업병이다."

예를 들어 세계적으로 보아도 어린 자녀를 둔 아버지는 세계의 모든 지역에서 인구대비 고용비율이 가장 높은데, 반대로 출산 후의 어머니의 경우, 여성의 노동시장참여, 취업 기회, 소득, 관리직 및 리더십 직위에 대한 접근권이 감소한다(ILO, 2024). 즉 경제적 기회를 잃고 더욱 취약한 상태로 몰리는 것이다. **돌봄부담의 불균형 및 사회적 지원의 부족으로 발생하는 이러한 기회상실은 시간빈곤**(time poverty)이라고 불린다. 시간빈곤은 여성으로 하여금 노동을 포기하거나 노동시간을 줄이거나 비정규직으로 일하거나 혹은 보다 위험한 일에 노출시키게 한다. 앞서 언급한 골딘(김승진 역, 2021)과도 관련되지만 시간이라는 요소는 재생산 문제에서 매우 중요하다.

이러한 불이익은 보다 적나라한 표현으로서 **케어페널티**(care penalty) 혹은 차일드페널티라고도 불린다. 케어노동을 수행하는 사람들에게 부과되는 벌금의 성격을 띠고 있다는 뜻이다. 폴브레(Folbre, 2015)는 케어페널티 현상을 협상 혹은 협상력(bargaining power)이라는 개념으로 설명한다. 케어노동으로 인하여 경제적으로 불리한 지위에 몰리게 되는 이유는, 주로 가족 내의 협상력 혹은 사회에 대한 협상력을 떨어뜨리고 특히 여성으로 하여금 성 편견 내지 성차별에 도전하기 어렵게 만든다는 주장이다.

시간빈곤으로 인하여 상실되거나 제약 받는 기회를 ILO(2018: section 1)는 다음과 같이 열거한다.

- 노동시장 진입과 경력
- 연금 등 사회보장 수급권
- 교육 훈련 및 재교육에 대한 접근
- 단체교섭을 포함한 사회적 대화와 행동에 대한 접근 및 참여
- 장기적인 전문 경력의 성취

한국의 무급돌봄과 돌봄노동자

「2023년 노인실태조사」에 의하면 노인돌봄제공자가 '장기요양보험'이라고 응답한 대상자는 2020년의 19.1%에서 2023년 30.7%로 크게 증가했다. 하지만 복수응답에서는 돌봄제공자가 가족원인 경우가 81.4%다. 신체 및 인지 기능 저하로 인해 일상생활에서 도움을 필요로 할 때 72.4%가 비공식적 돌봄인 가족(배우자, 자녀, 며느리 등)의 돌봄을 받고 있다. 공적 돌봄서비스(방문요양, 주야간보호 등)는 16.9%, 민간 돌봄서비스(유료 요양시설, 돌봄 도우미 등) 5.7%, 이웃 및 친구가 4.8%였다.

돌봄을 제공하는 가족구성원 중 44.8%는 돌봄에 부담(경제적 부담, 신체적 피로, 정신적 스트레스 등)을 느낀다고 응답한다. 「2018 한국의 돌봄」에 의하면 조사에 참여한 돌봄제공자의 평균 연령은 만 56.6세이며, 50대가 45.8%, 60대 이상이 32%로 주로 50~60대가 주돌봄자로서 노인을 돌보고 있고 84.7%가 여성이었다.

가족돌봄이 여성의 노동참여를 제약하는 현실은 노동참가율의 큰 남녀 격차에서 알 수 있다. 통계청(「경제활동인구조사」)에 의하면 2024년 12월 현재 여성경제활동 참가율은 55.9%, 남성 72.0%(평균 63.9%), 남녀격차는 16.1%다. OECD(2023) 통계를 보아도 2021년 기준 경제활동참가율

성별격차는 18.1%였다. OECD평균 10.9%에 비하면 1.7배 높고 회원국 중에서도 그 격차가 매우 큰 국가에 속한다.

돌봄이 필요함에도 불구하고 실제로 돌봄서비스를 이용하지 못하는 비율이 18.3%에 달한다는 현실도 큰 과제다. 서비스 미이용 이유는 아직 도움이 필요하지 않아서(55.3%), 가족에게 부담을 주기 싫어서(20.8%), 도와줄 사람이 없어서(12.7%), 비용 부담(6.3%), 정보 부족(1.8%) 등이었다. 노인 중 공적 돌봄서비스 신청 비율은 4.5%였다. 현재 신체적 기능상 제한이 있다고 응답한 18.6%의 노인 중 실제로 돌봄을 받고 있는 비율은 47.2%였다. 여전히 미이용자가 많고 그중 상당수는 경제적 부담이 그 원인인 것으로 보인다.

우리나라에서도 UNDP의 권고로 1999년부터 생활시간조사가 5년마다 실시되면서 무급 가사노동과 돌봄노동의 실태 분석과 경제적 가치 추정에 관한 연구가 다수 축적되고 있다. 표 4-1에서 보듯이 2019년 현재 유급 요양보호사는 전체 취업자의 2.4%인 약 65만 명인데, 명목임금은 월 120만 원 수준이었다(정지연 외, 2020). 2019년 임금근로자 월평균임금 264만 원(통계청, 2022a)의 50%에도 미치지 못할 정도로 실제로 저평가되어 있다.

케어노동자는 저임금을 제외하더라도, 대면적 실천행위라는 케어노동의 특성으로 인하여 많은 리스크에 직면한다. EU는 그 리스크를 다음 다섯 가지로 요약하고 있다(European Agency for Safety and Health at Work, 2022: 7).

① 생물학적 위험: 혈액 등을 통해 전염되는 병원균 및 감염성 미생물 등 생물학적 인자에 노출되는 위험
② 화학적 위험: 특정 치료에 사용되는 소독제 등 약물에 대한 노출 등
③ 물리적 위험: 소음, 미끄러짐, 넘어짐 등으로 인한 위험
④ 인체공학적 위험: 돌봄대상자의 체위 변경 등으로 인한 근골격계 문제

의 위험

⑤ 심리사회적 위험: 폭력이나 괴롭힘, 충격적인 사건에 대한 노출, 높은 업무량 및 번아웃(소진)

표 4-1 돌봄노동자 현황

구분	인원	근거법률
요양보호사	65만명	노인장기요양보험법
보육교사	24만명	영유아보육법
장애인활동지원사	11만명	장애인활동법
사회복지시설종사자	8.3만명	사회복지사업법
노인생활지원사	2.9만명	노인복지법
아이돌보미	2.3만명	아동돌봄지원법
산모신생아서비스종사자	1.8만명	모자보건법
가사서비스노동자	20만명(추정)	비공식부문
간병인	12만명(추정)	비공식부문
계	147.3만명	

자료: 남우근(2024)

바람직한 정책의 방향성

그 해결의 방향성은 이미 실제 정책으로서 제시된 바 있다. 출산 육아에 관해서는 1930년대 스웨덴의 경우가 그렇다. 스웨덴은 저출산 문제가 “집단이익과 개인이익이 상충한 결과 생긴 문제”라고 그 본질을 꿰뚫어 보았다. 나아가 그 인식에서 국가가 가족부담을 들어주는 정책을 도입했는데, 거기에 중요한 역할을 했던 인물이 뮈르달 부부(Myrdal, G. & A.)다. 그들이 추구한 복지국가 이념의 요체에 대해서는, 그들의 사상을 필자 나름대로 요약 정리한 것을 제시하는 것으로 대신하려고 한다(이하, Barber・藤田訳, 2011: 제5장; Alva Myrdal, 1941: Chap.1 등에 근거하여 필자 요약. 朴・村岡他, 2023). 이와 같은 선진적인 정책사례가 거의 1세기 전에 존재함에도 불구하고 여전히 출산의 불이익이 가족과 어머니에게 지워지는 현상이 해소되지 않고 있음이 안타깝다.

인구 감소는 사회위기로 연결되는 중대한 문제다. 애초에 인구위기의 본질은 가족위기며 인구 감소는 가족위기가 겉으로 드러난 현상일 뿐이다. 가족정책이 경제변화에 적절하게 대응해 왔다면 출산율 저하는 발생하지 않았을 것이다. 출산율 저하의 직접적 원인은 피임에 의한 산아제한인데, 피임의 배경에는 육아가 여성의 노동시장 진입을 억제하고 생활수준의 향상 가능성을 억제한다는 가족의 판단이 있다. 요컨대 **아동양육의 경제부담과 기회비용의 증가가 출산율 저하를 초래**한 것이다.

인구문제는 사회 전체의 집단적 이익과 개개인의 이익 사이의 갈등이 표면화한 현상이다. 집단이익의 입장에서 본다면, 당연히 출산율이 높은 것이 바람직하다. 그러나 개인적 이익의 입장에서 본다면 자녀 수는 적은 것이 유리하다. 따라서 양자의 이익을 조정할 필요가 있다. 다만 조정 과정에서 반드시 전제로 삼아야 할 것은 민주주의의 준수다. 피임을 금지하는 조치나 여성의 사회진출을 억제하려는 반(反)민주주의적 정책은 선택지에서 제외시켜야 한다. 가족이 국가에 복종하지 않고, 스스로의 선택에 기초하여 적절한 수의 아동을 가질 수 있도록 유도하는 것, **아동 양육 비용을 국민 전체의 책임으로 분담하는 것**이 요구되는 것이다.

인구정책은 가족을 대상으로 하는 사회정책의 하나인데, 그 지원방법으로서는 가족수당(프랑스)과 같은 현금급여보다는 고용창출 효과를 가진 현물급여(서비스)가 보다 바람직하다. 여성의 사회참여는 출산율 향상과 빈곤의 해소 및 예방에 효과적인데, 그것은 출산과 육아에 대한 지원을 조건으로 한다. 인구문제에는 양적인 증대도 중요하지만 질적 향상도 중요하다. **어린 시절에 좋은 케어를 향유하면, 아동의 신체적 도덕적 개선을 가져오고 그것이 넓은 의미에서 질 높은 노동생산성으로** 이어지는데, 그것을 유도하는 정책이 예방적 사회정책이다.

케어경제 논의

케어논의는 남녀평등이나 가족 간 역할분담 문제에 한정되기 쉽다. 확실히 돌봄노동의 젠더착취적 성격 해명이 케어논의의 큰 부분을 차지해 왔다.

케어경제(care economy)라는 용어는 이 문제를 국가정책 혹은 글로벌정책과 관련지어 논의하는 데에 유용한 개념이다. 케어경제는 유무급의 케어노동, 간접적 케어노동을 모두 공식화해서 사회 전체의 발전 혹은 경제시스템 속에서 논의한다. 젤라이저(숙명여대 아시아여성연구소역, 2009)는 돌봄관계 혹은 친밀성(intimacy)과 경제활동이 서로 밀접하게 상호작용한다는 점을 일찍이 지적한 바 있다. 케어경제는 여성에 의존하는 경향이 강하기 때문에 특히 페미니스트 사이에서는 종종 보라색경제(purple economy)(Ilkkaracan, 2013)라고 불린다. 보라색은 인권을 상징하는 색깔이다.

케어경제를 논의하는 관점은 크게 다음 세 가지로 나눌 수 있다(UN Human Rights Council, 2023). 첫 번째는 거시적 관점이다. 케어경제를 생산경제의 엔진이자 국민생산, 노동참가율, 일자리 창출, 임금 등을 포함한 경제성과의 결정 요인으로서 논의하는 것이다. 여기에는 건강, 교육, 사회서비스 등 유급 활동과 무급 활동이 포함된다. 두 번째는 비즈니스 관점이다. 케어 영역의 투자자나 비즈니스 개척자 그리고 케어 서비스 및 상품의 제공자와 관련시켜 논의하는 관점이다. 세 번째는 권리의 관점이다. 성 평등, 인구 통계적 변화, 장애인 포용, 국경을 초월한 노동자 이동과 같은 사회변동 문제와 관련 지우는 논의다.

케어경제에 대한 엄밀한 개념정의는 없지만 이미 UN이나 ILO 등 국제기관, 그리고 많은 연구자들이 케어경제라는 용어를 널리 사용하고 있다. 이 개념은 **케어를 제공하는 각 주체들, 즉 정부, 공익단체, 기업, 가족 등을 서로 연결 지워 논의하는 데에 유용**하다. 또한 케어의 비공식부문을 공식시스템에 포함하기 위해서 어떤 투자가 필요한가라는 현실적 과제에 중점을 둔다. 그 바탕에는 케어문제의 리스크나 대처방법에서 케어와 경제를 종합적으로 파악하는 시각이 반드시 필요하다는 인식이 있다. 만약 적절한 돌봄이 행해지지 않으면, 노동력 및 기회의 손실을 가져오고 이는 먼저 개인에게 영향을 미치지만 궁극적으로는 정부, 기업 및 경제 전체에 악영향을 미치므로, 케어의 형평성 실현은 모든 경제 주체

의 협력을 필요로 한다는 것을 강조한다. 한마디로 케어를 사회 발전의 기초라고 여기는 것이다.

케어경제를 개선하려면 무엇보다 케어경제에의 투자가 필요하다. UN 보고서(Our Common Agenda, 2021)도 케어경제에 대한 대규모 투자를 UN의 중점 사업으로 규정하면서, 이것은 “생명의 지속 가능성을 우선시하는 사회를 향한 패러다임 전환을 요구하고, 케어제공자와 받는자의 인권보장, 그리고 케어제공자와 국가의 공동책임 모델의 촉진”을 의미한다고 밝히고 있다.

케어경제에 대한 관심은 지속적으로 있어 왔지만 코로나 팬데믹은 케어경제 논의를 보다 진지하게 만들었다. 팬데믹은 여성의 무급돌봄노동 문제를 두드러지게 했으며 자녀를 가진 여성의 고용이 취약함을 여실히 보여주었고, 나아가 인간이 취약한 존재라는 점에서 누구도 예외일 수 없음을 보여주었기 때문이다. 비유하자면 마치 제2차대전 기간 중에 ‘전쟁이 끝난 뒤의 평등사회 비전’으로서 복지국가라는 청사진이 제시되었던 것처럼, 팬데믹의 어려움 속에서 ‘사회를 지탱하게 하는 보이지 않는 노동영역의 공식화’ 논의가 보다 성숙되었던 것이다. 말할 것도 없이 이러한 비전은 케어경제의 현재 모습이 진정한 사회발전의 걸림돌이 되고 있다는 위기의식을 배경으로 한다. 또한 케어문제가 급속한 인구구조변화나 기술의 변화 등 지구적 차원의 사회변동이 가져오는 위험에 대처하기 위한 국가전략의 근본적 걸림돌이 되고 있다는 인식도 있다.

요컨대 환경위기에서 녹색경제가 탄생했던 것처럼, 케어위기가 탄생시킨 것이 퍼플 이코노미라고 할 수 있겠다. 퍼플 이코노미는 케어의 세계가 주로 여성의 무급노동, 그리고 괜찮은 일자리와는 거리가 먼 열악한 임금노동에 의해 지탱되고 있다는 것을 널리 알리고, 케어러를 지원하는 방향과 정책개발을 논의한다.

2. 케어의 제도화와 그에 영향을 미치는 요인들

사회서비스 대상의 확대

인류의 문명사를 사회제도의 측면에서 본다면 가족이 수행하던 다양한 역할과 기능을 교육제도, 정치제도, 경제제도, 사법제도 등의 형태로 제도화해 온 과정이라고 말할 수 있다. 가족의 상호부조 기능도 사회복지라는 이름으로 제도화되어 왔는데 그 과정은 정치 등의 제도화과정과는 다른 특징을 가진다. 사회복지 영역은 가장 늦게 제도화된 영역이며, 또한 극빈자 등 일부의 사람을 대상으로 시작된 후 서서히 그 대상을 확대했고 지금도 확대과정에 있다는 점이 특징적이다. 제도화된 사회복지가 어느 정도 인구를 포괄하는가는 복지국가 수준의 척도다.

사회복지 영역 중에서도 특히 사회서비스 즉 아동양육, 노인 혹은 장애를 가진 가족의 돌봄 등은 제도화가 늦었다. 그만큼 돌봄 부담이 가족에게 집중되어 왔다는 뜻이다. 가장 일찍부터 사회부조의 대상으로 포섭된 사람들은 빈곤한 아동 장애인 노인 중 부양가족이 없는 사람이었고 이들은 흔히 '구제자격을 가진 사람'(deserving poor)이라고 불렸다. 빈곤 원인을 본인 탓으로 돌릴 수 없다는 뜻이다. 그것은 거꾸로 말하면 그들을 제외한 빈곤자는 구제 가치가 없는 빈민(undeserving poor)으로 취급하겠다는 자세였다. 일반적으로 이 양자를 엄격히 구분하려는 경향이 강한 국가일수록 빈곤층에 대한 스티그마가 강하고 노동윤리가 강하다. 미국과 일본이 그 대표적인 경우다.

한편 비화폐적 니즈에 대응하는 사회서비스의 경우도 먼저 그 대상이 된 사람은 아동, 노인, 장애인, 여성 중 가족이 없는 사람이었다. 국제적 동향도 마찬가지다. UN은 「여성차별철폐조약」(1979), 「아동권리조약」

(1989), 「장애인권리조약」(2006)을 제정해 왔고 「고령자를 위한 국제연합 원칙」(1991)을 제정했다. 2010년 이후 국제연합은 고령화에 관한 위원회를 설치하여 고령자인권보장조약 제정을 위한 논의를 거듭하고 있다.

사회권이란 인간다운 삶의 조건 충족을 국가에 요구할 수 있는 권리다. 사회권의 확립은 누구라도 사회서비스 니즈가 발생하면 국가는 최소한의 사회서비스를 제공할 의무를 진다는 뜻이다. 인생을 생애주기(life style)로 나누어 영유아기나 아동기, 그리고 노년기 등의 특정 시기에만 돌봄이 필요하다고 생각하기 쉽지만, 돌봄의 사회권은 어떤 사람 어떤 생애주기에서도 요구된다. 다만 돌봄니즈의 발생에는 우연성이 크게 작용하여 개인 차원의 예측은 어렵다. "그대의 인생이 힘들지 않은 것이어야 한다는 이유가 있는가?"라는 쇼펜하우어의 아포리즘은 바로 이 우연성을 있는 그대로 받아들이는 자세를 촉구한다.

일반적으로 경제사회변동은 새로운 니즈를 가진 사람을 만들어낸다. 어떤 문제를 해결하기 위한 사회정책이 예상하지 못한 새로운 니즈를 만들어내는 경우도 있다. 예를 들어 한중일의 저출산 고령화 현상은, 그 정도의 차이는 있지만, 과거 산아제한을 적극적으로 추진한 국가정책 혹은 사회적 캠페인이 가져온 영향이 반영되어 있다. 새로운 니즈의 발견은 사회서비스 이용자 증가로 이어진다. 질병을 가진 환자나 불건강자, 만성통증을 가진 사람, 장기입원 중인 질병아동 등을 지원하는 서비스도 개발되고 있다. 이 책에서는 특히 유급 무급의 케어러가 케어의 대상, 사회서비스의 대상이어야 함을 주의 환기하고자 한다. 인간은 영유아기나 임종기 혹은 질병이나 장애에 의해 특히 의존상태가 심해지는 시기가 있지만, **누군가를 케어하는 것으로 인해서도 필연적으로 의존상태가 발생**할 수 있음을 강조한다.

사회서비스가 필요한 상태를 사회적 니즈(social needs. 혹은 기본적 니즈)라고 하는데 니즈는 누구에게나 발생한다. 니즈에 관한 논의에는 최근 나딩스(2002)의 저서가 많이 인용되는 듯하지만, 사실 사회적 니즈를 학문영역의 관심으로 끌어올린 것은 이보다 반세기나 앞선 영국의 사회정책학자들 특히 티트머스였다. 티트머스는 니즈를 소셜워크의 존립 기반이라고 지적한 바 있다. 사회적 니즈가 있는지 없는지를 판별할 수 있는 전문직이 소셜워커라는 뜻이다.

사회정책학은 시장경제를 인정하지만 시장에만 맡겨 둘 수 없는 공공재적 성격의 기본적 니즈와 그 밖의 욕구를 이론적으로 구분하는 데에 많은 노력을 기울여왔다. 왜냐하면 그 작업이 곧 사회정책의 영역을 확보하는 것이었기 때문이다. 예를 들면 자동차를 갖고 싶다는 욕구와 병원에 가야 할 상태라는 니즈의 성격은 어떻게 다른가, 사회정책은 왜 후자에게 반응해야 하는가를 이론적으로 설명했던 것이다.

돌봄의 상품화, 탈상품화, 재상품화

넓은 의미의 사회복지는 사회보험, 공공부조, 사회서비스로 구성된다. 공공부조는 비교적 일찍부터 국가의 의무로서 제도화되었고 사회보험의 정비도 그에 뒤따랐다. 가장 늦게 발전한 영역이 사회서비스다. 발전이 늦은 이유는 사회서비스가 주로 비화폐적 니즈에 대응하는 영역이고 현실적으로 가족이 그 역할을 수행해 왔기 때문이다. 아동양육, 노인 혹은 장애를 가진 가족의 돌봄은 가족이 마땅히 행해야 할 일이라고 여기는 경향(=가족주의)이 강할수록 사회서비스 발전이 늦다.

원래 돌봄 내지 케어는 가족이나 비공식조직, 혹은 하인이 행하는 비(非)상품이었다. 자본주의 발전과 더불어 케어의 일부가 상품화되자 지불능력을 가진 사람은 케어를 구매할 수 있게 되었다. 국가는 구매능력이 없다고 증명된 일부 극빈층, 그것도 가족이 없는 경우부터 공적 케어를 제공하기 시작했다. 즉 케어의 탈가족화는 경제적으로 양극단에 있는 사람들 사이에서 먼저 진행되었다. 그 중간에 위치한 국민 대다수는 케어를 가족에게 의존할 수밖에 없었다. 그러다가 전후 선진복지국가들이 케어의 사회화를 폭넓게 추진하여, 니즈를 가진 모든 이에게 국민의 권리

로서 케어를 보장하기 시작했다. 이 경향을 케어의 탈상품화라고 한다. 북구복지국가는 가장 일찍 탈상품화 단계에 도달한 나라들이다.

하지만 1980년을 전후한 복지국가 위기를 기점으로 해서, 대부분의 국가들이 케어 영역에 시장원리를 부분적으로 혹은 적극적으로 도입하기 시작했다. 그 결과 사회서비스 이용자 및 가족의 부담이 무거워졌고 경제적 이유로 사회서비스를 이용하지 못하는 사람도 증가했다. 이 경향을 케어의 재(再)상품화 혹은 재가족화라고 부른다. 다만, 케어의 탈상품화를 지향했던 복지국가의 경우는 재상품화 과정에서도 국민의 케어보장이라는 목표가 여전히 고수되기 때문에, 재상품화는 초기의 상품화시대로 돌아간다는 의미는 아니다. 이렇게 본다면 케어는 "비상품 → 상품화 → 탈상품화 → (부분적)재상품화"의 형태로 전개되어 왔다고 말할 수 있겠다.

그런데 이 발전과정은 선진복지국가의 경우에 한하는 것이다. 경우에 따라서는 탈상품화 단계에 훨씬 미치지 못하는 단계에서 시장화를 도입하는 경우가 있기 때문이다. 그러므로 시장화를 지향하는 신자유주의 정책의 영향은 **시장화가 어느 수준의 복지발선단계에시 도입되는가**에 따라 달라진다.

케어의 시장화와 신자유주의

오늘날 사회서비스정책을 움직이는 주도적 정책이념은 단연 신자유주의다. 신자유주의라는 사조는 역사적으로 보면 두 차례 출현했다. 첫째는 19세기 말 영국에서 출현한 'New Liberalism'이다. 이 사조는 자유방임을 주장하는 고전적 자유주의를 수정하여 국민생활을 보호하기 위해서 국가가 경제영역에 적극 개입해야 한다는 사상이다. 강제보험(사회보험)의 도입, 청소년에 대한 담배판매 금지 등의 국가개입은 자유주의정책으로 간주되었다. 복지국가의 사상적 지주인 이 사조의 대표적 사상가는 앞장에서 소개한 그린을 비롯하여 홉하우스, 홉슨 등이다.

다른 한편 1980년을 전후한 시기에 출현한 신자유주의, 즉 오늘날 흔히 사용되는 신자유주의는 'Neo-Liberalism'(이하 신자유주의는 이 개념으로 사용함)으로 표기된다. 이 사조는 경기침체의 원인을 지나치게 확대된 국가역할(복지지출) 탓으로 돌렸다. 그것이 시장의 효율성을 없앴고, 예산낭비를 심화했으며 노동의욕 감퇴를 유발했다는 것이다. 그들의 대안은 작은 정부와 시장원리 도입(=재시장화)이었다.

그런데 1980년대 이후 신자유주의는 지속적으로 그 성격이나 정책을 바꾸어 왔다. 원래 작은 정부(minimum government)란 정부 역할을 최소한으로 한다는 생각인데, 2000년 이후의 신자유주의는 오히려 정부 역할을 중시한다. 작은 정부는 정부 규제를 줄인다는 의미이기도 하다. 그러나 정부의 규제 없이 진행되는 시장화에는 상당한 시간이 걸린다. 그렇기 때문에 2000년 이후 대두된 새로운 형태의 신자유주의는 **시장화를 촉진하기 위해서 국가가 적극 개입하는 신자유주의**다. 그것은 정부가 나서서 시장화를 압축적으로 추진하는 특징을 가진다. 이 예의 전형은 2000년 이후 일본의 사회서비스 정책이다. 한국 장기요양보험 역시 마찬가지인데, 일본과 다른 점은 케어의 탈상품화가 시도되기도 전에 시장화가 적극 추진되었다는 점이다. 시장이 미약했던 케어나 교육 등의 영역에 시장을 개척하기 위하여 정치권력이 활용된 것, 노골적으로 표현하면 정치가 시장을 모셔온 것이다.

그림 4-1은 케어의 시장화정책의 도입 시점을 '상품화단계, 탈상품화 시작단계, 탈상품화 달성단계(A · B · C)'의 세 가지로 제시한다. A의 경우는 케어를 사실상 시장에 맡기는 것이므로 케어의 공공성 확보를 포기한 것이나 다름없다. B는 케어의 공공성 확보, 시장에 케어공급을 맡긴다는 상반된 목표를 동시에 추진하는 경우다. C의 경우는 케어의 공공성이 어느 정도 달성된 후 부분적으로 시장원리를 도입하는 복지국가의 경우다. C가 흔히 재상품화로 불린다. 가족의 시각에서 보면, 탈상품화는 탈가족화, 재상품화는 (부분적) 재가족화라고 할 수 있다.

동아시아의 노인장기요양보험을 예로 들어 보자. 이 제도는 일본이 2000년에 한국이 2008년, 타이완은 2017년부터 시행되었다. 중국은 2016년부터 시행하던 시범사업을 2025년부터 전면적으로 시행한다고 발표했다. 이 모든 나라는 모두 시장원리, 즉 신자유주의 정책기조를 채택했다. 하지만 제도도입 시점의 복지발전 수준이 달랐기 때문에 그 영향이 달리 나타난다. 그것은 공적 돌봄제도가 존재해도 보험료 부담과 서비스 이용시의 본인부담으로 인하여 실제로 서비스를 받지 못하는 사람의 비율이 국가에 따라 달리 나타난다는 뜻이다.

스웨덴이 사회서비스의 시장화를 부분적으로 도입한 경우는 C지점이다. 그렇기 때문에 '재'상품화라고 불리는 것이다. 한중일 세 나라의 시점은 어디 쯤일까? 나는 일본은 B와 C 사이의 어딘가 즉 탈상품화의 문턱 시점이었고, 한국은 B에 가깝다고 본다. 실제로 한편에서는 시장화가 도입되면서도 케어 영역의 사회지출도 급증하는 경향을 동시에 보인다. 중국의 경우는 A와 B 사이의 어딘가일 것이다.

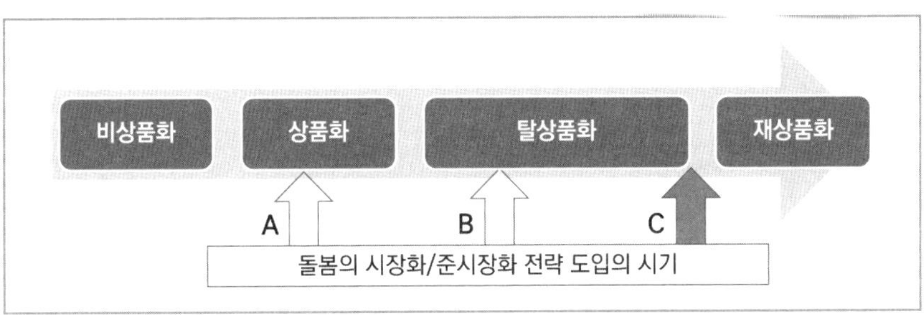

자료: 필자 작성

그림 4-1 복지서비스 발전단계와 돌봄시장화정책의 도입시기

문화적 요인: 가족주의

탈상품화 수준의 국가 간 격차는 경제상황뿐만 아니라 문화적 특이성에 의해서도 발생한다. 복지레짐(Welfare Regime. 공적 사회복지뿐만 아니라 가족이나 시장 등을 모두 복지공급주체로 포함하여 전체적인 복지모습을 보여주는 개념)의 특징은 그 나라의 사회서비스의 특징이 결정한다고 해도 과언이 아니다. 왜냐하면 사회서비스는 그 사회의 가족 및 여성과 관련된 뿌리 깊은 문화와 결부되어 있기 때문이다. 그래서 대체로 사회서비스 영역의 변화에는 시간이 걸린다. 즉 사회서비스 대상자의 범위와 그 확대과정에서 나타나는 국가 간 차이는 경제수준이나 집권정당의 성격 등 경제적 · 정치적 요인뿐만 아니라 사회문화적 요인에 의해서도 발생한다. 동아시아와 남유럽(이탈리아, 스페인, 그리스, 포르투갈 등)은 돌봄을 가족책임으로 여기는 가족주의 문화가 가장 강하고, 따라서 사회서비스 발전이 상대적으로 늦은 지역이다. 동아시아는 유교문화권, 남유럽은 가톨릭 문화권이다.

가족주의는 그 용례가 다양하지만 여기에서는 **다양한 생활문제에 대한 대처를 가족 책임으로 돌리고 가족이 그 책임을 다할 수 없음이 증명된 경우에 한하여 비로소 공적 지원을 행하는 풍조**라고 정의해 둔다. 다만 가족책임이라고 하지만 그 부담은 대부분 여성에게 지워져 있다(朴光駿, 2018). 주의할 것은, 제2장에서 보았듯이 어떤 국가에서도 가족은 케어제공자로서 관여하고 있으므로 가족주의 경향이 어느 정도로 강한가라는 연속적 개념으로 파악할 필요가 있다는 점이다.

가족주의는 공적 사회서비스 발전을 지체시킨다. 사회서비스에 저항하는 세력은 두 가지다. 하나는 재정부담의 증가를 우려하는 정치집단이요, 다른 하나는 사회서비스가 가족 기능을 대체하면 가족의 전통적 가치가 무너질 수 있다고 우려하는 보수층이다. 동아시아와 남유럽이 실제로 사회서비스가 상대적으로 늦게 발전했고, 세계에서 가장 낮은 출산율을 보이는 것은, 가족부담이 한계에 달했기 때문에 일어난 결과다. 낮은 출산율은 가족의 돌봄역량이 한계에 달한 상태에서, 또다시 출산 및 육아 부담을 늘리는 것은 불가능하다는 절박한 의사표시다. 사실 1930년대 유럽의 거의 모든 국가가 출산율의 급격한 저하문제에 직면하고 있었다. 영국에서도 티트머스는 일찍이 『부모의 반란』(1942)이라는 저서에서 영국의 낮은 출산율은 생애의 가장 중요한 20년간을 가사와 육아를 위해 희생하지 않을 수 없는 상황에 몰린 부인들의 반란이라고 날카롭게 지적한 바 있다.

가족주의에는 이데올로기적 성격이 있다. 가족원을 부양하지 않는 가족은 가족에 대한 책임이나 애정이 없는 자라고 하는 부조리한 사회적 낙인이 수반된다는 의미다. 그것은 **가족돌봄을 선택하지 않을 권리를 제약하는 부당한 압력**이다. 이 풍조는 자연발생적 문화가 아니라 국가의 정표(旌表)정책에 의해 지탱되어 온 역사적 산물이다. 정표란 소위 삼강오륜의 모범적 사례를 발굴하여 정려(旌閭, 효자 충신 열녀를 찬양하는 붉은색 문인 정문旌門을 세워 표창하는 것)하는 것을 말한다. 장려와 강요라는 두 얼굴을 가진 정책이었다.

일본이 개호보험 시행을 준비하면서 의견수렴을 하던 1990년대 말 '고령사회를 좋게 만드는 여성의 모임'이라는 단체는 "개호표창은 노(NO)!"라는 의견서를 발표한 적이 있다. 그것은 정표정책의 거부다. 즉 헌신적 돌봄을 한 며느리나 딸에게 표창하는 값싼 방식으로 국가책임을 가족에게 짐 지우는 낡은 사고방식을 추방하자는 여성계의 결의였다.

3. 케어는 어떻게 제도화되는가?: 영케어러를 소재로

당사자의 목소리 대변과 전문직

우리 헌법은 광의의 사회복지가 서비스나 급여를 제공해야 할 대상으로서 여성, 노인과 청소년, 장애인 및 빈곤자(「헌법」 제34조)를 구체적으로 규정하고 있다. 그러나 가족돌봄자 역시 지원이 필요한 사람이라는 인식은 상대적으로 늦었다. 그들의 부담능력은 한계에 달했어도 가족책임이라는 강고한 세상인심 때문에 도움의 목소리를 스스로 내기 어려웠다.

거기에 그들의 대변자도 빈약했다.

사회서비스의 대상은 단순히 국가에 경제적 여력이 생긴다고 자동적으로 확대되는 것이 아니다. 그렇기 때문에 **새로운 니즈를 가진 집단은 누구에 의해 발굴되는가**라는 질문은 사회서비스 탐구에서 매우 중요하다. 가족돌봄에 대한 사회적 인지가 부족하다는 것은 당사자들 목소리를 사회에 대신 전하는 대변자의 미약함을 의미한다. 당사자 대변(advocacy)은 전문직의 중요한 역할이다. 따라서 이것은 전문직에 관련된 우리사회 전반의 과제다. 제5장과 제6장에서는 원조전문직의 윤리문제를 비교적 상세히 다루는데 그것은 이러한 문제의식에서 설정되었다.

전문직이 제공하는 원조서비스 이용자는 흔히 클라이언트(client)라고 불린다. 내담자(来談者)라고 번역되기도 했다. 어원은 라틴어 크리엔테스(clientes)다. 로마시대 크리엔테스는 유력자 페트로누스(patronus)의 보호를 받는 자유민이었다. 노예사회였던 로마에서 노예세력에 위협을 느낀 소자유민은 비상시에 보호받을 목적으로 세력가인 페트로누스와 '비호-충성' 관계를 맺어 두려고 했는데, 그렇게 보호를 구하여 페트로누스에게 찾아오는 사람을 크리엔테스라고 했다.

이 어원을 보면 케어전문직은 그 대상자 찾기에 소극적이라고 비추어질 수 있다. 클라이언트가 원조를 구하여 찾아왔을 때 비로소 원조관계가 맺어지는 것으로 상정되기 때문이다. 그러나 오늘날의 케어전문직 세계에서는 대상자의 적극적 발굴(reach-out)이 시도된다. 예를 들면 전문직이 아동학대로 의심되는 사례를 업무 중 발견했을 경우 통보의무를 부과한다. 아동의 체중변화나 치료경력 등에 관한 건강보험 빅데이터를 분석하여 아동학대 리스크가 높은 아동을 찾아내려는 노력도 그에 속한다. 빈곤가구 발굴을 위해 단전 혹은 단수 가정을 확인하기도 한다.

사회서비스 니즈를 가지고 있더라도 문제가 발견되고 서비스가 개발되기까지는 시간이 걸린다. 새로운 니즈를 발굴하여 사회에 알리는 일은 당사자나 당사자단체(self-help group)에 의해서도 행해진다. 하지만 문학가나 예술가, 전문직 및 연구자, 매스컴 등이 그들을 대변하는 경우가 많다. 최근 일본에서 아동빈곤문제가 사회적 의제가 된 데에는 소아과의도 중요한 역할을 했다. 병이 악화되고 나서야 병원에 오는 문제의 배경에 아동빈곤이 있다는 문제를 의사들이 제기했기 때문이다.

여기서는 근자에 사회적 의제가 되고 있는 영케어러(young carer. 가족돌봄 아동 청년)를 소재로 하여 그들은 누구에 의해 발견되어 어떻게 사회적 의제로 등장했는가를 살펴본다.

네이버 뉴스검색 그리고 중앙일간지 신문사별 기사검색을 통하여 영케어러라는 용어의 등장 시기를 살펴보았다. 기사로서는 『한국일보』(2020.11.29) 특파원24시에 일본의 영케어러 소개가 있고, 『경향신문』(2021.11.6)에는 외부인사 칼럼에 용어가 등장한다. 『서울신문』(2018.2.9)은 일본의 간병살인 문제를 소개하면서 영케어러라는 용어를 소개했다. 결정적인 계기는 후술하는 2021년 11월 10일 간병살인 2심 판결이 있었을 때다. 최근에는 지방자치단체의 가족돌봄청년 조례나 정부의 지원사업에 관한 보도가 주류이다. 취재기사나 사설은 극히 드물다.

학술논문검색 사이트 '한국학술지인용색인'을 검색하면 학술논문 제목에 영케어러가 등장하는 논문은 2022년부터 확인된다. 한국보건사회연구원의 학술정보를 검색하면 영케어러는 주로 외국의 실태를 소개하는 페이퍼에서 등장하는데 가장 이른 시기가 2022년 말이다.

영케어러의 사회적 의제화

사회서비스 대상자의 확대는 기존의 대상자층 안에서 새로운 니즈가 발견되어 서비스가 분화되는 형태를 띠는 경우가 있다. 예를 들면 아동학대방지법이 규정한 아동학대의 개념과 범위도 그 나라의 인권의식의 변화 등을 반영하여 계속 확대된다. 아동의 과대비만을 아동학대(방임)로 보아야 하는가는 영국 사회의 의제가 된 지 오래다. 아동학대의 범주 규정에서 한국과 유사한 경향을 보였던 일본은 최근 후생노동성이 종교학대에 관한 가이드라인을 공표하여 아동학대의 범위를 확대했다. 심야까지 종교활동 참가를 강요하는 것(신체적 학대), 타인 앞에서 자신의 종교적 신념을 밝히게 하는 것(심리적 학대), 종교단체 관계자에게 자신의 성적 경험을 억지로 말하도록 하는 것(성적 학대), 신앙을 이유로 수혈 등 적절한 치료를 받지 못하게 하는 것(방임. neglect) 등이 종교학대로 새로 규정되었다. 그만큼 사회서비스가 확대된 셈이다.

역사적으로 보면 문학가나 예술가가 새로운 사회적 니즈를 사회적 의제로 만드는 매개자의 역할을 한 경우가 많다. 찰스 디킨즈는 『올리버 트위스트』(1837)를 통하여 영국 구빈법 시설의 비인간적 처우에 대한 관심을 고조시켰던 사실은 비교적 잘 알려져 있다. 디킨즈는 그에 그치지 않고, 사회문제의 주의환기를 위해 공개적 자선 낭독모임을 18회나 열었다. 그는 스크루지 영감 이야기로 잘 알려진 『크리스마스 캐럴』(1843)의 낭독행사를 통해 빈민을 위한 자선병원을 크게 도왔다.

한국 보건복지부나 지방정부는 영케어러라는 용어보다는 청년돌봄자 혹은 가족돌봄청년이라는 용어를 사용한다. 그런데 이 용어는 영케어러의 국제적 용례와는 다른 한국 독자의 개념이다. 무엇보다 그 연령 규정이 파격적이다. 지방자치단체의 조례를 보면 가장 낮은 연령범위가 24세까지, 그리고 많게는 39세까지를 가족돌봄청년이라고 규정하기 때문이다. 국제 동향으로 보면 영케어러의 연령범위는 18세까지의 아동이다.[1] 영케어러에 대한 정책적 대응이 청년정책 위주로 되어 있는 상황도 매우 특별하다. 그 이유는 영케어러문제가 청년 당사자들에 의해 사회적 의제로 대두되었다는 사정 때문이라고 생각된다.

영케어러가 한국의 사회적 의제로 등장한 중요한 계기는 와상상태의

1 영케어러의 발견과 대책에 선진적인 영국은 영케어러를 18세 이하로 규정하지만 영케어러와 유사한 상황의 케어러 중 16~25세의 연령자를 "영 어달트 케어러"라고 따로 정하고 있다.

병자 아버지(56세)를 방치하여 사망하게 했다고 알려진 사건(2021.5.8)이다. 22세 청년 강도영(가명)이 기소되어 1심에서 존속살해 혐의로 4년형이 선고되었고 대법원에서 형이 확정되었다. 이 사건은 보도매체 〈셜록〉의 박상규 기자가 1심 판결 이후 강도영이 가석방으로 출소한 2024년 9월까지 20회에 걸쳐 취재기사 “누가 아버지를 죽였나?”를 썼다(기사 최종 검색일은 2024년 11월 15일). 다음은 이 기사에 근거하여 사건 내용을 재구성, 요약한 것이다.

공익근무를 위해 대학 휴학 중이던 강도영은, 초등학교 1학년 때 어머니가 “잠시 나갔다 올 테니 밥 먹고 기다려라”는 말을 남기고 집을 나가버린 뒤부터, 늘 술을 마시고 심야에 귀가하는 아버지와 둘이서 살아왔다. 집은 보증금 1000만원에 월세 30만 원이었다. 해직해 있던 아버지는 월 200만 원 월급으로 재취업한 지 1개월만인 2020년 9월 13일 목욕탕에서 뇌출혈로 쓰러져 뇌혈관치료를 전문으로 하는 대구의 A병원으로 이송되었다. 만약 코로나가 아니었으면 119대원은 대형병원으로 이송했을 것이고 그러면 경제적으로 어려운 환자에 대한 지원이 있었을 것이라고 한다.

몇 개월만에 수술비와 병원비 그리고 간병비에 총 2,400만 원 정도가 들었다. 강도영은 취직하려 했으나 120kg의 몸 때문인지 쉽지 않았고 겨우 편의점 알바를 찾아 야간에 일했다. 그동안의 병원비는, 10살이 안 된 아이 둘을 가진 삼촌이 퇴직금을 중간 정산해서 지원해 주었고 그 일로 삼촌네는 가정불화가 생겼다. 더 이상 병원비를 감당할 수 없던 강도영과 삼촌은 병원 측에 퇴원을 강하게 요구해서, 2021년 4월 23일 아버지는 집으로 돌아왔다. 콧줄에 영양을 넣고 대소변을 받아내고 욕창이 생기지 않도록 간병했다. 경제적으로 쪼들려 가스가 끊기고 월세도 3개월 치가 밀렸다. 부자의 휴대전화도 끊겼다. 쌀이 떨어져 굶기도 했다. 5월 1일 아버지는 “미안하다. 너 하고 싶은 것 하면서 행복하게 살아라. 필요한 것이 있으면 아버지가 부를 테니 그 전에 아버지 방에 들어오지 마라”고 말했다. 5월 2일 알바를 그만두면서 15일에 나오는 알바 월급을 당겨 줄 수 없느냐고 사정했으나 거절당했다. 5월 3일 밤에 아버지 방에 들어가 보았더니 아버지는 눈을 뜨고 있었지만 물도 요구하지 않았다. 그래서 울고 지켜보다가 방을 나와서는 다시 아버지 방에 들어가지 않았다. 5월 8일 저녁에 아버지 방문을 여니 아버지는 사망했고 이미 상당히 부패가 진행되어 있었다. 119대원은 경찰을 대동하고 집으로 왔고 강도영은 집에서 체포되었다. 8월

13일 대구지방법원은 존속살해 혐의로 징역 4년을 선고했고 강도영은 유기치사를 주장하며 항소했으나 대구고등법원은 항소를 기각했다. 변호인은 사례비 40만 원의 국선 변호인이었다. 강도영은 대법원에서 4년형이 확정되었다.[2]

대구지법 1심 판결 후 많은 보도가 있었는데, 〈"아들아" 소리도 외면… 중병 아버지 굶겨 사망케 한 20대 아들"〉이라는 식의 보도가 많았다. 그 과정에서 "영케어러"라는 용어가 등장했다. 사실 이 사건 전에 치매에 걸린 아버지를 9년간 케어한 조기현의 『아빠의 아빠가 됐다』(2019)가 출간되어 영케어러라는 용어가 사회에 알려지는 한 계기가 되었다.

영국 및 일본의 경우

영케어러라는 개념은 영국에서 탄생했다. 1980년대 말 중학생 케어러의 존재가 교직원에 의해 알려진 후, 1993년에는 영케어러 문제의 권위가 된 베커 등(Alderidge & Becker, 1993)이 영케어러의 실태에 관한 조사보고서를 공표했다. 그것을 계기로 사회적 관심이 고조되었고 다양한 수준의 실제적 지원이 시작되었다. 저자들은 영케어러를 "질병에 걸리거나 장애를 가진 친족을 자택에서 케어하는 18세 이하의 사람"이라고 규정했다. **18세 연령은 특히 강조**되었다. 아동들이 집안에서 돌봄을 잘 해낸다고 하더라도 18세까지는 발달과정에 있는 아동이기 때문이다. 베커는 지미라는 이름의 16세 영케어러의 다음과 같은 술회를 보고서의 서문으로 삼고 있다.

---

2 그 후의 사정은 다음과 같다(〈셜록〉 기사 재구성). 그는 3년 이상 복역하고 만기 약 9개월을 앞두고 2024년 7월 30일 가석방으로 출소했다. 교도소에서 몸무게를 60kg 정도 빼서 180cm의 그는 호리호리한 몸이 되었다. 그는 어머니 아버지를 원망하는 마음은 하나도 없다고 말해왔으나 재판과정에서는 살인이 아니라 유기치사라고 주장했었다. 가석방 후 "재판부 판단대로 본인이 아버지를 죽였다고 생각하느냐"는 질문에 "제가 아버지를 죽인 거죠… 확실한 사실로 남은 것은 제가 책임을 안 졌다는 거잖아요"라고 답했다. 힙합 뮤지션이라는 꿈을 가지고 "세상에서 조용히 잊혀지고 싶다"는 이 청년은 여러 도움으로 곧 청년임대주택 입주를 앞두고 있다.

> 아버지를 돌보던 시간들을 생각하면 화가 난다. 그 이유는 아버지 돌봄을 내가 하지 않으면 안 되었기 때문이 아니다. 아버지 케어는 내가 원한 것이다. 그게 아니라, 아버지의 질병과 싸우는 동안 나 혼자 버려져 있었다는 것에 화가 나는 것이다… 부모가 신체 기능을 잃었을 때 모든 아이들이 부모를 돌보아야 하는 것은 아니다. 나는 아버지를 사랑했고 내 눈앞에서 존엄을 잃어가는 것을 차마 그냥 지나칠 수 없었다. 나는 아버지와 함께 있고 싶었다…
>
> 지금은 이미 늦었다. 아버지는 사망했고 나는 더 이상 영케어러가 아니다. 그러나 나와 같은 처지에 있는 모든 어린이를 돕기 위해 뭔가 해야 된다고 생각한다. 아이들을 그들의 보모들과 떼어놓으려는 것이 아니다. 걱정 없이 그리고 공포심 없이 돌볼 수 있도록 도와주자는 것이다.

영국에서는 1989년 아동법에 영케어러의 규정을 삽입한 가족아동법(Children and Families Act 2014)이 성립했다. 이것이 영케어러 지원의 법적 근거다. 오늘날 영케어러의 국가별 지원실태에 대해서는 국제연구팀(Leu & Berger *et al.*, 2023)이 2017년 이후 4년마다 국제등급을 공표하고 있다. 영국은 첫 평가에서 유일하게 최고등급 2등급이었고, 2021년에도 2등급을 유지했다. 한국은 7등급('인식 없음' 등급)이고, 2017년 7등급이었던 일본은 2021년에야 6등급('각성' 등급)에 진입했다. 참고로 2003년 영국의 37개 지역 조사(三富, 2008: 15)에 의하면 영케어러의 평균연령은 12세였다.

일본의 영케어러 지원은 영국의 영향이 결정적이었던 것으로 보인다. 일본의 학술논문 검색 CiNii에서 영케어러로 검색하면(2024.5 검색) 논문 562편, 저서 68편이 히트한다. 전문적 논문은 2005년부터 공표되고 있고 책 제목에 영케어러가 들어 있는 서적은 2017년부터 다수가 출간되고 있다.

일본에서 영케어러라는 용어가 등장하는 시기와 기사내용을 3개의 대표적인 중앙지들에서 확인하면 그 시기나 내용이 유사하다. 아사히(朝日)신문의 경우, 최초 기사는 2013년 2월 19일자 〈영국 개호자, 고립시키지 않는다〉는 기사다. 영국의 고령자 개호 상황을 전하면서 케어러, 영케어러 용어를 해설하고 있다. 그 후부터 취재기사가 자주 등장한다. 특징

적인 것은 일본케어러연맹, 그리고 영케어러 전문가로서 한국에서 번역서(박소영 역, 2021)가 출간되어 있는 시부야(澁谷智子) 교수의 강연이나 발언 등을 취재하여 소개하는 기사가 대부분이라는 점이다.

4. 영케어러 지원제도는 왜 영국과 다른 제도가 되었나?

청년케어러가 발굴한 문제

영케어러가 사회적 의제로 등장하는 과정에서 보이는 한국의 특징은 무엇보다 **당사자의 목소리가 영케어러 발견의 결정적 요인**이었다는 점이다. 즉 사회복지학이나 사회학, 교육학, 노년학, 의학 등의 학술영역의 기여와 혹은 매스컴의 기여가 거의 보이지 않는다는 것이다. 영국이나 일본과 비교해 보면 이것은 매우 특이한 사정이다. 이러한 특성은 전문직과 관련하여 우리사회가 가진 근본과제를 분명하게 보여 준다.

한국의 영케어러는 그것이 처음 발견되었던 영국의 제도, 혹은 영국을 모델로 한 일본의 제도가 상정하는 존재와는 완전히 달라져 있다. 이미 언급한 대로 18세 이하로 연령을 규정한 영국과 달리 한국의 가족돌봄청년은 34세 혹은 39세까지로 연령을 높이고 있기 때문이다. 청년돌봄문제가 당사자에 의해 발견된 사정으로 인해서 정부는 이 문제의 대응에 청년 당사자들의 연령을 의식했기 때문일 것이다. 여기서 생각해 보아야 할 문제는 청년당사자를 위한 지원제도를 따로 만들었다는 것의 의미다. 그것은 기존의 돌봄제도는 그에 대응할 수 없었다는 의미다.

한국은 영국이나 일본과 마찬가지로 노인 등의 장기요양에 대응하는 제도를 이미 가지고 있다. 노인장기요양보험이 그 대표격이다. 이 제도를 이용하기 위해서는 사전에 장기요양이 필요한 상태임을 증명하는 장기요양인정을 받아둘 필요가 있다. 그 조건을 갖추면 자택에서 요양보호사의

서비스를 이용할 수 있고 돌봄부담은 크게 줄어든다. 그러므로 이 제도가 제대로 작동한다면 돌봄니즈가 발생한 당사자나 가족은 이 제도를 이용할 수 있다. 즉 케어러가 청년인 경우에 국한한 케어러 지원제도를 따로 만들 필요가 없다는 것이다.

한국의 노인장기요양보험은 장기요양이 필요한 모든 사람에게 급여(시설급여, 재가급여)를 제공하는 보편적 제도가 아니다. 연령에 따른 제한이 있기 때문이다. 65세 이상이라면 장기요양 원인을 따지지 않고 급여를 제공한다. 그러나 65세 이하인 경우, 장기요양을 필요로 하게 된 원인을 정부가 지정한 특정 질병에 한정시키고 있다. 쉽게 말하면 65세 이하라면 예를 들어 욕실에서 넘어져서 장기요양이 필요하게 된 경우는 서비스 제공대상이 아니다. 정부 지정의 20여 개의 특정 질병으로 인하여 장기요양이 필요한 사람만이 제도이용자가 된다. 특정 질병에는 치매(알츠하이머 및 뇌혈관성), 지주막하 출혈, 파킨슨병 등이 포함되어 있다.

그런데 가족돌봄청년 당사자인 조기현의 부친은 65세 이하였지만 치매를 앓았으므로 장기요양제도의 형식적으로 보면 공시적인 지원대상이었다. 만약 장기요양제도의 서비스가 적절했다면 집에서도 요양보호사의 지원을 받으면서 제한적이나마 경제활동도 가능했을 것이다. 물론 본인부담분이 발생하지만 감면제도도 있다. 강도영의 경우도, 뇌출혈은 정부가 지정한 특정 질병이므로 이 제도의 이용자격이 있었고 그랬더라면 불행한 사태를 막을 수 있었을 것이다. 이러한 사정은 무엇을 말하는가? 이미 한국 정부는 장기요양제도를 가지고 있고 그 위에 2017년 치매국가책임제를 시행하고 있지만, 여전히 정치적 구호의 성격에 머물고 있다는 것이다.

영케어러의 연령 범위

영케어러의 연령을 국제동향과 같이 아동에 한정한 국내 선행연구로는 조명아(2023)가 있다. 전술한 영국의 아동가족법(2014)은 영케어러를 다음과 같이 규정한다: "영케어러는 다른 사람에게 케어를 제공하고 있거나 케어를 제공하려고 하는 18세 이하의 사람(동법 17ZA-3). 단, 계약에 의한 케어와 자원봉사 케어는 제외한다(17ZB-3)." 즉 영케어러는 18세 이하의 아동이 누군가에게 성인이 행하는 것과 같은 케어를 행하는 자다. 연령에도 주목해야 하지만, 영케어러와 케어대상자의 관계도 중요하다. 영국은 가족구성원이 아닌 사람의 케어도 영케어러에 포함시키며 가족의 다양성도 전제하고 있다.

일본은 여러 지방자치단체가 조례를 제정하고 있다. 가장 먼저 조례를 제정한 사이타마현 케어러지원조례(「埼玉県ケアラー支援条例」, 2020.3.31)에는 다음과 같이 규정되어 있다: "케어러란 고령, 신체상 혹은 정신상의 장애나 질병에 의해 원조를 필요로 하는 친족, 우인 기타 가까운 사람에 대하여 무상으로 개호, 간호, 일상생활의 수발 기타 원조를 제공하는 자를 말한다. **영케어러란 케어러 중에서 18세 미만의 자**를 말한다.[3]"(강조는 인용자)

후생노동성과 아동가정청은 영케어러를 "원래 성인이 담당하는 것으로 상정된 가사나 가족의 수발 등을 일상적으로 행하고 있는 아동"이라

3 한편 영케어러를 지원하기 위해 「아동청년육성지원촉진법」(子ども若者育成支援促進法)(2024년 6월 12일 시행)의 개정이 이루어졌다. 그 내용은 영케어러의 조기 발견과 지원책의 추진, 사회적 인지도 향상에 대한 국가 및 지방자치단체의 노력 의무를 규정하고 있다. 영케어러는 "가족의 개호와 기타 일상생활상의 돌봄을 과도하게 행하고 있다고 인정되는 아동 청년"으로 규정되었다. 법 명칭에서 알 수 있듯이 대상은 아동뿐만 아니라 청년이 포함되어 있다. 청년(若者)은 취직선택 등 자립의 중요한 이행기라고 할 수 있는 대개 30세까지, 상황에 따라서 40세 미만의 사람이다. '과도한 부담'의 의미는, 아동의 경우 건강한 성장 발달에 필요한 시간(공부와 놀이 등)을 확보하지 못하는 상태, 청년의 경우는 자립 이행에 필요한 시간(공부, 취업준비 등)을 확보하지 못할 정도로 케어로 인한 신체적, 정신적 부하가 무거운 상태를 말한다. 일상생활 돌봄에는 개호뿐만 아니라 어린 형제자매의 돌봄, 가족 지킴이 등에 대한 심리적 배려나 통역도 포함되어 있다.

고 정의한다. 한편 일본에서 행해진 학술적 정의 등을 종합한 연구그룹은 영케어러를 다음과 같이 정의한다(常盤他, 2022): "일본에서 영케어러란 대행적 · 정서적 케어 등 다양한 케어를 행하며 과중한 부담과 책임을 맡고 있는 18세 이하의 아동이다. 그들은 가족을 유지하기 위하여 노력하는 과정에 복잡한 감정을 품고 있으면서도 자신이 놓여진 상황을 자각하지 못하는 경우가 있다."

그렇다면 한국에서 영케어러란 어떻게 정의되는가? 영케어러의 의미로 사용되는 가족돌봄청년 혹은 가족돌봄아동청년 정의의 특징은 다음 네 가지로 요약될 수 있다고 생각된다: 첫째, 18세 이하 아동이라는 인식을 하고 있지 않는 것, 둘째, 케어하는 대상을 가족법이 규정한 가족구성원에 한정하고 있다는 점, 셋째, 아동의 범위를 넘어 청년대책의 일환이라는 성격을 가지고 있다는 점, 넷째, 개념 정의에 관한 합의가 없고 연령규정에 진폭이 크다는 것. 요컨대, 그 연령범위는 매우 넓게 규정하면서, 케어대상으로서 가족 이외는 인정하지 않는 매우 제한적인 태도를 보인다.

가족돌봄청년 지원에 관한 조례는 상당수 지방자치단체가 제정하고 있다. 그 연령규정은 다양하지만 공통적인 것은 케어(돌봄)의 대상을 **「가족법」이 규정한 가족원에 대한 케어에 한정**하고 있다는 점이다. 예를 들어 서울시(2022.10.17. 제정)는 "장애, 정신 및 신체의 질병 등의 문제를 가진 **「민법」 제779조에 따른 가족을 돌보고 있는 14세 이상 34세 이하의 사람**"(강조는 인용자)으로 정의한다.[4] 그러므로 만약 친구나 친지를 돌보는 경우라면 이 조례의 대상이 아니다. 연령범위에도 차이가 커서 제주도 조례(안)는 14세 이상 39세 이하로 규정하고 있고 서울시 서대문구 조례는 8세 이상 34세 이하인데 내가 확인한 한 대부분이 이 연령범위다. 24세 이하로 규정한 서울시 광진구 조례는 오히려 좀 특별하다.

4 「민법」 제779조의 가족 범위는 "(1) 배우자, 직계혈족 및 형제자매, (2) 직계혈족의 배우자, 배우자의 직계혈족 및 배우자의 형제자매 중 생계를 같이 하는 경우"다.

정부의 공식적 견해는 일상돌봄서비스사업 추진계획(2023.7.5)을 통하여 확인할 수 있다. 그 대상은 "질병(중증질환) 장애 정신질환 등을 앓고 있는 가족을 돌보거나 그로 인해 생계책임을 지고 있는 청년 · 청소년(만 13~34세)"이라고 규정되어 있다. 다만, 연령 하한에 대해서는 원칙적으로 13세 미만은 「아동복지법」상 보호체계 내에서 지원하도록 하되 가족돌봄 아동이라도 지방자치단체장의 판단하에 지원이 가능하다. 연령 상한에 대해서도 지방자치단체의 조례 및 지역상황 등에 따라 변동이 가능하다고 규정한다. 돌보는 대상은 "부모, 조부모, 형제자매, 친척 등 중 동거하는 경우"로 되어 있고, 자녀를 돌보는 경우는 제외하고 있다.

한국의 조례에서는 왜 그 연령 범위가 다양한가? 그 연령 상한으로 규정된 24세, 29세, 34세, 39세는 어떤 근거로 설정된 것일까? 필자로서 유추해 본다면 각각 다음과 같은 기준을 참고한 것일 수 있겠다.

먼저 「청소년기본법」에서는 청소년을 9세 이상 24세 이하인 사람으로 규정하고 있다. 아마도 24세는 청소년을 염두에 둔 규정이다.

한편, 「고용촉진특별법」은 청년의 연령범위를 원칙적으로 만 15~29세의 사람으로 정하고 있다. 그러므로 29세 규정은 정부가 고용촉진대상으로 정한 청년을 염두에 둔 규정일 수 있다. 다만 동법 특칙에 의하면 34세 이하인 사람도 그 대상에 포함된다. 34세라는 연령기준은 이 규정을 의식한 것으로 보인다.

마지막으로 39세의 경우다. 정부의 청년창업지원금 사업의 대상자는 39세까지로 되어 있다. 청년창업 대상을 염두에 둔 기준으로 생각된다.

요컨대 한국의 여러 지방자치단체가 제정한 가족돌봄청년 조례에서 그 연령 범위가 다양한 것은 청소년 및 청년과 관련된 법제도가 그 연령을 각기 다르게 정하고 있고, 관련 지방자치단체는 그 법 중의 어느 하나를 기준으로 연령을 설정했기 때문이라고 판단할 수 있다.

아직 발견되지 않은 한국의 영케어러

한국사회에는 영케어러 문제에 대처하는 형식으로 공적 청년돌봄지원 제도가 시행되고 있다. 그러므로 영케어러는 발견되었는가? 내가 답한다면 "아니다"이다. 조례에 의해 청년돌봄지원이 제도화되었음에도 불구하고, 문제가 발견되지 않은 아이러니한 상황인 것이다.

돌봄을 성인이 행하는 것과 아동이 행하는 것 사이에는 근본적인 차이가 있다. 성인이 행하는 돌봄은 이미 노인장기요양보험과 같은 제도에서 규정한 행위가 대부분이다. 그러나 아동은 그와 다르다. 예를 들어 "장애를 가진 형제를 돌보는 아이, 시각장애나 청각장애를 가진 부모와 동행하여 쇼핑을 하거나 병원에 가는 행위, 가정에서 병간호와 가사를 행하는 행위, 이주노동자 자녀가 한국어를 못하는 부모와 함께 관청이나 병원에 동행하는 행위" 등은 성인의 돌봄행위와 그 성격을 달리한다.

예를 들어 한국에도 최근 코다(CODA. Children of Deaf Adults)[5]에 대한 관심이 적지 않다. 청각장애인 부모를 가진 아동을 지칭하는 용어다. 만약 코다가 부모의 병원 혹은 관공서 방문 시 따라가서 통역이나 서포트 등을 일상적으로 행한다면 그들이 영케어러다. 일본 후생노동성은 2011년부터 5년에 한 번 장애인(정신병 포함)의 생활실태조사를 행하고 있는데, 2016년 조사에서는 정신병자의 75%가 가족과 동거하고 있다(塩満, 2025: 46). 당사자에게 아동이 있고 그 아동이 일상적인 돌봄부담을 안고 있다면 그 경우가 영케어러다. 실제로 초등학생 때부터 정신병을 앓는 어머니를 케어한 영케어러였던 사람의 수기가 공개되어 있다. 이 경우가 영국이나 일본에서 영케어러의 지원 대상이다. 즉 장기요양보험 등 기존의 케어제도로서는 그러한 니즈에 대처할 수 없기 때문에 영케어러를 위한 별도의 제도를 만든 것이다.

---

5 코다의 국제조직(CODA International)은 "청각장애 부모를 한 사람 이상 가진 사람"으로 정의하고 수화 등의 사용 능력 등은 고려하지 않고 있다.

무엇보다도 아동은 성인과는 달리 발달을 보장받아야 하는 존재다. 「아동권리조약」에는 교육을 받을 권리(28조), 쉬고 놀 권리(31조)를 규정하고 있는데, 아동이 케어러가 되면 그러한 발달보장의 권리를 향유하지 못한다. 물론 현재의 과중한 부담도 문제지만, 그 부담은 배움의 기회를 줄여서 장차 그들의 삶에 부정적인 영향을 남길 가능성이 크다. 즉 영케어러는 성인이 되면 문제가 없어지는 것이 아니라 그 영향을 길게 남는데, 그 때문에 조기발견과 지원이 요구된다. 돌봄청년에 대한 지원 조례들이 만들어지고 있음에도 불구하고 한국의 영케어러는 아직 발견되지 않았다고 말할 수밖에 없는 상황이 안타깝다.

5. 가족과 국가: 적절한 케어분담

가족은 있어도 문제, 없어도 문제인가?

가족이 가족원을 돌보면 장점이 있다는 것은 부정할 수 없다. 그러나 가족돌봄이 늘 가족결속에 기여하는 것은 아니며 특히 고립된 가족돌봄은 큰 위험성을 내포한다. 많은 간병살인(유영규 외, 2019)이 그 예다. 아이가 병에 걸리면 가족이 단결하고, 노인이 병에 걸리면 가족이 분열한다고 일컬어지는 세태 아닌가? 클라인먼(노지양 역, 2020: 33)이 소개하는 이디시어(Yiddish) 속담 "부모가 아이를 도우면 둘 다 웃지만 아이가 부모를 도우면 둘 다 운다"의 뜻도 그러하다. 하지만 여전히 가족돌봄의 역할은 크다. 케어러 지원을 세계 최고 수준으로 높인다고 하더라도, 공적 케어가 대체할 수 있는 가족부담은 50%를 넘기 어렵다. 돌봄노동 상품을 이용하더라도 여전히 본인과 가족의 돌봄부담은 남는다. 한국은 장기요양보험 시행 이후 그 서비스 이용은 크게 늘어났지만 여전히 압도적으로 높은 부담을 진 것은 가족원(81.4%)임을 그림 4-2를 통해 알 수 있다.

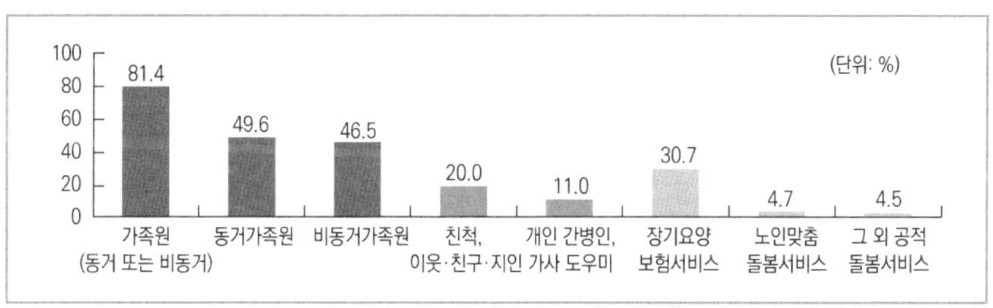

자료: 보건복지부(2024)

그림 4-2 돌봄제공자

가족은 있어도 문제, 없어도 문제라는 푸념이 있다. 전자는 돌봄이 필요한 아동이나 노인 등을 가진 가족이며 그것은 무거운 부담을 의미한다. 후자는 '믿고 의지할 수 있는 것은 가족뿐'이라는 의미의 가족이다. 사회서비스가 가족 역할을 완전히 대체할 수 없는 상황에서 가족이 없다면 큰 어려움에 봉착할 수 있다는 뜻이다. 그렇다면 우리는 **가족이 있을 때와 가족이 없을 때의 문제를 동시에 생각해 보아야** 한다. 우리사회에는 가족이 없을 때의 문제에 관한 논의가 부족한 것 같다. 그래서 여기서는 그 점에 한하여 논의해 두기로 한다.

우리는 국가책임이라는 말을 현실에 비추어서 들어야 한다. 그것은 결코 가족책임이 없어진다는 의미가 아니기 때문이다. 돌봄에 대한 국가책임을 아무리 늘려도 가족부담 절반을 넘어서기 어렵다는 것이 복지국가의 경험이다. 그럼에도 쉽게 국가책임제라는 말을 입에 올리는 것은, 우리가 돌봄을 비현실적 문제로 보는 경향이 있다는 뜻일 수 있다. 확실히 가족주의가 강한 동아시아와 남유럽 중에서도 한국은 가족의 역할에 대한 믿음이 급속하게 낮아지는 특별한 상황에 있다고 나는 생각한다.

중국에서 일어나고 있는 상황을 예로 들어 보자. 돌봄에 관한 한 중국의 전통적 관념은 양아방로(養児防老. 자식을 키워 노후에 대비함)였다.[6] 중국의

6 양아방로의 어의는 '아이를 키워서 노후문제에 대비한다'가 되지만, 실제에 있어서 아(兒)는 '아들'을 의미한다. 한자녀정책 등의 영향으로 인하여 근래에 "딸을 키워서 노후문제에 대비한다"는 의미의 '養娘防老'라는 용어가 사용되기도 한다.

산아제한은 1950년대 중반 이후부터 시행되어 1970년대 중반에 두 자녀 출산 원칙을 거쳐서 1979~80년에 원칙적으로 한 자녀 정책(계획생육정책)을 시행했다. 매우 권위주의적 사회에서 두 자녀 실행에도 20년이나 걸린 이유는 여러 가지 있지만, 양아방로라는 문화적인 요인 때문이었다. 자식을 적게 낳으면 노후 생활은 어떻게 보장받느냐는 저항이 있었던 것이다.

이에 대한 중국 정부의 대응은 '가족계획의 순조로운 실행을 위해서 사회정책을 도입'한다는 방침이었다. 주객이 뒤바뀐 것 같은 독특한 대응이다. 그래서 연금제도를 통한 노후소득보장을 개선하고 아동보건의료를 충실히 정비하여 아동사망률을 획기적으로 낮추려는 정책을 도입했다. 그러나 아무래도 자녀의 사망은 불가피하게 발생한다. 그래서 결국 소위 '실독자'(失独者, 失独家庭. 한 자녀 즉 독자가 사망하여 자식이 없게 된 고령가족)문제가 발생하고 있다. 한 자녀 출산 가정 중 그 자녀가 사망한 경우가 현재 100만 건을 넘는 것으로 추정된다.

실독자가 직면하는 현실적 문제는 노후생활이 단순히 소득보장만으로는 해결하기 어려운 많은 난제에 직면할 수 있음을 보여준다. 즉 사회복지시설 입소나 집을 구하려고 할 때, 당사자 사망 후 처리문제를 우려한 관련 사업자들은 가족의 보증이나 비상연락처 등을 요구하는 관행을 크게 바꾸지 않았다. 심지어 묘지 구하기에도 사망 후 묘지를 관리할 가족이 없다는 이유로 불이익을 받는 일이 발생하고 있다.

나는 여기서, 그러므로 가족과 자녀가 중요하다는 당치 않은 주장을 하려는 것이 아니다. 가족은 어디까지나 개개인의 선택 문제다. 다만 가족 없는 선택을 한다면, 그로 인하여 발생할 수 있는 문제에 대한 막연한 낙관 역시 위험하다는 지적을 하고 싶을 뿐이다. **노후 문제는 사회 전체가 보다 현실적 문제로 여길 필요**가 있다. 물론 정부의 노력은 불가결하다. 그러나 그렇다고 해도 개인이 대처해야 할 과제는 남아 있다. 개인의 대처방법은 노후의 삶의 질에 가장 큰 영향을 준다고 해도 과언이 아니다.

일본의 가족은 만남 회수 등 외형적 지표로 본다면 결속력이 약해 보인다. 하지만 대부분의 젊은이들은 부모나 조부모의 돌봄을 자신들이 적극적으로 대처해야 할 문제라고 인식한다. 대조적으로 한국의 젊은이는 매우 밀착된 가족관계 속에 있지만 부모세대의 케어문제를 사회의 책임이라고 여기는 경향이 일본보다 훨씬 강하다. 전형적인 가족주의국가로 알려진 이탈리아를 보면 노인 케어에 대한 가족책임은 마치 자연스러운 삶의 일부가 된 것처럼 느껴진다. 그렇기 때문에 가족주의문화 중에서도 한국의 상황은 독특하다고 말하는 것이다.

확실히 한국사회에서 가족은 있어도 문제이고 없어도 문제다. 그것은 가족이 있을 때뿐만 아니라 가족이 없을 때 일어날 수 있는 문제에 대처해야 할 과제를 우리에게 안겨주고 있다. 돌봄과 가족과의 거리는 어느 정도가 가장 적절한가를 고심해야 할 때다.

가족가치의 악화를 우려히지 않아도 되는가?

또 하나 생각해 볼 과제가 있다. 설사 국가가 가족 돌봄을 대부분 대체할 역량과 정책의지를 가지고 있다고 치자. 그 경우에도 '가족돌봄의 가치가 격하되는 것을 우려하지 않아도 되는가'라는 문제가 남는다.

2017년 치매국가책임제가 공표된 직후 나는 내가 지도하는 일본학생들을 인솔하여 제주도지역 복지사업을 견학했는데 그때 어느 주민자치센터에서 치매국가책임제에 관한 설명을 들었다. 견학에 참가한 학생들의 질문은 '국가책임'에 관해 집중되었다. 고령화문제를 비교적 현실적으로 생각하는 경향이 강한 그들에게는 "어떻게 국가책임이 가능한가?, 가족돌봄과 국가 지원의 형평성은 어떻게 유지하는가?" 등의 의문이 국가책임이라는 용어에서 가장 먼저 떠올랐다는 뜻이다.

가족이 가진 케어 기능을 국가가 대부분 대체하는 것은 현실적으로 불가능하다. 그 점에서 국가는 우선 겸손해야 하며 그 부담을 맡아 온 가족에 무한한 감사를 표해야 한다. 그것이 먼저다. 만약 가족을 대체할 정도의 국가책임을 선택하려 한다면 거기에 소요되는 자원 동원 능력을 현실적으로 검토해야 한다. 사회서비스가 가장 선진적인 나라에서도 가족이 수행하는 가사 및 돌봄노동은 GDP의 40% 정도를 차지한다는 시산이 나와 있다. 만약 치매노인 가족부담의 50% 수준을 국가가 대체하려 한다면 거칠게 계산해도 GDP의 20% 정도의 추가적인 돌봄 지원 자원이 필요하다. 그런 엄청난 부담을 각오해야 한다는 것이다. 그렇게 하더라도 돌봄 부담의 절반은 가족에게 남는다. 자원을 투입하면 가족 돌봄부담을 대부분 대체할 수 있다는 생각은 지나치게 순진하다. 그것은 마치 육아휴가제도를 시행하면 육아부담이 없어진다고 생각하거나, 육아휴가기간이 끝나면 육아돌봄이 끝난다고 생각하는 단순함과 다르지 않다.

지금 한국사회는 국가의 실제적 책임강화가 매우 느리게 진행되는 한편, 가족에 대한 가치만이 급속히 약화되어 가는 심각한 현실 속에 있다. **새로운 것이 오기도 전에 오래된 것이 가버린 상태의 공백기**가 오늘이다. 그러므로 우리는 가족돌봄 국가책임제라는 구호가 현실성이 있는가부터 검토해야 한다.

가족관은 사실 복지국가체제에 대한 보수정당과 진보정당 사이의 입장차이의 본질을 이루는 문제다. 영국에서 복지국가 논쟁이 뜨거울 때 보수당의 이론가인 조셉(Keith Joseph)은 다음과 같이 말했다(Moroney, 1986): "가족은 국가 건설의 기초다. 그런데 가족 가치는 훼손되고 있다. 가족을 건강하게 회복시키지 못한다면, 우리가 어떤 경제정책을 취하더라도 우리나라는 완전히 망할 것이다… 사회주의적 방법은 가족과 그 구성원들로부터 결속력을 부여하는 책임을 빼앗으려고 한다. 부모는 가족을 경제적으로 부양할 의무, 교육, 건강, 양육, 도덕, 조언 및 지도, 노후 저축, 주택에 대한 책임을 상실하고 있다. 그것은 부모들을 무책임하게 만드는 것이다."(*The Guardian*, 1974.5)

나는 결코 이러한 주장에 귀를 기울여야 한다고 말하는 것이 아니다.

이 주장은 가족의 돌봄 부담이 압도적으로 큰 한국사회의 입장에서 보면 가족을 더더욱 힘들게 하는 주장이다. 확실히 돌봄의 탈가족화라는 바람직한 방향에 대한 반동적 주장이다.

그럼에도 불구하고 국가가 가족을 완전히 대체할 수 없는 현실이라면, 국가는 가족에 대한 가치가 약화되지 않도록 하는 노력, 적어도 가족가치 약화를 가속시키는 듯한 태도를 극도로 자제하는 노력을 게을리해서는 안 된다. 국가책임이라는 내실 없는 정치적 레토릭을 앞세운 포퓰리즘은 결국 다음 세대의 부담이라는 피해로 돌아온다. 그것은 돌봄부담을 감당해 온 가족에 대한 감사나 미안함이 결여된 행동일 뿐 아니라 가족의 가치를 급속하게 파괴한다. 정부에게 가장 요구되는 태도는 그동안 애써 돌봄부담을 지고 온 가족에게 감사와 미안함의 마음가짐을 가지고, 가능한 한 실제적으로 가족 부담을 줄이고자 한 발 한 발 전진하는 모습이어야 한다.

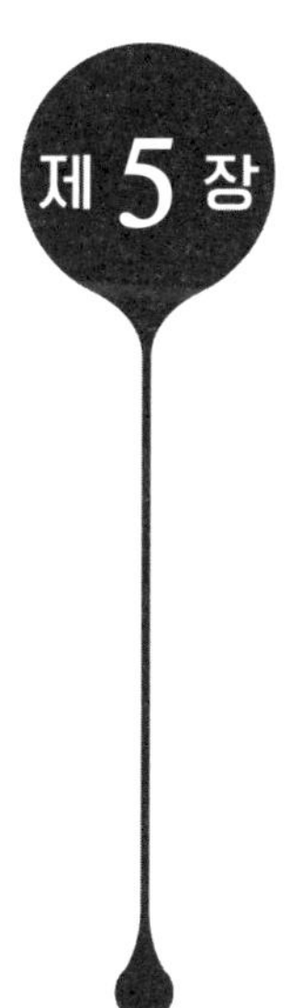

케어전문직의 본질과 역할

케어전문직의 본질과 역할

제2장에서 제시한 대로 이 책이 상정한 케어의 범위는 **돌봄+전문적 대인원조행위+타자에 대한 포용적 이타주의적 태도**다. 이 장은 두 번째 범위, 주로 케어전문직이 제공하는 전문적 원조행위에 관련된다.

전문직은 사회적으로 중요한 일을 행하는 직이라는 의식을, 전문직 스스로도 사회성원도 가진 직업이다. 18세기까지 오늘날 전문직이라고 일컬어지는 직업인은 귀족 등 극히 일부 계층의 이익을 돌보는 사람들이었다. 그러므로 사람들은 그들이 모든 사람을 위해 일하는 직업이라고 생각하지 않았다. 그러나 그들은 19세기에 전문직으로 독립하게 되는데 그 과정을 이해하는 것이 전문직 본질 및 윤리적 책임 이해의 핵심이다. 이 장은 의사와 변호사가 전문직으로 성립해 가는 과정이 전문직의 윤리적 책임이 공인되는 과정임을 밝힌다. 그리고 전문직이 일하는 조직의 특성과 딜레마 등을 논의한다.

마지막으로 우리사회의 돌봄문제에 대처하는 중요한 인력인 요양보호사가 사회적 인정 수준이 높은 전문직으로 발전해 가기 위해 필요한 것이 무엇인가를 논의한다.

1. 전문직의 본질

사회적으로 중요한 일

전문직(profession)은 사회적으로 중요한 일을 수행하는 직업이다. 이 점은 전문직이 가장 먼저 갖추어야 할 요건이다. 만약 사회적으로 중요한 일이 무엇인가에 관하여 사회구성원의 기대수준과 전문직의 실제모습 사이에 괴리가 크다면 그 직업에 대한 사회적 인정 수준이 낮아진다. 특정 전문직에 대한 사회적 인정 수준은 시대에 따라 변하는 것이다.

러스킨(곽계일 역, 2020)은 150여 년 전 국민의 일상생활 영위에 근간이 되는 전문직종으로서 다음 다섯 가지를 들었다: 즉 ① 국가를 방위하는 직분을 가진 군인, ② 국민을 교화하는 직분을 가진 성직자, ③ 국민의 건강을 돌보는 직분의 의사, ④ 국가의 정의를 구현하는 직분의 법관, 그리고 ⑤ 국민에게 필요한 물품을 공급하는 직분인 상인(제조업사). 그리고 이 직업인의 공통된 본분은 **유사시에 국가와 국민을 위해 자신의 목숨을 버리는 것**이라고 했다.

러스킨이 전문직종에 상인을 넣은 것은 그의 경제학적 논의를 위해서라는 특별한 사정이 있었기 때문으로 보인다. 이들 직종 중 역사적으로 가장 먼저 전문직으로 인정받은 직업은 성직이었다. 사람의 출생이나 사망 시에 증인이 되어 사실을 확인하고 인간다운 장례를 집전하며 신자들의 고통에 공감하고 적절한 조언을 행하는 것이 사회적으로 중요한 일이라고 모든 성원이 인정했다는 뜻이다. 장례는 한 인간의 삶의 마지막을 목격한 사람들이 상호의존과 연대로 맺어져 있음을 확인하게 해 주는 의식이다. 거기에서 사회성을 발견한 것이다. 사실 'profession' 그 용어 자체가 성직과 관련이 있다(이하 『어원학 사전(*Etymology Dictionary*)』).

전문직 'profession'의 어원은 'profess'이며 '공언하다', '신앙을 고백하다'라는 의미다. 다시 'profess'의 어원은 라틴어 'professus'인데, 이것은 "자신의 신앙을 신 앞에 선언하고 성직자로서 살아갈 것을 공언하는 것"을 뜻하는 용어였다. 로마시대에는 세금 납부 시 신고하는 직업을 지칭했기 때문에 그것은 "서약에 의해 묶인 사람"이라는 의미였다고 한다. 그 관행이 후일 전문직에 취임하는 각오 혹은 선서와 같은 의미가 된다. 'profess'는 1200년경에 종교세계에 입문할 때의 엄숙한 선서라는 의미가 되고, 그 후 수련기간을 마쳤음을 선언하고 진입하는 직업이라는 의미로 사용되다가 17세기 초에 그러한 직업에 종사하는 사람들의 집단이라는 의미로 바뀌었다. 이것이 오늘날 사용되는 전문직에 가장 가깝다.

이렇듯 전문직이라는 직업에는 **사람들 앞에서 약속한다**는 의미가 불가결한 요소다. 그 약속이 구체화되고 공식화된 것이 윤리강령(code of ethics)이다. **약속 이행에 대한 사회의 보상은 특권의 보장**이다. 요컨대 전문직은 사회에 중요한 일을 하겠다는 약속을 하고, 약속이행을 믿는 사회가 그들에게 특별한 지위와 권리를 부여하는 사회계약적 구조 속에 존재하는 직업인 것이다.

성직자 다음으로 전문직으로 인정된 것은 의사와 변호사 등이다. 18세기까지 그들은 귀족 등 극히 일부의 계층의 이익을 돌보는 사람들이었다. 그래서 존경은커녕 오히려 서민층의 적대감의 대상이 되기도 했다. 셰익스피어의 극작 〈헨리 6세〉에는 "법률가는 모두 죽여라"는 대사가 있다. 특권계급의 이익만을 지키는 법률가에 대한 민중의 적의가 밴 표현이다. 하지만 그 직업들은 19세기에 각각 전문직으로 독립한다. 그것은 그들이, 자신들의 존재 이유가 귀족의 건강이나 법률문제에 대처하는 것에 있는 것이 아니라 모든 사회구성원(=전체사회)의 의료문제와 권리문제에 대처하는 중요한 일을 수행하는 직업임을 어필했고, 그 어필이 사회에 받아들여졌기 때문에 가능했다. 전문직의 본질 이해의 핵심은 바로 이와 같은 역사적 경위의 이해에 있다.

전문직은 어떤 조건을 갖춘 직업인가?

전문직의 외형적 조건이나 속성을 통하여 전문직의 특성을 밝히려는 시도들은 이미 100여 년 전부터 있어 왔다. 여기서는 그중 두 사람의 견해만을 간략히 소개한다.

첫 번째는 프렉스너(A. Flexner)의 견해다. 그는 1910년 프렉스너 보고서(미국 캐나다의 의학교육의 질을 강화하자는 내용의 보고서)의 저자로서 잘 알려진 인물인데, 미국에서 의사의 윤리적 기준을 강화하고 의료윤리관의 확립과 의학교육의 질 향상, 그리고 의료의 자율규제에 크게 기여했다. 그는 1915년 한 연설문(*Is Social Work a Profession?*)에서 전문직의 속성을 다음 여섯 가지로 제시했다.

① 본질적으로 지적인 작업
② 개인적인 큰 책임이 수반되는 일
③ 과학에서 지적 원천을 얻으면서 그 원재료를 실용적 목적으로 가공하여 활용하는 일
④ 교육적 수단에 의해 전달가능한 기술을 가지고 있을 것
⑤ 전문직 단체 내지 조직을 갖추고 있을 것
⑥ 일의 동기가 이타주의적일 것

이 속성들을 제시한 후 프렉스너는 약사 및 소셜워커는 전문직으로 발전해 가는 과정에 있지만, 아직 전문직으로 확립된 직업으로 볼 수는 없다고 판단했다.

두 번째는 보다 자주 인용되는 그린우드(Greenwood, 1957: 44-55)다. 프렉스너보다 40여 년 지난 시점에서 그는 전문직의 요건으로서 다음 다섯 가지를 제시했다: ① 체계적 이론, ② 전문직의 권위, ③ 사회적 인정(community sanction), ④ 윤리강령, ⑤ 전문직의 하위 문화. 그리고 프렉스너와는 달리, 소셜워커는 전문직으로 확립되어 있다고 판단했다.

여기서 사회적 인정이라는 것은 사회성원이 그 직업을 전문직이라고 인정하는 정도를 말한다. 인정 정도에 따라 직업에 대한 보수, 사회적 존경과 명예, 특권 부여의 수준이 결정된다. 그러므로 '전문직은 전문직인가 전문직이 아닌가'라는 이분법적 관점에서 판단할 수 있는 것이 아니라 '전문직이라고 인정받는 수준이 어느 정도인가'라는 연속성의 관점을 필요로 한다.

직업에 대한 사회적 인정 수준은 다양하다. 예를 들어 의사나 변호사의 일은 무자격자의 행위를 법률로 금지함으로써 독점권이 보호되고, 거의 대부분의 사회성원이 전문직으로 인정한다. 자격제도를 가진 교사나 간호사는 19세기말에 준전문직(semi-profession)이라고도 불렸는데 오늘날 대부분의 사회성원들은 전문직으로 인정한다. 하지만 업무독점권이 주어져 있지는 않다. 이런 상황을 우리는 '사회적 인정 수준이 다르다'라고 표현한다.

전문직의 조건을 중시한다면, 전문직은 다음과 같이 정의될 수 있겠다: "전문직은 그들의 일이 전체 사회와 관련된 중요한 일이라는 인정 수준이 높고, 공식적인 장기간의 양성과정을 필요로 하며, 국가가 자격제도를 통해 그들의 권리를 보호하고, 그 단체는 회원들에게 윤리강령의 준수를 강제하여 회원의 일탈행동을 통제함으로써 국가로부터의 자율성 확보를 지향하는 직업이다."

어떤 직업이 전문직으로 발전하는가?

전문직 본질은 그 외형적 조건을 통한 접근보다는 **전문직 아니던 직업이 어떻게 전문직이 되었는가**라는 역사적 관점에서 접근하는 것이 보다 적절하다. 그 관점에서 보면 전문직이란 그 직업의 전문성에 대한 사회적 인정이 일정 수준에 도달한 직업이라고 정의할 수 있다. 전문직 형성과정을 통하여 전문직을 이해하려는 시도는 1950년대부터 다수 연구자들에 의해 이루어졌는데, 여기서는 그중 두 사람의 견해만을 간략히 소개한다.

먼저 카프로(Caplow, 1954: 139)는 어떤 직업이 전문직으로 발전해 가기 위해서는 다음과 같은 네 가지 단계를 거친다고 주장했다: 1단계는 명확한 회원자격기준을 가진 전문직 조직의 설립, 2단계는 전문직의 명칭의 확보 내지 변경, 3단계는 윤리강령의 개발과 공포, 4단계는 직업적 이익을 확보하기 위한 정치적인 활동. 그 각 단계의 활동 내용과 목적은 표 5-1과 같다.

표 5-1 전문직화의 네 가지 단계

전문직화의 단계	각 단계에서의 활동내용과 활동 목적
제1단계: 전문직 조직의 설립	명확한 회원자격기준을 가진 회원만으로 조직을 설립하고 비자격자를 배제한다.
제2단계: 전문직 명칭의 확보와 독점	이전의 직업적 지위와 차별화를 강화하고, 기술적 독점을 강조하며, 다른 영역에서는 그 기술을 사용하지 못하도록 독점적 명칭을 확보한다.
제3단계: 윤리강령의 개발과 공포	직업의 사회적 유용성과 공적 복지의 근거를 어필하고, 자격박탈의 기준을 명시하고 내부경쟁을 예방하는 목적으로 윤리강령을 제정 공포한다.
제4단계: 정치적 법적인 지위의 확보	자격시험제도를 도입하거나 최종적으로는 무자격자의 실전을 범죄로 규정하는 것을 포함하여 직업적 이익의 유지에 필요한 공적 권력을 확보한다.

자료: Caplow, 1954: 139의 내용에 근거하여 작성

다음은 윌렌스키(Wilensky, 1964: 138-145)의 견해다. 그는 전문직의 업무내용이 장기간의 훈련을 통하여 획득되는 체계적 지식에 기초한 기술적인 업무라는 점, 그리고 전문직의 일은 사회적 규범과 결합되어 있다는 점에서 다른 직업과 다르다고 말한다. 그는 다음과 같은 다섯 단계의 전문직화의 과정을 성공적으로 거쳐야만 전문직으로 인정받는다고 주장한다.

① 그 일을 풀타임으로 행하면서 자신들의 활동영역을 확보한다.
② 발전 초기에 멤버들의 훈련 및 실천의 기준 만들기에 관심을 가지고 훈련학교를 설립하며, 표준적인 훈련기간과 훈련내용을 규정한다.

③ 훈련을 추진한 사람들과 훈련과정을 마친 사람들이 연합하여 하나의 전문직 조직을 만든다.
④ 고유의 업무 영역과 직업윤리를 지키기 위해서, 그리고 비전문직의 실천행위를 배제하기 위해서 법적 조치를 도입한다.
⑤ 비윤리적 회원의 자격 제한, 조직 내의 경쟁 방지, 클라이언트를 보호하기 위한 원칙 등을 명시한 공식적 윤리강령을 만든다.

이와 같은 전문직화 과정이 성공적이지 못할 경우, 전문직으로 발전하지 못하거나 사회적 인정 수준이 낮은 전문직이 된다는 것이다. 역사가들은 18세기에 간호직과 장의직은 모두 병원의 허드렛일을 하는 사람들로 간주되었으나 19세기말이 되면 간호직은 전문직으로 발전한 반면 장의직은 그렇지 못했다는 사실을 그 예로 든다.

늘 변화하는 사회적 인정의 수준

『한국의료윤리학회지』에 실린 글에는 의학계 내부에서 '왜 한국사회에서 의사는 존경받지 못하는가'라는 문제제기가 적지 않다. 그것은 다른 나라에 비해 그렇다는 의미도, 혹은 과거에 비해서 그렇다는 의미도 되겠다. 의사에 대한 사회적 신뢰와 존경이 낮다는 것을 의사 사회가 의식하고 있다는 의미로 해석된다. 그림 5-1은 개별 전문직과 전문직 단체가 어떤 실천활동을 하는가에 따라, 사회적 인정 수준이 시대에 따라 달라진다는 사실을 보여준다. 전문직 단체의 활동은 대(對)회원 활동, 대지역사회 활동, 대국가 활동이라는 세 가지로 나눌 수 있다.

첫째, 회원에 대한 활동이다. 직업윤리 준수를 강제하고 비윤리적 회원에 대한 제제를 통하여 전문직 통제의 자율성을 확보하려는 활동이 이에 속한다. 그를 위해서는 교육과 연수제도 등을 활용하여 전문직에게 요구되는 새로운 지식과 기술 수준 및 도덕의 향상을 도모할 필요가 있다.

둘째, 지역사회에 대한 활동이다. 자신들이 전체 사회의 공공선을 실현하기 위한 직업인이라는 것, 관련된 사회문제에 대해 그 발생 원인이나 바람직한 해소 방향에 관하여 전문직의 관점에서 발언 발신하여 바람직한 해결방향을 제시하는 것 등이 포함된다. 이 활동들은 사회적 신뢰 쌓기에 반드시 필요하며, 사회적 인정 수준은 이 활동의 정도에 의해 크게 좌우된다.

셋째, 국가에 대한 활동이다. 전문직의 이익과 특권을 확보 유지하기 위한 법제도 정비 등을 주도하는 활동이 이에 포함된다.

이와 같은 활동들을 얼마나 성실하게 행하는가에 따라, 그리고 그 활동의 성실성을 사회가 어떻게 평가하는가에 따라 그 직업에 대한 사회적 인정 수준은 변동한다. 역시 가장 기본적인 것은 회원에 대한 직업윤리의 강제 정도다. 전문직 단체가 회원에게 강제하는 윤리준수 수준이 법률이 상정한 도덕수준보다 높다면, 국가는 전문직에 대한 제도적 간섭을 최소한으로 하면 된다. 그러나 그 반대라면 국가가 전문직 통제를 강화할 수밖에 없다. **전문직에 대한 국가통제 정당성의 근거는, 국가권력이 전문직의 특권을 보장하고 있다는 사실**에 있나. 입무독점이 주어져 있지 않은 직업인에게 행정명령과 같은 통제는 불가능하다.

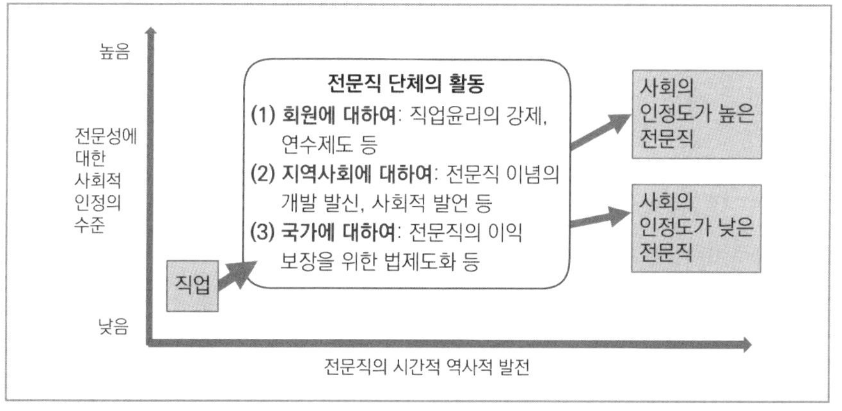

자료: 필자 작성

그림 5-1 전문직의 발전과 사회적 인정에 영향을 주는 요인들

2. 의사와 변호사는 어떻게 전문직으로 발전했나?

전문직의 출현

영국에서 전문직이라는 계급은 19세기에 출현했다. 18세기까지 지배력을 가진 주류계급은 귀족과 상업자본가였다. 그 옆에 제3계급인 노동계급이 있었고, 마지막으로 제4계급으로 불리던 직업이 있었다. 마지막 부류의 계급은 전문직을 꿈꾸고 있었는데 의사나 변호사가 그 대표격이었고 그들은 대부분 귀족과 자본가계급을 지원했다. 그들은 사회적 경쟁에서 신흥자본가 계급에 비해 주변적 위치로 몰려 있었고 독자적인 아이덴티티와 이데올로기를 가진 명확한 계급으로서 인식되지 않고 있었다. 그 때문에 그 직업들은 잊혀진 중산계급(Forgotten Middle Class)이라고 불린다(Duman, 1977: 1).

영국에서 산업혁명(1760~1840년경)을 통해 출현한 산업사회는 이러한 계급구도를 바꾸었다. 가장 큰 변화는 귀족계급이 사회의 헤게모니를 상실하면서 소위 미들클래스 계급들이 각자 자신들의 사회비전을 담은 이데올로기를 개발하여 새로운 계급으로 부상했다는 점이다. 미들클래스라는 용어는 산업혁명이 끝날 시기에 탄생했지만 그 실체는 이미 18세기말부터 형성되고 있었다. 18세기에 미들클래스의 상위를 점했던 직업은 목사, 변호사, 내과의사, 직업군인, 공직자 등이었고, 다음으로 대리인이나 외과의사가 있었다. 변호사나 의료인은 대부분 귀족의 자제였다.

그렇다면 의사나 변호사는 어떻게 전문직으로 발전했을까? 그것은 그들이 자신들의 직업동기는 특정 계층만이 아닌 **모든 사람이 사회서비스를 받아야 한다는 도덕적 동기**라고 주장하고 그에 맞는 독자적 이데올로기를 만들어 확산시키는 데에 성공했기 때문이다(Duman, 1977)(강조는 인용

자). 당시의 상류계층은 국민의 상위 20% 정도, 그중 귀족 등 3% 정도가 최상위 계급이었다. 의사나 변호사는 주로 이들 계층을 위해 일했다. 그런데 19세기가 되면 그들은 스스로를 **모든 국민을 위한 직업인**이라고 내세웠고 그 점이 인정되어 전문직으로 독립할 수 있었다. 그들이 내세웠던 것은 자신들의 전문지식, 훈련시스템과 자격 검증, 윤리강령 등이었다.

전문직 단체의 역할

전문직 발전의 핵심적 역할자는 전문직 단체였다. 단체 결성에는 지식 증진과 기술개발, 회원 간의 교류와 협력, 그리고 전문직 이익의 수호라는 세 가지 동기가 있었다(Webbs, 1917: 36-37). 그중 특히 중요한 것은 전문직 서비스에 어울리는 보수와 사회적 지위를 확보하려는 동기였다. 다만 그것은 이웃 직업과의 갈등의 원인이 되기도 했다. 예를 들면 검사에 관한 일의 보수를 둘러싼 의사와 변호사의 갈등, 공적 사업에 고용된 엔지니어와 건축사와의 갈등이 있었다. 같은 직업군 내의 갈등도 있었다. 병원 내에서는 내과의와 외과의의 갈등, 의사와 약사의 갈등도 있었고, 초등학교 교사와 중등학교 교사의 갈등도 있었다. 각 전문직 단체의 최우선 관심은 무자격자의 실천행위를 막는 것이었다. 그 수단이 전문직 등록제도였다.

18세기에서 19세기에 걸쳐 일어난 전문직 관련 큰 변화는 두 가지다. 하나는 전문직과 토지귀족 사이의 전통적 결속이 약화된 것이다. 그 결과 전문직 관계는 **후원자-전문직 관계에서 클라이언트-전문직 관계로** 바뀐다. 그 배경은 전문직 서비스에 대한 사회적 요구의 증가였다. 노동자층도 의료나 법률서비스를 이용하게 되자 전문직도 귀족 등과 거리를 둘 수 있게 된다. 또 하나의 변화는 지주계급의 전문직 유입이 감소하고 전문직 자제의 유입이 증가한 것이다. 그 결과 19세기말이 되면 군대를 제외한 모든 전문직에서 지주계급의 유입은 전체의 20%를 넘지 않게 되었다(Duman, 1977). 거의 모든 전문직에서 전문직 자녀가 부모와 같은 전문직이 되는 비율이 높아졌기 때문이다.

전문직 단체는 무역업 등 다른 직업과 구별되는 자신들만의 기술, 훈련, 윤리기준 등을 사회에 제시했다. 당시에도 여전히 이들 직업에는 관직제공이나 매직(買職)과 같은 부정적 이미지가 있었다. 전문직 단체는 그 이미지 불식을 위해, 자신들은 사회서비스 니즈를 가진 모든 사람에게 봉사하는 직업인이라는 점, 사적 이윤 추구보다 사회적 의무에의 헌신을 우선한다는 것을, 실천으로 보여준다는 전략을 선택했다. 그들은 부와 사회적 지위에 전문직도 관심을 가지기는 하지만, 그보다는 사회적 약자에 대한 배려, 적극적 선행이 자신들의 동기라고 선전했다. 전문직의 유입도 공개적 시험에 의해 행해지게 되었고 다시 그것이 전문직의 사회적 인정에 기여했다.

전문직 이데올로기의 창조: 사회적 의무와 이타주의

의사나 변호사가 귀족에게 봉사함으로써 보장받던 안정적 수입과 사회적 지위를 포기하고 자유로운 직업인으로 홀로서기 위해서는, 귀족과의 커넥션에 의해 확보되어 있던 특권을 포기해야 했다. 또한 그들에게는 상업계층과의 경쟁에서 이겨야 한다는 과제도 있었다. 정기적 소득을 가진 노동자층이 전문직 서비스를 이용하게 되면서 새로운 비즈니스가 증가했고 많은 사람들이 비즈니스적 직업세계에 뛰어들었다. 상업은 비난받는 직업이 아니게 되었고 그들은 전문직과 사회적 지위를 다투게 된다(Marshall, 1939: 326). 이에 전문직 내부에서는 자신들이 비즈니스계급과 어떻게 달라야 하는가를 모색하게 된다.

정체성 확보의 갈림길에서 전문직이 선택한 것은 전문직의 독자적 이데올로기를 개발하여 사회에 확산시키는 것이었다. 그것이 **이타주의적(altruistic) 전문직과 이기적인(egoistic) 비즈니스맨**이라는 이데올로기다.

그 전략이 성공하여 19세기가 되면 전문직의 사회적 이미지가 굳어진다(Duman, 1977). 이 과정은 매우 중요한 의미를 띤다. 왜냐하면 **전문직의 정체성이 비즈니스와의 차별화에서 모색**되었음을 보여주기 때문이다. 나아가 그들은 자신들의 행동을 스스로 규제하는 윤리적 의무를 내세웠다. 그들은 윤리규정을 전문직 성립의 불가결한 조건으로 여겼다. 그 노력들은 오피니언 리더들로 하여금, 전문직이 도덕적 우월성을 가지고 공공의 정신을 실천하는 사람들이라는 평가를 내리게 했다.

전문직의 사회적 의무가 공적 서비스 제공에 있다는 아이디어는 19세기말에 확립된다. 거기에는 옥스포드학파의 대표적 인물인 그린에 의해 제시된 의무(duty)라는 개념의 영향이 크다(Jenks, 1977: 491). 앞서 언급했듯이 그린은 국가의 의무는 국민의 인간다운 발달을 보장하는 것에 있다고 하면서 인간발달의 장애물이 되는 요소들을 제거하기 위해 사회서비스를 제공하는 것이 국가의 적극적 의무라고 주장했다. 그 아이디어가 전문직의 이데올로기 발전에도 크게 기여했다는 것이다.

그 밖에 전문직의 사회적 인정을 촉진한 요인으로서는 전문직 양성을 위한 교육제도의 개혁이 있다. 주로 상류층이나 전문직 자녀의 대학진학을 목표로 한 기숙제 사립학교인 퍼블릭스쿨은 전문직 윤리강령 보급의 중요한 역할자였다. 19세기 영국의 거의 모든 엘리트그룹을 배출한 퍼블릭스쿨에서 강조되었던 것은 첫째 종교적 도덕적 규율, 둘째 젠틀맨적 행위, 셋째 지적 능력이었다. 그 졸업자 대부분은 전문직으로 진출했으므로 퍼블릭스쿨은 전문직 이데올로기의 산실이라고 할 만하다.

3. 케어전문직의 동기: 희생 없는 헌신

직업적 동기

한국 의과대학 입학면접에서는 “슈바이처와 같은 의사가 되고 싶다”라고 말하는 지원자가 자주 보인다고 한다(박재현, 2008). 인류애 실현이라는 포부를 가진 지망생은 대견스럽다. 하지만 생각해 볼 문제도 있다. 물론 어느 사상가의 말처럼 “의사로서 산다는 것은 자신의 삶을 다른 사람의 고통과 괴로움에 깊이 연관시키면서 살기를 선택한 것과 같다”(번팅, 김승진 역, 2022: 246)와 같은 철학적 인식을 그들에게 기대하는 것은 아니다. 그보다는, 어쩌면 우리사회는 의사지망생에게 의사라는 직업에 대한 이중구속적(double-bind) 메시지를 주어 온 것이 아닌가라는 걱정을 하게 된다. 한편에서는 마치 성직자처럼 봉사에 몸 바치는 의사, 다른 한편에서는 오로지 돈 벌기가 성공의 척도인 양 행동하는 의사, 그 양극단 중에서 그때그때의 상황에 따라 이쪽 저쪽으로 지향해야 할 의사상의 기준을 바꾸어 제시하고 있지 않는가를 우려하게 된다.

현대사회에서 **직업적 동기는 전문직 입문의 가장 중요한 동기**다. 직업은 사람과 사회를 연결시켜주는 통로다. 그리고 직업이 우리 삶을 위해서 제공하는 가장 큰 보장은, 성직을 제외한다면, 바로 경제적 자립과 생계유지에 필요한 소득이다. 의과대학에서 슈바이처 같은 의사가 나온다면 반길 일이다. 하지만 의과대학은 전문직업인으로 일하는 좋은 의사의 양성을 위한 장이다. 의학도에게 종교적 헌신을 요구할 수는 없다. 슈바이처는 의사였지만 그에 못지 않게 성직자였다. 그의 아프리카행 결심의 동기도 선교가 큰 위치를 점했다. 마찬가지로 테레사 수녀는 위대한 인물이지만, 간호대학의 사명은 전문직업인으로 일하는 좋은 간호사를 양

성하는 것이다.

삼십여 년 전쯤 나는 사회복지사를 꿈꾸는 학생들을 인솔하여 사회복지시설 음성 꽃동네를 견학한 적이 두 번 있었다. 한때 시설 입구에서 우리를 안내하기 위해 버스에 동승한 젊은 여성 직원은 "당신은 누구신지?"라는 학생의 질문에 이렇게 대답했다. "나는 고등학교를 졸업하고 하느님을 섬기면서 평생 봉사하며 살겠다고 결심하고 얼마 전 이곳에 들어왔습니다." 같은 나이 또래의 학생들에게는 놀라운 대답이었을 수 있다. 다만 나는 견학 후 평가시간에 다음과 같이 학생들을 지도했다. "그분은 훌륭하다. 그러나 여러분들이 그분처럼 봉사할 자신이 없다고 의기소침할 필요는 없다. 여러분들이 사회복지사가 되려는 주된 동기는 직업적 동기기 때문이다".

간호사의 사회적 지위 확보를 위해 치열하게 싸웠던 나이팅게일의 유명한 아포리즘의 하나가 "희생 없는 헌신, 그것이야말로 진정한 봉사다"라는 말이다. 일에 합당한 보수와 지위가 보장되는 환경하에서 헌신하는 것이 전문직 봉사의 본질이라는 주장이다. 왜 이 말이 중요한가 하면, 그렇게 해야만 개인 차원에서도 지속가능한 실천이 가능하고, 사회의 측면에서 보아도 지속가능한 인력 확충이 가능하기 때문이다.

소위 '이기적 동기'에 대하여

전문직의 직업윤리에서는 이타성이 자주 거론된다. 그 이타성을 이해하기 위해서는 먼저 '이기적'이라는 의미부터 정확히 이해해야 한다. 오늘날 주류 경제학의 기초를 제공하는 인간상은 호모 이코노미쿠스다. 그의 특성은 다음과 같이 요약될 수 있겠다: 경제적 인간은 이성에 의해 움직이므로 합리적이고 예측이 가능하다. 그가 움직이는 것은 자신의 이익을 위한 경우, 혹은 손해와 고통을 피하기 위한 경우다. 이타심이나 케어 등의 감정적 요소는 그의 특성이 아니다.

그러나 이 유형은 우리 속에 있는 **다양한 동기 중의 하나인 이기적 동기**를 의인화한 것이다. 즉 인간 행동을 유발하는 동기는 이기심 이외에도 많다. 그렇기 때문에 이익이나 혹은 고통해소의 인센티브를 제공한다고 해서 인간행동을 의도한 대로 유도할 수는 없다. 경제적 결정에서도 인간은 늘 합리적이지 않다. 경제학 내부에서 경제적 인간과 대립되는 호모 레시프로칸스(homo reciprocans. 상호적 인간)가 제시되고 있는 것도, 인간이 그렇게 복잡한 존재라는 점을 인정하고 있기 때문이다. 중요한 것은, 경제적 인간 혹은 상호적 인간이라는 개념은 이론적으로 상정된 것일 뿐 현실 속에서는 연속선상에 존재한다는 사실을 직시하는 것이다. 두 유형의 인간이 따로따로 존재하는 것이 아니다. 한 인간 속에 앞선 인간상이 존재하며 그것이 믹스된 정도에 따라 행동이 달리 일어나기 때문이다.

하지만 경제적 인간이라는 이미지는 학문세계의 내외에서 우리사회를 강하게 지배한다. 인간활동의 이기적 동기를 믿는 사람들은 그 믿음의 정당성을 애덤 스미스에서 찾는 경향이 있다. 실제로 현직 의사가 "우리가 저녁 식사를 즐길 수 있는 것은 빵가게나 푸줏간 주인의 이익 추구행동 덕분이다"라는 말을 인용하면서 "마찬가지로 의사가 환자를 치료하는 것은 돈 벌기라는 경제적 동기에 의한 행동이다"라고 공공연히 주장하기도 한다.

그런데 『국부론』 속에서 도려낸 이 한마디의 본뜻은 이 사람의 이해방식과는 전혀 다른 것이다. 문맥 없이 도려내진 글귀는 왜곡을 확산시킨다. 사실 애덤 스미스가 '가장 많은 오해를 받아 온 도덕철학자(=경제학자)'라고 일컬어지는 이유도 이 글귀와 관련이 있다. 아마르티어 센(德永他訳, 2016)도 애덤 스미스에 대한 후대의 잘못된 해석을 지적한다. 애덤 스미스는 자기이익 추구를 다른 요소들보다 우위에 두지 않았고 인간은 복잡한 동기에 의해 움직인다고 주장했음에도 그 뜻이 정확하게 알려져 있지 않다는 것이다. 애덤 스미스에 대한 오해는 국가간섭 없이 경제활동을

하고 싶어 하는 탐욕스러운 사람들의 왜곡에 의해 생긴 것이다.

사실 『국부론』 속에 기술된 '이기심'은 'self interest' 즉 "자기이익, 자기관심"이다. 이기심이라고 번역한 것은 적절하지 않다는 지적이 적지 않다. 오늘날 흔히 사용되는 이기심 즉 'selfishness'가 아니기 때문이다. 'self interest'는 '자신의 안녕과 보존에 대한 관심'이다. 정육점, 빵집, 양조장의 자기이익은 무엇인가? 돈만 벌면 그만이라는 태도가 아니다. 그들은 타인의 분노와 비난을 사지 않으려고 애쓴다. 왜냐하면 인간에게는 항시 타인의 입장을 고려하는 상상력이라는 인간본성이 있기 때문이다. 그는 상상력을 '다른 사람의 입장에서 자신의 행동이 어떻게 비칠까 생각해 보는 것'이라고 정의했다.

요컨대 **자기이익이란 자신과 상대방을 고려한 복잡하고 다양한 감정**이다. 정육점이나 빵집의 자기관심 덕분으로 우리들이 저녁을 먹을 수 있는 것이지, 그들의 이기심 덕분에 저녁을 잘 먹을 수 있는 것이 아니다.

전문직의 이타주의란 무엇인가?

이제 전문직 윤리 논의에서 빠지지 않고 등장하는 이타주의(altruism)에 논점을 돌려 보자. 전문직 관계는 '클라이언트-전문직'의 관계 및 '국민-전문직' 관계이므로 이타적 실천이란 "클라이언트와 국민에 대한 이타"가 된다. 이타주의는 전문직의 무상서비스가 아니다. 또한 이기와 이타는 트레이드 오프(trade-off)의 관계도 아니다.

타인과의 관계 속의 이기와 인간행동의 기본적 동기로서의 자기이익은 다른 차원의 개념이다. **이타는 자신의 손해를 전제로 한 행위가 아니다**. 이타는 상대방에게도 이익이 되고 결과적으로 자신에게도 이익이 되는 행위다. 소위 자리이타(自利利他)라고 불리는 이 원리를 보여주는 것이 그림 5-2이다.

경제적 측면에서 자신과 상대방에게 각각 이익과 불이익(손해)이 되는 행위가 있다고 하자. 그 행위의 조합은 네 가지다. (Ⅰ)은 상대에게 이익이 되고 자신에게도 이익이 되는 것이다. 이것이 이타다. 이기(Ⅱ)란 상대에게 불이익이 되면서 자신에게 이익이 되는 행위다. 이것은 애덤 스미스가 '지나친 이기심'이라고 표현한 것에 가깝다. (Ⅲ)은 자신에게 불이익이면서 상대에게 이익이 되는 것, 희생이나 시혜가 이에 해당한다. (Ⅳ)는 자신과 상대 모두에게 손해가 되는 것, 그것은 싸움이다. 법가(法家)사상은 싸움을 예사로 생각하는 사회는 반드시 망한다고 설했는데, 그 이유는 그것이 사회구성원 모두에게 해를 끼치기 때문이다.

		상대방	
		이익	불이익
자신	이익	Ⅰ. 이타	Ⅱ. 이기
	불이익	Ⅲ. 시혜/희생	Ⅳ. 다툼/투쟁

자료: 필자 작성

그림 5-2 상대가 설정된 경우, 이기와 이타의 관계

클라이언트의 지불에 수입을 의존하는 의사나 변호사의 경우, 그들의 지나친 이기심은 환자나 의뢰인의 경제적 손해를 발생시킬 수 있다. 특히 대규모 국가재정이 투입되는 의료에서는 건강보험료와 세금을 무겁게 하여 전 국민의 피해를 가져올 수 있다. 그러나 환자나 의뢰인을 이롭게 한다고 해서 의사나 변호사가 불이익을 입는 것이 아니다. 전문직의 이타주의는 자선이나 무료봉사의 의미가 아니다. 전문직 실천은 정당한 보수와 사회적 지위가 전제되어 있다.

이 문제는 우리사회의 인술(仁術) 논의와 관련된다. 의술은 곧 인술이며 인술은 '진료비에 초연한 자세'라고 자의적으로 해석하고 때때로 의사집단을 공격하는 일이 있다. 하지만 '仁'이란 상대방의 문제를 해결하고 그 고통을 덜어주려는 마음가짐이며 모든 원조전문직이 갖추어야 할 기본적

소양과 같은 것이다. 시술에 따른 보수는 언제나 당연하다. 다만 전문직이 클라이언트로부터 정해진 보수 이외에 어떠한 편의나 이익을 받아서는 안 된다는 윤리원칙은 이미 100년 전에 전문직 단체 스스로가 확립했다는 사실 또한 잊어서는 안 된다. 다음 장에서 보듯이 윤리원칙의 제정은 전문직 단체가 스스로의 이익을 지키기 위해 선택한 자기방위적 행동이었다. 그것은 전문직이라는 사회적 승인을 받기 위해서, 나아가 전문직에 대한 국가 간섭을 배제하기 위해서도 반드시 필요했던 것이다.

나이팅게일은 간호의 대원칙으로서 "환자에게 어떤 손해도 끼치지 않는 것"을 제시했다. 그것은 환자에게 무료의료를 제공하라는 의미가 아니다. 만약 그녀의 윤리원칙을 모든 간호사가 지킨다면 국가가 간호사의 일에 관여할 필요가 없고 간호사에 대한 국민의 인정 수준도 높아진다. 그 원칙의 준수와 간호사의 정당한 보수 주장은 전혀 모순되지 않다. 전문직윤리에서 말하는 **이타주의는 환자 만족, 의뢰인 만족을 지향하는 행동원칙**이다. 클라이언트 만족이 전문직의 불만족이 될 리가 없는 것이다. 클라이언트에게 만족을 주는 전문직일수록 사회적으로 존경받고 잘사는 사회가 정상이다. 그 반대의 현상 즉 지위불일치가 만연되어 있거나 혹은 전문직이 지위불일치를 부끄럽게 여기지 않는 풍조가 만연되어 있다면, 그 사회는 분명 아노미 상태로 이어질 것이며 전문직이 '지혜 있는 악마'와 같은 괴물이 된 사회다. 직접적인 지불관계와는 거리가 먼 교수-학생 관계에서도 교수의 이기적인 행동은 학생의 피해로 이어질 수 있다. 그러나 교수의 이타적 행동이 자신에게 손해가 될 리는 없다.

전문직에서 성공이란 무엇인가?

제1장에서 본 대로 인류는 이타적 성향 덕분에 진화와 존속이 가능했다. 생존한다는 것만큼 궁극적 이익이 또 있겠는가? 심각한 위험을 감수하면서도 이타를 지향하는 경우는 얼마든지 있으며 그것은 제7장에서 소

개하는 사례들을 통해서도 확인할 수 있다.

케어를 직업으로 행하는 전문직의 경우, 그 직업적 동기는 그 자격을 얻는 순간 실현되는 것이 아니다. 자격 취득 후에도 보다 나은 실천을 위해 계속 학습하고 인격적 성숙을 거듭해야 좋은 전문직이 될 수 있다. 교사가 된다는 목표와 '좋은 교사'가 된다는 목표는 다르다. 좋은 교사라는 목표를 가지면 교사자격증은 그냥 출발점일 뿐이다. 최근 NHK 취재 방송에 주인공으로 등장한 75세의 어느 남성 의사는 이렇게 말했다: "집에서 임종환자를 케어하는 가족을 보면 어떻게 하든 도움이 되어야 한다고 생각하게 됩니다… 확실히 나는 좀 **어른이 되어가고 있다는 느낌**을 받습니다. 어른이 되다니… 내 나이를 생각하면 앞뒤가 맞지 않는 말이지만요…." 그는 작은 섬에서 재가의료에 분투하는 의사였다. 일본에서는 치매검사에 흔히 쓰이는 하세가와식 척도(1974년 개발. '100에서 7을 순차적으로 빼어 보세요' 등)를 개발한 정신과의 하세가와(長谷川和夫)는 2017년 치매진단을 받고 "치매가 어떤 병인지 이제서야 알았다"라고 했다.

다음은 2008년 한국의 대학 졸업생 행사장에서 만난 어느 졸업생이 그 자리에서 써서 나에게 건네준 손 쪽지를 그대로 옮긴 것이다. 아직도 가끔 이 쪽지편지를 읽는데 이 글 장본인은 정말 '좋은' 사회복지사가 되었다고 믿고 있다.

> "성공한 복지사가 될 겁니다." 1999년 신입생 환영회 즐거운 MT에서 우리 조, 제가 발표한 내용이었습니다. "무엇이 '성공'이라고 생각하는가?" 교수님이 MT분위기 다운시키며 제게 던진 질문이었습니다. 잠깐 충격이었습니다. '성공'이 정도만 고민하면 되는 줄 알았습니다. 바쁘니까, 그 정도만 내뱉고 앞으로 달려가면 되는 줄 알았습니다. 내용에 대한 고민 없이 입이 움직여질 때, 방향에 대한 고민 없이 속도만 내는 내 모습 느껴질 때, 교수님 말씀 한 번씩 떠올라 잠시 멈추곤 합니다. 교수님! 고맙습니다! (2008.11.8)

그렇다면 누가 혹은 무엇이 좋은 전문직을 양성하는가? 타고난 심성인가, 공식적 교육인가, 클라이언트인가, 실천의 장에 있는 동료들인가? 이

들 중 어느 하나도 무시할 수 없다. 다만 내가 만나 온 많은 실천가들을 통해서 그리고 나 스스로의 경험을 통해서 본다면, 현장의 좋은 슈퍼바이저(supervisor. 선임자), 그리고 자신과 가치관을 공유하는 동료가 좋은 전문직 만들기에는 반드시 필요하다고 생각한다.

자랑스러운 의사 장기려는 진정한 성자였다. 그는 자신이 의사가 되려고 한 동기와 목표, 자신의 성공 여부의 척도에 관하여 다음과 같이 말했었다(장기려, 1980): "나는 의학도가 되려고 지원할 때에 치료비가 없어서 의사의 진찰을 받지 못하고 죽는 환자가 불쌍하다고 생각되어 그런 환자를 위하여 의사일을 하려고 결심했다. 그래서 의사가 된 날부터 지금까지 치료비가 없는 환자에 대한 책임감을 잊은 적이 없다. 나는 **이 결심을 잊지 않고 살면 나의 생애는 성공이요, 이 생각을 잊고 살면 실패**라고 생각하고 있다."(강조는 인용자)

수입의 많고 적음이 전문직 성공의 척도가 될 수 없다는 것은 전문직의 특징적 윤리관의 하나다. 이것은 암묵적인 합의다. 그러나 그 점을 명기한 윤리기준도 있다. 예를 들어 일본 의학교육학회가 제시한 의사의 직업관(野村, 2015) 규정이 그러하다. 그 윤리기준에는 의사직의 특징의 하나로서 **보수가 조직화되어 있다는 점, 그리고 보수의 과다가 직업 성공의 기준이 되지 않는 직업**이라고 명시되어 있다.

4. 전문직이 일하는 조직의 특성

인간봉사조직

케어전문직이 주로 일하는 곳은 소위 인간봉사조직(Human Service Organization, 이하 HSO)이다. HSO는 생산조직이나 다른 관료조직과는 근본적으로 다른 두 가지 특징을 가진다(Hasenfeld & English, 1974). 첫째는,

그 조직의 인풋도 아웃풋도 인간이다. 다만 인풋은 '다양한 니즈를 가진 인간'이며, 아웃풋은 '변화된 인간'이다. 변화란 니즈의 충족 즉 문제해결을 뜻한다. 둘째는, 그 조직 안에서는 인간의 복지와 발전에 목적을 둔 다양한 직접적 서비스가 제공된다는 점이다. 그 주체가 케어전문직이다. 그들은 인간의 몸 행동 발달에 관한 전문지식과 경험을 가지고 니즈를 가진 인간의 니즈 충족에 노력한다. 조직목표의 관점에서 본다면 HSO는 다음 세 가지로 유형화할 수 있다.

첫째는 사회화를 목적으로 하는 조직이다. 아동보호시설, 어린이집, 유치원, 학교 등이 여기에 포함된다. 사회화는 성원들에게 사회 속에서 자신들이 행해야 할 역할을 받아들이도록 하는 중요한 기능이다. 둘째는 재사회화 조직인 교도소 등 교정시설이다. 사회규범에 따르지 않은 사람들의 행동 및 생각의 변화를 꾀하여 사회에 복귀시키는 기능을 수행한다. 이상 두 유형의 경우, 조직목표는 기본적으로 이데올로기적이다. 가치중립적이 아니라는 뜻이다. 자본주의체제의 조직은 시장경제주의자를 배출하고 사회주의체제 조직은 계획경제주의자를 배출하게 된다. 셋째는 헬스케어 조직으로서 의료시설이 있다. 건강 유지, 불건강이나 질병의 치료를 통해 보다 건강한 사람으로 변화시키는 것에 목표를 둔 조직이다.

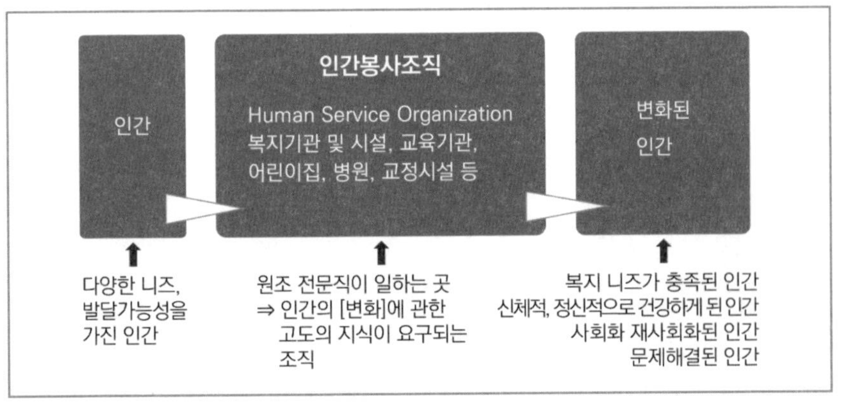

자료: 필자 작성

그림 5-3 인간봉사조직: 원조전문직이 일하는 장

그림 5-3에서 보듯이, 다양한 니즈를 가진 인간, 발달가능성을 가진 인간이 HSO에 들어간다. 그 속에서는 케어전문직의 직접적 서비스를 제공받는다. 그리고 그 조직에서 나올 때는 복지니즈가 충족된 인간, 보다 사회화(재사회화)된 인간, 보다 건강한 인간으로 변화하여 나오는 것이다.

근본적 모순을 안고 있는 HSO

HSO의 핵심적 요소는 변화된 인간을 지향하는 클라이언트-전문직 관계다. HSO는 조직에 들어 온 사람의 다양한 변화를 위하여 과학적이고 전문적인 지식과 실천원칙의 적용을 필요로 하기 때문에, 그 조직 속에서는 그러한 지식과 기술을 가진 전문직에 절대적으로 의존할 수밖에 없다. 하지만 바로 그 특징으로 인하여 HSO는 해결하기 힘든 근본적 문제를 안게 된다. 그 문제란 **전문직이 조직목표에 헌신하지 않을 경우, 그들을 적절히 통제하는 방법이 거의 없다**는 문제다.

의료기관에서 수술이나 검사는 환자의 건강회복이 그 전제다. 그러나 전문직이 지나친 이기심 때문에 불필요한 수술 등을 행하는 경우, 혹은 교원의 학생지도가 교육 본래 목적에 반하는 경우가 있다고 하더라도, 제3자는 물론 조직 관리자 역시 그것을 확인하기가 어렵다. 왜냐하면 원래 사회화, 건강회복, 삶의 질 유지 등 인간을 통해 나타나는 '변화'는 객관적 측정이 어렵기 때문이다. 한마디로 케어전문직의 직무 성실성을 객관적으로 평가하기 어렵다는 것이다. 전문직이 조직목적에 헌신하기를 기대하는 것 이외에 뾰족한 방법이 궁하다.

신 없는 교육은 지혜 있는 악마를 만든다는 말이 있다. 워털루전투의 영웅인 웰링턴 공작의 말이라는 설도 갈릴레오의 말이라는 설도 있다. 일본의 교육자 오바라(小原國芳)는 이 말을 자신이 설립한 교육재단(玉川学園)의 교육지침으로 삼았다. 그는 전전에 서양을 숭배하고 중국인 조선인을 멸시하던 일본 풍조를 비판하던 지식인이었는데 일본이 패전하자 "일본은 개인 한 사람 한 사람의 성장에 중점을 두는 미국의 교육제도에 패했다"라고 평했다. 그가 전후 일본의 교육개혁을 염두에 두고 채택한 이 교육지침은 오늘날 한국사회의 교육 및 전문직의 상황을 돌아보게 한다.

신 없는 교육이란 성적제일주의 교육이다. 그것은 **겸손이 없는 교육이요, 인간의 약함을 깨우쳐 주지 못하는 교육**이다. 전문직이 소속된 조직 본래의 목적에 헌신하지 않으면서, 관련된 사람들로부터 영양분을 뽑아내는 데에만 열중인 사람이 있다면 그가 바로 지혜 있는 악마(clever devil)다.

HSO에서 일하는 전문직은 다양한 가치관의 소유자로 구성되어 있기 때문에 실천을 둘러싼 가치갈등의 가능성이 크다는 점 역시 HSO가 가진 문제의 하나다. 가치갈등 내지 윤리갈등은 두 가지다. 하나는 조직과 전문직 사이의 갈등이다. HSO 내에서 전문직이 조직목표에 헌신하지 않을 수 있고, HSO의 설립이념이나 조직목표가 전문직의 가치에 배치되는 경우 윤리갈등을 일으킬 수 있다. 다른 하나는 전문직 사이의 갈등이다. 이미 지적했듯이 전문직은 그 사회적 인정의 정도가 다양하다. 의사는 병원에서 자신의 전문성을 입증할 필요가 없다. 그러나 자신의 전문성을 확실히 입증하기 어려운 새로운 전문직도 있다. 모든 전문직은 소속 조직의 목표달성을 위해 움직이므로, 전문직 사이의 협력의무에 관한 합의가 필요하다.

5. 대변자, 문제발견자로서의 전문직

극히 미약해진 대변자 역할

지식인의 실종을 한탄하는 중국 지인의 말을 접하면 나는 오히려 한국사회 지식인의 위기를 더 염려하게 된다. 강압에 의한 지식인 실종은 일시적일 수 있지만 지식인 스스로가 지식인에서 멀어지면 되돌아오기가 쉽지 않기 때문이다. 이제 대학교수의 사회적 발언이라면 사람들은 '어느 정치인을 편드는 말인가'를 먼저 따질 정도로 건전한 여론이 사라지고 있다. 교수, 의사, 변호사, 성직자 등은 우리사회의 대표적 전문직인데 사회적 약자를 대변하고 건전한 견해를 제시하는 그들의 역할이 현저히 저하되어 있다고 판단된다. 나아가 전문직 사이의 상호견제 기능이 거의 사라졌고 전문직 각각의 도덕성에도 큰 문제를 안고 있는 것으로 보인다.

최근 검찰의 2인자 직위에 있던 이가 공직을 그만두자마자 음주 뺑소니사고를 일으킨 어느 유명인의 변호인이 되는 놀라운 일이 있었다. '전관예우'라는 허울 좋은 말의 부정부패는 아예 예사다. 누구나가 변호를 받을 권리가 있지만 이쯤 되면, 사회적 약자의 대변이라는 법률전문직의 사회적 역할은 근본부터 흔들린다는 한탄이 나올 만하다. 이런 형편인데 법률가에게 의료나 교육 분야에서 전문직의 횡포로 인해 심각한 피해를 입은 클라이언트를 보호하고 그들의 횡포를 견제 감시하는 역할을 어찌 기대할 수 있을까? 의료전문직의 윤리문제는 다음 장으로 미루고 여기서는 교육전문직의 문제를 생각해 본다. 이 문제는 영케어러 발견에 전문직이 보이지 않는 문제와 연결되어 있다.

한 때 'Sexual Harassment'라는 말이 '성희롱'으로 번역되어 큰 사회적 의제가 되었던 때가 있다. 그런데 그 본질 개념인 'Harassment'(괴롭힘)의 존재감은 갑작스레 사라졌다. 나는 이 현상을 어떻게 설명해야 하는가를 고심해 보았다. 하레스먼트의 본질은 두 가지다. 하나는 괴롭힘을 주고 상대가 그것을 받아들이면 보상하거나 불이익을 주지 않고, 그것을 거부하면 불이익을 주는 행위다. 다른 하나는 불편한 작업환경을 조성하여 괴롭히는 작업환경형 괴롭힘이다. 서랍 안에 포르노사진을 넣어 두고 가끔씩 보는 행위가 그 예다.

일본에 이 개념이 도입될 때는 그 발음 '섹슈얼 하레스먼트'를 줄여 '세크하라'로 사용되었다. 그런데 그것을 계기로 'Harassment'(이하 H)는 많은 용어와 결합하여 다양한 신조어들이 줄줄이 생겨났고 일상생활에서

도 널리 사용되고 있다. 대표적인 것은 'Academic H'(아카하라. 지도교원의 학생에 대한 괴롭힘), 'Power H'(파워하라. 직장 내에서 우월적 지위를 이용하여 과대한 질책이나 괴롭힘을 주는 행위. 갑질), 'Maternity H'(마타하라. 여성노동자의 임신 출산 육아 혹은 그에 관련된 휴가 이용에 대한 괴롭힘), 'Customer H'(카스하라. 고객이 종업원에게 행하는 괴롭힘), 'Patient H'(페이하라. 환자가 의료스텝에 가하는 괴롭힘) 등 헤아릴 수 없을 만큼 많다.

이에 대해서는 대응 법규가 만들어지기도 하고 그로 인한 피해가 산업재해로 공인되어 가고 있다. 무엇보다 '하라'는 국민 대다수가 입에 올리는 용어가 되었다. 요컨대 'H'라는 새로운 개념 도입을, 성적인 괴롭힘에 대한 각성에 그치지 않고 **사회 속에 숨어 있는 다양한 괴롭힘**을 찾아내는 계기로 이어졌다. 그런데 한국에서는 성희롱 이후에 'H' 문제는 급작스럽게 존재감이 없어진 느낌이다. 이 현상은 어떻게 설명할 수 있을까?

한국에서 그 개념을 소개하고 그 추방에 앞장 선 사람은 주로 여교수, 여성학자였다. 여교수들은 성희롱의 잠재적 피해자 즉 당사자이기도 했다. 그러나 교수-학생 관계에서 'Academic H' 문제는 여교수라도 가해자가 될 가능성이 있다. 여성의 대변자는 되기 쉬워도 학생의 대변자가 되기는 어려울 수가 있다는 말이다. 이러한 상황이 새로운 'H' 문제의 발굴과 피해자 대변의 확산에 걸림돌이 된 것이 아닐까? 정말 그렇다면 약자대변이라는 전문직 본래의 사회적 역할이 잘 보이지 않는다는 점에서 교수사회에는 남녀가 따로 없다고 말할 수 있겠다.

차별을 학교에서부터 학습한다?

확실히 전문직은 자격제도나 장기간에 걸친 공식적 양성과정 등 다양한 요건을 갖추는 것을 요구 받는 대신 그에 어울리는 사회적 지위를 보장받는다. 그러나 그것은 전문직이 같은 조직 내에서 일하는 사무직 등에 비해 보다 우월하다는 의미는 결코 아니다. 일반적으로 전문직은 조직 본연의 목적에 헌신하고 사무직은 조직목표 달성을 지원하는 역할이라고 하지만, 전문직의 직업윤리 수준이 다른 직에 비하여 높다고 말할 수도 없다. 자기 직업에 대한 과대한 자부심은 다른 직업과의 협력을 위협한다. 협력의 기본은 상대에 대한 존경이기 때문이다. 이 문제를 새삼스레 지적하는 이유는, 사물을 위계질서로 파악하는 풍토에서 교육계도 그 예외가 아니기 때문이다.

나는 여기서 교육전문직에게 다음의 실천을 간곡히 권하고 싶다. 그것은 교육기관이 아동기부터 직업차별과 인간차별을 배척하는 태도를 가지도록 지도하는 데에 각별히 노력해야 한다는 것이다. 사실 나는 **인간차별을 예사로 보는 풍토가 학교에서부터 만들어진다는 우려**를 가지고 있다. 무엇보다 학내 행정직에 대한 차별적 풍토에 대한 성찰이 필요하다. 행정직 역시 교육 이외의 영역에서 학생을 지도 조언할 수 있는 조직원이며 교육목표를 달성하기 위한 파트너다. 그럼에도 불구하고 행정직의 의견에는 학생으로부터 "교사(교수)도 아니면서"라는 반발을 불러오기 일쑤다. 이 세태를 용인한다는 것은 바로 학교에서 차별을 학습하게 하는 것에 다름 아니다. 그것은 직업차별과 인간차별을 예사로 여기는 사람을 키운다.

문제의 근본 원인은 교육전문직 스스로가 행정직을 학생의 발전이라는 조직목표를 달성하기 위한 파트너로서 인정하지 않고 위계적 관계로 파악하는 왜곡된 권위주의 풍토에 있다. 다음에 소개하는 나의 두 가지 경험은 교육조직에 몸담고 있는 행정직의 교육적 태도나 직업윤리가 오히려 교육전문직을 부끄럽게 할 정도임을 보여준다.

몇 년 전 내 졸업세미나에 들어온 학생 중 6명이 한국의 어린이집에서 일주일간 보육 필드워크를 경험하고 싶으니 주선해 달라고 요청해 왔다. 졸업하기 전에 뭔가 스스로 납득할 수 있는 도전을 하고 싶다는 것이다. 그래서 서울에 있는 공립 어린이집의 협력을 얻어 1주일간 실습형식의 필드워크를 주선하게 되었다. 경비는 본인부담, 학생들이 간단한 한국말을 배우고, 그 기간 동안 내가 서울시내에 체제하면서 만약의 문제에 대비한다는 조건으로 실습이 실현되었다. 졸업세미나 학생과 교수 관계는 그렇게 좀 특별하다.

원래 해외 필드워크가 정식수업이라면 학생에게 보조금이 지급되지만 이것은 과외의 활동이었다. 학생지원담당 직원은, 다른 지원은 어려우니 학생들의 해외여행자 보험료는 대학에서 지원하겠다고 했다. 그런데 얼마 후 그 직원이 다시 연락을 해 왔다. “통상의 해외여행자보험은 학생 자신을 위한 것인데, 이번 경우는 특수하다. 혹 학생 잘못으로 어린이가 다치거나 사고가 날 가능성이 있는 것 아닌가”라는 걱정이었다. 그녀는 상대방 피해까지 사고범위를 넓힌 보험으로 바꾸겠다고 말하면서, 나에게 이런 조심스런 부탁을 해 왔다: “서울의 어린이집 원장님께 만약 우리 학생들 잘못으로 아이가 다치는 등의 사고가 발생하더라도 보험으로 대처하고 당해 학생에게는 책임을 묻지 않겠다는 약속을 받아 둘 수 없습니까?” 나는 구두로 그 약속을 받아 두겠다고 답했다.

필드워크는 아무 트러블도 없이 끝났다. 직원의 걱정은 기우였던 셈이다. 그러나 학생에게 생길지 모르는 리스크를 생각하고 생각해서 학생보호 방법을 나름대로 궁리하는 모습, 교육목표가 달성되도록 최선을 다하는 모습은 어정쩡한 교육전문직이 고개 숙여 배워야 할 자세임에 틀림없다.

나는 2008년 4월 1일부터 만 1년간 중국사회과학원의 방문학자로서 베이징에 가있었다. 중국 출발 전에 나의 부재중 연락담당 직원과 사전회의를 했다. 그중 대학으로 오는 나의 우편물을 EMS로 보낼 때, 얼마나 자주 보내면 되는가를 결정해야 했다. 나는 그냥 ‘한 달에 한 번’ 란에 체크했다. 그래서 5월 초부터 한 달에 한번 내 우편함 속 우편물이 베이징으로 배달되었다. 그런데 그 중에는 필요 없는 우편물이 많아서 오히려 번거로웠다. 그래서 담당자에게, 우편물 중 편지나 엽서만 보내 주도록 요청했다.

그에 대한 그 직원의 대답은 이랬다: “그건 안 됩니다. 저는 1주일에 한 번 큰 봉투를 들고 선생님 우편함에 가서 그 안에 있는 내용물을 있는 그대로 봉투에 담아두고, 그렇게 모아진 것을 한 달에 한 번 그대로 EMS 박스에 담아 보냅니다. 작업과정에서 그 내용물을 애써 보지 않으려고 눈을 돌립니다. 다른 사람의 우편물에 손대는 것은 금지되어 있습니다.”

아름다운 노동윤리에 관하여

직업윤리는 그 사회의 노동윤리를 반영한다. 전문직은 사회적 책임이 큰 만큼 사회로부터 그에 맞는 특권을 부여받는다. 전문직과 비전문직은 그냥 맡은 직무가 다를 뿐이다. 당연한 일이겠지만, 오히려 사회에는 높은 수준의 노동윤리를 가진 직업인이 많고 그 모습은 전문직이 흉내 내기 어려운 수준인 경우도 흔하다. 나의 체험을 섞어 이 점을 생각하게 하는 사례를 소개한다. 제목을 붙이자면 '전문직이 책임을 가져야 하는 클라이언트의 공간적 범위는 어디까지인가?'가 될 법하다.

강도영 사건을 다시 보자(이하 〈셜록〉 기사에 근거함). 보도 직후 부산에서 병원을 경영한다는 C원장이 〈셜록〉에 다음과 같은 전화를 걸어 왔다고 한다: "강도영씨 아버지 죽음에는 병원 책임도 있다. 돈이 없어서 퇴원하겠다는 환자를, 별다른 조치 없이 그냥 퇴원시키는 병원이 어디 있는가? 그렇게 무책임할 수 있는가?"

확실히 강도영은 경제적 이유로 더 이상의 검사도 거부한 채 아버지 퇴원을 결정했음에도, A 병원은 주민센터나 복지기관에 전화 한 통 해주지 않았다. 〈셜록〉이 그 병원을 취재했는데 병원의 핵심관계자는 경과기록지와는 배치되는 거짓 내용으로 다음과 같이 답했다고 한다: "우리 병원도 어려운 사람들을 주민센터나 구청에 연결해 주고, 복지기관에도 연락해 줍니다… 그런데 강도영씨는 병원비를 정말 열심히 냈네요. 한 번이라도 연체를 하고, 어려움을 호소했으면 우리가 어려운 처지를 알아챘을 텐데… 가난하다면서 왜 그렇게 병원비를 열심히 냈답니까? … 병원에 환자 입원시켜 두고 연락을 끊는 가족도 있어요. 병원이 환자를 강제퇴원시키는 것은 불법이라서 병원은 국가로부터 비용 받아서 환자를 계속 치료합니다. 강도영 씨도 그렇게 했으면 불효자는 됐겠지만 최소한 살인자는 안 되었을 것이지요. 그가 착해서 아버지 죽이고 아들은 살인자 됐네요." 정말 들어주기 어려울 정도로 궁색한 말이다.

그 병원과 의료전문직은, 환자는 병원 안에 있으면 케어 대상이지만 일단 병원 문만 나서면 대상이 아니라고 생각했던가? 그들의 책임 범위는 병원 현관문까지였던가?

다음은 내 경험이다. 7년쯤 전 태풍에 떠밀린 화물선이 관서공항 교각을 들이받아 상당 기간 다리 통행이 불가할 때가 있었는데 그 일이 지나고 얼마 후의 일이다. 중국 출장에서 일본으로 돌아올 때 비행기가 서너 시간 연착해서 밤 12시가 지나서 관서공항에 도착했다. 항공사에서 교토까지 미니버스를 마련해 주어서 교토역 남쪽 입구에 내린 시간이 새벽 2시였다. 마침 택시가 있어 바로 귀가할 수 있었는데 30분이 넘지 않는 승차시간 중 그 개인택시 기사가 내게 고백(?)한 내용이다.

그 기사는 새벽에 연착한 비행기 손님이 항공사 교통편으로 교토역 남쪽에 내리는 일이 가끔 있어 귀가 전에 마지막으로 그곳을 들려보는데 오늘이 그런 날이라고 했다. 그러다 좀 진지한 말투로 바꾸고는 다음과 같이 운을 뗐다. "요즘 젊은이들 아주 훌륭한 이들이 있어서 얕볼 수 없어요." 사연을 듣고 싶다고 했더니 그는 자신을 감동하게 만든 어느 젊은 역무원 이야기를 했다. 그 충돌 사고가 있었던 때 자정을 훨씬 넘겨서 마지막으로 교토역 승강장에 들러 보았더니 택시 한 대만 기다리고 있어서 그 뒤에 차를 대기시켰다. 곧 손님이 와서 출발하려 하는데, 교토역의 젊은 JR직원이 택시승강장까지 나와서 자기와 그 앞의 택시기사에게 다음과 같은 부탁을 하더란다.

> 항상 우리 철도 손님들 모셔 주셔서 감사합니다. 그런데 이번 손님 모셔다드리고 나서 바로 귀가하지 말고 다시 한번만 이곳으로 돌아와 주시면 안 될까요? 사고 여파로 아직도 도착해야 할 열차가 한 대 도착하지 않고 있어요. 언제쯤 그 열차가 도착할지는 모르지만, 열차가 도착하면 승객들 귀가 수단이 택시밖에 없잖아요? 무리한 부탁이지만, 한 번만 더 역으로 들러 주실 수 있나요?

그래서 그 개인택시 기사는 손님을 모시고 나서 다시 교토역으로 돌아

왔고 마침 기차도 도착해서 먼 거리 손님을 태워 드렸다고 한다. 그는 말했다. "그 젊은이 훌륭하지 않아요? 보통이 아니잖아요. 요즘 한심한 젊은이들 많지만 저런 젊은이가 있나, 정말 다시 보았답니다."

JR직원이야말로 손님이 개찰구만 나서면 이미 손님이 아니다. 그런데 그 젊은이는 손님이 역사를 나갔을 때의 일까지 케어하는 태도를 보였다. 노동윤리가 강한 일본에서, 그것도 강한 노동윤리에 익숙한 고령자의 머리를 숙이게까지 했으니, 이것은 매우 특별한 케이스일 것이다. A 병원의 사례 바로 뒤에 이 젊은이를 소개하는 것이 A 병원에게는 가혹하다는 생각이 들기는 한다. 하지만 이 이야기는 HSO조직이 자신들이 케어해야 할 사람의 구분선을 병원 현관이 아니라 적어도 그 선을 넘어선 어느 곳에 있을 때, 아니면 가능하면 그 경계선을 없애려고 노력할 때, 우리사회가 보다 나아질 것임을 알아차리게 해 주는 훈훈한 사례임에 틀림없다.

생선은 머리부터 썩는다

니체는 『우상의 황혼』(1888, 村井訳, 1994)에서 사회가 교육자를 필요로 하는 이유를 세 가지 들었다. 인간은 보는 방법, 생각하는 방법, 말하는 방법과 쓰는 방법을 배워야 하기 때문이라고 했다. 그중에서도 교육자의 가장 큰 책무는 보는 법을 가르치고 그 실천을 보여주는 것이었다.

보는 법을 배운다는 것은 "어떤 대상을 조용히 그리고 인내심을 가지고 관찰하여 그 대상물이 자신에게 가까이 오도록 하는 습관을 몸에 붙이는 것"이라고 니체는 말했다. 그것은 판단을 보류하고 대상이 되는 현상이나 사물을 모든 측면에서 검토하는 것, 즉각 반응하고 싶은 자극을 억누른 다음에 판단하는 본능을 손에 넣는 것이었다. 니체에 의하면 모든 범속성이나 비정신성은 **자극에 저항하지 못하는 무기력**에 의해 일어난다. 이윽고 보는 법을 배우면, 인간은 깊은 의구심을 가지게 되고 자극

에 곧바로 반응하는 것에 저항하는 강한 힘을 얻게 된다고 했다.

요컨대 어떤 대상을 속단하지 않고 천천히 관찰한 후에 판단하는 습관을 붙이는 것은 인간에게 꼭 필요한데, 그것을 학생에게 가르쳐야 하기 때문에 사회는 교육자를 필요로 한다는 것이다. 그러한 습관이 몸에 붙어 있는 교육자라면 그것을 자신의 실천을 통해서 학생에게 보여주어야 하고 그것이 사회의 요구다. "교육이란 새로운 지식을 학생에게 전하는 것이 아니다. 실천적 예를 보여줌으로써 학생들이 미래의 길을 개척할 수 있도록 도와주는 것이다"라고 하는 러스킨의 말이 바로 이런 취지다.

수년 전 『지배 받는 지배자』(김영종, 2015)라는 저작은 미국에서 제대로 대우받지 못하던 유학생이 귀국하여 지식인이라는 이름의 지배자가 된 후에도 여전히 미국 엘리트의 지배를 받는 지식인 사회의 심각한 모순을 통렬히 지적했다. 유학 귀국자들이 지배자의 위치를 차지하면 우리사회의 문제해결보다는 기득권 유지를 우선시하고, 자신의 지배자적 지위 유지에 유리한 것만을 도입하려고 한다는 것이다. 인간의 가장 강력한 욕망은 지위보전 욕망이라고 하지 않던가? 미국의 박사학위 심사의 공정성을 찬양하던 사람이 막상 귀국 후 학위심사자가 되자, 심사 대상자로부터 사적인 심사료를 받는 부조리 관행에 대해 "개인적 심사료는 받아도 문제지만 안 받아도 문제다"라는 궤변을 입에 담아 내 귀를 의심한 적이 있다.

김지섭(2011)은 유학파 중 일부가 당해 국가에 관한 중요한 정보를 자신만의 권위나 지위보전에 사용하려고만 하는 경향을 **매개자지배**라고 명명한 바 있다. 그는 데생(dessin)이라는 용어가 한국사회에 정착되는 과정을 예로 든다. 프랑스 유학파들은 이미 소묘라는 좋은 번역이 있었음에도 불구하고 새로운 원어인 데생 사용을 고집했다는 것이다. 그는 데생이란 용어 사용자는 소묘 사용자와 소통하려는 의사가 없었다고 지적한다. 오히려 다른 사람들을 어리둥절하게 하여 자신들이 가진 신비성을 내세우려는 의도로 본 것이다. 유학파는 매개자이면서도 선구자 역할이

기대되는 사람이다. 그들이 자신의 이익을 우선시하면 선구적 일들이 일어날 가능성은 그만큼 줄어든다.

현실문제를 학문과 별개로 생각하는 한국 지식인 사회의 풍토는 19세기 말 후쿠자와(福澤諭吉) 같은 인물까지 쓴 소리를 할 정도였다. 구한말 일본에 유학간 조선 청년들은 당시 명망이 있던 후쿠자와의 문하에 모여들었는데 그는 문하생들의 조선 귀국 후 활동을 언급하며, **조선 청년들은 일본에 와서는 놀라기만 하고 돌아간다**고 비판했다. 뭔가 배운 것이 있다면 그것을 자기 조국에서 실천하여 사회를 개선하려는 노력을 보이지 않음을 비판한 것이다. 존경할 만한 구석이 거의 없는 후쿠자와와 같은 인물로부터 그런 뼈아픈 지적을 받았다는 것이 더욱 가슴 아프다. 조선시대 중국문명을 맹목적으로 숭배하던 성리학자들도 중국을 다녀와서는, 조선과 같은 노비제가 중국에서는 오래 전에 폐지되었다는 사실은 입 밖에 내지도 않았다.

성직자 역시 그 도덕성이 문제시된 지 오래다. 근자(2024년 10월)의 의사협회 리더들의 행태는 부끄럽기 한량 없다. 노골적인 학력차별, 인종차별, 직업차별, 성차별 발언이 의협 간부들에 의해 공공연하게 행해졌다. 여기에 교육전문직 문제와 겹쳐서 생각해 본다면 지금 한국은 사회의 대표적 전문직이 총체적 비윤리 상태에 직면해 있다고 말하지 않을 수가 없다.

생선은 머리부터 썩는다. 물론 썩기 시작한다면 말이다. 사회가 썩어서 전문직이 썩는 것이 아니다. 전문직이 전체 사회를 썩게 만든다는 뜻으로 이 말을 깊이 새겨야 할 것이다.

6. 요양보호사가 전문직으로 발전하기 위해 필요한 것들

한국 장기요양레짐의 특징과 과제

노인장기요양보험 시행 이후 그 이용자는 크게 증가했다. 현 상황에서 보면 국민의 기대가 크고 이용자의 만족도도 높다. 제도시행의 성과가 있었다는 것이다. 그런데 나는 이것은 지극히 당연한 결과라고 생각한다. 그리고 다른 한편 거기에는 우려할 일이 있다고 판단한다. 먼저 당연하다는 것은 요양보험 이전에 공적 돌봄서비스가 거의 없었던 한국에서, 고령자의 돌봄 니즈가 비교적 가벼운 단계(=낮은 고령화율)에서 시행되었고, 더구나 요양보험료 부담에 대한 저항이 미미했다는 사실[1]이 그 배경이다. 이 상황이라면 이용자의 만족이 높을 수밖에 없다.

우려할 일은, 현 시스템이 장차 국민부담의 증가 없이 지속가능한가, 라는 의문이다. 요양보호사 파견을 일례로 들면 요양등급 1, 2등급은 하루 4시간, 3~5등급은 3시간으로 되어 있다. 이것은 그만큼 요양보호사의 낮은 임금수준을 뜻한다. 신체활동지원과 생활원조의 보험수가도 같다. 요양니즈의 심화가 진행되면 다음 세대에 요양보호사, 보험료 및 국고보담의 급증이라는 큰 부담을 안기는 결과를 가져올 것이다.

이것을 전제하면서, 한국장기요양레짐의 특징을 (1) 시행준비 및 시기, (2) 장기요양서비스 공급자, (3) 서비스 전달체계의 세 가지로 나누어 살펴보자.

첫째, 한국의 제도시행은 낮은 고령화율 단계(=고령자의 장기요양니즈가 심화되기 전 단계)에서 시행되었고, 사전에 인력 및 시설 정비를 위한 장기계

1 요양보험료는 모든 노동층이 건강보험료의 약 11% 정도를 부담한다. 건강보험의 피부양자인 경우 고령자라도 요양보험료를 부담하지 않고 그 규모가 상당수 존재한다. 게다가 주로 고령자의 현실문제에 대한 대응이므로 요양보험 부담에 대한 저항은 미미하다.

획이 없었으며, 공적 요양서비스 경험이 없는 상황에서 시작되었다. 이 특징들은 제도도입 시기가 정치적 결정이었다는 사실에 기인한다.

요양보험이 도입된 2008년 한국고령화율은 10.3%(501만 6천 명)였다. 장기요양보험 도입 시의 고령화율은 한국이 동아시아 중에서도 두드러지게 낮았다. 일본이 개호보험을 도입했던 2000년의 고령화율은 17.3%(1,268만 7천 명)였다. 일본은 개호보험 이전에 공비를 재원으로 하는 요양서비스체제를 일정 수준 시행하고 있었다. 타이완의 경우, 요양보험을 순차적으로 도입한 2017년의 고령화율은 13.9%(327만 명)였다. 중국은 2025년부터 장기요양보험의 전국적 실시를 발표했지만, 이미 2020년 고령화율(65세 이상)이 13.5%(1억 9,064만 명)였다.

또한 한국은 장기요양에 필요한 인력과 시설정비를 위한 장기계획을 시행하지 못했고 제도 준비기간이 짧았다. 일본은 1989년부터 이미 장기계획에 기초하여 돌봄인력과 시설정비에 적어도 10년 이상 준비한 후 제도가 시행되었다. 타이완도 2008년부터 장기요양 10년계획을 시행하여 제도 준비를 했다. 중국은 시범사업을 10년간 시행했다. 그러므로 일본, 타이완, 중국은 전국적 제도시행에 적어도 10년의 준비기간을 거쳐왔다. 하지만 한국은 공적 장기요양의 경험이 없는 상태에서 준비기간은 약 5년이었다. 요양보험에 관한 최초의 언급(2001년)은 김대중 전 대통령에 의해서지만 실제 준비는 노무현 정부에 의해 2003년부터 시작되었고 2007년에 시범사업을 거쳐 근거법이 제정되고, 2008년 7월 1일 시행되었다.

한국의 복지정치에는 소위 비난회피의 정치(politics of blame avoidance)와 성과경쟁의 정치(politics of credit claiming. 칭찬획득의 정치) 현상이 비교적 노골적이다. 국민에게 눈앞에 혜택을 주는 일은 정치정당이 서로 앞다투어 자신의 공적으로 삼으려 하고, 급여수준을 깎는 비난 받는 일은 미루는 것이다. 그래서 장기적 재정안정성에 대한 고려가 늘 뒤로 밀려 다음 세대의 부담을 가중시킨다. 노무현정부도 당초 시행시기를 2009년 혹은 2010년 정도로 잡고 있었던 것 같은데, 시행시기가 앞당겨진 연유는 명확하지 않지만 성과경쟁의 정치일 수 있다.

둘째, 요양서비스 공급의 특징은 압도적으로 시장에 의존하고 있다는 점이다. '제4장 그림 4-1'을 다시 인용하면 한국은 케어의 탈상품화 정책을 시작하면서 시장원리를 적극 도입한 경우이므로 국가책임확대와 시장화가 동시에 진행되었다. 재가요양사업소의 거의 대부분은 방문요양 한 가지만을 제공하는 개인사업자다. 중대한 결함은 노인장기요양시설을 법인이 아닌 개인도 설립 운영할 수 있게 한 것이다. 이에는 참여연대도 노무현 정부의 졸속 시행을 비판했다. 그것이 극단적인 시장화로 이어질 것이라는 점은 불 보듯 뻔했기 때문이다. 정부는 사회복지법인을 통한 요양시설 확충을 선택하지 않았다. 사회복지법인이 요양보장을 위한 대등한 협력자라는 존중의식은 지금도 여전히 결여되어 있다.

정부는 제도도입에서 '국가책임'을 내세웠지만 전면적 시장화의 결과를 가져왔다. 같은 아이러니는 치매국가책임제에서도 보이는데, 그것은 요양병원의 시장화, 그리고 문제투성이의 간병인제도를 확대했기 때문이다. 정부가 나서서 시장을 모셔온 것, **급속한 시장개척을 위해 국가권력이 행사된 특이한 신자유주의 사례**다. 그러므로 장기요양의 개인사업자를 이윤추구 경향이나 공공성 부족을 내세워 비판하는 것은 당치 않다. 좋은 평판은 정치가 차지한 후, 그 뒷책임을 민간사업자에게 넘기는 짓이기 때문이다. 오히려 민간사업자는 졸속 결정에 의해 수요가 급증한 요양서비스를 공급하여 그나마 요양보험을 정착하게 한 역할자였다. 앞으로 그들을 좋은 역할자가 되도록 유도할 책임이 정부에 있다. 내가 한국에서 면담한 어느 사업자는 제도시행 당시를 기억하며, 건강보험공단이 주최한 연수 중 공단 강사로부터 "이것은 사회복지가 아닙니다. 돈 버는 개인 사업입니다"라는 말을 거듭 듣고 위화감을 느꼈다고 말했다.

셋째, 전달체계에는 책임성이 불명확하다는 특징이 있다. 요양보험의 보험자는 전국적으로 일원화된 건강보험공단이다. 국가는 요양정책 전반을 설계 및 시행 책임을 지며, 지방자치단체는 요양기관의 설립과 인가

등에 관여하고, 장기요양기관(요양시설, 재가서비스사업소 등)은 이용자에게 직접 서비스를 제공하며 그에 대한 보험보수를 지급받는다. 즉 국가, 건강보험공단, 지방자치단체, 장기요양기관이 장기요양의 중요한 역할자다. 그 외부에 건강보험 조직인 요양병원과 병원이 있다. 만약, 서비스 이용자가 요양서비스에 어떤 불만과 고충을 가질 때, 그것을 누구에게 호소해서 해결해야 할지 알 수 없다면, 그 상태를 정책분석론에서는 '무책임성'(unaccountability)이라고 규정한다. 즉 **무책임성이란 누구에게 그 책임이 있는지를 알 수 없는 상태**다.

나는 오늘날 요양서비스의 전달체계는 무책임성 상태에 있다고 판단한다. 장기요양에 대해 지적되는 모순과 문제의 궁극적 책임이 국가에 있음은 분명하지만, 구체적으로 어디에 있는지 알기 어렵기 때문이다. 공단이 공개한 「장기요양기관현황」(2024.12)에 의하면 전국에 단기보호를 제공하는 기관은 103개에 불과하다. 놀랍게도 광역시 중 광주와 울산은 단 한 곳도 없다. 단기보호(short stay)는 재가요양의 핵심 서비스이며 단기간 가족을 대신하기 때문에 교대케어(respite care)라고 불린다.[2] 이것은 온국민이 심각하게 받아들여야 하는 문제다. 그것은 정부가 서비스공급 책임을 지고 있지 않다는 의미이기 때문이다. 이런 상황인데 정부는 재가보호를 강조하고 있다. 이것은 적어도 요양기관의 책임은 아니다. 지방정부는 정부나 공단책임이라고 할지 모른다.

이러한 특징들은 사실상 과제다. 정부는 무엇보다 장기요양제도의 질 향상과 재정적 지속가능성을 확보하기 위해 정파에 영향 받지 않는 사령탑을 만들고, 장기목표를 가지고 지속가능한 제도가 될 수 있도록 전반적인 개혁을 시행해 가는 것이 필요하다. 장기요양에 대한 지방자치단체의 책임과 역할 설정은 최우선 과제다.

2 후생노동성의 「개호보험사업 현황 보고」에 의하면 2023년도 단기입소 생활개호 이용자는 291,499명, 단기입소 요양개호 이용자는 39,547명이다(요양형 의료시설 이용자 제외). 요양시설 입소자의 약 30% 수준이다. 그만큼 재가요양의 핵심적 요소다.

법적 책임을 명확히 하는 것도 중요한 과제다. 공단은 민간사업자에게 부정이 있으면 그것을 사용자와 이용자 사이의 문제, 혹은 사업자와 보험자 사이의 성실성의 문제라고 생각하고, 영업정지 등의 처분을 하면 된다고 생각할지 모른다. 그러나 법적으로 보면 그것은 국가와 이용자의 관계다. 국가의 역할은 이용자가 사업자와 계약하는 것으로 끝나는 것이 아니다. 사업자의 불법행위는 엄하게 벌해야 함은 당연하지만, 사업자를 바꿀 수밖에 없는 이용자에게는 사죄하는 마음을 가지고 다른 사업소의 서비스를 중단 없이 이용할 수 있도록 적극적 역할을 해야만 하는 것이다.

장기요양보호의 공공성은 국가 혹은 자치단체 직영의 서비스 공급을 늘린다고 확보되는 것이 아니다. 또한 그것은 한국사회에서는 실현이 어려운 선택으로 보인다. 시장화가 너무 진행되었기 때문이다. 그러므로 공공성은 다시 정의될 필요가 있다. '사업자와 종사자가 적정한 제도화된 임금을 보장받으면서 이용자 우선을 실천원칙으로 삼고 질 높은 서비스를 제공하면서, 사업에서 발생한 이익은 배당을 억제하고 서비스 질 향상을 위해 재투자하는 것' 정도가 아닌가 싶다. 이 현실에서 공공성을 강화하기 위한 선택은, 다음 두 가지인 것 같다. 하나는 사회복지법인이 더 큰 역할을 할 수 있도록 정부가 지원하여 장차 시설운영은 법인에 한정하는 방향으로 가고, 시설을 기반으로 하는 재가서비스 체제를 확립하는 것이다. 다른 하나는 요양보호사가 케어전문직으로 정착할 수 있도록 지원하는 것이다.

정부의 역할

장기요양의 질은 요양보호사의 질을 넘어설 수 없다. 먼저 정부는 장기적 안목에서 요양인력에 관한 비전을 제시할 필요가 있다. 정부의 요양보험의 목표에 돌봄의 '탈가족화'가 포함되어 있는지는 불명이다. 2024년 현재 방문요양 수급자 71만여 명 중 가족요양 수급자는 179,147명(김지미, 모리가와, 2025: 84)으로 25%를 넘고 있다. 소위 가족요양보호사에 대해서는

당초부터 문제제기(양난주, 2013; 이진숙, 2014 등)가 있어 왔고 정부의 대응도 바뀌어 왔다. 가족요양에 대한 정부의 명확한 입장표명이 필요하다.

현재 요양보호사는 국가자격임에도 불구하고 전문직의 문턱에 있거나 낮은 사회적 인정 수준에 있다. 정부는 요양보호사의 질적 · 양적 양성과 확보에 장기 비전을 가지고 접근해야 한다. 제5기 장기요양위원회(위원장은 차관)의 구성을 보면 위원장인 차관과 가입자 공급자 공익 각각 7명, 모두 22명인데 요양보호사 대표가 없다. 정부에게 혹시 '요양보호사 대표는 위원회격에 맞지 않는다'라는 생각이 있다면 그것은 곧 심각한 직업차별이며 장기요양보장의 걸림돌이다. 공급자대표에 요양보호사를 위원으로 시급히 위촉할 필요가 있다. 그것은 요양보호사에 대한 권한부여(empowerment)이며 요양보호사의 비전에 대한 정부의 태도 변화의 척도다.

요양보호사의 낮은 사회적 지위에는 과거 보건복지부의 정책이 영향을 미쳤다는 사실도 잊어서는 안 된다. 장기요양보험 시행에 즈음해서 보건복지부는 돌봄인력을 취업에 어려움을 겪는 중 고령 여성 등 고용취약계층에게 적합한 일자리라고 규정한 바 있다. 그래서 돌봄인력은 "여성근로빈곤층의 다른 이름"(마경희, 2011: 100-101)이라고 불리게 만들었던 것이다.

요양보호사는 양성기관에 등록하여 320시간(실습 80시간)의 연수를 받고 국가시험에 합격하면 자격을 취득한다. 요양보호사 자격 취득자는 287만여 명이며 그중 실제 종사자는 65만여 명(22.9%)이다(표 5-2, 2024년). 자격자 중 종사자 비율은 40대까지는 한 자리 숫자인데, 60대는 30%를 넘고 있다. 또한 현재 종사자 중 약 60%가 60대 이상이다. 장기요양 종사자 평균연령은 61.7세(2023.12 기준)다. 다만 30대 이하의 자격취득자가 10만 명을 넘는다는 것이 눈길을 끈다. 비록 그들 중 종사자 비율은 5%대이지만 이들은 나름의 뜻을 가지고 요양보호사의 자격을 딴 사람으로 여겨지므로 이들의 취업 유도를 궁리해야 할 것이다.

표 5-2 요양보호사 연령별 현황 (단위: 명. 2024.4.30 기준)

연령구분	자격증 취득자수(A)	요양보호 종사자수(B)	B/A
20대 (이하)	17,179	1,094	6.4%
30대	97,539	4,652	4.8%
40대	395,602	34,921	8.8%
50대	948,573	185,299	19.5%
60대	1,081,618	336,088	31.1%
70대 이상	334,648	95,050	28.4%
계	2,875,159	657,104	22.9%

자료: 건강보험공단 홈페이지에 근거하여 필자 작성

정부는 2024년부터 선임요양보호사 제도를 도입했다. 그것은 요양보호사의 커리어패스 차원이 아니라 처우개선 차원의 조치다. 그보다 요양보호사에게 필요한 것은 커리어패스 기회의 제공과 최종적 지위목표의 제시다. 슈퍼바이저 수준의 요양보호사 자격을 만들고 그들이 요양보호사의 목표가 될 수 있도록 하는 정책목표를 가질 필요가 있다. 거기에 학력 등은 고려할 필요가 없다고 본다. 앞서 언급한 덴마크 요양시설에는 케어노동자의 평균학력이 공개된다고 하는데, '고졸 이상 70%'를 합격수준으로 본다고 한다. 우선은 임금개선이 필요하다. 방문요양 시간을 점차로 줄이면서 그것을 요양보호사 임금개선으로 유도하는 정책이 필요하다.

2024년 제2차 장기요양위원회(2024.6.28) 자료에 의하면 요양보호사 확보를 위한 외국인력도입이 검토되고 있다. 그러나 이것은 적절한 대응인지 의문이 든다. 그보다는 요양보호사의 처우개선에 노력하여 젊은 층 유자격자(표 5-2)의 취업을 유도하는 것이 우선 과제라고 생각하기 때문이다. 외국인력 도입이 당사국의 사정을 악화시키고 혹은 그들의 가족문제를 발생시킨다는 등의 사정을 고려하는 것도 전혀 지나친 이야기가 아닐 만큼, 국제사회가 한국에 거는 기대가 커져 있다. 게다가 그것은 한국

요양보호사의 열악한 조건과 사회인식을 고착하는 결과를 초래한다. 만약 외국인력 도입을 고려한다면, 일정기간을 일하면 영주권과 귀화 기회 등 그들에게 장기적 비전을 제시하고, 또 한국인과 동등한 조건으로 일하는 것을 전제해야 한다.

나는, 일본의 개호보험은 사회보장기능에서 거의 파탄상태지만, 겨우 그 제도를 지탱하게 하는 것은 거기서 일하는 케어직의 헌신과 우수함이라고 판단하고 있다. 개호보험 시행 후 한동안 정부정책에 관여한 학자들로부터 '일본의 케어직은 세계 최고 수준을 지향한다'라는 말을 자주 들었다. 모든 케어직을 개호복지사라는 국가자격으로 배치한다는 비전이었다. 그러나 결국은 그 자격에 걸맞은 사회적 지위보장이 뒤따르지 않아 그 기준은 후퇴했다. 다만 케어직원을 가능한 한 개호복지사로 한다는 목표는 여전히 유지되고 있다고 본다. 일본 개호노동안정센터가 2020년에 실시한 실태조사에 의하면 개호직원 중 개호복지사의 자격을 가진 사람은 58.2%였다. 개호복지사가 된 후 최소 5년의 실천경험과 600시간의 수강을 필요로 하는 연수경력을 쌓으면 인정(認定)개호복지사가 되며 그들이 현장책임자 혹은 리더가 된다.

일본의 장기요양 혹은 장애인시설에서 돌봄노동을 시작하려 할 때는 어떤 자격도 필요로 하지 않는다. 다만 방문케어에는 최소한 '초임자연수'를 수료해야 한다. 초임자연수는 수강과 실습을 포함하여 최단 1개월 정도의 시간이 필요하다. 초임자연수 다음 단계의 연수가 '실무자연수'이며 약 6개월이 소요된다. 그 수료자에게 사회복지사 시험자격이 주어지는 데 시험에 합격하면 개호복지사가 된다. 요컨대 일본의 케어직은 '무자격자-초임자연수 수료자-실무자연수 수료자-개호복지사-선임개호복지사'로 되어 있고 선임개호복지사에 대한 사회적 인정 정도는 높다.

요양보호사단체 및 개개인의 역할

현 단계에서 볼 때 요양보호사는 전문직이 아니라는 평가가 더 많을 수 있다. 하지만 장기요양의 질을 높이려면 그들을 사회적 인정 수준이 높은 전문직으로 만들어 가야만 한다. 전문직 인식에는 임금 등의 노동조건도 작용하지만 직업 자체에 대한 문화적 선호도도 작용하므로 양자의 개선 노력이 필요하다. 전문직의 발전은 시간이 지남에 따라 자연히 이루어지는 것이 아니다. 그 소속 멤버의 직업윤리의 수준, 그리고 무엇보다 전문직 단체의 활동 여하에 따라 달라진다. 그렇기 때문에 **전문직이란 곧 전문직 단체**라고도 일컬어지는 것이다.

먼저 회원에 대해서는, 윤리강령을 정교하게 만들고 그 준수를 회원에게 강제하는 활동이 필요하다. 윤리강령 준수 수준이 높을수록 사회적 인정 수준도 높아지며 요양보호사에 대한 평판, 존경, 신뢰가 쌓인다. 다양한 커리어패스를 위한 연수제도의 개발도 필요하다. 요양보호사 자격 취득은 좋은 요양보호사의 출발점이라는 인식이 정착되도록, 회원에게 지식과 기술 습득 기회를 늘리는 것이 필요하다.

지역사회에 대해서는 요양보호에 관련된 사회문제나 사건이 발생하면 그에 대한 해결책을 제시하는 사회적 발언을 강화하고, 자신들이 인정 수준이 높은 전문직을 목표로 활동한다는 것을 끈기 있게 어필하는 것이다. 윤리규정에 어긋나는 행동을 한 요양보호사에 대해서는 강력하게 제재하고 그 내용을 공개하는 자세도 필요하다. 그러한 활동들은 요양보호사의 일에 대한 정당한 평가를 국가에 요구하는 근거가 된다. 정부에 요양보호사의 노동환경개선, 요양위원회 위원 보장 등의 요구를 당당하게 하기 위해서는 요양보호사 단체의 이상과 같은 노력이 없다면 불가능하다.

전문직에 대한 사회적 인정은 소속 회원 개개인의 성실한 윤리적 실천과 스스로의 개발노력 등에 따라 달라지지만 근본적으로는 개개인이 사회적으로 중요한 일을 하고 있다는 인식과 자부심을 필요로 한다. 예를

들어 실천 중의 요양보호사에게 “당신은 어떤 일을 하고 있습니까?”라는 질문을 했을 때 나올 수 있는 답은 다음과 같은 것들이다.

① 생계 유지를 위해 돈 벌고 있어요.
② 장래에 노인시설을 만들려고 현장경험을 쌓고 있어요.
③ 노인을 돌보아 주고 존엄한 생활을 지원하고 있어요.
④ 가족돌봄자의 돌봄 부담을 덜어주고 그들의 경제활동을 도와주는 일을 하고 있어요.
⑤ 국가의 노동력 수급을 원활하게 하는 일을 하고 있어요(=숙련 노동자가 육아 때문에 회사를 그만두는 일을 줄이기 위해 일합니다).

이상의 대답은 어느 하나 경시될 수 없는 것들이고 요양보호사의 사회적 역할은 그 대답 모두를 포함한다. 다만 기본적으로 중요한 것은 요양보호사 개개인이 돌봄의 사회적 역할을 포괄적으로 이해하는 것, 즉 자신의 일이 사회적으로 중요한 일이라는 것을 인식하고 또 그것을 기회 있을 때마다 사회를 향하여 표명하는 것이다. 나는 우리사회의 단단하기 그지없는 학력차별과 직업차별의 벽을 넘어서 요양보호사가 훌륭한 전문직으로 인정받는 그 모습을 보고 싶다. 그것이 우리사회의 질을 한 차원 높이는 계기가 될 것이라고 믿기 때문이다.

제6장 케어전문직의 윤리 : 의료전문직의 경우

전문직의 사회적 지위보장은 사회계약(=전문직과 사회의 계약)이라는 암묵적 합의에 기반을 두고 있다. 의사의 경우, 국가는 의사자격제도를 통하여 무자격자의 의료행위를 금지하여 의사의 업무독점을 보장한다. 대신에 사회가 의사에게 요구하는 것은 질 높은 진료, 전국민의 의료 니즈에의 관심, 환자에 대한 성실성, 상업주의의 억제 등이다. 이러한 관계가 국가와 전문직에 서로 도움이 된다는 합의가 사회계약이다. UN(2021)은 이 사상의 기원이 아시아, 아프리카를 포함한 전 세계에서 발견된다고 말한다.

의료전문직 발전에 관한 연구자들(Sylvia *et al.*, 2004)은 "의료전문직은 전문적 지위의 기원과 성격, 전문직 유지를 위한 의무를 반드시 알아야 한다"라고 강조한다. 이 지적대로 전문직의 본질은 오직 사회계약의 역사적 형성과정이라는 관점에서 바라볼 때 비로소 분명해진다. 이에 관해서는 전문직이 일찍부터 발전한 영국을 소재로 하여 의사가 사회적 인정을 획득해 가는 역사적 과정을 밝히고자 한다. 의료윤리는 의학분야의 전문적인 학회들이 다루고 있기 때문에 여기서는 전문직 본질 논의에 관련된 의료윤리만을 다룬다.

1. 의료윤리의 발전과 의사 퍼시벌

퍼시벌과 그 동료들

의료윤리 발전 논의에서는 영국의사 퍼시벌(Thomas Percival, 1740~1804)의 공헌을 빼 놓을 수 없다. 퍼시벌의 1803년 저서 『의료윤리』가 의료윤리 논의의 시작으로 간주되기 때문이다. 이 책자는 의사뿐만 아니라 의료에 관련된 모든 직업에 적용되는 자기규제와 직업윤리를 제시했다. 의료윤리(medical ethics)라는 용어는 퍼시벌에 의해 창안되었다는 선행연구도 있지만, 퍼시벌 이전에 이미 사용되고 있었다.[1]

퍼시벌의 활동과 저작은 의학사, 의료윤리연구, 도덕철학 분야에서 주목받아 왔지만, 사실 그는 사회과학 전분야가 보다 많은 관심을 가져야 할 인물이다. 왜냐하면 파시벌은 초기자본주의 수정의 효시가 되었던 공장법 성립에 결정적 역할을 했기 때문이다. 의료윤리 발전과 공장법은 동떨어진 주제처럼 보일 수 있다. 그러나 의료윤리는 모든 국민의 의료문제에 대처한다는 것을 언명한 것이고, 그 배경에는 의료에서 소외된 노동자층에 대한 관심이 있었기 때문에, 퍼시벌에게는 이 두 가지가 연결된 문재였다. 공장아동보호 운동이 의료개혁의 바탕이 되었다는 뜻이다.

퍼시벌의 사상형성에는 모교 스코틀랜드의 에든버러대학 학풍이 중요한 역할을 했다. 에든버러대학은 유럽에서도 손꼽히는 의학교육기관이자 근대의료 발전에 매우 중요한 공헌을 한 대학이다. 잉글랜드의 의사지망생들도 다수가 그곳으로 와서 수학했고 퍼시벌도 그중 한 사람이었다.

1 예를 들면 Thomas Gisborne, 1770; 왕립내과의협회, 1722 등. 그중에서도 John Gregory (1772)는 퍼시벌에게도 큰 영향을 미친 것으로 평가된다. 이에 관해서는 의료윤리형성에 큰 영향을 미쳤던 퍼시벌과 러쉬(Benjamin Rush), 그레고리(John Gregory) 3명의 의사의 업적과 이상을 폭넓게 소개한 Haakonssen(1997)을 비롯하여 Sara *et al.* (2018) 및 한희진 외(2016)를 참고한다.

대학은 내과 · 외과 · 약제의 구분 없이 의학에 필요한 공통강의를 제공했다. 그 졸업생들은 주로 내과 · 의과 · 산과를 담당하는 일반개업의가 되었는데 그들은 의료윤리 확립과 전반적인 의료개혁에 공헌했다(三時, 2003; 村岡健次, 1980). 그들 대부분은 의료에 종사하면서 문예 철학 과학을 연구하는 단체에 소속되어 높은 수준의 사회의식과 인문학적 교양을 갖추고 있었다. 또한 의료개혁 성향을 가지고 있어서 옥스포드나 켐브리지 출신의 보수성향 내과의와 상당한 갈등상태에 있었다. 이 대학에는 통계조사를 통한 사회문제 발굴에 관심을 가지는 학풍이 있었는데 인구문제에 관한 퍼시벌의 수준 높은 연구(1774)도 이 전통의 산물로 평가된다.

퍼시벌이 재학 중에 큰 영향을 받았던 에이킨(J. Aikin)은 신에 대한 인간의 의무, 인간 자신에 대한 의무, 그리고 타인에 대한 의무의 실천에서 요구되는 윤리의 원리 중 하나는 자연법이라고 가르쳤다. 그 의무들은 신의 명령에 의한 것이 아니라, 인간이 타고났다는 생각이다. 퍼시벌의 『의료윤리』는 이 세 가지 윤리 중 "타인에의 의무를 수행하기 위한 실천상의 윤리"(Haakonssen, 1997: 105)로서 고안된 것이었다.

당시 의사들이 주로 부유층 환자를 대상으로 삼았던 것과 달리 퍼시벌은 공업도시 맨체스터에서 개업하여 서민층 진료에 진력했다. 그의 사상형성에는 노동자 의료의 현장경험이 중요한 역할을 했다. 그는 철학과 문예에 관한 연구모임을 거듭하여 1781년에는 맨체스터 문예철학협회를 결성하는데 그 활동이 의료윤리 형성과 깊이 관련된다. 설립에 관여한 24명 중 14명이 의사였고 그중 9명은 퍼시벌을 포함한 맨체스터병원(Manchester Infirmary)의 의사였다고 한다(三時, 2003: 40). 후일 맨체스터병원에 근무할 때도 퍼시벌은 재택의료를 실시하는 등 독자적 의료를 개척했고 계층에 관계없이 환자 진료에 진력했다. 그는 의사가 경제적 탐욕에서 좀 자유스러워진다면 그것만으로도 사회는 더 좋아질 것이라고 말했다.

그는 진료과정에서 발견한 맨체스터의 노동자 급증과 그 열악한 노동

조건 및 빈곤실태를 저술활동을 통해 사회에 알리고 그 개선을 호소했다. 그 활동들은 의사가 귀족계급과 결탁한 사람들이 아니라 사회적 약자 등 국민 모두를 위한 직업이라는 인식을 대중에게 심어주었고, 의사의 사회적 인정을 높이는 데 공헌했다. 공장법 역사가 허친슨(1911)은 산업혁명기 음울한 시기에 미래 희망의 등불이 된 유일한 인물은 로버트 오웬이라고 평한 바 있다. 그 점은 수긍하지만, 그러나 나는 퍼시벌도 오웬 옆에 명기해도 손색 없을 인물이라고 생각한다.

사회개혁의 출발점, 공장법

오늘날 시장경제질서는 사회적 약자 보호를 위한 국가개입을 정당하다고 여긴다. 노동시간 규제, 사회보험 실시, 의무교육제도, 소비자보호 등은 근대시민사회 즉 자유방임적 자유주의의 근본적 수정을 통하여 달성된 것이다. 그 수정의 효시가 1802년의 공장법(=도제의 건강과 도덕유지에 관한 법률)이다. 아동과 여성 등 공장노동자의 심야노동금지, 노동시간제한, 공장의 창문설치 의무화 등을 규정한 법이다. 오늘날 사회법(노동법, 경제법, 사회보장법)은 공장법에서 비롯되었기 때문에 퍼시벌은 "노동기준을 향한 최초의 십자군"(Mcintyre, 2008: 136)이라고 불린다.

사회법 이전의 법, 즉 고전적 자본주의를 규율한 시민법은 아동을 포함한 모든 개인을 인격자(person)로 보았다. 그래서 인격자 사이의 경제활동(계약)에는 국가가 개입할 수 없다고 규정했다. 열 살 아동과 오십 대 공장주 사이의 계약도 국가가 보호해야 한다고 했다. 그러나 사회법은 개인 간에 실제적 힘의 불평등이 있는 현실을 인정하고 약자보호를 위해 계약내용을 규제했다. 오늘날에는 성인 간 계약도 현저한 불평등 상태에서 성립된 계약, 소위 황견계약(Yellow Dog Contract)은 무효라는 것이 상식이다.

현대복지국가에서 헌법이 규정한 건강하고 인간다운 생활의 보장을 위해 국가가 취하는 대표적 정책수단은 급여(benefit)와 규제(regulation)다. 급여는 현금이나 서비스를 필요한 사람에게 제공하는 것이다. 규제는 국민이 이용하는 다양한 서비스의 질을 보장하고 공공성을 실현하기 위해 국가가 서비스의 최저기준, 안전기준, 금지행위 등을 명시하고 사업자나 서비스공급자로 하여금 그것을 지키도록 강제하는 것을 말한다. 의료를 예로 들면 의료기관을 통해 국민에게 공적 의료서비스를 제공하는 것이 급여(현물급여=서비스)이며, 무면허자의 진료행위 금지, 의료보험수가의 적용 등이 규제에 해당한다. 이 규제의 첫 출발점이 공장법이다.

18세기 말이 되면 산업혁명의 폐해인 도시빈곤이 가시화된다. 밀집노동이 관행이던 면직공장에서는 전염병이 주기적으로 발생했다. 산업혁명기에 처음 등장한 공장은 동력을 얻기 쉬운 계곡 등 거주지역과는 동떨어진 산간지역에 설립되는 경우가 많았다. 그래서 도시의 구빈원에서 보호되고 있던 빈곤아동들이 집단적으로 공장에 동원되어 열악한 노동환경에 놓이게 되었다(박광준, 2002: 199-209). 맨체스터의 면직공장에서 1784년 전염성 열병이 발생하자 당국은 명망이 있던 퍼시벌에게 그 조사를 의뢰했다. 그 조사보고서에서 퍼시벌은 열병 발생의 원인을 면직공장 내의 밀집노동, 환기되지 않은 공기오염, 밀폐된 공간에서의 장시간노동에서 찾았다. 그리고 그러한 노동환경이 아동에게 결정적 악영향을 끼치고 있음을 알리고 그 개선을 호소했다.

하지만 아동노동환경은 크게 개선되지 않았고 열병은 계속 발생했다. 퍼시벌과 동료의사들은 1795년 맨체스터 건강위원회를 설립하고 아동노동에 관한 전면조사 후 유년기와 청년기의 적극적 휴식은 인간의 신체 발육과 체력 향상, 균형 잡힌 바른 성장에 불가결하다고 다시 호소했다. 퍼시벌의 권고안에는 다음의 사항들이 포함되어 있었다: "면직공장 내의 밀집노동의 개선, 아동의 신체발달에 악영향을 주는 대규모공장의 밀폐된 노동환경 개선, 아동에게 학업과 종교의 기회 제공, 양심적인 공장의 지원, 그리고 모든 공장에 적용되는 현명하고 인간적이며 평등한 아동보호 입법.” 이 권고들은 1802년 법에 거의 그대로 실현되었다. 당시 영국 최대의 방적공장의 공장주이자 서민원 의원이었던 필(Robert Peel)은 퍼시벌의 조언을 받아들여 공장법의 초안을 만들었고 그것이 반대없이 입법화되었던 것이다.

의료윤리 작성의 배경

이 시기는 공장 내 전염병 발생에 대처하여 병원이 설립되고 의료근대화가 시작되는 시기였다. 당시 영국 병원에는, 내과의(physician), 외과의(surgeon) 및 약종상(apothecary. 약사)이라는 세 개의 세력이 있었다.[2] 그들 각각의 재량권은 한정되어 있었지만 그들은 서로 심각한 갈등관계에 있었다. 제각각 재량권 획득과 직업적 우위를 추구했기 때문이다. 1789년 맨체스터에서 열병이 재차 유행했을 때 병원은 의료직을 두 배로 늘렸지만 전문직 간 내부분쟁으로 인하여 전염병 전문병동이 폐쇄되는 등 문제가 지속되었다. 이러한 상황에서 당국은 퍼시벌에게 의료직의 행동을 규제하는 행동규범 책정을 의뢰하게 되는데(Sara *et al.*, 2018; 한희진 외, 2016) 그것이 『의료윤리』 집필의 직접적 계기였다.

중세 이후 영국에서 의업에 종사하는 사람 중 조합에 의한 자격을 가진 사람은 위의 세 계급이었다. 내과의가 그 정점에 있었는데 그들 대부분은 옥스포드 등에서 대학교육을 받은 자로서 주로 왕족이나 귀족의 주치의였다. 내과의 자격은 헨리 8세의 칙령에 의해 설립된 왕립내과의협회(Royal College of Physicians of London, 1518)에 의해 주어졌다. 그들은 학위 유무에 관계없이 닥터라고 불렸으며, 적어도 이론상으로는 외과의가 행하는 수작업 치료는 하지 않았고, 약사처럼 상업에 종사하지도 않았다.

외과의는 병원에서 현장수련을 받는 도제를 경유하여 자격을 얻었는

2 1840년에 내과의는 회원 113명, 자격자 274명, 외과의는 2,800명, 약종상은 9,000명 이상이었다고 한다(多田羅, 1984: 146).

데, 그들은 주로 신체 외부의 상처나 피부질환 혹은 긴급의료에 대처했다. 외과의는 대학교육을 받지 않았고 내과의보다 지위가 낮았으며 미스터로 불렸다(지금도 영국에서는 외과의가 미스터로 불린다고 한다). 외과의의 지위가 높아진 계기는 제1차대전이었다고 한다. 대규모 희생자가 외과수술 의존도를 급격히 높였기 때문이다. 세 번째 세력인 약사도 외과의와 마찬가지로 도제와 병원 수련을 거쳤다. 하지만 그들은 주로 약을 매매하는 상업에 종사하면서 약의 조제와 처방, 일부는 빈곤층을 대상으로 개업의와 유사한 진료를 담당했다. 그들의 자격은 대부분 식량잡화상 길드에 소속되어 있는 약제상(양종상)조합에 의해 주어졌다.

세 계급 중 외과의와 약사가 일반인 의료에 보다 가까웠지만 기본적으로는 모두 상류계층에 봉사했다. 이러한 의료직 구분은 농촌지역에서는 명확하지 않았지만 도시에서는 엄격했다.[3] 그런데 18세기 말 각 지역에 병원이 설립되면서 병원 안에서 세 의료직이 마주하게 되자 갈등이 표면화된 것이다. 그 이후 내과의와 병원근무 외과의가 의사집단의 상부를 차지하고, 그 하부에 외과의와 약사가 개업하여 의료와 약제를 겸하는 이원체제가 일반적이 된다.

한편 콰크(quack)라고 불리는 무면허의사가 있었는데 그들은 농촌지역이나 빈곤지역에서 빈곤층 진료에 종사했다. 빈곤층 담당이라는 사회적 역할이 있었기 때문에 무면허라는 이유로 그들을 단속하기 어려웠다. 오히려 특허장을 발행하여 그들을 제도화하는 법률이 제정될 정도였다. 이렇듯 의료행위가 허용된 사람들은 엄격한 면허, 느슨한 면허, 무면허가 혼재되어 있었다. 기본적으로 면허 가진 자들은 무면허 의료행위를 규제하는 방향으로 움직였고 그것은 후일 의료윤리강령의 중요한 한 부분을 차지한다.

---

3 다만 식민지 미국에서는 그러한 구분 내지 차별이 거의 없어졌다고 한다. 그 이유는 영국 출신 의료인이라면 외과수술을 하든 약제를 처방하고 판매하든 의사로 인정하는 사회분위기 때문이었다. 그래서 미국에서의 의료직간 대립은 조합적 대립이 아니라 대부분 개인적이고 비즈니스적 대립이었다고 한다(Haakonssen, 1997: Chap.1).

의료윤리의 공식화와 그 영향

퍼시벌은 동료들과 논의를 거듭하면서 1794년에 의료윤리에 관한 초안을 출간한다. 특징적인 것은 의료행위를 법적 측면에서 검토했다는 점이다. 사실 그의 보고서 타이틀은 처음 「의료법제」(Medical Jurisprudence, 법의학)였는데 1803년 최종판이 간행될 때 의료윤리로 변경되었다.[4] 퍼시벌은 당시 선행 문헌들에는 의료전문직의 능력과 의무에 관한 구체적인 언급이 없었다고 말하고 있으므로, 의료행위에 대한 직접적인 행동규범의 제시는 그의 독자적 견해였다고 말할 수 있다. 다만 그가 말하는 의료윤리는 의료윤리라기보다는 의사의 에티켓에 가깝다는 비판적 논의(Leake, 1927)도 오래전 제기되었다. 리크는 양자를 다음과 같이 지적한다: "의사 에티켓은 의사에게만 관련된 일로서 직업상 예절의 원칙인 반면, 의료윤리는 환자와 사회 전체에 대한 의사의 동기와 의지에 관한 원칙이다. 퍼시벌의 책자는 후자의 성격이 약하다."

퍼시벌의 『의료윤리』의 영향은 미국의 의료윤리 형성에 큰 영향을 미쳤다는 논의가 많다. 하지만 영국 내의 영향도 절대적(Haakonssen, 1997)이었다. 이것은 비즈니스 세계에는 보이지 않는 전문직 특유의 의료윤리가 영국의 거의 모든 의사들에 의해 지켜졌다는 의미다. 의사의 윤리규범은 의사의 행위에 관한 것과 전체 지역사회에 대한 행위로 크게 나눌 수 있다(Webbs, 1917: 40). 그중 전자의 내용은 전문직 사이의 경쟁과 비판 금지, 개인적 광고선전의 억제, 무자격자 및 다른 전문직과의 결탁 금지 등이다. 이 윤리는 20세기 초 시점에 거의 확립되었다고 일컬어진다. 동업자 간 경쟁, 상품판매 촉진을 위한 광고선전, 무료상품의 제공 등은 비즈니스에서 용인되는 행위였지만, 의료윤리에서는 모두 금지행위로 규정되었다.

법률가, 건축가 등의 경우도, 자신의 이익을 위해 다른 조직에 일을 청부하는 것, 그리고 모든 형태의 커미션이 전문직 윤리에 반하는 것으로

---

4 『의료윤리』의 내용은 한희진 외(2016: 43-55)를 참고할 것.

규정되었다. 공식화된 보수 이외에 클라이언트부터의 편의나 이익 수취의 금지, 전문적 지위를 이용해서 클라이언트에게 손해를 끼치는 일의 금지는 지속적으로 강화되어 20세기 초에는 정착되었던 것이다.

그러나 의사가 전문직으로 확립된 20세기 초의 시점에서도 여전히 미해결 과제가 있었다. 그것은 '전체로서의 지역사회에 대한 의사의 윤리적 책임'에 관한 것이었다. 웨브(Webbs, 1917)는 전문직 조사연구를 통해 의료단체가 의사 및 환자의 이익을 지키는 데에는 어느 정도 성공을 거두었다고 판단했다. 하지만 전체적인 사회 니즈에 대한 책임은 과제로 남아 있다고 지적했다. 즉 국가 수준에서 어느 정도의 의료서비스가 필요한가, 전체적인 니즈에 가장 적절하게 대응하기 위하여 전문직 활동은 어떻게 조직되어야 하는가, 등에 대한 대응이 상대적으로 부족하다는 것이다. 나아가 웨브는 더욱 중요한 사항을 지적한다. 전문직 단체가 사회 전체의 니즈에 관심을 보이는 것이 소속 멤버의 활동에 대한 자율권뿐만 아니라, 보다 높은 사회적 인정의 획득으로 이어진다는 점이다. 이 점은 오늘날 한국사회에 시사하는 바가 크다.

2. 의료전문직의 윤리적 책임 논의와 사회적 태도

의료전문직의 역사적 동향에서 중시해야 할 것은 두 가지다. 하나는 의료전문직의 윤리책임 문제다. 이에 대해서는 의학관련학회에서 이미 많은 선행연구들이 나와 있다. 다른 하나는 의료전문직의 사회적 태도인데, 특히 **공공의료보험이나 환자의 권리선언 등에 대해 의사단체가 어떻게 반응했는가**를 살피는 것이다. 사실 서구복지국가 중 의료보험 도입 및 그 운영방법을 둘러싸고 찬성과 반대라는 격렬한 대립을 거치지 않은 나라는 거의 없다. 의료보험은 강제 가입이 전제가 된다는 점, 보험수가의 적용으로 의료인의 보수가 제도화되는 측면이 있다는 점 등 의료체제에 대한 의사의 자율성이 약화되는 것은 사실이다. 그래서 의사단체는 그것이 의사의 자율성을 억제한다는 이유로 반대하는 경향이 있었다. 의료보험에 대한 찬반은 의사단체와 소비자단체 중 누가 먼저 조직화되었는가에 의해서도 달라진다.

의료윤리의 국제적 동향

전 세계 의사의 비영리기구 연합체인 세계의사회(WMA)가 결성된 것은 1947년의 일이다. 그 공식적 목적은 의학, 의술, 의학교육 및 의료윤리에 측면에서 국제적 수준을 가능한 한 높이고 세계의 모든 사람을 위한 의료실현에 노력하면서 인류에 봉사하는 것이라고 되어 있다.

세계의사회는 제2차대전 중 활동이 중지되었던 의사의 국제조직을 재건한다는 의미가 있었다. 그래서 초기부터 의료와 관련된 나치의 범죄 및 거기에 가담한 의사 문제에 특별한 관심을 가졌다. 인체실험, 장애인과 불치환자에 대한 대량 살상, 우생학을 빌미로 한 강제적 단종시술 등이 그것이다. 세계의사회 초기 활동 중 가장 두드러진 것이 의료윤리 수준 향상을 위한 활동이었던 것도 이러한 역사적 경위 때문이다. 세계의사회의 공식적 입장은 선언이나 강령의 형태로 공식화되고 그것이 국제적인 영향력을 가진다. 그 연혁을 정리하면 다음과 같다.

세계의사회가 채택한 최초의 선언은 1948년의 제네바선언이다. 이것은 의사의 양심적 약속으로서 전해 오던 히포크라테스 선서를 시대적 조류에 맞게 고친 것이다. 이것이 오늘날 「히포크라테스 선서」로서 흔히 활용된다.[5] 1969년에는 환자 사망 후의 비밀준수가 추가되었다.

5 우리말 번역의 전문은 신동원(2000)을 참고할 것. 신동원에 의하면 이 번역은 당시 대한의학협회 부회장의 요청을 받은 양모 교수에 의해 이루어진 것으로 되어 있다. 아쉬운 점은 그 문체다. 첫 문장은 "이제 의업에 종사할 허락을 받으매 나의 생애를 인류봉사에 바칠 것을 엄숙히 서약하노라"로 되어 있다. 마치 점령군의 어투처럼 들린다. "… 엄숙히 서약합니다"라는 문체로 바꾸는 것이 상식적이라고 생각된다.

1949년 세계의사회는 국제의료윤리강령(International Code of Medical Ethics)을 채택했다. 이것은 의사의 일반적인 의무와 환자에 대한 의무, 의사 상호 간의 의무를 열거하고, 의사는 제네바선언의 내용을 준수해야 한다고 규정했다.

다음으로는 1962년 작성되어 1964년 개정된 헬싱키선언이다. 이것은 인간을 대상으로 하는 생명윤리 연구에 종사하는 의사를 위한 권고 성격의 선언이다. 1970년에는 헬싱키선언을 수정하여 'informed consent'(설명과 동의, 사전동의, 충분한 설명에 근거한 동의)의 개념을 삽입한 「헬싱키선언」(1975년 도쿄 수정)이 채택되었고, 그 후에도 약간의 수정이 거듭된다. 이 책이 중시하는 세계의사회의 문서는 1981년에 채택된 「환자의 권리에 관한 리스본선언」(Declaration of Lisbon on the Rights of the Patient, 1981)인데 그 권리는 다음과 같이 열거되어 있다(필자 요약).

① 자유롭게 자신의 의사를 선택할 권리
② 누구의 간섭 없이 자유롭게 임상적 윤리적 판단을 행하는 의사의 진료를 받을 권리
③ 충분한 설명을 들은 후 치료받을 권리, 혹은 치료 받지 않을 권리
④ 의사가 환자에 관해 알게 된 모든 비밀을 지킬 것이라고 예측할 권리
⑤ 존엄하게 죽을 권리
⑥ 종교 성직자 등에 의한 정신적·도덕적 위안을 받을 권리, 혹은 받지 않을 권리

미국의 경우

퍼시벌이 제창한 의료윤리는 곧바로 미국에 영향을 미쳐서 19세기 초부터 미국의 다양한 지역에서 의사의 자주적 행동강령으로 이어졌고 미국의사협회(AMA)의 「의료윤리강령」(1847) 작성으로 이어졌다. 환자에 대한 의무, 동료에 대한 의무, 대중에 대한 의무라는 원칙은 퍼시벌의 원칙

을 거의 그대로 옮긴 것이라고 일컬어진다.

미국 의료윤리의 확립과정은 한희진 외(2016)가 자세하다. 미국에서 의료윤리의 발전도 늘 순조로웠던 것은 아니다. 의사양성이 급속하게 확대되던 때 의사의 자율적 통제를 강조한 플렉스너보고서(1910)는 의사회의 권위와 윤리기준의 확립에 크게 기여했다. 비록 의사들의 반대도 있었고 기준 미달의 다수 의과대학이 문을 닫는 등의 문제를 겪었지만, 결과적으로 의사교육의 질이 확보되었고, 의료계가 회원들에 대한 통제와 보호를 행하며 의학지식의 획득에 관련된 특권과 책임을 동시에 진다는 의료자율규제가 확보되었다.

미국 내과학회(ABIM. 홈페이지 참고)는 일련의 전문적 책임으로서 열 가지의 헌신과[6] 더불어 의사의 윤리적 책임으로서 다음의 세 가지 기본 원칙을 제시하고 있다.

① 환자의 복지 우선의 원칙: 환자의 이익에 봉사한다는 원칙. 이타주의는 의사 환자관계의 신뢰에 공헌하며, 시장화나 사회적 압력은 이타주의에 위협이 된다는 것
② 환자의 자율성의 원칙: 부적절한 치료에의 요구가 아니라면 환자 자율성을 존중할 것. 환자에 대한 성실, 충분한 정보의 제공, 윤리적 관행에 의한 치료 결정
③ 사회정의의 원칙: 의료자원의 공평한 분배, 의료제도의 정의를 추진할 의무, 인종이나 성별 등 사회적 범주에 의한 차별을 없애는 것에 적극적일 의무

6 ① 전문적 역량에의 헌신, ② 환자에 대한 정직성에의 헌신, ③ 환자의 비밀보장에의 헌신, ④ 환자와의 적절한 관계유지에의 헌신, ⑤ 케어의 질 향상에의 헌신, ⑥ 케어의 접근성 향상에의 헌신, ⑦ 한정된 자원의 공정한 배분에의 헌신, ⑧ 과학적 지식에의 헌신, ⑨ 이해충돌의 관리에 의한 신뢰의 유지에의 헌신, ⑩ 전문직적 책임에의 헌신

흔히 미국은 의사회가 공적의료보험 도입에 반대하는 경향의 대표적인 나라라고 알려져 있듯이 전국민의료보험에 일관해서 반대해 왔다. 제2차 대전 중에는 많은 젊은이가 신체검사에서 합격되지 못하는 것이 문제시 되어 전후에 공공의료의 도입이 시도되었다. 그러나 여론은 그것이 연방정부의 권력 확대로 이어지는 것을 우려했다. 종전 후 1946년 선거에서 작은 정부를 지지하는 경향의 공화당이 상하 양원의 다수당이 된 것도 그러한 사회분위기를 반영한다.

그 후 민주당이 다수당이 되고 트루먼 대통령이 의료보험을 도입하려 했을 때 가장 큰 반대세력은 미국의사회였다. 공적 의료보험은 곧 사회주의 의료라고 간주되었기 때문이다. 그리고 이어진 냉전체제에서 전국민의료보험의 추진은 어려웠다. 전후의 경제호황과 고용주가 제공하는 의료의 확대, 그리고 민간보험의 확대도 공공의료보험 성립의 걸림돌이었다. 미국의사회는 당초 민간보험 역시 의사의 독립과 자율을 위협하는 것으로 여겼다. 그러나 입장을 바꾸어 민간의료보험의 확대를 지지하고 민간보험의 전국민가입을 지지했다. 다만 공적의료보험에 대한 강한 반대입장은 바꾸지 않았다. 그 후 고령자를 위한 메디케어와 빈곤층을 위한 메디케이드만이 성립한 채 전국민의료보험은 실현되지 못하고 있다. 지금도 국민의 15% 정도가 의료보험이 없는 상태라고 알려져 있다.

일본의 경우

일본은 근대국가 성립(1968) 후 서양의학을 전면 도입하고 한방(漢方)의료는 인정하지 않았다. 에도시대에 의사라는 직업은 승려와 함께 신분제 밖의 직업이었다. 즉 어떤 신분이라도 의사가 될 수 있었다. 또 의사는 공식 자격을 필요로 하지 않았기 때문에 의사의 제자가 되거나 독학하는 방식으로 의사가 되었다. 각 번(藩)은 의학교를 설립하여 의사를 양성했다. 1868년 메이지유신 직후 번이 설립한 지방의학교가 33개, 정부설립

의학교가 4개 있었다고 한다(新村, 2002). 한편, 에도시대에도 유일한 개항지 나가사키(長崎)를 통하여 일찍부터 서양의학이 도입되어 있었다.

메이지정부는 의료문제를 치안문제로 여겨서 정신병이나 치매 등에는 경찰이 깊이 관여하여 집 밖에 나오지 못하게 하거나 아니면 정신병원에 입원하게 했다(新村, 2002). 일본은 서양학문을 도입할 때 학문분야별로 국가를 지정하여 도입했다. 의학은 독일의학이 채용되었다. 1871년 '대학동교'(大学東校, 현 도쿄대학 의학부)에 독일인 의사가 채용되어 독일어를 통한 근대적 의학교육이 시작되었다.[7] 그 후 의사의 자격제도가 통일적으로 시행되었는데, 의사의 전문화가 이루어지자 의사는 동업자 간 협정가격을 설정했다. 그것은 매우 고액이었기 때문에 저소득층이 이용하기가 어려웠다. 이 시스템이 일제시대에 한국으로 도입된다.

일본은 2차대전 중 중국에서 인체실험을 행하는 전쟁범죄를 저질렀지만 전후 그에 관련된 의료인에 대한 책임추궁은 없었다. 오히려 그 책임자가 의료계 지도자가 되는 경우마저 있었는데, 이 문제는 지금도 의료계 내외에서 비판이 제기된다. 일본의사회는 전후 임의가입단체가 된 후 1951년에 「의사의 윤리」를 제정한다. 1960년대에는 주로 미국을 중심으로 한 환자 인권옹호, 환자 자립과 자기결정권, 설명과 동의의 존중 등의 영향을 받은 의료개혁이 진행되었다. 1980년대에는 독자적 의료윤리의 모색이 시도되고 의사의 윤리 개정작업이 진행되어 2000년 새로운 「의료윤리」(명칭은 「医の倫理」)가 책정되었다. 그리고 2004년에는 이 윤리에 근거하여 의사의 직업윤리지침이 작성되었고 그 후 두 차례 개정이 있었다(표 6-1).

7 법학의 경우도 독일 법학이 국립학교에 도입되고, 영국법이나 프랑스법은 사립학교, 후일 추오(中央)대학, 호세(法政)대학 등에 맡겨졌다(石田, 1984).

표 6-1 일본 의료윤리강령(医の倫理綱領)

의학 및 의료는 병자의 치료는 물론 사람들의 건강유지 혹은 증진을 도모하는 것으로, 의사는 책임의 중대성을 인식하고 인류애를 기초로 모든 사람에게 봉사한다.

① 의사는 평생학습의 정신을 가지고 항시 의학 지식과 기술의 습득에 노력함과 동시에 그 진척과 발전에 진력한다.
② 의사는 이 직업의 존엄과 책임을 자각하고 교양의 심화와 인격의 고양을 마음에 새기며 생활한다.
③ 의사는 의료를 받는 사람들의 인격을 존중하고 친절한 마음으로 접함과 동시에 의료내용에 관하여 설명하고 신뢰를 얻도록 노력한다.
④ 의사는 서로 존경하고 의료관계자와 협력하여 의료에 진력한다.
⑤ 의사는 의료의 공공성을 중시하고 의료를 통한 사회발전에 진력함과 동시에 법규정의 준수 및 법질서의 형성에 노력한다.
⑥ 의사는 의업에 임하여 영리를 목적으로 하지 않는다.

한편, 일본의학교육학회는 의사의 자질과 능력에 관한 검토를 거듭하면서 의사라는 전문직에 포함되는 자질과 능력을 제시하고 지속적으로 수정하고 있다. 2024년의 견해를 정리한 것이 표 6-2이다.

표 6-2 일본 의학교육학회가 제시하는 의사의 자질과 능력(2024년*)

① 사회에 대한 사명감과 책임감: 의사는 의사면허의 사회적 사명을 자각하고 또한 공적인 사회자원과 다수의 무상 지원을 받아 육성되었다는 것을 인식하고 사회의 니즈와 변화에 관심을 가지면서 의사로서 업무와 학문연마를 계속하여 동료와 후진을 지원
② 환자중심 의료의 실천: 다양한 인간관계와 감정을 가진 환자를 이해하고 공감과 친절, 환자의 자율성 존중에 근거한 지원, 안전한 의료 제공. 여기서 환자란 의료기관 수진자 및 그에 관련된 사람들, 스스로 의료기관을 찾지 못하는 지역주민, 의사표시/소통이 불가능한 사람들을 포함함
③ 성실함과 공정성의 실현: 사회인의 예절과 법령 준수는 물론, 의사로서의 성실과 공정성을 보여주어야 하는데, 공정성이란 평등한 의료의 제공, 설명책임, 비밀보장, 편견과 차별의 극복과 협동
④ 다양한 가치관의 수용과 기본적 가치관의 공유
⑤ 조직과 팀의 리더, 멤버로서의 역할 수행
⑥ 탁월성의 추구와 생애학습
⑦ 자기관리와 커리어 형성

* プロフェッショナリズム部会報告(2024)
자료: 필자 요약 작성

보건의료정책을 관장하는 중앙정부인 후생노동성은 「의학교육모델 코어커리큘럼」을 제시하고 계속적인 수정을 행함으로써 의료윤리 교육에

대처하고 있다(『医学教育モデル・コア・カリキュラムの考え方』, 2023년 개정판). 이것은 의학교육 커리큘럼 중 모든 대학이 추진해야 할 핵심부분을 추출하여 그것을 모델로서 정리한 것이다. 각 대학의 의학교육은 수업시간의 3분의 2 정도를 모델 코어커리큘럼에 할애하고, 나머지 3분의 1 정도는 각 대학의 교육방침에 따라 자율적으로 편성하도록 하는 것이 그 취지다. 일본사회가 요구하는 의사상을 지향하는 이 모델은 의사의 자질과 능력으로서 다음의 10개 항목을 설정하고 그 각각에 대한 세부적인 내용을 제시하고 있다: ① 프로페셔널리즘, ② 환자와 생활자를 종합적으로 보는 자세, ③ 생애에 걸쳐 함께 배운다는 자세, ④ 과학적 탐구, ⑤ 전문지식에 기초한 문제해결 능력, ⑥ 정보와 과학기술을 활용하는 능력, ⑦ 환자케어를 위한 진료 기술, ⑧ 커뮤니케이션 능력, ⑨ 타 직종과의 연계 능력, ⑩ 사회에서의 의료 역할의 이해.[8]

일본의 공적의료보험은 1920년대부터 도입이 시작되는데 당초 일본의사회는 그에 반대했다. 그러나 전후가 되면 방침을 바꾸어 공적의료보험의 확충을 지지한다. 일본이 전국민의료보험을 달성한 것은 1961년이다. 지금의 일본의사회의 의료보험에 대한 공식입장은 다음과 같다(일본의사회 홈페이지): "전국민보험은 세계에 자랑할 수 있는 제도다. 그것이 일본이 세계 최장수국이 된 원인이다. 민영화는 전국민보험 시스템의 붕괴로 이어지므로 그에 반대한다."

환자의 권리선언 공표에 대해서는 소극적이었던 것으로 보인다. 1984년 「환자의 권리선언」(안)이 작성된 이래 지역 차원에서 권리선언이 행해지

8 각 항목에는 자세한 설명이 있다. 예를 들면 ① 프로페셔널리즘에 대해서는 "사람의 생명에 깊이 관계하고 건강을 지킨다는 의사의 직무와 책임을 충분히 자각하고, 다양성과 인간성을 존중하며 이타적 태도로 진료에 임하면서 의사로서의 길을 추구해 나가는 것"이라고 해설되어 있다. 또한 ⑩ 사회에서의 의료 역할의 이해에 대해서는 "의료는 사회의 일부라는 인식을 가지고, 경제적 관점, 지역성의 관점, 국제적인 시야를 가지면서 공정한 의료를 제공하고 건강의 대변자로서 공중위생의 향상에 노력하는 것"이라고 해설되어 있다.

고 있다. 일부에서는 1991년에 「환자의 권리를 규정하는 법률」의 제정안이 제시되어 그 후 개정이 이루어지고 있다. 그보다는, 병원협회가 1994년에 '설명과 동의: 병원의 기본자세'를 발표한 것과 일본변호사회의 대응이 보다 주목되는 것 같다.

일본변호사연합회(이하 일변연)는 1992년 「환자의 권리 확립에 관한 선언」을 채택했다. 그 취지에 대해서 일변연은 의료과실에 관한 재판에 관여하면서 환자보호의 필요성을 인식했다는 것, 의료에 관련된 인권침해는 근절이 필요하다는 것, 장기이식이나 뇌사를 둘러싼 생명윤리 문제에 대한 기본적 인권보장이 필요하다는 점을 강조한다. 그리고 일변연이 지금까지 의료 관련 사건이 발생하면 그에 대한 공식적인 의견서를 발표해 왔다는 사실을 상기시킨다. 그동안 일변연은 전시 중에 일어난 의사의 범죄에 대한 반성이 없다는 것, 진료에 대해 의사가 사적으로 사례를 받는 등 의료계에 잔존하는 비윤리적 관행을 엄하게 비판해 왔다.

한국의 경우

대한제국이 1900년에 반포한 「의사규칙」에서 의사는 한의사뿐이었다. 다만 의사명부가 존재하지 않아 그 10여 년 후에도 의사등록이 어려웠다고 하므로(박윤재, 2005: 304) 의사등록은 제도화되지 않은 채 근대를 맞이했던 것으로 보인다.

한국의 근대적 의료제도나 의사자격제도 등은 일본으로부터 이식되었다. 일본은 한방의를 인정하지 않고 있었으므로 한국의 한방의는 일제시대에 의생(医生)이라는 명칭의 보조의사 수준의 자격이 되었다. 한의사가 공식화되는 것은 1951년의 국민의료법 제정에 의해서다. 일본의 의사진료 협정가격은 높게 책정되어 있었기 때문에 일반인이 의사진료를 받는 것은 매우 어려웠다. 그리고 그러한 상황은 1977년 의료보험제도가 도입될 때까지 이어졌다. 1972년 시점에서 허정(당시 서울대 보건대학원)은 한국인의 의료이용 실태에 관하여 다음과 같이 말한다(『경향신문』, 1972.8.21.): "한국 환자 가운데 치료를 받는 사람은 40~50%, 이 가운데 현대의료 혜택을 받는 사람은 20% 정도다."

한국에서 의료윤리의 명문화과정에 대해서는 신동원(2000)의 자세한 연구가 있다. 1955년 이후의 두드러진 동향은 다음과 같이 요약된다.

- 1955년 「제네바선언」의 번역과 소개
- 1961년 대한의학협회 차원의 윤리강령인 「의사윤리」의 채택
- 1965년 「의사윤리」의 대대적 개정
- 1979년 「의사의 윤리」 채택(=탈권위의 시동)
- 1997년 「의사윤리선언」과 「의사윤리강령」의 채택(=권리에 입각한 의사윤리 제정)

신동원(2000: 199)은 1997년까지 한국의 의사윤리 발전과정은 "거시적으로 볼 때 외국 것의 단순 적용에서 국내상황을 반영하는 것으로, 의사의 의무를 강조한 가부장적 의료윤리에서 환자의 권리에 입가한 민주주의적 의사윤리로, 의학의 발달이 가져온 생명윤리적 문제를 담는 것으로 발전했다"라고 하면서 그것은 **견고한 "인술"이데올로기를 탈피하는 과정**이었다고 평한다.

현재 의사의 직업윤리와 관련된 학회로서는 한국의료윤리학회와 한국의학교육학회가 있다. 의사윤리지침은 2001년 제정되어 2006년 및 2017년에 개정되어 공개되어 있다. 다만 대학에서 의료윤리를 공식적으로 교육한 것은 비교적 늦다. 맹광호(2003)에 의하면 가톨릭의과대학이 1980년에 의학과 4학년 1학기 교육과정에 「의학윤리」의 교과목을 개설한 것이 그 처음이라고 한다.

한국은 공적 의료보험제도를 1977년에 도입 시행했다. 조합주의를 기본으로 하는 일본모델의 도입이었으므로 공무원 및 사립학교 교직원, 직장인, 지역민을 대상으로 구분한 삼원구조였다. 하지만 2000년에 완전

히 통합되어 국민건강보험이 성립했다. 공공의료보험이 도입될 때, 미국이나 초기 일본의 경우와 같이 의사협회나 병원협회가 그에 반대했는지를 살펴보자. 결론부터 말하면 정부의 보험안이 국회에서 거의 그대로 통과되었고 의사단체나 병원단체는 공적의료보험 도입에 반대하지 않았다. 의사단체 등은 도입된 제도의 세부 내용을 자신들에게 유리하도록 하는 활동에 주력했다. 게다가 사용자집단은 의료보험도입으로 인하여 재정부담이 무거워짐에도 불구하고 반대하지 않았다(손준규, 1981; 양재진 외, 2008). 의료계 그리고 사용자단체의 이러한 반응은 당시 박정희 정부의 권위주의적 성격이 크게 작용한 결과라고 보아야 할 것이다.

다음으로 보아야 할 것은 환자의 권리 선언 움직임에 대한 의료계의 반응이다. 한국에서 환자권리선언의 움직임은 1985년에 시작되었다. 환자에게는 존중받을 권리와 의료비와 진료내용을 알 권리가 있음을 거기에 명시하려고 했다. 환자권리선언은 미국은 1975년 일본은 1984년 병원측과 각계 대표가 주축이 되어 마련되어 상당한 효과를 발휘하고 있었다. 한국에서는 소비자보호를 연구하는 시민단체에 의해 이 안이 마련되었는데, 그 취지에 대해 시민단체 대표 김동환변호사는 다음과 같이 말한다(『동아일보』, 1985.6.26. 기사요약): “의술은 더 이상 인술이 아니며 의사-환자 관계는 계약관계로 변하고 있다. 고도의 전문가인 의료인과 비전문가인 환자가 형평의 원칙에 따라 호혜적 관계를 유지하고 건강하게 살 인간의 기본 권리를 실현하기 위해 이 선언을 마련하게 되었다.”

그런데 10개 항으로 이루어진 이 권리선언이 실제로 선포되는 것은 5년이 지난 1990년 9월 3일(『경향신문』, 1990.9.3)이다. 그 이유는 대한의학협회와 대한병원협회가 환자권리선언에 공식적으로 반대했기 때문이다. 환자권리선언 10개 항 중 상당 부분이 사회적 여건과 의료계 실정을 도외시한 점이 많다는 것이 그 이유였다(『경향신문』, 1985.7.25). 병협은 의료계 권익보호를 위해 대책소위원회를 구성하고 의협과 공동보조를 취했다. 의료계는 그 선언이 “구미선진국과는 여건이 다르고 선진국에서도 공식화되어 있지 않은 환자권리선언을 직수입하는 것"이며, 의사와 환자의 갈등을 심화해서 오히려 의료행위에 장애를 초래할 것이라고 밝혔다. 나아가 "환자의 의무도 규정해야 한다"라고 하여 이 권리선언에 반대했다.

한편 1993년에는 당시 연세의료원장 김일손이 주축이 되어 10개항으로 된 「환자권리장전」이 선포되었다(『경향신문』, 『동아일보』, 『조선일보』, 1993.3.8./9).

3. 한국의 역사문화적 풍토와 의료윤리

조합주의 전통의 부재

한국에서 의료단체나 의료윤리의 상황을 논의하려면 적어도 다음의 두 가지 역사문화적 배경을 고려할 필요가 있다. 먼저 한국은 조합주의의 전통을 가지고 있지 않다는 사실이다. 서양의 의료전문직은 대부분의 직업이 그렇듯이 길드라고 불리는 직역조합이 그 활동의 바탕이었다. 그들은 다른 직업들과 경쟁 속에서 자신들의 독점적 이익을 추구했다. 그 과정에서 자신들의 이익만을 지나치게 추구하면 오히려 화가 미친다는 사실도 학습했다. 일본도 직인들이 조합을 결성하여 집단적 이익을 보호하고 자율성을 확보하는 조합주의 전통을 가지고 있다. 그러나 한국은 그와 다르다. 한국은 3원구조로 된 일본의 조합주의 의료보험을 도입했지만 짧은 기간에 모두 통합했다. 외부에서 이식된 제도 중 한국의 사회문화와 양립하지 못하는 제도는 곧 소멸함을 보여주는 사례다.

오늘날 복지국가 논의에서 코포라티즘과 깊이 관련된 이러한 풍토는 한국 역사전통에서는 존재하지 않았다. 적어도 조선시대부터 극도의 각자도생 사회였다. 인격과 실력, 평판의 측면에서 어디에도 내세울 수 있는 사람을 추대하여 단체의 지도자로 옹립하고, 그 지도부를 중심으로 대외 문제에 대처하는 생활양식이 보이지 않는다는 뜻이다. 따라서 협회나 학회 리더의 대표성이 약하며, 직능대표에게 문제가 생기면 그것을 리더 개인의 문제라고 인식하는 경향이 있다. 조직 성원들의 의견수렴이 어려운 것도 그 때문이다. 당연히 정부나 다른 직종과 갈등이 발생할 경우 그 외부적 대처능력에 한계를 가질 수밖에 없다.

의료윤리가 곧 자율성 확보라는 인식의 부족

영국 의사들이 의료윤리를 확립하고 면허제도를 만들려고 했던 목적은 다름 아닌 자신들의 자율성 확보였다. 하지만 한국은 높은 진료비를 보장하는 의사등록제가 일제에 의해 주어졌다. 전문가주의를 자주적으로 획득한 것이 아니었다는 의미다. 그래서 의사에게 전문가주의의 "회복"이 필요하다는 의견이 나오면 "한국에서는 원래 의료 전문가주의가 확립된 적이 없다"(류화신, 2007: 177)라고 지적되는 것이다. 과거에 없었다면 회복이 있을 리 없다. '의료는 돌봄능력을 회복할 수 있을까'(김창엽, 2022: 187)라는 문제 제기에 대해서도 위의 지적이 유효하다고 본다.

한국의료계에 의료윤리가 자신들의 자율성 확보의 조건이라는 인식이 희박한 것에는 바로 영미의 경험과는 다른 이 같은 역사문화적 경위가 있다. 또한 그것이 오늘날 의사의 낮은 사회적 인정의 배경을 이룬다. 면허제도에 의해 의사의 특권이 보장된다는 인식이 희박하며, 면허제도를 의사집단을 통제하기 위한 수단으로 인식되는 경향이 있다. "면허제도는 국가의 필요에 의해 위로부터 도입되었고 직업전문성에 대한 숙고없이 타율적 방식으로 주어진 것"(김휘원 외, 2016)이라는 생각이다.

신동원(2000)의 고찰대로 2000년 전까지 한국의료윤리는 바람직한 방향성을 보였다. 문제는 그 후다. 2006년 의사윤리지침의 개정에서는 윤리위원회 관련 항목이 전면 삭제되었다. 이 조항이 부활된 것은 2017년이다. 박석건 외(2018)가 지적하듯이 그것은 자율규제는 고사하고 자율징

계마저 버리는 태도였다. 이러한 움직임이 의료전문직에 대한 국가통제를 스스로 불러들이는 자해행위임을 알아차리지 못했던 이유는, 의협 지도부에 전문직 형성의 역사이해와 전문직 철학이 현저히 결여되어 있었기 때문이라고 나는 생각한다. 그렇기 때문에 오늘날 의료문제에는 최근 25년 기간의 의사협회 지도부의 책임이 매우 크다고 보는 것이다.

전문직의 자율적 규제가 무력하면 반드시 강력한 국가개입을 불러온다. 「의료법」이 대한의사협회 중앙윤리위원장에게 의료인에 대한 자격정지처분 요구권을 명시한 2011년 이후 2015년까지, 중앙윤리위원회가 의료인의 자격정지 처분을 요구한 건수는 2건이었다. 이에 비해 보건복지부 장관의 행정처분은 같은 기간 중 3,231건에 달했다(김휘원 외, 2016). 이것은 의사사회의 놀라울 정도로 낮은 준법의식을 보여주는 한편, 회원에 대한 의협의 자율규제가 거의 완전히 작동 불능임을 보여 준다. 2015년의 행정처분 1,592건 중에서 1,236건이 리베이트라고 불리는 부정부패였다.

법은 도덕의 최소한이다. 사회유지를 위해 필요한 도덕률 중 도저히 허용해서 안 된다고 판단되는 최저한의 도덕수준을 규정한 것이 법률이다. 따라서 법 준수는 국민의 최저한의 의무일 뿐, 그것이 반드시 도덕적으로 정당한 수준이라는 의미가 아니다. 아동학대죄를 범하지 않는다는 것이 곧 좋은 부모의 의미가 아니라는 이치와 같다. 보통 사람들은 법률보다는 더 높은 도덕률을 가지고 살아간다.

그러므로 전문직의 윤리기준은 법률보다는 물론 일반국민보다 높은 수준이 기대된다. 만약 의사단체가 의사에 대한 사회적 인정 수준을 높이려면 조직의 내외부에 있는 다음과 같은 과제를 해소해야 한다. 즉 조직 내부적으로는 법률보다 훨씬 높은 도덕률의 의료윤리기준을 모든 의사들에게 철저히 지키도록 하는 것이다. 그리고 외부적으로는 높은 도덕률에 기초한 의료실천을 사회성원에 적극 알리고 의료와 관련된 사회문제의 개선을 위한 적극적 발언을 거듭하는 것이다.

현실은 어떤가? 실제의 의료윤리는 오히려 법률 수준에도 미치지 못한다. 의사가 환자를 수면 마취하여 강간하는 사건이 있었고 징역 7년의 판결을 받았는데 그에 대한 의협의 제제는 2년 자격정지였다. 이 문제와 관련하여 의술을 이용한 극도의 악행자에게도 평생 의사자격을 보장하는 의협의 행태를 비판했던 한 여성정당인에게 의협 간부는 “미친 여자”라고 욕설했다. 또 2024년 9월 현재 의협회장은 기소된 의사에 유죄판결을 한 판사에게 “이 여자 제정신인가”라고 공격했다. 의협의 사회적 발언은 국민의 사회적 인정 수준의 변화에 직접적 영향을 준다. 나는 장기려 박사가 높여 놓은 의사의 사회적 인정 수준의 몫을 이 의사협회장 한사람이 모두 까먹었다고 판단한다. 사람들은 그런 발언을 쉽게 잊지 않기 때문이다.

국민과 환자 바라보기

의협의 사회적 태도가 곧 의사전문직의 사회적 태도다. 우리사회에 비교적 질 높은 의료가 제공되고 있는 것은 많은 개별 의사의 적절한 실천이 있다는 증거다. 그러나 전문직이란 결국 전문직 단체다. 그 점에서 2024년 의협의 의사소통 수준과 전략을 본다면 정말 어이없을 정도로 미약하다. 무엇보다 의협의 언행에는 정부만 있고 국민이 없다. 의료전문직의 특권과 자율성을 보호해 주는 것은 높은 사회적 인정 수준이며, 그것은 국민의 납득을 필요로 한다. 그러므로 의협은 그 어느 때보다도 국민을 향하여 발언과 실천을 보이는 것이 중요하다.

일본도 의사면허가 국가로부터 주어진 경우다. 그러나 의사에 대한 사회적 인정 정도는 한국과 매우 대조적이다. 나는 의학자나 현역 의료인이 참여하는 ‘케어 공생 인권’에 관한 공동연구를 수년간 수행하면서 일본의 의료사정에 관해 직접 보고 듣는 기회가 비교적 많다. 일본에서는 10여 년 전부터 아동빈곤문제가 큰 사회적 의제가 되었는데 그 시기 나

와 교류하는 소아과의사 그룹이 전국의료기관을 통하여 행한 아동빈곤에 관한 조사결과를 발표하는 심포지엄을 열은 적이 있다.

교토(京都)에는 대학이 많기 때문에 대학컨소시움이 교통이 편리한 곳에 많은 회의실을 가진 큰 건물을 마련하여 학술활동의 장을 제공하는데 그곳 대강당이 심포지엄 장소였다. 일요일 오후인데도 회의장이 만원이었다. 중고년의 청중이 대부분이었는데 그들이 누군지 궁금했다. 그런데 마지막 종합토론 시간에 어느 반백발의 사람이 손을 들고 심포지엄 참관의 감상을 말했다. "나는 소아과 개업의인데 지금까지 아이의 병세가 악화된 후 병원에 오는 경우를 많이 봐 왔다. 그러면 나는 '왜 좀 더 일찍 오지 않았어요?'라며 보호자에게 쉽게 나무랐다. 하지만 오늘 아동빈곤의 실태를 보면서 많이 반성했다. 앞으로 그런 환자 보호자를 만나면 '혹 진료비 문제로 어려움이 있습니까?'라는 질문을 가장 먼저 하겠다."

심포지엄 후 주최 측에 주된 참가자들이 누구였냐고 물었더니 "교토 근처 소아과 개업의와 소아과의 중 근무 없는 사람들은 거의 대부분 참가한 것 같다"라고 답했다. 소아과 의사가 아동빈곤에 관심을 가지는 것은 전혀 당연한 일일 수 있지만 나는 내심 놀랐다. 그리고 의사의 열화(劣化)에 대한 목소리가 적지 않은 일본에서도 한국보다 의사의 사회적 인정 수준이 매우 높은 이유의 일단을 수긍했다. 일본 의사의 연소득은 어떤 통계를 보아도 한국보다 상당 수준 낮다. 아동이나 노인 정신장애인에 대한 학대 문제도 의사에 의해 발견되는 경우가 많다. 그러고 보니 1950년대 말 일본사회를 뒤흔들었던 환경병 미나마타병(水俣病, 수은으로 인한 질병)도 처음 문제제기를 한 사람은 의사였다. 문제 발견자, 대변자는 전문직의 사회적 사명이다.

영국의 의료사를 보더라도 결국 국민만을 바라보는 직업이 사회적 인정을 받는다는 사실을 잘 보여준다. 절대왕정기에 내과의는 왕실의 주치의라는 권력을 활용하여 약제상에 대한 내과의협회의 감독권을 제도화했다. 내과의가 식료품조합의 일원이었던 약제상에 언제든 출입하여 약품을 검사하고 문제가 있으면 폐기를 지시할 수 있는 권한을 부여한 것이다. 그것은 오랫동안 내과의와 약사의 갈등 원인이 되었다. 약사에 대한 사회적 인정이 높아진 계기는 의약 갈등이 고조되던 1660년대 페스트가 크게 유행했을 때, 대부분의 내과의가 환자를 버리고 피신했던 것과 대조적으로 약사들은 환자를 지켰던 일이었다(多田羅, 1984: 145). 그 당시 서민들은 약제상을 닥터라고 불렀다고 한다. 약제사들이 염원했던 의사(의업) 자격을 손에 쥐게 된 것은 1815년 약종상법(Apothecaries' Act)에 의해서이지만, 그것은 약사집단이 국민만을 바라보는 모습을 보임으로써 실현되었던 것이다.[9]

4. 의료전문직에 대한 사회적 기억과 전문직 단체

전통사회 및 일제치하의 의사상

서양의학이 처음 도입되는 것은 구한말이다. 조선시대에는 전의감에서 주관하는 의과시험이 있어서 합격자는 궁중의료기관인 내의원에 소속되어 국왕을 비롯한 왕실의 의료문제에 대처했다. 그 수는 한정되어 있었고 일반백성과의 거리는 멀었다. 다음으로 대부분 중인 출신이었던 사설 의원들이 있었는데, 그들의 생계는 기본적으로 진료비에 의존했으므로 지불능력이 없는 백성들이 이용하기는 쉽지 않았을 것이다. 국립 의료기관인 활인서나 혜민서를 통한 무료의료가 있었다고 하지만, 일반백성들은 대부분 약초나 민간요법으로 의료문제를 해결했을 것이다. 진료받기

9 아이러니하게도 약종상은 이 법에 의해 공식적으로 의사 자격을 얻었지만, 그 직후부터 쇠퇴의 길을 걸어 내과의에 복속되며, 그것이 영국에서 의약분업의 형태가 되는 것 같다. 거기에는 "약종상은 상인이다, 의사윤리와 '상업윤리'는 양립할 수 없다"라고 내과의협회가 집요하게 공격한 것도 작용했지만, 약종상 스스로가 약을 버리고 의료적 지식을 택한 것이 원인이라는 해석도 있는 것 같다.

가 어려웠기 때문에 의사는 존경받는 전문직이라는 이미지가 아니었다고 본다. 개항 이후 오늘에 이르기까지의 의료인에 대한 사회적 태도는 어떠할까?

구한말이나 일제치하의 문학작품에 등장하는 의사상은 가난한 환자에게 차가운 사람이라는 이미지가 대부분인 것 같다. 일제시대 이식된 높은 진료비 체제는 서민의 이용을 어렵게 했다. 대인관계에서 상하질서에 극히 집착하는 우리의 사회문화를 생각한다면 그 시대 의사의 태도에서 환자 우선을 기대하기는 어려울 것 같다. 1970년대의 의식조사에서도 "의사와 변호사는 허가 낸 도둑놈"이라는 말에 대부분의 국민이 동의하고 있었다.

해방 시점에서 조선총독부 재무국장으로 오랫동안 재직했던 미즈타(水田直昌)는 일제치하의 한반도 상황에 관한 방대한 구술자료(朴光駿, 2022)를 남겼다. 사실성이나 객관성에서 사료적 가치가 높은 자료다. 그는 해방 직후의 한반도 분위기를 다음과 같이 구술했다: "조선 민중들은 일본인 교육자, 의사, 종교인에 대해서는 호의적이었고 오히려 다른 조선인들의 폭력으로부터 그들을 적극적으로 보호하려고 했다. 다른 한편, 총독부 직원이나 경찰에 대해서는 말할 것도 없고, 일본인 민간인에 대해서도 극히 적대적 태도를 보였다. 그동안 그들이 한 짓을 생각하면, 그 적대행동은 당연했다고 생각한다…."

일본 민간인은 대부분 고리대를 통하여 치부하고 있었고, 말하자면 제국의 첨병이었기 때문에 그만큼 조선민중의 적대감이 컸다는 것이다. 그런데 식민지 민중들이 일본인 중 유독 교육자, 의사, 종교인에 대해서만은 호의적이었다는 것은 어떻게 해석해야 할 것인가? 교육자와 종교인의 행위는 본래 금전을 매개로 한 행위가 거의 없기 때문이라고 치자. 그러나 의사의 경우는 그 이유를 찾기 어렵다. 그들이 가끔은 무료진료를 행했을 수는 있겠으나, 통상은 높은 진료비를 받았을 것이다. 조선민중의 눈에는 그 의료비가 수긍할 만한 수준이었거나 혹은 일반적 일본인과는 다르다는 느낌을 받았거나 하는 것이 그 배경이 아닐까 추측할 뿐이다. 일본에서도 메이지 출생(明治生. 1868년부터 1912년 사이에 태어난 사람)은 정말 본받을 것이 많았다고들 한다. 대다수 국민은 그 옛날의 의사가 오늘날 의사보다 사회적 사명감이 높았다고 평가하는 것 같다.

최근 나는 공동연구 멤버인 한 의사로부터 '촉쿠비'(直美)라는 용어를 아느냐는 질문을 받은 적이 있다. 의사커뮤니티의 유행어, "바로 미용외과"의 앞 글자를 딴 용어였다. 의사가 되자마자 바로 돈이 잘 벌리는 미용외과로 직행하는 의사 혹은 그 세태를 말하는데, 이전에는 상상할 수 없었다고 한다. 일본 의사커뮤니티 내부에서도 의료윤리 쇠퇴풍조를 자조하는 장면이 많아지는 것으로 보인다.

공적 의료보험 이전의 사회적 기억

그 후의 상황을 보자. 1970년대까지 의료관련 신문기사에는 비정인술(非情仁術)이라는 용어가 많이 등장한다. 이 말은 당시 치료비 없는 환자를 외면하는 병원이나 의사를 지칭하는 말로 적어도 매스컴에서는 널리 사용되고 있었다. 때로는 인술폭력이라고 표현되었다. 그에 관한 보도기사의 일단을 보자(『경향신문』, 1972.8.8., 『조선일보』, 1972.8.9): "산모인 김씨(30세)는 남편 부재 시에 산통을 느껴 왕진을 요청했으나 거절당하고 H대학병원에 갔다. H대학병원에서는 200원의 진찰권을 끊으라고 했지만 산모가 170원밖에 없다고 하자 의사는 다른 병원으로 가라고 했다. 그 후 시립병원 두 곳에서 거절당하고 결국은 동행인이 경찰에 도움을 요청하여 동부시립병원에서 밤 11시가 넘어 입원했다. 다음날 새벽에 제왕절개 수술을 받았지만 아이는 사산했고 산모는 중태다."

이에 대해 보건사회부 장관은 8월 10일 국민의료관리에 관한 행정명령(보사고시 16호)을 발령하여 "모든 의료기관은 구급을 요하는 환자에 대해 이유 여하를 막론하고 응급조치를 취할 의무"를 지웠다. 이 명령을 어긴 의료기관의 책임관리자 또는 이에 직접 관련된 의료인에 대해서는 3개월 이상 2년까지의 자격을 정지하는 강력한 행정처분이었다. 한편 일련의 사태에 대한 서울시 등의 고발로 인해 의사 9명이 입건되었고 그중 8명은 고용된 의사였다. 당시의 보도에 의하면 고용의에게는 입퇴원 권한이 없었고 병원은 재정문제를 앞세웠기 때문에, 개별 의사가 의료윤리로 그에 대항하기 어려웠다. 의사만 처벌하는 것은 문제가 있다는 여론을 의식해서인지 8월 11일 보건사회부장관은 그 행정명령의 시행세칙에 "구급환자의 진료를 거부했을 경우, 해당 의사는 물론 병원의 장에 대해서도 자격 정지"를 명시하여 처벌범위를 넓혔다.

확실히 당시의 의료환경은 의사윤리만을 강조하기에는 너무 열악했다. 공적 의료보험이 도입되지 않았고 국공립병원의 응급의료에서도 지불능력 없는 환자에 대한 무료진료 예산도 부족했다. 그러한 요인들은 정부의 의료정책과 제도에 결함이다. 대한의학협회와 병원협회는 인술거부에 대해서는 사과했지만 일부 의사들의 행위를 마치 전체 의료인의 행위인양 과장하고 행정명령을 발동한 것에 항의하고 그 철회를 요구했다(『경향신문』, 1972.8.11).

당시 여론은 의사에게 적대적이었다. 다만 의료계 원로 김동익의 인터뷰를 소개하면서 의사 입장을 알리려는 기사도 있다(『동아일보』, 1972.8.14). 그는 이미 법제화되어 있는 공적 의료보험의 조속한 실시, 무료환자 진료를 위한 예산지원 등을 촉구했다. 그리고 "만약 의료기관에서 구할 수 있는 생명을 구하지 못하는 사태가 일어난다면 그것은 의사와 행정당국의 공동책임"이라고 지적했다.

의료전문직 단체의 역량

나는 2024년 10월 초 의협에서 의사의 적정규모를 어떻게 제시하고 있는지를 알아보던 중, 의협의 의료정책연구원이 주최한 정책포럼을 접

했다. 두 개의 발제와 4인의 토론 등 2시간여의 내용은 모두 유튜브에 공개되어 있다. 그런데 나는 첫 발제자 권복규(한국의료윤리학회장. 당시직함)의 '현 의료사태 과정에서 나타난 국가권력의 문제'를 보고 크게 실망했다. 형편없이 낮은 학문성과 반지성적 관점의 발표였기 때문이다. 그 발표가 정부의 의사집단에 대한 억압적 태도를 비판하는 문맥 속에서 준비된 발표라는 점을 감안하더라도 그렇다. 그는 연구자이므로 발제내용 중 몇 가지만 지적하기로 한다.

권복규는 모두에서 기원전 1750년경의 함무라비법전의 규정 즉 의사가 안과 수술을 해서 성공적으로 치유하면 귀족일 경우 은10세켈, 자유민은 은5세켈, 노예는 은2세켈의 보상을 받는다는 규정을 소개한다. 그리고 그것은 국가가 공정가격을 정한 것, 의사에게 진료를 받으면 돈을 지불해야 한다는 규칙을 정한 것이라고 말한다. 그런데 이 당연한 규칙이 2024년 한국에서는 완전히 이해되고 있지 않아서 국가도 의사가 환자에게 봉사해야 하는 사람으로 잘못 이해하고 있다고 주장한다.

몇천 년 전의 외국 법전을 들고 나온 것은 그렇다고 치자. 그 법전의 취지는 의사가 의료의 대가로서 '그 이상 돈을 받아서는 안 된다'라는 것을 규정한 것이지 진료비지불을 강제한 것이 아니다. 법의 취지란 원래 그런 것이다. '눈에는 눈'이라는 이 법전의 규정도 복수를 당연시하는 것이 아니라 '피해를 본 정도 이상의 보복을 해서는 안 된다'라는 것을 규정한 이치와 마찬가지다. 키케로의 『노년론』(천병희 역, 2005)에 등장하는 킹키우스법(기원전 240년 호민관 킹키우스에 의해 제정된 법) 등도 변호인이 의뢰인으로부터 일정금액 이상을 받지 못하도록 한 것이다. 어쨌든 의학 특히 의료윤리는 이미 많은 인접학문과 관련 속에 있으므로 외부세계와 대화하기 위해서는 사회과학이나 철학에 관한 최소한의 상식을 갖추도록 조언한다.

정부가 의사를 봉사직이라고 여긴다는 것도 전혀 객관적 사실과 맞지 않다. 의사의 소득은 우리사회뿐만 아니라 세계적으로도 최고 수준이다.

물론 그것은 어디까지나 평균적 수치이므로 모든 의사의 소득이 높다는 의미가 아니다. 대학에서 후진을 양성하고 진료에도 임하는 교수는 이와 별개로 생각해야 할 것이다. OECD(*Health at a Glance*, 2023)에 의하면 한국 의사의 연간 평균소득은 19만 2천 달러(구매력평가)며 비교국가들 중 2위와 3위인 네덜란드와 독일을 누르고 최고다. 개업의는 평균소득의 6.8배 소득, 근무의는 4.4배로 평균소득과의 격차는 양자 모두 비교 33개국 중 가장 높다.[10] 이것은 무엇을 의미하는가? 한국은 공적건강보험을 운영하면서도 의사가 세계최고 수준의 소득을 올릴 수 있도록 보험수가를 정하고 있다는 뜻이다. 국가가 의사의 높은 소득을 보장하고 있다는 것, 그것이 객관적 사실이다.

의료자원의 균점을 지향하는 국가정책을 '의사의 직업 선택의 자유 및 거주 이전의 자유를 침해하는 것'이라고 주장하는 것은 정말 어이없을 정도로 천박해서, 암담한 심경이 된다. 토론자 중에도 그와 유사한 주장이 있었다. 그 정책포럼 중 귀담아들을 만한 것은, "의사나 병원이 사회에서 지탄 받을 일, 부정청구 등은 하지 말아야 한다… 대통령부에 사회복지수석이 있는데 이런 상황이라면 의료수석이 만들어질 필요가 있지 않는가?"라는 문제를 제기한 어느 토론자 의견이었다.

권복규는 환자-의사 관계는 기본적으로 누군가가 개입할 수 없는 사적인 관계인데 국가가 개입하면서 문제가 발생했다고 말했다. 사람과 사람의 관계를 사회적 관계로 파악하고 약자를 보호하기 위해 국가가 개입하기 시작한 것은 이미 200여 년 전의 공장법이라는 것은 앞서 기술했다. 무엇보다 일상적으로 이용하는 건강보험 그 자체가 국가개입이다. 만약 누구도 환자-의사 관계에 개입하지 못하게 하려면, 그 방법은 지극히 간단하다. 의사나 병원이 건강보험가입 환자를 일체 받지 않으면 된다.

---

10 참고로 일본(厚生労働省「医療経済実態調査」)의 경우, 2020년 근무의(기업규모 10인 이상 의료기관에 근무하는 의사) 연평균소득은 1,428.8만 엔, 개업의는 2021년 2,699만 엔이다. OECD 자료에 의하면 한국의 의사평균소득도 일본의 개업의 수준을 상회한다.

그가 주장하는 '사적 관계에 누구도 개입하지 않는 자유로운 의업'이란 어떤 모습인가? 18세기에 국민의 3% 정도인 왕실이나 귀족에 기대어 살던 시대의 의업에서는 국민으로부터 존경받는 의사상보다는 귀족의 신뢰를 얻는 것이 중요했다. 의사자격자의 독점적 진료행위를 보장하는 면허제도도 없었다. 조합을 만들어 조합원에서 자격증을 주면 그것으로 의업을 행할 수 있게 했던 사회였다.

의사 파업이 '의사'에게 주는 영향

2024년에는 의사파업이 장기간 지속되었다. 계기가 된 것은 정부의 필수의료정책 패키지와 의대입학정원 2,000명 증가에 대한 의사집단의 반발이었다. 전공의의 사표는 개인적 선택이지만 단체행동이므로 환자의 권리도 고려해야 하는 정부는 전공의의 선택의 자유를 제한하고 있고 그 사이에 의사단체와 정부의 감정의 골도 깊어 졌다. 양자 모두 대안 찾기가 극히 어려워졌고 그동안 환자 불편은 물론이요 의학도에게도 피해가 미칠 것이 우려된다.

싸움은 양자를 손해보게 하는 행동이다. 다만 인기 없는 정부와 대통령은 의료문제에 관한 한 국민의 지지가 있다고 판단하고 더 이상 손해볼 것이 없다고 계산했을지 모른다. 원래 정부정책의 실행 시기 선택은 근본적으로 정치적 행위다. 한국 관료주의의 행태가 권위주의적이고 방관적이라는 사실은 새삼 지적할 것도 없다. 정부의 잘못을 거론하자면 끝이 없으므로, 주로 의사협회의 과제만에 한정해서 두어 가지 지적해 두고 싶다.

의사의 집단행동은 지난 2000년 의약분업을 둘러싸고 일어나 형식적으로는 정부의 일시적 양보를 얻어냈다. 그런데 그 양보는 의협의 입장에서 볼 때 성공적이 아니었던 것 같다. 그 3년 후에는 "의사들의 구겨진 자존심"(정유석, 2004)이라는 말이 나오듯이 정부의 강력한 규제와 제약이 가해졌기 때문이다. 2024년 파업에서도 '정부는 의사를 이길 수 없다'라는 말이 의사집단 내부에서 공공연히 제기되었다. 2000년의 파업을 승리라고 생각하는 것이다. 대안을 제시하지는 못하지만 자신들의 이익에 반하는 정부정책을 저지할 힘은 가지고 있다는 자세다.

의사의 집단행동은 과거 여러 나라에서 드물게 있었고, 내가 살펴본 관련연구 범위 내에서 본다면, 파업기간 동안 환자의 사망률이 높아진 증거는 없다. 그러나 그것은 어디까지나 평균치다. 사회적 공평은 공리주의적 관점을 경계한다. 공리주의는 전체적인 행복의 합을 중시할 뿐 개개인의 행복격차에 관심이 적다. 설령 환자의 평균사망률이 악화되지 않았다고 하더라도, 의료현장에서는 형용할 수 없는 불안과 고충을 겪는 환자와 가족들이 결코 적지 않음을 무겁게 받아들여야 하는 것이다. 나는 의협 스스로가 **집단행동이 의사의 사회적 인정에 장기적으로 어떤 영향을 남기는가**를 성찰해 보기를 권하고 싶다.

캐나다에서 공적 의료보험의 전국도입이 시도되던 1970년 그에 반대하는 의사들의 집단파업이 있었다. 그 직후 오랫동안 캐나다 의료계 발전에 공헌했던 원로 의사 맥그리거는 그 파업의 영향에 관하여 통찰적 견해를 제시한 적이 있다. 의사파업은 다른 산업계 분규와는 달리 일반 대중에게 직접적인 영향을 준다. 그런데 그는 의사 파업의 눈 앞 성공 여부와 관계없이, **파업 그 자체가 의사 자신들에게 심각한 손해를 입혔다**고 지적했다(Mcgregor, 1971: 1139)(강조는 인용자). 그 손해란, 의사들이 입은 트라우마도 있었지만, 무엇보다 '자비로운 의사라는 이미지에 심각한 손상이 있었다'는 것이다. 한 마디로 의사에 대한 국민의 사회적 인정이 낮아졌다는 뜻이다.

한국의 현재 인구당 의사수는 OECD국가 중에서 최하 수준에 속한다. 정부는 그 수를 늘리려고 한다. 그런데 그에 반대하는 의협은 적정한 의사수가 어느 정도인가에 관한 과학적 견해조차 제시할 실력을 갖추지 못했다. 정부정책에 과학적으로 반박할 실력, 국민을 설득할 수 있는 실력을 갖추고 있지 못한 것이다. 의사파업이 국민에게는 기득권자의 거부권 행사로밖에 비추어지지 않는 것도 무리가 아니다. 의협은 현재의 의료문제가 의사수 부족에 있지 않다고 판단할 수 있다. 만약 그렇다면 그 판단의 과학적 근거를 제시하고 정부가 태도를 바꾸도록 정부와 더불어 국민을 설득하는 자세를 보여야 한다.

전문직의 입장은 결국 전문직 단체의 활동에 의해 결정된다. 그렇기 때문에 전문직 단체는 "정부 및 관련 전문직에 대해 현명하게 협상해야 하고, 협상 중에 공익이 무시된다면 전문직의 신뢰도 손상, 그리고 결과적으로 의료계의 손실을 초래할 수 있음을 직시하고, 비윤리적 의사에 대한 징계는 엄격하고 개방적이어야 한다"(Sylvia *et al.*, 2004)라고 지적되는 것이다.

현실은 어떤가? 수천 건에 달하는 의사의 리베이트수수 문제에 대해서 사과와 반성과 대책을 내놓기는커녕 행정처분을 부당한 처사라고 반발했다. 사회적으로 중요한 발언도 거의 내놓지 않다가 직접적 이해관계가 걸린 일이면 집단이기적 발언을 쏟아내는 행태가 이어진다. 앞의 강도영 부친 사망 사건과 관련해서도 전문직 단체 수준의 발언은 보이지 않는다. 나는 2024년 10월 시점의 의협지도부는 도덕률과 대화능력 및 철학의 결핍에 있어서 아마도 문명국 최저 수준이라는 생각이 든다. 양심적 의료실천을 묵묵히 행하고 있는 의사들에게는, 의사단체 지도부 구성에 좀 더 관심을 가지고 좀 더 신중한 선택을 해 달라고 당부하고 싶다.

2024년 의협 지도부를 포함하여 지난 20여 년간의 의협은 '사회의 전체적인 니즈'에 대한 관심을 보이지 않았다고 생각된다. 웨브(Webbs, 1917)가 백년 전 서구의 의료전문직의 과제라고 말했던 바로 그 문제다. 사회 전체의 의료니즈에 관심을 가진다는 것은 어떤 것인가? 고소득-저리스크 영역에 의사가 몰리고 필수의료와 지역의료에 의사가 부족한 현실을 직시하고, 그 대안에 대한 사회적 발언을 지속하는 것이다. 필수의료에 대한 의료보험수가를 높여야 한다는 제언도 그 예가 될 수 있을 것이다.

5. 허준은 태도다

장기려라는 사표(師表)

영국 산업혁명기 아동착취노동의 음울한 사회에서 한 줄기 희망의 빛이 되어 준 의사가 퍼시벌이라면, 비정인술 신문기사가 줄줄이 나오던 1970년대 한국의 우울한 의료현실 속에서 희망의 빛이 되어준 분이 장기려였다. 나는 부산에 살면서 1980년대 중반부터는 부산시민으로서 내세울 수 있는 자랑이 무엇인가를 질문받으면 서슴없이 '장기려 박사와 같은 도시에서 사는 것'을 들었다. 나에게 부산은 장기려를 보유한 도시였다. 지금도 부산진역 옆의 청십자병원 자리를 지나거나, 송도 근처만 가도 자연히 그를 기리는 마음가짐에 숙연해진다.

수 년 전에 어느 중년 사회학 교수와의 이야기 중에 그가 "저는 무슨 중요한 일이 생기면 꼭 장기려기념관을 한 번 들려본 후 결정합니다"라는 말을 듣고 그 교수를 다시 보았다. 나는 1980년대에 청십자의료보험 조사에 참가한 적이 있어 그 일로 장기려 박사를 한 번 그것도 잠깐 뵌 적이 고작이다. 하지만 그분은 항상 나의 귀에 대고 "좀 더 용감해"라고 격려해 주신다. 장기려 자신의 저서와 전기, 논문, 보도자료 등을 참고하여 그의 생애를 간략히 소개한다.

장기려는 1911년 평안북도 용천 출생이다. 경성의전 수학 후 나고야(名古屋) 의과대학에서 박사학위를 받고 귀국하여 평양의과대학 등에서 교수로 일했다. 김일성대학병원 외과과장일 때 그의 수술을 받은 김일성이 그를 치하한 모양이다. 장기려는 환자라면 지위나 여건 등을 분별하지 않고 최선을 다할 뿐이라고 응답했다. "만약 여기 누워있는 사람이 내가 아니라 이승만이라도 그랬을 거냐"라는 김일성의 물음에는 한 치 망설임

없이 "그렇다"라고 대답했다고 한다(『국민일보』, 2009.3.22). 그는 6.25전쟁 중 차남만을 데리고 월남했는데 그것이 부인 및 가족 일부와 평생 이별이 되었다. 그는 "사랑은 떠나 있을 때도 영원하다"라며 혼자 살면서 청빈한 의료실천을 관철했다. 남쪽에서 어려운 사람을 위한 의료실천은 곧 북한에 있는 가족을 돌보는 것과 같다고 그는 말한 적이 있다.

교육자로서 후진들에게 당부한 것은 "예수 그리스도의 마음을 가지되 의료문제는 과학으로 해결하라"였다. 의료윤리와 실력, 그 두 가지를 강조한 것이다. 그는 한국 최초로 간절제수술에 성공하는 등 뛰어난 역량을 가진 의사였다. 6.25 때 부산 영도에서 시작했던 진료소는 미군으로부터 얻은 세 장의 천막으로 만들었다. 영양이 부족한 가난한 환자에 대해, 병원 측에 '이 환자에게 닭 두 마리 값 지불'을 요구한 것이 그의 처방전이었다. 그는 1968년 한국 최초의 민간의료보험인 청십자의료보험을 저렴한 보험료로 시행하여 영세민의 의료보장에 큰 이정표를 만들었다. 전술한 그의 의사 지망 동기를 포함해서 그의 말이 알기 쉽고 그 뜻이 명확히 전해지는 것은, 그의 윤리적 의료실천 때문일 것이다.

송도복음병원은 퇴직 시에 명예병원장인 그를 위해 병원 옥상에 20평짜리 옥탑방을 마련해 주었다. 그는 송도바다를 보며 남긴 시에 "슬플 때 볼 바다가 있다"라는 것을 만족한 삶의 예로 들었다. 한때 정부는 이산가족 상봉 시에 북한에 있는 가족 재회를 제안했지만 그는 고사했다. 특혜와 형평성이 그가 든 고사 이유였다고 알려져 있다. 그런데 그의 본심은 어땠을까? '내가 북에 가서 아내와 자식을 만난다면 죽어도 다시 헤어져 남쪽으로 돌아오지 않을 것'에 있었다고 나는 짐작한다. 사망 후 무궁화 대훈장에 추서된 것은 우리사회가 그에게 보여야 할 감사표시의 최소한이었다.

케어전문직을 꿈꾸는 사람이라면 부산 초량 언덕에 있는 장기려기념관을 방문해 보고, 또 그가 친히 붓으로 쓴 "聖山三訓"(성산은 장기려의 호)을 새기기를 권한다. 나는 처음 이 글귀를 보았을 때 ("사랑의 동기가 아니면 말을 삼가하라, 옳은 것은 옳다 하고 아닌 것은 아니다 하라"와 함께 세 번째로) "문제의 책임은 자신이 져야 한다"가 제시되어 있음이 일견 의외였지만 곧 수긍했다. "장기려가 성자가 아니면 세상에 성자는 없다"라는 많은 보도 매체가 행한 간명하고 적절한 평가다.

허준을 그리워하는 이유

의사는 의료분야의 지도적인 전문직이므로 관련 전문직과의 협업에 핵심적 지위와 책임을 가진다. 그동안 의협은 CT기기 등 특수의료장비의 사용을 둘러싸고 한의사와 면허영역으로 인한 갈등을 보였다. 약사법상 의약분업을 계기로 약사와 격한 대립을 겪었다. 지금은 간호법제정을 둘러싸고 간호협회와 대립하고 있다. 의료윤리의 중요한 부분이 관련 전문직과의 협력이라는 것은 새삼 들먹일 것도 없다. 권복규의 말을 그대로 옮겨보자. "우리는 조선 후기까지 직업으로서의 의사를 가져본 적이 없다… 허준이란 사람은 의과를 보지도 않았고 음서로, 벼슬아치들에게 아부해서 특채로 내의원에 들어간 사람이다…".

이것은 중대한 명예훼손 발언이다. 그러나 더욱 우려할 것은 서양의학만이 최고고 의사만이 최고라는 그 노골적으로 배타적인 사고와 태도다.

위안을 제공해 주는 것은 예를 들면, 한센병 의사 채규태(2019. 국립소록도병원)와 신동원(1999)이다. 채규태는 전통의학서인 『향약집성방』과 『동의보감』에서 한센병을 어떻게 보았는가를 자세히 소개하고, 그것에 현대의학적 의견을 더해 기술한다. 신동원은 허준의 『벽역신방』(1613)을 분석하여 그것이 성홍열에 관한 동아시아 최초의 보고서라고 위치지운다. 이들 연구는 우리 의료의 어제를 과학과 접목하여 해석하고 그래서 오늘과 미래를 점치게 해 주는 노력이다.

허준은 태도다. 국민들이 허준을 그리워하는 이유는 환자나 질병에 대해 보인 그의 성실한 태도 때문이다. 그의 성실성의 바탕은 신동원(1999:

145)이 기술하듯이 "질병을 엄밀하게 변증하여 원인을 모색하고 처방을 내렸던 그의 의학적 방법과 태도"다. **과학적으로 접근하고 병자를 정중히 대하는 높은 의료윤리를 가진 의사**가 그리운 것이다. 허준의 칭찬은 곧 서양의학의 폄하라고 여기는 것, 의사와 가장 가까이 있는 전문직인 한의사를 대하는 눈이 그러한데, 어떻게 다른 전문직과의 협업을 기대할 수 있겠는가? 권복규의 발표자료에서 사진으로 소개되어 있는 에든버러 의사회관도, 그것은 건물이 아니다. 그것은 에든버러의 정신이자 그들의 의료에 대한 진지한 태도다. 만약 에든버러 의료관계자들이 이 천박한 학술발표에 자신들의 건물사진이 이용되었음을 안다면 크게 분개할 것임에 틀림없다고 나는 확신한다.

장기려도 태도다. 노후에 장기려를 친부모와 같이 돌보아 주었다고 하는 초량의 그 분은 더 없이 감사하다. 하지만 나는 장기려가 노후에 살 집을 가지고 그럭저럭 살림을 꾸려가는 좀 평범한 노후였으면 더 좋았을 것을, 그렇게 생각한 적이 한두 번이 아니다. 만약 그가 보다 현실적인 청빈을 보여주었다면 더 많은 의학도가 장기려 되기에 도전하지 않았을까, 라는 그런 부질없는 욕심이 들기 때문이다.

제 7 장

케어사회의 인간상과 사회상

케어사회의 인간상과 사회상

어떤 사회가 케어적 인간을 양성하는가? 이 물음이 이 장의 관심사다. 케어 컬랙티브(정소영 역, 2021)는 케어에 무관심한 사회에서 탈피하여 보편적 케어라는 새로운 이념을 실현하려 한다면, 무엇보다 다양한 **케어문제에 효과적으로 대처해 온 선행 사례들의 발굴**을 먼저 해야 한다고 지적했다. 우리들이 목표로 삼는 케어사회도 미증유의 생활양식이 아니라 많은 선구적 실천사례 속에서 발견할 수 있다는 것이다. 그 사례들은 우리들에게 케어사회에 관한 성찰을 보다 구체적이고 현실적으로 하게 한다. 그리고 케어실천을 보다 많이 목격할수록, 아니 케어라는 용어를 보다 많이 사용하는 것만으로도 케어하는 인간이 될 가능성이 커질 수 있음을 보여준다. 이 장은 그 사례들을 선정하여 소개한다.

다른 한편, 반(反)케어적 생활양식이 확산되지 않도록 하는 것에도 주의를 게을리 할 수 없다. 시장원리는 케어영역에서도 가장 효율적인 해결책이 될 수 있다는 생각은 위험하다. 그것은 케어영역을 넘어 우리들의 공동체적 가치체계를 위협할 수 있기 때문이다. 그 취지에서 이 장은 먼저 사회서비스의 무절제한 시장화의 폐해를 경고한 티트머스의 철학적 논의부터 검토하기로 한다.

1. 상호적 인간을 배양하는 사회환경

사회서비스 영역의 담을 넘는 시장원리

복지국가는 혼합경제(Mixed Economy)라고 불린다. 자본주의를 바탕으로 하지만 시장경제의 폐해를 방지하기 위해 부분적으로 사회주의 원리를 도입하여 두 가지 원리가 혼합되어 있다는 뜻이다. 사회주의 원리는 노동시장 개입을 통한 완전고용 지향, 강제가입을 전제로 한 사회보험 도입, 사회적 약자를 위한 사회서비스 제공 등 기본적 니즈 영역에 한정되었다. 그런데 1980년대 이후 거의 모든 복지국가에서 기본적 니즈 영역에서 시장원리가 도입되는 큰 변화가 일어났다. 변화의 주역은 신자유주의다.

오늘날 복지국가에서 문제 삼는 시장화는 종래에 **사회적 니즈로 여겨졌던 영역에서 시장원리가 도입되는 경향**을 말한다. 케어 영역에는 오랫동안 시장이 존재하지 않았다. 자연적이든 강요된 형태이든 사랑이란 이름으로 가족에게 맡겨졌다. 가족의 돌봄 역할의 일부를 국가가 대체하기 시작한 것은 20세기에 들어서다. 하지만 여전히 국가의 역할 분담은 미약했다. 가족의 돌봄능력을 저하시키는 다양한 사회변화 속에서도 국가는 가족지원에 주저주저했다. 그러다가 제시한 길이 시장원리 도입이었다. 시장이 없던 곳에 시장이 개척될 수 있도록 국가권력이 시장을 모셔왔다고 말해야 할 정도다. 그런 만큼 시장화 속도가 빨랐다.

제4장에서 본대로 시장화가 사회서비스에 미치는 영향은 사회서비스 발전 수준에 따라 다르다. 특히 사회서비스 발전 수준이 낮은 국가의 경우, 시장화는 국가가 가족을 대체하려고 노력하는 단계조차 거치지 않고 시장이 곧바로 가족을 대체하는 형태가 되었다. 한국도 이 형태에 가깝

다. 여기서 우리는 다음의 질문을 제기해 보아야 한다: “케어가 지불능력에 의해 이용 여부가 결정되는 사회가 되면, 모든 국민의 사회적 니즈를 보장한다는 복지국가의 가치는 과연 보존될 수 있을까?”

복지국가 시민은 시장경제가 많은 영역에서 비교적 효율적으로 기능한다는 것을 부정하지 않는다. 자유로운 경제활동이 삶을 풍요롭게 한다는 점도 인정한다. 마르살은 소련 붕괴 전의 상황을 비유한 다음 퀴즈를 소개한다. “길이는 100미터, 속도는 달팽이, 양배추만을 먹고 사는 생물은 무엇인가?” 답은 “소비에트 빵집 앞에 줄 선 사람들”이었다. 확실히 경제사회자원을 전적으로 국가가 배분하는 소비에트 시스템은 평등사회 실현이라는 이상과는 달리 비효율과 자유의 억압으로 이어졌다. 그것은 엄연한 사실이다. 그러나 우리가 합의한 것은 ‘사회적 니즈 영역의 공공성 확보를 전제로 한 시장경제’였을 뿐, 시장을 모든 문제의 해결책으로 여기는 ‘시장사회’가 아니었다.

복지국가가 시장원리의 진입을 막아 온 케어(의료 교육 포함) 영역은 혼합경제의 마지막 보루다. 신자유주의는 시장이 없던 이 영역에 시장을 개척하면 반드시 효율적인 해결책이 나온다는 신화를 퍼뜨리고 있다. 그러나 의료에 시장원리가 강화되면 서비스 이용자의 경제부담이 좀 더 늘어나는 수준에서 끝나지 않는다. **시장원리가 지나치게 확대되면 공동체적 가치들을 몰아낼 수 있기** 때문이다. 이 문제를 50여 년 전에 날카롭게 경고한 학자가 티트머스다. 그의 치밀한 연구와 문제제기는 오늘날에도 시사하는 바가 매우 크다.

헌혈이라는 혈액공급방식: 시장이 대체할 수 없는 영역

영국 사회정책학자 티트머스는 1960년대 영국과 미국의 혈액공급방식을 비교하고 그것이 사회에 미치는 영향을 실증했다.[1] 영국은 혈액공급을 거의 자발적 헌혈에 의존했고 국가기관이 혈액을 관리했다. 즉 ‘자발

적 헌혈+공적 관리'의 조합이었다. 헌혈에 대한 경제적 보상은 거의 없었지만 혈액 공급은 늘고 있었다. 한편 미국은 혈액공급을 대부분 매혈을 포함한 경제보상에 의존했고 민간기업이 혈액을 관리했다. 즉 '매혈+시장 관리'의 조합이었다. 그럼에도 혈액은 만성적으로 부족했다. 시장경제의 강점은 무엇보다 효율성이라고 믿어져 왔기 때문에, 위의 두 시스템을 비교한다면 미국 쪽이 보다 효율적으로 작동해야 했다. 하지만 실제는 그 반대였다.

미국의 혈액공급에서는 시장의 효율성이 작동하지 않았다. 미국의 혈액가격은 영국보다 5~15배 더 높았고 따라서 수혈 받는 환자의 비용부담이 더 무거웠다. 더구나 매혈은 혈액안전을 위협했다. 매혈자는 자신의 혈액이 감염된 경우라도 그것을 감추는 경향이 있었다. 재소자나 빈곤층이 제공하는 혈액의 위험도는 일반인보다 10배 높았고 수혈자의 감염 위험은 미국이 영국보다 4배 높았다.

인간 혈액은 오직 인간의 몸만이 만들어낼 수 있고 대체재가 없다. 부상, 질병치료, 난산 등 수혈 리스크는 일상적으로 발생하므로 일정량의 혈액은 상시적으로 필요하다. 하지만 혈액은 장기 보존이 어려워서 안정적 공급과 배분이 어렵다. 인체는 헌혈을 하더라도 일시적 어지럼증 외에는 부작용이 일어나지 않게 하는 400~500ml 정도의 혈액을 여분으로 가지고 있고 대개 6주일 이내에 줄어든 혈액량은 다시 회복된다고 한다. 하지만 한 번에 헌혈할 수 있는 양과 헌혈 후 다음 헌혈까지의 간격, 그리고 헌혈할 수 있는 연령이나 신체조건에는 국가의 규제가 있다.

헌혈이란 타인에 대한 선물(gift. 증여), 그것도 생명과 직접 관련된 선물이다. 그러나 헌혈하지 않는다고 해서 처벌이나 죄책감 등 사회적으로 강요되는 제재는 없다. 오히려 헌혈에는 감수해야 하는 비용이 발생한다.

---

1 티트머스의 이 책은 우리말로 번역되어 있다(김윤태 외 역, 2019). 이창곤(2014)과 김윤태(2016)도 참고가 된다. 이하 내용은 이 참고문헌들과 Arrow(1972), 티트머스-아로의 논쟁을 주로 다룬 朴光駿(2025) 등을 참고한다.

시간이 걸리며 일정 기간의 신체적 안정이 필요하기 때문이다. 모유 증여도 마찬가지다. 그럼에도 불구하고 적지 않은 사람들이 누군가를 위해 기꺼이 혈액과 모유를 기증한다.

헌혈의 또 하나의 특징은 헌혈이 익명성을 매개로 한 선물이라는 점이다. 그래서 헌혈은 이타성이 가장 높은 선물이라고 일컬어진다. 보통의 선물과는 달리 헌혈자는 선물받는자를 특정할 수 없다. 만약 헌혈자와 수혈자가 서로 누구인지 알게 된다면 종교적·민족적·정치적 배경 등을 이유로 헌혈 혹은 수혈을 거부할 가능성이 생길 수 있다. 헌혈자와 수혈자는 서로에게 얼굴 모르는 이(stranger)지만, 혈액을 매개로 서로를 의식하는 관계가 형성된다. 헌혈자의 염원과 수혈자의 보답의식에 의해 감정적 교류가 생기는 것이다. 그것은 이타주의적 관계라고 칭할 수 있겠는데 그러한 관계로 맺어진 사회일수록 건전하고 공동체적 성격을 띠게 된다.

티트머스는 영미의 혈액공급을 비교한 후, **헌혈과 같은 이타적 활동은 어떤 사회에서 촉진되고 어떤 사회에서 억제되는가**를 논의했다. 인간은 다른 사람에게 선물을 주기 위해 태어난 것이 아니다. 하지만 사회환경에 따라 선물은 장려되기도 하고 억제되기도 한다. 그는 헌혈을 확산하기도 하고 외면하기도 하게 만드는 요인을 밝히려 했다.

그림 7-1은 그의 철학적 논리를 보여 준다. 인간행위에 영향을 미치는 환경은 사회관계, 사회정책과 제도, 그리고 그 사회의 주류적 사상(패러다임) 등이다. 특히 티트머스가 중시한 것은 사회정책과 제도였다. 이타주의적 사회정책과 제도는 보다 이타주의적 행위를 장려한다는 것이다. 반대로 혈액 상업화가 일반화되면 자발적 헌혈은 억제된다. 미국처럼 경제적 보상을 당연시하는 사회분위기가 확산되면, 아무 경제보상이 없는 자발적 헌혈자를 줄어들게 한다는 것이다.

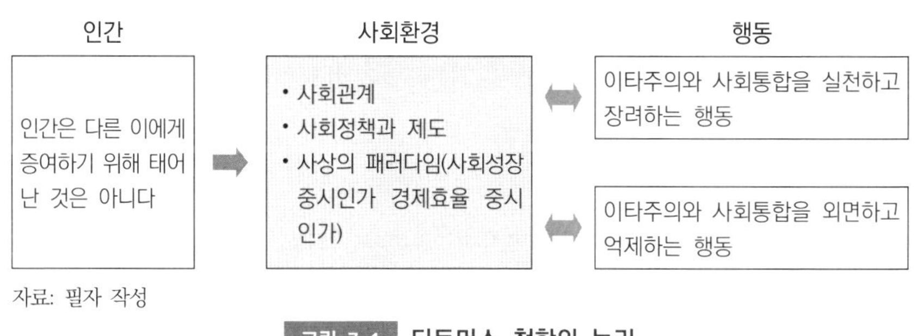

자료: 필자 작성

그림 7-1 티트머스 철학의 논리

사회서비스의 시장화와 바람직한 사회가치 '몰아내기'

"삼밭의 쑥대는 절로 곧게 자란다"라는 속담이 있다. 키가 큰 삼은 곧게 뻗어 자라는데, 그 속에 쑥이 나면 삼처럼 곧게 자란다는 것이다. 환경결정론을 주장하는 것은 아니지만 환경의 압도적 영향력을 부정할 수는 없다. 1970년대 소비에트사회에서 자랐다면 대다수가 자연스럽게 보수적 공산주의자가 되었을 것이다. 그렇다면 다음과 같은 희망적 문제를 제기해 보자: "이타주의 성향이 강한 사회를 만들면, 보다 많은 이타적 인간을 만들어낼 수 있지 않을까?"

티트머스는 미국에서 헌혈이 줄어든 것은 **혈액의 상품화를 통한 이윤추구 풍토가 가져온 자발적 헌혈자 몰아내기**(crowding out) 현상 때문이라고 진단했다. 몰아내기란 행동경제학을 비롯해서 학문분야에 따라 그 의미가 다소 달리 사용되지만, "정부정책의 실행이 본래의 의도와는 달리, 혹은 예상하지 못한 결과로서 사회적 선호(Social Preference=이타적 실천행위와 같이 사회적으로 유익한 가치)를 약화시키거나 몰아내는 현상"(Sandell, 2012; Bowles, 2016)을 말한다.

예를 들어 정부가 시민들의 자발적 공원미화활동을 장려할 목적으로 그 활동가에게 경제적 보상을 제공한다고 하자. 그러나 정부의도와 달리, 그것이 오히려 자발적 미화활동을 줄이는(=몰아내는) 결과를 가져올 수 있다. 흔히 좋은 일을 하도록 어깨를 툭 치는 것과 같은 인센티브를 넛지(nudge)효과라고 하는데, 그러한 효과는 장기적으로는 선의를 가지고 좋은 일을 하는 사람들을 감소시키는 부작용을 가져올 수 있다. 이 현상이 몰아내기다.

사실 티트머스가 이 문제를 제기한 배경은 의료부문 시장화에 대한 위기감이었다. 1960년대 중반 이후 영국 우파는 사회서비스영역에 시장화 원리 도입을 주장했고 거기에는 혈액의 상품화 논의도 포함되어 있었다. 그들은 "인간혈액은 경제적 상품이며 헌혈자에게 보수를 지급하면 더 많은 헌혈자를 확보할 수 있다"라고 주장했다. 이에 대해 티트머스는 혈액이 합법적으로 거래되는 상품으로 간주되면, 장차 인간의 심장과 안구 등 신체기관 역시 시장에서 매매되는 상품으로 취급될 것이라고 우려했다. 나아가 혈액상품화는 사회의 **이타주의적 가치관을 약화**시키고 이타적으로 행동할 자유를 억제함으로써 **자발적 헌혈을 그만두는 사람이 늘어갈 것**이라고 경고했다.

그런데 티트머스의 주장은 찬사와 더불어 비판도 불러왔다. 사실 『증여관계』 미국판이 발간(1971년)되자 『뉴욕타임즈』는 이 책을 이 해에 출간된 가장 중요한 7권의 책으로 선정했다. 후일 노벨경제학상을 수상한 두 사람의 경제학자(R. Solow, K. Arrow)는 서평을 기고하여 이 책의 중요성을 대중에게 알렸다. 특히 아로는 티트머스를 집중 검토하는 장문의 논문을 발표하여 한편에서는 이 책을 높이 평가하면서도, 시장경제를 지지하는 경제학자의 입장에서 티트머스를 비판했다.

아로의 주장을 요약하면 다음과 같다(朴, 2025): 경제적 거래의 대상이 아니었던 어떤 재화가 돈으로 거래되더라도 그것은 시장 내부의 변화일 뿐이다. 즉 시장화는 이타적 사회관계와 같은 비시장 관계에는 영향도 피해도 주지 않는다. 혈액제공자의 입장에서 보면 헌혈 이외에 매혈이라는 또 하나의 선택지가 늘었으므로 당사자에게 도움이 될 뿐이다. 헌혈에 가치를 둔 사람은 매혈제도가 생기더라도 헌혈을 계속할 수 있다. 매

혈에 의해 헌혈할 권리가 제약되는 일은 없고 그러한 증거도 없다.

그런데, 과연 아로의 주장대로 혈액이 상품화되면 그것은 혈액공급제도 내의 변화에 그치고 헌혈이 가진 사회적 가치가 약화될 우려는 없을까?

이 판단에는 샌델(Sandel, 2012)의 견해가 참고가 된다. 샌델은 어떤 행위가 상품화되면 그 행위의 성격이 변할 수 있다고 주장하면서, 결혼식 축사의 상품화를 그 예로 들었다. 미국에서는 우정의 표시로 여겨져 왔던 결혼 축사를 대신 써 주는 비즈니스가 지난 수십 년간 확산되어 왔다. 축사의 구매는 선택지가 하나 늘어난 변화일 뿐인가 아니면 결혼식 축사가 가지는 우정의 가치를 떨어뜨리는 결과를 가져올 것인가? 구입한 축사라고 해서 축사의 가치가 완전히 없어지지는 않는다. 하지만 그 가치는 하락할 것이다. 샌델은 반문한다: "우정 표시의 사회적 관행이 상품화되면, 그 행위의 성격은 변할 것이다. 결국 축사의 상품화는 우정 표현을 타락시키는 변화를 가져 온다고 볼 수 있지 않을까?"

아로는 혈액이 상품화되더라도 헌혈할 사람은 헌혈하고 매혈할 사람은 매혈하므로 선택지가 늘어났을 뿐이라고 주장했다. 과연 그럴까? 애초에 선택은 자발성을 전제한 개념이다. 과연 매혈은 자발적 선택일까? **생활비 마련을 위한 매혈은 자발로 포장된 강요**다. 그 같은 매혈자를 목격할 때, 자발적 헌혈자는 '나의 헌혈은 저들의 수입원을 막는 행위가 되지 않을까?'라고 고민할 수 있다. 또 자신이 매혈자로 의심받을 수 있다고 생각할 수도 있다. 결국은 헌혈이 억제될 수 있을 것이다.

'사랑을 경제화하기'라는 교묘한 은유

티트머스의 주장은 이해관계에 치우친 지나친 경쟁사회는 사회에 존재하는 이타주의 풍토를 몰아낼 수 있음을 경고한 것이다. 그의 말대로 이타주의실천은 더 큰 이타주의를 조장하고 보다 이타주의적 인간을 양성할 수 있다. 고장 난 차 옆에 서서 도움을 요청하는 사람에게 실제로 누군가가 도움을 주는 광경을 목격한 사람은 그렇지 않은 사람보다 타인을 도와주는 행동을 더 많이 보인다고 한다. 이것은 심리학자들의 실험 결과이고, 또 이 실험은 아로의 티트머스 비판에 대한 반비판으로서 싱거(Singer, 1973)가 든 예다. 오늘날에는 이러한 실험결과는 이미 셀 수 없을 만큼 많다.

경제적 유인이 시민정신을 몰아낼 수 있음을 실제로 보여주는 사례는 스위스의 어느 산촌마을 주민을 대상으로 한 경제학자들의 조사연구에 의해 제시되었다(Frey and Oberholzer-Gee, 1997). 스위스는 핵폐기물 저장소로서 두 지역을 후보지로 정하고 1993년 전문조사기관에 의뢰해, 스위스 의회가 그곳에 처분장 건설을 결정하면 그것을 수용할 용의가 있는지 의견조사를 실시했다. 주민 50.8%는 의회의 결정을 수용한다고 응답했다. 경제학자들은 응답자들을 대상으로 다시 "핵폐기물 시설의 대가로 주민들에게 금전적 보상을 제공하는 경우, 수용할 용의가 있는가"를 물었다. 그랬더니 수용 응답이 24.6%로 오히려 크게 떨어졌다. 경제적 보상이 의회안 수용 비율을 크게 낮춘 결과였다. 보상금을 늘려서 최종적으로는 월 소득을 넘는 현금지급을 전제로 수용의향을 물었지만 결과는 변하지 않았다. 다른 지역의 조사에서는 첫 물음에 대한 수용 응답이 41%였는데, 보상금 지급을 전제하자 27.4%로 떨어졌다.

요컨대 주민들은 국가 사정을 감안하여 자기 지역이 최적지라면 시설을 수용하는 것이 국민의 도리라는 도덕적 규범을 보였지만, 그 대가로 금전보상을 전제하면 지역이기주의 경향을 보였다. 이후 많은 연구에서 인용되는 이 사례는, 경제유인이 작동하지 않았던 영역에 경제유인이 도입되면 그로 인해 사람들의 태도가 변하고 결과적으로 그것이 주민의 사회에 대한 도덕적 책임감을 몰아낼 수 있음을 보여준다.

그렇다면 우리사회에 보다 많은 호모 쿠란스를 양성하기 위한 과제가 분명해졌다. 하나는 보다 이타적이고 포용적인 정책 및 제도를 시행하고 만들어가는 것이다. 다른 하나는 인간이 경제적 인센티브에 의해 행동이

결정되는 단순한 존재가 아니라는 점을 냉철히 받아들이는 것이다. 자신에게 이익이 되기는커녕 오히려 위험을 무릅쓰고 타인을 도우려 하기도 하는 매우 복잡한 동기를 가진 존재가 인간이다. 그 점이 인간의 가장 큰 희망적 측면이요 인간이 진화에 성공해 온 비결이기도 하다.

시장주의자는 사랑이 행해 왔던 케어영역을 시장이 대체하면 효율적 해결이 가능하다는 논리를 편다. 그들은 시장개척을 '사랑을 함부로 사용하여 고갈되지 않도록 아껴 두게 하는 것'이라고 자찬한다. 그래서 경제학은 어떻게 하면 사랑을 사용하지 않을까 궁리하는 과학이 되어버렸다고 일컬어지는 것이다. 정말 사랑이란 많이 사용하면 고갈되는 자원인가? 그래서 오직 사랑만이 대처할 수 있는 문제에 대비하여 가능한 한 아껴 두어야 하는 자원일까? 그러고 보니 후술하는 노벨경제학상 수상자 아로 역시 이타주의의 영역을 가능한 한 시장이 대체하게 해서 이타주의가 고갈되지 않도록 하는 것이 경제학자의 역할이라고 주장했다.

사랑과 자비, 케어 등에 관한 인간의 능력은, 싱거나 샌델이 주장했듯이, 그리고 아로의 주장과 달리, 석유처럼 고갈되는 자원이 아니다. 오히려 사용하지 않으면 쇠퇴하고 실천하면 할수록 강해지는 근육과 같은 것이다. "우리는 정의로운 행동을 행함으로써 정의로워진다"라는 아리스토텔레스의 말처럼 케어행위를 많이 볼수록, 케어적인 사회에 많이 접할수록, 우리는 보다 자연스럽게 케어행위을 할 수 있게 된다고 믿는다. **개인과 가족이 가진 사랑과 케어의 힘을 잘 보존하려면, 사회서비스를 강화하여 그 역할을 보조해야 하는 것이지, 그 역할을 시장에 맡기는 것이 아니다.**

과학은 때때로 은유를 적으로 삼고 싸워야 한다. 사랑의 영역을 가능한 한 시장으로 대체하는 것이 효율적 해결책이라는 믿음은 신화일 뿐이다. 그럼에도 불구하고 끊임없는 시장원리의 확산을 마치 선인 양 쉽게 믿어버리는 이유는 어디에 있는가? 그것은 그러한 신화가 '사랑을 경제화하기'(economizing love)라는 은유에 의해 교묘히 포장되어 있고 그 은유는 다시 경제학이라는 학문으로 그럴듯하게 포장되어 있기 때문 아닐까?

2. 위기의 유대인을 구조한 사람들

어려움에 처한 사람을 구하는 행동의 조건들

1930년대에 독일은 유대인 집단학살 이전에 이미 오랫동안 유대인의 비인간화를 추진하고 있었다. 신분증명서에 유대인임을 표시하는 'J'스탬프를 찍거나 이름 중간 명에 유대인임을 알 수 있는 이름을 넣거나 혹은 의복에 표식을 붙이기도 했다. 나치의 공격은 교육계와 종교계에도 미쳤다. 교사가 되려는 사람은 자신의 종교를 버리고 나치 입당이 의무화되었고 교육과정에는 인종주의와 군국주의 내용이 담겼다. 가톨릭계 학교는 줄줄이 폐쇄되었고 종교를 가르치는 커리큘럼은 금지되었다.

독일은 밖으로는 주위 나라들을 점령해갔다. 그러므로 유대인 스스로는 물론 주변 국가의 사람들도 유대인이 나치에게 색출되면 그들에게 어떤 운명이 기다리는지 알고 있었다. 그래서 적지 않은 사람들이 유대인들을 숨기거나 다른 지역 탈출을 도와 학살을 모면하게 했다. 당시 유대인 구조는 구조자 자신에게도 위험이 따랐기 때문에 그것은 단순한 도덕적 의무의 수준을 넘어선 행위였다. 스스로의 위험을 감수하면서 유대인들의 생명을 구한 비유대인들은 어떤 사람들이며 그 행동의 원천에는 무엇이 있는가? 그들은 유대인을 외면한 사람들과 어떻게 달랐는가?

이 물음의 대답에 도전한 오리너 부부(S. & M. Oliner, 1988. 이하 오리너)의 조사연구는, 호모 쿠란스가 어떻게 양성되는가, 나아가 케어사회 실현에 무엇이 필요한가에 대해 중요한 시사를 준다. 오리너는 유럽의 나치 점령지에서 유대인을 숨겨주거나 탈출을 도운 사람들(독일인, 폴란드인, 덴마

크인, 프랑스인 등)과 구조를 외면했던 사람들, 합계 700명(전자를 '구조자' 후자를 '비구조자'라고 함)을 대상으로 질문지 및 인터뷰조사를 실시하여 어려움에 처한 사람을 도와주는 퍼스낼리티가 어떻게 형성되는가를 탐구했다(이하 내용은 이 저술에 기초함).

유대인 구조 여부에 영향을 주는 요인은 다음 네 가지를 생각할 수 있다(제5장).

첫째, 구조자가 가진 정보와 현실 인식이다. 유대인이 어떤 문제에 처해 있고 만약 구조되지 못할 경우 그들의 운명이 어떻게 될 것인가에 관한 인식이 구조행위에 영향을 줄 수 있다. 구조자는 그런 인식이나 지식이 상대적으로 많았을까?

둘째, 감수해야 하는 리스크이다. 만약 유대인을 구조한 자신들의 행위가 발각될 경우 자신에게 어느 정도의 위험이 발생하는가를 고려할 수 있다. 구조자는 비구조자에 비해 위험 정도가 낮았을까?

셋째, 구조에 필요한 물질적 자원의 보유 여부다. 유대인을 구조하기 위해서는 숨겨줄 장소가 필요하고 혹은 탈출시키기에는 자원들이 필요하다. 구조자들은 비구조자에 비해 물질적 자원이 많았을까?

넷째, 구조 도움의 요청과 그 긴급성이 있다. 구조자들은 유대인으로부터 혹은 구조 중개인으로부터 구조의 요청을 상대적으로 더 많이 받았을까?

그런데 오리너의 연구에 의하면, 이상의 네 가지는 구조 혹은 비구조를 설명하는 결정적 요인이 아니었다. 구조자는 구조할 기회가 많았거나 구조에 필요한 자원이 많이 가진 사람들이 아니었다. **구조행위는 구조자의 도덕적 심성에서 발로한 자연스러운 행위**였다. 유대인에게 2년간 은신장소를 제공했던 어느 독일인은 "일상과 다르지 않은 행동을 했을 뿐입니다. 그 상황을 마주친다면 누구라도 나와 같이 행동했을 것입니다"라고 말했다. 요컨대 구조자는, 망설이지 않고 구조가 당연한듯이 행동했다. 사람을 도우는 그러한 심성을 오리너는 '이타주의적 퍼스낼리티'

(altruistic personality)라고 이름 붙이고, 그것이 어떤 경로를 통해서 형성되는가를 탐구했다.

구조자 및 비구조자의 서로 다른 세계관

오리너에 의하면 종교적 가르침은 구조자와 비구조자의 설명요인이 아니었다. 구조자의 경우에도, 종교나 신, 그리스도 정신을 유대인 구조 동기로서 한 차례 이상 언급한 사람은 15%에 불과했기 때문이다. 또한 독일에 점령당하고 있는 조국에 대한 애국심에서도 양자 사이에 의미 있는 차이가 없었다. 다른 것은 개인이 가진 세계관 내지 사회관이었다. 일반적으로 비구조자의 경우, 유대인에 대한 부정적 고정관념은 차치하더라도, 구조자에 비해서 자기 중심적이고 타인을 불신하는 경향이 강했으며, 외부세계에 대해 극히 좁은 시야를 가지고 있었다. 또한 외부자와 감정적으로 고립된 경향이 있었으며 무엇보다도 상대적으로 자기효력감이 낮았다.

이에 반해서, 구조자는 자신의 힘으로 환경을 변화시킬 수 있다는 자기효력감이 강했다. 타자 지향적이며, 타인의 고통에 대한 수용적 태도, 타인에 대한 지속적 애착의 중요성을 수용하고 있었고, 타집단과의 유사성과 연계성을 중시하는 포용적 세계관의 소유자였다. 오리너는 이러한 세계관 및 행동의 차이를, 각 집단의 유아기의 가족관계와 부모관계, 양육방법에까지 거슬러 올라가서 그 인자를 찾으려고 했다.

부모에게 들었던 유대인에 관한 정보에서도 약간의 차이는 있었다. 유대인에 대한 부정적 정보는 비구조자의 경우에 상대적으로 많았다. 다음은 구조자의 이야기다.

• 전전에 아버지는 유대인과 같이 일하기도 했는데, 유대인에 대해 특별한 이야기는 없었다. 가끔 그들은 구두쇠였다고 말하기도 했다(폴란드인).

- 아버지는 유대인이 비즈니스를 잘 하는 사람들이고 만하임 백화점의 상점 모두가 그들의 소유라고 말했다(독일인).
- 거의 언급하는 일이 없었는데, 비즈니스 감각이 있는 사람들이라고 말했다(프랑스인).
- 폴란드 서부지역에서는 유대인에 대해서 어떤 나쁜 이야기도 듣지 못했다(폴란드. 중부지역은 반유대주의가 강하다고 함.)(폴란드인).

다음으로 비구조자의 이야기다.

- 나쁜 의미가 아니라 유대인은 상당히 겁쟁이다. 싸움은 가능한 한 피하려고 한다. 그들은 영리해서… 다만 이스라엘로 돌아가면 그들은 투사로 표변한다. 해외에서 너무 참고 살았기 때문인지 모른다. 유대인과 거래를 할 때에는 속임을 각오해야 한다고 들었다(네덜란드인).
- 아버지는 그들이 비즈니스를 잘 하는데 크리스천이 아니라고 말했다. 종교만이 아니라 옷 등 문화적 측면에 있어서도 상당히 다른 사람이라고 말했다(폴란드인).
- 어머니는 유대인에게 좋은 태도로 대했고 나도 유대인 상점에 자주 갔었는데, 유대인은 어떤 빵을 구울 때 아이의 피를 넣는다고 들었기 때문에 무서웠다(폴란드인).

구조와 외면의 갈림길은 케어 교육

오리너가 구조자와 비구조자를 갈리게 한 결정적 요인으로서 주목했던 것은 양육 방법, 아동기에 부모로부터 받았던 교육의 차이였다. 다만, 아동의 가치관 교육에서는 양자 사이에 공통점도 적지 않았다. 예를 들어 '공평, 존엄, 정직'이라는 가치는 모두가 부모로부터 교육받고 있었다. 양육과 교육에 명백한 차이가 드러나는 것은, 다음 세 가지였다. 즉 이 세 가지가 구조자와 비구조자의 갈림길에 결정적 영향을 미쳤다.

첫째, 자녀교육의 방법과 수단이다. 복종에 대한 강조는 특히 비구조자 사이에서 두드러져서, 구조자의 경우는 1%에 불과했으나 비구조자의 경우는 9%였다. 또한 훈육에 있어서도 구조자의 경우는 논리(reasoning)에 의한 훈육의 경향이 강했지만, 비구조자의 경우는 체벌 훈육의 경향이 있었다. 체벌보다 논리적 훈육이 보다 케어적 인간을 만든다는 것은 쉽게 이해되며 또 연구(Engster, 김희강 외 역, 2017: 322)를 통해 밝혀져 있다고 한다. 공감적이며 케어적인 행동을 키워 주는 효과적 교육은, 아이가 누군가에게 폐를 끼친 경우, 그 점을 아이가 인식하도록 하고 타인에게 피해를 주었을 때에는 그에 따른 보상을 해야 한다는 것을 강조하는 것이라고 일컬어진다.

둘째, 가장 중요한 차이는 케어에 대한 교육이었다. 즉 부모 혹은 영향력 가진 어른으로부터 협력적 우호적 태도, 타인에의 배려, 사랑의 행동이 가진 가치를 배웠는가 아닌가였다. 구조자의 경우, 그것을 교육받았다는 대답은 44%, 비구조자는 25%였다. 무엇보다 구조자의 67%는 자신의 구조활동을 말하는 중에 적어도 한 차례 이상 **케어라는 단어를 사용**했다. 부모로부터 타인의 케어를 권장받은 어린 시절의 경험이 성장 후 실제적 케어행동에 강한 영향을 남겼음을 보여준다. 다음은 구조자의 이야기 중에서 언급된 특징적인 부분들이다.

- 어머니는 그리스도 신앙, 이웃 사랑의 모델과 같은 사람이었다.
- 정직하게 살 것, 학교에서는 착실히 공부할 것, 타인을 존중할 것, 불행한 사람에 대해 동정심과 관대함을 가져야 한다고 배웠다.
- 사람에 대해 관대하고 개방적 협력적이어야 한다고 배웠다.
- 이웃에게 선행할 것, 다른 사람 입장을 생각할 것, 책임감을 가질 것, 정직할 것, 일할 때뿐만 아니라 사람을 도울 때도 성실할 것 등을 배웠다.
- 다른 사람에게 좋은 일을 하고 케어하고 사랑해야 한다고 배웠다. 어머니는 적어도 하루 한 번은 좋은 일을 한다는 생각을 항상 염두에 두라고 말했다.

셋째, 인간에 대한 윤리적 가치와 의무를 강조할 때, 특정 사람들에 대한 윤리적 의무가 강조되었는가, 아니면 모든 인간에 대한 윤리적 의무가 강조되었는가에 유의미한 차이가 있었다. '윤리적 가치를 기울여야 할 대상은 누구인가'라는 질문에 대해 '모든 인간'이라는 대답은 구조자가 39%였지만 비구조자는 13%로 크게 낮았다. 즉 ① 신, 부모, 가족, 고령자, 조국 등 **특정 대상에 대한 윤리적 의무**를 강조하는가, ② **모든 인간에 대한 윤리적 의무**를 강조하는가, 라는 점에서 차이가 있었다. 구조자의 양육과 교육에는 ②의 경향이 강했다. 타인에 대한 개방성, 신뢰, 상호의존의식은 공감과 동정심을 길어내는 토양인데, 그 개방성의 범위에 차이가 있었던 것이다. 구조자의 전형적인 이야기는 다음과 같았다.

- 부모님은 모든 인간을 존경하라고 하셨다.
- 아버지는 사람의 출신에 관계없이 사람을 존중하라고 하셨다.
- 사람에 대해 관대할 것, 신념이나 사회계층 등을 이유로 다른 사람을 차별하면 안 된다고 하셨다.

한편 비구조자의 경우는 그와 다르다. 부모로부터 들은 전형적인 이야기는 '정직할 것, 신에게 기도를 올릴 것, 부모와 고령자에게 존경심을 가질 것, 학교에서는 싸우지 말 것' 등이었다. 그 내용은 일견 구조자가 받은 가르침과 별로 다르게 보이지 않는다. 그러나 그 가르침은, 특정 대상을 지정하여 그 대상을 존중하라는 것이었다. 오리너의 해석이 시사하는 것은, 부모나 고령자를 존경해야 한다는 말이 '그 밖의 사람들'에 대한 관심을 소홀히 하게 할 수 있다는 것이다. 마찬가지로 학교에서 싸우면 안 된다는 가르침은 '학교 밖의 싸움'을 예사로 생각하게 만들 수 있다는 것이 된다.

여기에서 오리너의 연구를 인용하는 의도는 가정교육의 중요성을 새삼 강조하려는 것에 있지 않다. 오늘날 아동양육에는 부모 이외에도 많은 사람들이 관여되어 있으며 학교나 지역사회도 아동의 인격 형성에 관련되기 때문이다. 따라서 오리너가 말하는 '부모로부터 받은 교육'이란 "부모+보육에 관여한 사람들+교육자+이웃 사람과 지역사회+매스컴" 즉 사회 전체라고 바꾸어 생각해도 무리가 없다. 이 연구는 보다 케어적인 인간을 양성하기 위해서는 사회 전체가 케어 친화적인 문화를 형성해야 할 필요가 있고, 그를 위한 교육이 어릴 때부터 필요하다는 사실을 잘 보여준다.

3. 자살률이 낮은 지역 주민의 생활양식: 느슨한 돌봄

고달픈 사회의 희망, 돌봄

한국의 자살률은 세계 최고 수준이 된 지 오래다. 통계청(2024.10.4)에 의하면 2023년 자살사망자수는 13,978명이다. 남성은 9,747명(자살률 38.3명), 여성은 4,231명(자살률 16.5명)이었다. 자살률(인구 10만 명당 자살자 수)은 27.3명이다. 특히 고령자의 자살률은 80세 이상이 59.4명으로 가장 높았고 70대는 39.0명, 60대는 30.7명이었다. OECD 국가의 평균자살률은 10.7명이다. WHO가 작성하는 세계의 자살지도에는 자살률 13 이상을 고자살률 지역으로 분류하고 있는데, 한중일 세 나라는 모두 그 기준을 크게 웃돈다.

이미 120여 년 전 뒤르켐은 『자살론』(1897)에서 자살은 사회적 요인에 의해 발생하는 것이며, 자살 그 자체가 집단적 현상(제2부 제1장)임을 분명히 했다. 그는 비사회적 요인으로서 정신질환, 유전에 의한 심리 상태, 우주적 요인(=자연환경, 기후, 계절과 기온), 모방 등을 들었지만, 결정적으로 중요한 것은 사회적 요인이라고 했다. 사회적 요인이란 종교적 통합의 결핍, 가족 통합의 결핍, 사회적 통합의 결핍이다.

고립된 육아에 고뇌하던 산모, 부모나 배우자의 케어러가 미래를 비관하여 자살 혹은 동반자살을 택하는 일들이 발생하고 있다. 괴로운 삶의 배경에 빈곤이라는 구조적 요인이 있음은 늘 무겁게 생각해야 한다. 노후사회보장의 근간인 국민연금제도는 1988년에 시행되었다. 그러나 그때 이미 고령자가 된 사람들의 생활을 보장하기 위한 보완책은 시행되지 않았고 그것은 세계에서 가장 높은 노인빈곤율의 한 원인이다. 공적연금도 가입자 신분에 따라 지나치게 큰 격차가 있다. 가족의 케어부담을 덜어주는 사회서비스 발전은 특히 늦었다.

그러나 빈곤 등 사회구조적 요인 못지 않은 자살원인이 인간관계에서 오는 괴로움이다. 우리사회에는 학력, 성별, 신체 · 정신적 조건 등에 따라 사람을 대하는 태도가 노골적으로 달라지는 풍토가 있다. 학교나 직장의 폭력과 왕따 그리고 다양한 형태의 비열한 괴롭힘이나 갑질이 범죄수준이 된 경우가 허다하다. 나는 10여 년 전 동아시아 고령자자살 비교연구 일환으로 한국에서 면담조사를 하던 중 자살연구자 박형민으로부터 자살은 '차악(次惡)의 선택'이라는 말을 듣고 공감했다. 삶을 고되게 하는 환경이 바뀌지 않는 상황에서 계속 그대로 살아가는 것은 자살자에게 최악이며, 자살은 그보다는 나은 다음 악의 선택이라는 의미다.

인터넷사회가 된 한국에서는 댓글 중 악플 비율이 다른 선진국에 비해 압도적으로 높다. 모멸감주기는 "남부럽지 않은 삶의 실현이 어려운 현실에서 비롯되는 결핍과 공허를 채우기 위해 못난 사람들이 흔히 취하는 방법"(김찬호, 2014)이다. 모욕 주기는 사회적으로 학습되어 먼저 그 행위자 스스로를 병들게 하고 우리사회를 병들게 한다. 하지만, 상처주기의 대항력인 서로 돌보기 역시 학습되고 전파된다는 것이 우리의 희망이다. 미국의 한 고등학교에서 있었다는 실화 한 토막은, 사람의 생명을 살리고 나아가 그 생명의 무한한 가능성을 실현시켜 주는 엄청난 일의 시작이 스스럼없이 사람을 돌보는 행위에 있음을 잘 보여 준다.

> 내가 고등학교에 입학한 첫 주말 귀갓길에서 커다란 짐을 메고 가는 동급생(이하 A)을 보았다. 그 때 몇 명 악동들이 A를 넘어뜨리고는 낄낄거리고 사라졌다. 그의 짐들과 안경이 풀밭으로 떨어졌다. 나는 그에게 다가가 "저 녀석들,

좀 나은 인간이 될 수 없나…"하면서 안경과 책을 같이 찾았다. 그리고는 "친구들과 축구 약속 있는데 같이 할까?"라고 제안했고 그날 오후를 여러 친구들과 함께 즐겁게 보냈다.

다음 월요일 A는 또 잔뜩 짐을 들고 등교하고 있었다. A는 모범생이었고 3년 후 졸업식에는 졸업생 대표 연설자로 지명되었다. 단상에서 A는 다음과 같은 이야기로 시작하는 감동적 연설을 했다. "신입생이 되고 곧 나는 자살을 결심했고, 유품 정리 때문에 부모님이 학교까지 오는 일이 없도록 학교의 책과 사물 모두를 챙겨 귀가했습니다. 그런데 그 귀갓길에서 좋은 친구가 생겼습니다. 그래서 마음을 바꾸고 그 다음 등교 날 모든 사물들을 다시 학교에 가져다 두었습니다…"

높은 고령자 자살률

동아시아는 고령자를 소중하게 여기는 지역이라는 이미지가 있다. 그러나 오늘날 한중일 세 나라의 현실은 그와 다르다. 고령자의 자살률과 빈곤율이 가장 높은 지역이며 각 나라에서 고령자의 자살률과 빈곤율은 그 나라 평균수준을 넘고 있다.

그림 7-2는 한국과 일본의 자살률 추이 비교다. 2000년대 중반까지 한국 자살률은 일본에 비해 크게 낮았는데, 점차 높아져 2007년경 역전된 채 그 후 2020년대까지 이어지고 있다. 일본은 전통적으로 자살률이 높은 사회였다. 뒤르켐의 논의에도 일본의 자살에 관한 언급이 있다. 에도시대에는 종교적 성격의 집단적 자살도 있었다. 한국 전통사회의 자살에 대해서는 확인이 어렵지만, 통계로 확인 가능한 100년 전의 상황을 보면 자살률은 비교적 낮았다. 조선총독부에 의해 처음으로 인구조사가 행해진 1925년의 자살통계가 표 7-1이다. 1925년 조선인 총인구(19,020,030명) 중 자살자가 1,636명이었으므로 자살률은 8.6명이다. 다만 총 자살자에서 차지하는 고령자살자의 비율은 높은 편으로 약 12%였다.

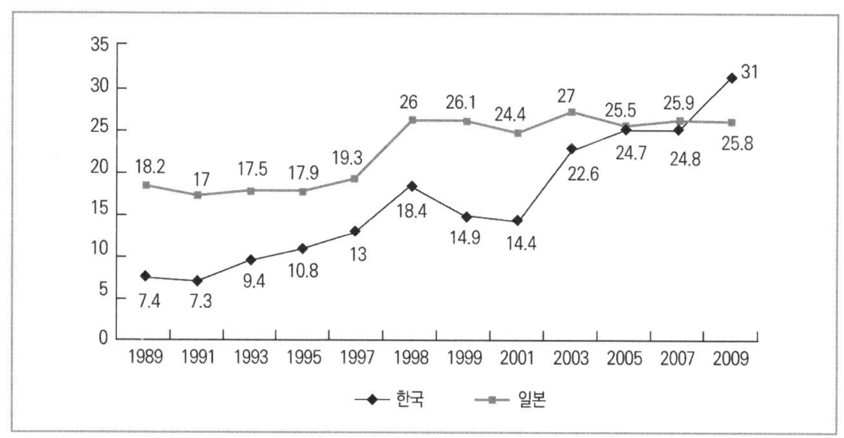

자료: 필자 작성

그림 7-2 한국 일본 자살률의 추이 비교

표 7-1 1925년 조선인 연령별 자살자수

자살자 총수		연령대별 고령 자살자수	
		60~70세	70세 이상
남	958인	91인	54인
여	678인	24인	18인
계	1,636인	115인	72인

자료: 朝鮮総督府(1925), 『朝鮮の人口現象』에 근거 필자 재구성

우울증은 자살을 유발한다. 그러나 자살은 의료적 문제라기보다는 사회적 문제로 볼 필요가 있다. 왜냐하면 우울증의 주된 원인이 사회적인 것이기 때문이다. 한병철(『피로사회』)은 우울증 발생의 메커니즘을 다음과 같이 설명한다: "어떤 시대에도 그 시대 고유의 질병이 있다. 지금 시대의 질병은 우울증이라는 신경증적 질병이다… 그것은 **"해 보면 할 수 없는 일이란 없다"고 하는 긍정성의 과잉**이 불러일으키는 문제다… 신자유주의의 노동윤리는 노동자가 자기자신을 고갈시키는 특성, **자기자신을 착취하는 폭력성**을 가진다… 긍정성 과잉의 사회에서 살아가는 인간은

항상 자신과의 전쟁상태가 되며, 우울증 환자는 그러한 **내면화된 전쟁에서 부상을 입은 병사**에 다름 아니다."(강조는 인용자)

카이후 주민의 생활양식

충동적 자살은 비교적 드물다. 필자가 중국자살예방센터(心理危機予防中心, 北京)의 방문조사에서 확인한 사실이지만, 2000년대까지 중국 농촌지역의 여성자살은 충동적 자살이 많았다. 그러나 자살의 결정적 수단이 되는 농약을 자물쇠 채운 상자에 보관하여 농약에 쉽게 접근할 수 없게 한 것만으로도 자살은 크게 줄었다. 많은 경우, 자살 전에는 자살 후의 결과까지도 고려한 장시간의 고통스러운 시간이 있다. 그래서 자살률이 낮은 지역이란 곧 비교적 평화로운 삶이 있는 지역이라고 보아도 좋다.

일본에서 가장 자살률이 낮은 기초자치단체의 하나가 시코쿠(四国) 토쿠시마현 카이후정(徳島県海部町. 현재 海陽町. 이하 카이후)이다. 2004년 기초자치단체(2018년 현재 1,718市区町村) 중 8번째로 자살률이 낮았다. 다만 이곳보다 자살률이 더 낮은 7개 자치단체는 모두 적은 인구의 섬이었다. 카이후는 바다에 면한 농어촌지역인데, 인구 2,602명, 30년간의 자살자수는 7명(자살률 8.7)이었다.

오카(岡, 2013)는 2008년부터 카이후에서 200명 이상의 인터뷰와 참여관찰 등을 통하여 주민의 생활양식에 녹아 있는 자살예방 요인을 밝혀냈다. 특징적인 것은, 카이후와 바로 양옆에 인접한 두 개 기초지자체의 자살률은 전국 평균보다 높았음에도 불구하고, 유독 카이후만이 돌출적으로 자살률이 낮았다는 사실이다. 그 주변 자치단체 지역민은 "카이후 사람들은 남의 말을 듣지 않는다, 자기 길을 간다"라고 평한다고 한다.[2] 오

2 이 지역에는 "멀리 외출할 때는 문을 잠그는 것이 좋다"라는 이야기가 있다고 한다. 보통은 현관문을 잠그지 않는데, 근처 주민이 이웃집에 생선이나 야채 등을 마음대로 현관 안에 넣어 두어 썩는 일이 있기 때문이라고 한다. 오카 이외의 참고문헌으로서는 정신과의의 현장 탐구서인 모리카와(森川, 2016)가 있다.

카가 카이후에서 찾아낸 자살예방 인자는 다음 다섯 가지였다.

첫째, 이질적 요소를 받아들이고 다양성을 중시하는 문화다. 다양한 사람들이 있는 것이 오히려 좋다고 받아들이는 생활양식이다. 이질적이거나 이단적인 사람들에 대한 편견이 적었다. 모두가 의견이 다르다면 파벌이 생길 리가 없음을 깨우치게 한다.

둘째, 인물 평가는 학력이나 경력 등 외형적 조건이 아니라 오직 인물 그 자체의 능력과 됨됨이만을 중시했다. 교육장 인사에서 각 후보자의 기획력이 중시되어 교육계 경험이 전무한 상공회의소 근무의 41세 남성을 교육장으로 선출한 것이 그 예다.

셋째, 자기존중감 배양에 가치를 두는 문화였다. 주체적으로 사회에 관여하는 자기효력감이 높았다. 예를 들어 '자신에게는 정부를 움직이게 할 만한 힘이 없다고 생각합니까?'라는 질문에 대한 '그렇다'(=그럴 힘이 없다)의 응답을 보면, 자살률이 높았던 인접 자치단체 주민들은 51.2%였지만 카이후는 26.3%였다.

넷째, 자신의 개인적 고민이나 어려움을 조기에 공개하고 타인의 도움을 자연스럽게 받아들이고 있었다. '병은 소문 내라'라는 생활양식인데, 문제를 공개하면 그 해결에 필요한 지혜가 모인다고 생각했다. 우울한 이웃을 보면 정신과 진료를 서로 권하고 정신과 진료 이용은 전혀 흠이 되지 않았다.

다섯째, 주민들이 느슨한 관계망으로 서로 연결되어 있었다. 인간관계가 고정되어 있지 않고 따라서 주위로부터의 동조압력을 받는 경우가 적었다. 이 점은 후술한다.

위의 다섯 가지 생활양식은 그 하나하나가 중요한 시사를 준다. 그런데 내가 먼저 주목하고 싶은 것은, 인접 지역과는 다른 독자적 생활양식이 정착되게 된 역사문화적 배경이다. 카이후는 에도시대 초기에 다양한 출신지역의 이주자들이 모여서 형성된 지역이라고 한다. 이 점은 매우 중요한데 왜냐하면, 카이후는 형성 초기부터 인간의 서로 다름을 자연스레 받아들이는 풍토를 가졌다고 유추할 수 있기 때문이다. 상대방이 이웃사람인가 외부 사람인가에 따라 사람을 대하는 태도를 크게 바꾸지 않는 오늘날의 이 지역 생활양식에는 이러한 역사문화의 영향이 있을 수 있다. 이 점은 앞서 소개한 유대인 구조자의 세계관과 서로 통하는 부분이 있다. 주위의 일을 자신의 생활에 관계 있는 일이라고 받아들이는 세계관이다. 또한 이것은 흥미롭게도, 뒤에 소개하는 미타라이(御手洗)지역 주민의 생활양식에서도 발견된다.

느슨한 유대의 강한 힘

인간관계의 끈은 강할수록 좋다고 생각하기 쉽지만 반드시 그렇지도 않다. 가족 혹은 지인관계의 지나친 밀착은 상대방의 사정을 알고 있어야 한다는 집착, 타인의 인생에 부질없이 간섭하는 일로 이어지기 쉽고, 오히려 인간관계의 갈등을 걷잡을 수 없게 만들기 일쑤다. 상대가 괴로워할 질문을 태연히 하기도 한다. **내부결속이 강한 인간관계는 동조압력이 강한 관계**다. 외부에 대해 배타적이 되고 결국은 외부 도움을 구하기도 외부 도움이 들어가기도 어렵게 만든다.

반세기 전 그래노베터(Granobette, 1973)가 제기한 『느슨한 유대의 강한 힘』(*The Strength of Weak Ties*)은 마치 **남처럼 지내는 사람들이 우리 삶에 더 많은 희망적 기회를 제공해 줄 수 있음**을 깨우쳐 주었다. 사회적 네트워크에 관한 그래노베터의 이 가설은 백인 남성 284명의 취업정보입수 경로 조사에서 취업자의 대다수가 느슨한 연결망에 있던 사람들로부터 정보를 얻었고, 그 경우일수록 만족도가 크다는 연구결과를 바탕으로 한 것이다. 유익하고 신규성이 강한 정보는 가족이나 친구, 직장동료 등 사회적인 연결이 강한 사람들보다는 약한 연대의 사람들에 의해 얻어질 수 있다. 동질성이 강한 커뮤니티는 외부로부터 고립되어 새로운 정보가 들어오기 어렵다.

그래노베터의 가설은 카이후가 검증해준다. 주민들 사이의 사회적 지지망은 느슨하게 연결되어 있었고 그것이 자살억제 요인으로 작용했기 때문이다. 고착된 인간관계를 맺지 않고 다수의 느슨한 네트워크에 소속되면 인간관계의 경직화를 방지할 수 있다. **적절한 거리를 둔 인관관계가 삶을 편하게 해 준다**는 사실이 증명된 셈이다. 표 7-2는 카이후와 자살률이 높은 인접 자치단체 주민이 각각 이웃과 어떻게 교류하는가에 관한 조사 결과다. 인접지역에 비해, 카이후는 일상적으로 서로 도우는 관계를 가진 이웃이 적다. 반면 만나면 잠시 서서 이야기 나누는 정도의 교류가 절반을 차지한다. 주민들은 "이 지역 사람들은 모두 아는 사람들이고 만나면 인사한다. 다만 이름은 모른다"라고 말한다.

표 7-2 이웃과의 교류방법

교류의 방법	카이후	인접지역A
일상적으로 생활면에서 협력	16.5%	44.0%
만나면 서서 이야기하는 정도의 교류	49.9%	37.4%
인사하는 정도의 최소한의 교류	31.3%	15.9%
교류는 전혀 하지 않음	2.4%	2.6%

자료: 岡(2013)에 근거하여 필자 작성

느슨한 인간관계의 힘을 믿고 실천하려면, 느슨한 연결의 중심에 있는 '장'이 필요할 것 같다. 그 장을 매개로 사람들과 교류하는 삶의 방식을 확산시키는 접근이 유효하지 않을까 생각된다. 그 장이란 어떤 이념 실현을 지향하는 운동의 장일 수도 있겠고, 고민이나 어려움에 대처할 지혜를 나누고 모으는 휴식의 장일 수도 있겠다. 나는 좋은 음식점이나 카페가 그런 역할을 할 수 있다고 생각하는데, 그 점은 나의 어느 지인이 깨우쳐 주었다.

내가 교토로 대학을 옮긴 지 얼마 되지 않아서 어느 한 일본인 교수가 도쿄 가는 길에 꼭 한번 들러 달라는 연락을 해 왔다. 나에게 소개하고 싶은 선술집이 있다고 했다. 그는 교토와 도쿄 중간 쯤 하마마츠(浜松)에 있는 대학 교원이었는데 장애를 가진 아버지를 오래 전부터 돌보고 있었다. 그 후 하마마츠에 들려 그를 만났고 곧 바로 그 선술집에서 그가 권하는 음식과 술을 들었다. 그곳에서 그는 말했다: “이 선술집이 생기고 나서 하나뿐인 누이와 자주 만납니다.” 그는 근처에 사는 누이와 협력하여 아버지를 케어하고 있었는데, 그 집이 생기고 나서 이전보다 누이를 자주 만나고 케어에 관해 보다 자주 의논하면서 활력이 생겼다고 했다.

카페나 레스토랑을 만드는 사람의 동기는 다양하지만, 사람들이 선호하는 곳은 어쩌면 ‘좋은 사람이 만든 곳’이 아닐까 생각된다. 카페나 레스토랑을 손님을 섬기는 장, 좋은 케어를 촉진하는 장, 케어력을 회복하게 하는 장으로 만들면, 그곳은 우리사회의 폐쇄적 문화인 혈연 지연 학연을 벗어난 느슨한 인간관계의 장이 될 가능성이 크다. 차 한 잔, 술 한 잔, 간단한 음식 한 점이, 좋은 만남을 촉진하고 케어하는 마음을 풍족하게 하며, 좀 과장하면 케어에 충만한 지역사회의 거점이 될 수 있다고 믿고 싶다.

4. 미타라이 주민의 공생적 생활양식

케어커뮤니티의 주민리더를 찾아가다

한국은 성매매를 세계에서도 가장 엄격하게 규제하는 나라에 속한다.[3] 성매매는 국가에 따라 합법으로 인정된 국가도 적지 않고 혹은 유사성행위는 재제대상에서 제외한 국가도 있으며, 처벌대상을 상대방에 한정하는 경우도 있다. 유사성교행위까지 그리고 쌍방 모두를 모두 처벌 대상으로 삼는 국가는 오히려 드물다.

3 「성매매알선 및 행위의 처벌에 관한 법률」 제2조는 성매매를 다음과 같이 규정한다: “불특정인을 상대로 금품이나 그 밖의 재산상의 이익을 수수하거나 수수하기로 약속하고 성교행위나 유사성교행위를 하거나 그 상대방이 되는 것”

일본 전통사회에서 성매매 종사자들은 흔히 유녀(遊女)라고 불렸다. 일본 히로시마(広島) 내해(瀬戸内海, 세토나이카이)의 오사키시모지마(大崎下島)라는 섬에 있는 미타라이(御手洗)는 100여 세대 항구 마을이다. 지금은 몇 개의 섬이 다리로 연결되어 자동차로 갈 수 있다. 미타라이에는 **그곳에서 생을 마감한 유녀들의 오래된 묘비석 80여 개를 모아 조성한 공원**이 있다. 묘비의 연대는 1730년대부터 1860년대까지, 공원이름은 '오이란(花魁)공원'이다. 오이란이란 유녀 중 가장 지위가 높은 사람의 명칭이다. 2003년에 완성된 이 공원은 전적으로 주민 주도로 만들어졌다.

그곳에는 약 300년 전부터 1950년대까지 비교적 큰 규모의 유곽이 존재했다. 그래서 미타라이는 유녀의 항구라고 불리기도 했다. 한때는 유녀가 주민의 20%에 달했다고 한다. 유녀들이 자취를 감춘 것은 매춘금지법이 시행된 약 70년 전이었다. 하지만 그 지역주민들은 마을 역사에 유녀들의 큰 공헌이 있었음을 밝히고 그녀들의 삶에 경의와 감사를 표하기 위해, 남아 있는 유녀 묘비석을 소중히 모셨다. 인간을 인간답게 대한다는 것이 어떤 것인지를 생생히 보여주는 이 사례는 이미 세계적으로도 유례를 찾기 어렵지 않을까 생각된다. 유녀를 상대로 한 인신매매와 착취, 억압과 멸시가 엄연히 존재해 온 일본사회 속에서, 이 지역주민들은 유녀를 자기 마을의 조상이나 다름 없이 대우하고 있음을 행동으로 보여주었던 것이다.

나는 미타라이를 2021년 NHK위성방송의 〈신일본 풍토기〉 프로에서 우연히 알았다. 〈키타마에부네〉(北前船. 이하 북전선)를 주제로 한 다큐멘터리였다. 거기에 잠깐 오이란공원 소개가 있었고 이마사키(今崎仙也)라는 주민리더가 나와 유녀들의 묘비를 모아 공원으로 만든 취지를 소개하고 있었다. 북전선이란 에도시대 중엽(1700년 전후)에서 1900년경까지 홋카이도(北海道)에서 오사카(大阪)를 왕복하던 상업용 범선이다. 홋카이도에서 동해를 따라 내려와 시모노세키(下関)를 돌아 내해를 거쳐 오사카까지 왕복했다. 항로 중간에는 많은 기항지가 있었는데 기항지에서 물건을 내리거나 팔고 새로 물건을 사 싣기도 했다. 미타라이는 그 기항지의 하나였고 폭풍을 피할 수 있는 천혜의 항구였으므로 물 때와 바람 때를 기다리는 많은 배들이 머물렀다. 또한 큐슈 등의 번에서 에도(도쿄)로 이동하는 공식 일행이 묵는 교통 요충지였다. 미타라이는 약 350년 전인 1666년 개발된 후 북전선의 기항지로서 경제적 번영을 누렸고 선원이나 선객들을 상대로 한 대규모 유곽이 항구 개발된 당시부터 형성되었다.

나는 그 주민리더로부터 직접 이야기를 듣기 위해 텔레지번 시청 시의 메모를 바탕으로 관청이나 교육위원회 등에 편지를 통한 연락을 거듭했다. 사람 찾는 일은 개인정보이기 때문에 어려움이 있었고, 게다가 코로나가 한창일 때라 직접 방문에도 제약이 있었다. 지인의 도움도 있어서 우여곡절 끝에 약 반년 만에 주민리더 이마사키(今崎仙一)씨와 연락이 닿았다. 그리고 2022년 초여름 나의 동료연구자 몇몇과 이틀 일정으로 미타라이를 방문하여 현지 조사를 하고 그로부터 직접 오이란 공원 조성의 경위를 자세히 듣는 귀중한 기회를 가졌다.

공생적 생활양식의 역사적 뿌리

미타라이의 유녀 기록은 이미 1692년 독일인 의사 켐펠이 쓴 『에도참부여행일기』(江戸参府旅行日記)에 언급되어 있다. 켐펠 일행은 에도로 가는 길에 미타라이에 기항했는데, 켐펠은 거기에 30척 정도 배가 정박해 있었고 그 배들 사이에 유녀를 실은 작은 배 두 척이 오갔다고 기록하고 있다.[4]

그 기록 그대로, 항구에 배가 기항하면 유녀들은 사공을 대동하고 작은 배를 타고 정박 중인 큰 배에 접근해서 교섭하여 성매매를 했다. 그 후 증기선 등의 보급으로 북전선이 쇠퇴하게 되자 매매춘은 주로 유곽

4 에도시대 일본은 나가사키에 데지마(出島)라는 인공섬을 만들고 그곳을 창구로 네덜란드와 무역을 하게 했다. 그곳이 서구에 대한 유일한 개항지였다. 그곳에는 네덜란드 동인도회사 소속의 대표 등 15명 정도가 체재했는데 그중 의사가 포함되어 있었다. 이들은 정기적으로 에도로 가서 쇼군에게 인사하는 의례를 갖추었는데 그것을 에도참부라고 한다. 그때 동행했던 의사 켐펠이 그 여정을 기록한 것이 위의 책이다.

주변에서 이루어지게 되었다. 기록에 의하면 미타라이의 첫 유곽은 1724년에 공식적으로 허가된 에비스야(若胡屋)였는데 그 건물은 지금도 잘 보존되어 있다. 유녀 대부분은 미타라이와 비교적 가까운 시코쿠(四国)나 큐슈(九州) 및 히로시마 근처의 가난한 집 출신이었다고 한다.

이 지역 유곽의 특징, 그리고 지역민과 유녀들의 관계에 대해서는, 1945~1955년경의 기간을 중심으로 현지조사와 인터뷰조사에 기초한 선행연구(加藤, 2009; 2021), 그리고 지역의 역사서와 신문기사 등이 있다. 인근 지역과 격리되어 인신의 자유가 제약되는 일반적 유곽과는 달리, 미타라이에서는 유녀가 자유롭게 행동했고 지역민과의 접촉도 자유로웠다. 주민들의 유녀 멸시는 없었고 오히려 그녀들에 대한 다양한 배려가 있었다. 전후에도 미타라이 주민은 유녀를 '벳핀상'(別嬪さん. 미인의 속칭)이라고 호칭했는데, 그것은 멸칭이 아니라 유녀에 대한 주민의 친근함의 표현이었다. 다음과 같은 예들이 지역민들의 유녀에 대한 배려였다.

- 1930년대에는 미타라이 소학교 교장과 공공단체장(町長)의 발의에 의해 유녀 교육을 위하여 예기(芸妓)학교가 창설되었다.
- 유곽에는 10세 전후로 유곽에 인계되어 장래에 유녀가 되기 위해 악기나 노래 등을 배우는 아이들이 있었는데 이 아이들의 기본교육은 미타라이 초등학교가 맡고 있었다.
- 마을 제례나 지역민운동회 등의 행사에 유녀들을 참가하게 했고 지역민의 꽃구경 놀이에도 유녀가 참가했다.
- 전전의 지역신문 기사를 보면, 지역 차원에서 유녀를 위로하고 감사를 표하기 위해 1년에 한 번 '유녀 위안의 날'(慰安日)을 정했다. 그날은 유곽은 휴점하고 유녀들의 영화관람 등을 배려했고 그 행사에는 경찰서장이나 정장도 참가했다. 행사에 참가한 유녀의 수가 지역신문 기사에서 일부 확인되는데, 1937년에 90여 명, 1938년에 80여 명이었다. 유곽의 큰 규모를 짐작하게 한다.

지역주민이 유녀에 대해 가지는 친근함과 배려는 에도시대로부터 계승된 것으로 보인다. 선행연구자(加藤, 2009)는 미타라이 지역에 에도시대 유녀의 묘석이 많이 남아 있다는 사실 그 자체가 유녀를 소중한 존재로 보고 있었다는 증거라고 말한다. 왜냐하면 에도의 대표적인 유곽 요시와라(吉原) 등에서는 물론, 다른 유곽에서도 유녀를 위해 묘석을 만드는 경우는 거의 없었기 때문이다. 요시와라에서는 유녀가 사망하면 그 시체를 사찰의 문 앞에 버렸다고 전해질 만큼 천한 취급을 했다. 다른 유곽에서도 유녀가 사망하면 근처 사찰에서 한꺼번에 장례를 치렀고 유녀 개인의 묘비석이 남아 있는 경우는 단 한 개밖에 없다고 한다.

오이란공원 조성에는 주민리더의 역할이 컸다. 그중 한 사람 고(故) 키무라(木村吉聡)는 유녀의 삶을 생생히 전하는 명문장의 글(『오초로부네 종언기』, 1981. 오초로부네란 유녀가 큰 배로 접근하기 위해 이용하던 작은 배를 말함)을 남기고 있는데, 그는 미타라이 300년 유녀 역사 중에서 일관되게 보이는 것은 유녀들이 이 지역 자체를 유지하게 해 준 헌신적 희생자라는 것을 지역민들이 명확하게 인식하고 있었다는 점이라고 말한다.

오이란공원의 조성과정

유녀의 묘석들은 오랫동안 방치되어 일부는 수풀이나 흙 속에 매몰되어 있었다. 공원조성의 계기는, 마을 뒷산 사면공사 때에 반쯤 매몰되어 있던 100기 정도의 묘석이 발견된 일이었다. 지역주민들은 그 하나하나에 조각되어 있는 이름이나 연대 등의 정보를 모두 기록하여 자료집을 만들었는데 발견된 묘석 중 80기 정도가 유녀의 것이었다. 그것을 계기로 주민들은 전망 좋은 곳에 묘비석을 모신 공원조성을 추진했다. 거기에는 주민리더들의 역할도 중요했지만 유녀를 지역주민과 다름없이 여기는 지역풍토가 작용했다. 이마사키에 의하면 일본에서 매춘방지법이 성립된 1956년 직후 시점에 이미 주민들 사이에서 '유녀들에 대해서는 무엇인가 은혜 보답을 생각해야 한다는 이야기'가 있었다. 미타라이는 유녀 덕분에 경제적으로 발전해 왔다는 사실, 미타라이를 지탱해 준 유녀들을 절대 잊어서는 안 된다는 인식이 주민들 사이에 공유되어 있었다는 것이다. 이마사키는 다음과 같이 말한다.

> 학교에서 같이 공부하다가 유녀 지망생들은 오전만 공부하고 귀가한다. 오후부터 여러 가지 심부름 등을 해야 하기 때문이다. 마을에는 공중목욕탕이 세 군데 있었는데 어느 곳이나 오후 2시경 목욕탕에 처음 들어가는 사람(一番風呂. 욕조에 처음 들어가는 것을 일본에서는 중시하는 편이다)은 으레 유녀였다. 그녀들은 몸치장을 해야 하기 때문이다. 주민은 그것을 매우 자연스럽게 생각했고 아무런 위화감이 없었다. 주민들은 유녀들을 그냥 함께 사는 주민으로 생각했다.

미타라이는 1994년 국가의 역사문화 보존지구로 지정되었다. 그래서 전통가옥의 보존에 필요한 수선과 개축 비용으로서 1,000만 엔의 보조금(20%는 본인 부담)이 지원된 것을 계기로 100개 이상의 건물이 정비되었다고 한다. 지역의 역사문화적 전통에 대한 지역민의 관심이 높아진 시기였다.

주민 조직은 모금운동과 더불어 다음 세 가지 활동을 지속적으로 추진했다. 첫째, 연구모임을 통해 유녀 관련 자료 수집하기, 둘째 지역의 청소활동, 셋째, 두 달에 한번 소식지를 발행하여 오이란공원 조성을 위한 활동상황을 주민들에게 알리는 것. 이마사키는 이 세 가지 활동은 모두 매우 중요했다고 말한다. 기부에 응한 사람은 약 300명(그중 약 절반은 섬 밖의 기부자), 기초자치단체장 및 의회의장도 기부하여 1,000만 엔 정도의 기부금이 모였다. 토지를 기부한 사람도 있었다. 그렇게 해서 부지가 선정되고 2003년 오이란공원이 완성되었다.

오이란공원은 항구를 내려다 볼 수 있는 언덕 위에 있다(사진 참고). 그곳은 원래 복숭아 과수원으로 주민들의 꽃구경놀이 장소였다. 꽃놀이에도 유녀들이 같이 참가했었다. 항구가 보이는 장소를 고집했던 것에는 다음과 같은 배려가 있었다: "유녀들은 멀리서 들어오는 배(북전선)의 돛을 보면 어느 지방의 배인지 안다. 고향에서 온 배도 있었을 것이지만 돌아갈 수 없는 몸이다. 아무리 주민들이 잘 대해 준다고 한들 쓸쓸하고 슬픈 마음을 품고 있었을 것이다. 그러니 최소한 항구가 보이는 전망 좋은 곳에서 그녀들의 영혼을 쉬게 하고 싶다."

오이란 공원에서 본 미타라이. 앞에 보이는 섬들이 방파제 역할을 해서 바다가 마치 호수와 같아 보인다. (사진은 필자)

공원조성과정에서 주민 간 의견이 맞선 경우도 있었다. 오이란 공원에는 '유녀의 외침(=비명)탑'(遊女の叫び塔)이라는 큰 비석이 서 있다. 모금과정에서 어느 차별철폐운동가가 이 탑 건립을 조건으로 100만 엔을 기부했다고 한다. 그런데, 막상 공원조성 시에는 '외침'이라는 표현에 저항감을 느끼는 주민이 적지 않았다. 우리는 유녀들을 잘 대해주었는데 그 용어에는 학대 받는 유녀의 이미지가 있다는 이유였다. 주민들은 대화를 거

듭했다. 그리고 '유녀들의 속마음을 생각해 보면, 사실 고된 생활이었을 것이다. 심한 경우를 당한 유녀도 있었지 않은가? 그러니까 외침이라는 용어가 들어가도 괜찮을 것 같다'는 합의가 이루어졌다고 한다.

교류가 가져온 깊은 인간애

북구에서 발원한 정상화(normalization)의 이념은 장애와 비장애의 분단된 생활, 접촉하지 않은 생활이 비정상적 환경이라는 판단에서 시작되었다. 확실히 분단은 편견과 차별로 이어지기 쉽다. 그러나 미타라이에서는 초등학교에서 장차 유녀가 될 이들이 같이 공부했고 그런 경험을 가진 주민이 얼마 전까지 생존했다. 유녀들이 어린 자녀를 데리고 사는 경우도 있었다. 그 아이들끼리의 교류가 지역민과의 교류를 촉진했을 수 있겠다. 그만큼 유녀와 더불어 사는 것이 자연스러웠다. 주민리더인 이마사키는 다음과 같이 회상한다: "우리집은 청과물 가게를 하고 있었는데, 물건 사러 오는 유녀들에게 정말로 친근히게 대했다. 학교 입학했을 때에는 유녀로부터 축하선물을 받기도 했다."

오이란공원 유녀의 탑에는 그녀들이 읊었다고 하는 다음과 같은 하이쿠(俳句. 5-7-5의 15글자로 된 짧은 시. 운율을 중시함)가 새겨져 있다.

> たのみます 華のこの世も 後の世も
> 타노미마스 하나노 고노요모 노치노 요모
> (부탁합니다 꽃 같은 이승도 그 뒤의 저승도)

이마사키의 말을 들으면서, 나는 공원에 유녀의 탑을 세울 때 그는 어떤 심경이었을까 헤아려 보았다. 어린 시절 그는 유녀들을 이웃사람처럼 여기고 살았지만, 성장한 후에는 유녀에 대한 사회 전반의 멸시와 차별이 냉엄한 현실을 체감하지 못했을 리 없다. 이웃 주민들의 인간애를 간간히 받는다고 한들, 사회적 차별을 몸으로 안고 살아가는 유녀들이다.

토해내고 싶은 외침을 마음속 깊은 곳으로만 향하게 하며 가족과 사회의 질곡을 묵묵히 대신 지고 가는 그녀들의 이차원의 성숙한 삶. 그녀들에 대한 인간적 존경과 연민. 귀향하지 못할지 모른다는 자신들의 달관한 심경을 담아낸 애절한 하이쿠.

그 하이쿠 끝마디의 한 많은 바램, '살아서도 죽어서도 돌보아 주었으면'하는 그 바람을 이루어지게 하는 것이 사람의 도리라고 여겼던 것일까? 오이란공원 조성에 집념을 보였던 이 노인의 심경을 나는 그렇게 헤아려 보았다. 그리고 또 "연탄재 함부로 발로 차지 마라/ 너는/ 누구에게 한번이라도 뜨거운 사람이었느냐"(안도현 「너에게 묻는다」)는 시구를 생각했다.

이마사키가 유녀문제에 관심을 가진 계기는 1948년에 중학교에 입학한 후 그 지역을 연구대상으로 하는 부활동에 참가한 것이었다고 말한다. 그 부에는 여학생 부원도 있었다고 한다. 당시에도 미타라이에는 유녀영업집(오키야. 置屋)이 많았는데, 부활동에 참가한 계기는 유녀 문제를 잘 아는 한 신문기자로부터 들었던 이야기였다.

새삼 말할 것도 없이, 차별 예방에 타인과의 교류가 중요하고, 분리된 생활은 편견과 차별을 낳기 쉽다. 같은 섬 안이지만 미타라이와 떨어진 마을 주민들은 유녀를 어떻게 생각했을까? 나는 일본의 사회인을 위한 강의 중 미타라이를 언급한 적이 있었는데, 수강생 중에 미타라이에서 2~3km 떨어진 마을에서 자란 나이 든 여성 수강생이 있었다. 그녀는 어른들로부터 "미타라이 근처에 가면 안 된다"라는 말을 단단히 듣고 자랐다고 나에게 말해 주었다. 히로시마에 사는 나의 공동연구원 중 한 사람은 미타라이 바로 옆의 섬 출신의 택시기사를 만난 적이 있는데, 그 기사는 이유는 말하지 않았지만 "그 섬은 별로 좋은 곳이 아니다"라고만 말했다고 한다.

하지만 미타라이에는 유녀가 지역 주민과 결혼해서 그곳에 정착생활을 한 경우도 서너 명 있다고 이마사키는 말한다. 이것은 물론 일본에서도 흔한 경우는 아니지만, 거기에는 한국과 일본의 성문화 차이도 있다. 앞

서 언급한 켐펠도 에도시대 일본에서 유녀가 유곽에서 고향으로 돌아와 일반인과 결혼할 때에 그 전력이 전혀 문제시되지 않았고 그것은 유럽과는 매우 다른 문화라고 기록하고 있다.

전통사회에서 여자가 집안 생계를 돕기 위해 유곽에서 일하는 것은, 보통 남자들이 가족 생계를 위해 타지에서 일하는 것을 뜻하는 봉공(奉公)이라고 불렀다. 결혼 전 여자의 봉공은 부모에 대한 효도라고 여겨졌다. 이미 17세기 말에는 유녀계약서에도 '유녀로 판다'가 아니라 '유녀 봉공으로 보낸다'는 표현이 되었다. 즉 유녀라는 이름으로 노동한다고 하는 인식이었다는 뜻이다. 1940년대에도 일본인이 군위안소에서 만난 조선인 군위안부와 결혼하는 사례가 있고 원래 군위안부였음을 알고서도 결혼하는 경우도 있으며, 민간 매춘업자에 복속되어 있던 조선인여자를 구조하여 아내로 삼은 사례도 있다(박광준, 2022). 이것은 한국에서는 생각하기 어려운 일본의 성문화요 결혼관이다.

유녀의 생활이 괴롭고 고된 일이었음은 상상이 간다. 유곽에서는 매독 등 성병으로 목숨을 잃는 등 비참한 생을 마치는 일이 많았다. 보통 여자는 유곽에 갈 때 목돈을 받아 가족에게 주고 수년간 기한을 정하여 일하고 그 빚을 갚으면 집으로 돌아왔다. 기록을 보니 미타라이에서는 10년 계약기간으로 유곽에 간 여자가 11년여 만에 빚을 모두 청산하고 돌아간 사례가 있다. 미타라이 유녀 중에는 경제적으로 풍족한 이들 역시 적지 않았던 것 같다. 지역 신사의 다마가키(玉垣. 돌기둥으로 연결된 담장인데 하나하나의 석주에는 시주자의 이름이 새겨져 있음)에 유녀 이름이 새겨져 있는 것이 21개나 된다고 한다. 다만 상당한 돈이 드는 묘비석을 누가 마련했는지는 밝혀져 있지 않다. 아마도 동료 유녀가 만들어 준 것이라고 추측된다고 한다.

케어커뮤니티의 모델을 보여주는 미타라이의 삶의 방식은 어떻게 형성되고 유지되어 온 것일까? 나는 이마사키에게 물었다: "에도시대에는 번(藩. 번은 사실상 하나의 나라였다)을 넘어선 인적 교류는 극히 드물었다. 그러나 미타라이는 북전선 기항지였던 만큼 다양한 번의 사람들과 자연스레 교류할 기회가 있었고 그것은 다양성에 익숙해지는 환경이었다. 그 때문에 다른 인간, 다른 지역과의 공생 의식이 자연히 형성되고 계승되어 온 것 아닐까?"

나의 이 생각에 대해 이마사키씨는 기본적으로 동의하면서, 매우 중요한 실마리를 이야기해 주었다. 그것은 미타라이항이 개발되었을 때 처음 모여들어 정착했던 사람들이 한 지역의 집단이주자가 아니라 '다양한 지역 출신자들'이었다는 사실이다. 앞 절에서 소개한 카이후가 형성될 때의 특징과 닮았다. **개방적 세계관을 가지는 것, 다양한 인간과 문화를 경험한다는 것은 관용적인 태도를 만든다.** 관대함은 케어사회의 기초다. 나아가 좋은 주민리더가 있다면 케어사회는 더욱 앞당겨질 수 있다는 사실을 미타라이의 사례가 우리에게 깨우쳐 준다.

5. 이아고를 몰아내면 케어사회가 실현될 것인가?

우리들의 심성과 행동에서 반(反)케어적 요소들을 없앤다면 케어사회가 보다 앞당겨질 것인가?

반공생적(反共生的) 심성의 전형이라면 나는 이아고라는 인물을 들고 싶다. 이아고는 셰익스피어의 4대 비극의 하나 〈오셀로〉(1602)에 등장하는 극악인이다. 그는 상관인 베네치아 장군 오셀로가 자신을 부관으로 지명하지 않은 것에 원한을 품고, 오셀로를 파멸시키려고 교묘한 이간질을 거듭한다. 이윽고 이아고의 이간질에 의해 판단이 흐려진 오셀로는 있지도 않은 아내의 부정을 의심하여 그녀를 목 졸라 죽이고 자결한다.

이아고의 본질에 대해서는 독일의 저명 신화작가 미하엘 쾰마이어(김희상 역, 2005)가 셰익스피어의 〈오셀로〉를 소설로 각색한 작품에서 명쾌하

게 해설해 준다. 이아고의 관심은 언제나 인간 영혼의 어두운 반쪽 즉 분노, 두려움, 집착, 아집, 망상 등이었다. 이아고는 사람을 상대할 때 약점부터 읽었다. 이아고는 인생의 아름다움이나 행복 혹은 만족이란 것을 모르는 사람이었다. 이아고의 교묘한 이간질에 속아 이성을 잃은 오셀로가 부인을 죽이려고 자리를 뜨자, 이아고는 다음과 같이 혼잣말로 중얼거린다: "내가 가장 행복한 인간이 될지, 아니면 몰락할지, 오늘밤이 그 결정의 순간이 되리라." 쾰마이어는 이 독백을 받아서 이아고의 본질을 다음과 같이 예리하게 파헤친다.

> 참으로 묘한 말이 아닐 수 없다. 아니 이아고가 행복이 무엇인지를 안단 말인가? 행복한 이아고? 그게 어떤 모습일까? 이아고는 늘 자기 자신에 대해 말하곤 했다. "나는 내가 아니다" 그러니까 이아고를 설명할 수 있는 말은 없다. 다만 '이아고가 아닌 것'을 기록할 말들이 있을 따름이다. **결코 이아고일 수 없는 것. 그것은 예를 들자면 행복이다.** 남을 사랑할 줄 아는 평온한 마음이다. 그러나 이아고가 나타나는 곳이면, 땅도 들썩인다. 평화로운 여유 대신 분쟁과 갈등을 일으키는 자. 그는 인격체가 아니다. 그는 다만 깨지고 부서진 인격일 뿐이다. 인격의 부정이라고나 할까. 말하자면 행복의 반대편에 있는 자가 이아고다. **우리 안의 이아고를 부정하면, 행복이 찾아온다.** 그래서 이아고의 혼잣말이 그토록 묘한 것이다. 우리가 생각할 수 있는 **이아고의 유일한 행복은 곧 그의 몰락**이다. (강조는 인용자)

셰익스피어 문학에 어두운 내가 〈오셀로〉를 케어사회 논의의 소재로 끌어들인 이유는, 오셀로가 무어인(Moors. 북아프리카와 이베리아 반도의 이슬람계 흑인)이었다는 사실 때문이며 그 의미를 성찰해 보고 싶기 때문이다.

제1장에서 보았듯이 유럽의 15~16세기는 극단적 인간차별이 본격적으로 시작된 시기였다. 당시 인간차별을 선동한 인물 중에는 이미 소개한 사람들 이외에도 수많은 저명인사가 있다. 종교개혁가 루터는 『유대인과 그들의 거짓말』(1543) 등의 저술을 통해 "지구상에 악마를 제외하고 우리들에게 가장 흉악한 적은 유대인이다"라고 말했다. 루터의 이 말은

수백 년이 지난 뒤 나치에 의해 크게 선전되었다. 또한 영국 자유주의의 아버지로 불리는 로크는 모든 인간은 천부의 권리를 부여받았다는 주장으로 알려져 있다. 그러나 다른 한편 그는 자연권의 개념을 아메리카 선주민에게 적용할 필요는 없고, 그들에게 자유가 보장되지 않는 것도 당연한 일이라고 주장했다. 이 두 사람은 셰익스피어를 사이에 두고 약 80년 전과 후의 인물들이다.

그렇게도 차별적인 시대에, 극의 주인공을 흑인 장군으로 등장시킨 셰익스피어의 세계관은 동시대 유럽의 상황에서 본다면 예외적이었다고 생각된다. 그것은 그가 활약한 엘리자베스여왕 재임기(1558~1603)가 종교와 예술, 빈곤정책 등 사회 전반에 있어서 상대적으로 관용의 시대였었다는 사실과 결코 무관하지 않다. 변두리의 약소국 영국을 세계적 강국으로 변모시킨 것도 엘리자베스 치세기다. 이것은 다양성 수용이 사회발전을 가져옴을 보여 주는 역사적 교훈이다.

흑인 장군이 백인 장교와 군인들을 지휘하는 사회의 설정은, 비록 그것이 셰익스피어의 창작세계 안에서만 존재하는 다양성에 지나지 않았다고 하더라도, 셰익스피어 문학 나아가서는 영국사회를 보다 풍요롭게 만드는 창조적 원동력이 되었다고 나는 믿고 싶다. 〈오셀로〉는 케어사회란 곧 '이아고의 몰락'에 의해 실현되는 것임을 성찰하게 하는 귀중한 기회를 우리들에게 제공해 주는 텍스트다.

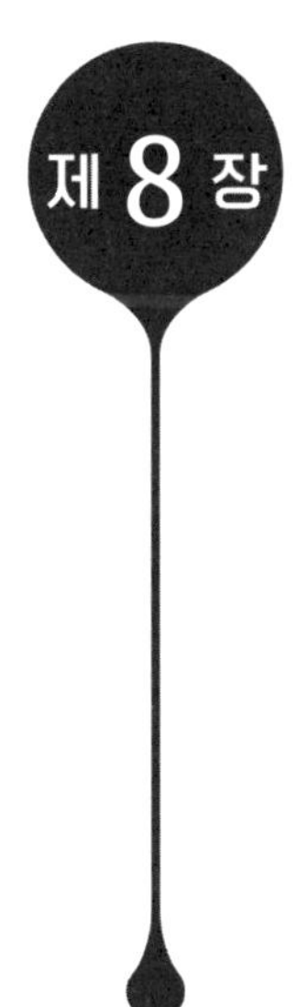

고령자 이해와 인지장애 및 임종케어

고령자 이해와 인지장애 및 임종케어

이 장은 노인을 어떻게 볼 것인가를 논의의 시작으로 한다. 역사가 데인(Thane, 2005)은 노년의 가장 큰 특징은 과거에도 현재에도 그 속에 존재하는 **현저한 다양성**에 있다고 말한다. 따라서 그 다양성에 대한 이해가 노년에 직면하는 문제에 대처하기 위한 첫걸음이다. 이어 고령자와 관련된 현실적인 난제가 노인종말기(terminal period)의 케어인 점을 감안하여 즉 터미널케어(임종케어)의 현상과 과제를 살핀다.

치매인을 어떻게 케어할 것인가의 선택은 결국 인간을 어떻게 보는가에 달려 있다. 인지장애 케어의 국제적 동향으로서 이 장은 유머니튜드와 벨리데이션의 실천과 그 바탕을 이루는 인간관 내지 장애관을 소개한다. 그것은 케어의 기법이면서 또 인간을 대하는 태도라는 점을 강조하고 싶기 때문이다. 알츠하이머의 원인과 예방에 관련하여 수녀집단의 사후 뇌 기증을 바탕으로 한 수녀연구는 비교적 한국에 잘 알려져 있지 않다고 판단되어 그 내용과 더불어 시사점을 비교적 자세히 논의한다.

1. 노인을 보는 눈

노인의 이해: 그 다양성과 차별문제

노년의 역사에 관한 저명한 저서들은 다수가 우리말로 번역되어 있다. 우선 키케로(천병희 역, 2005)의 고전이 있다. 이 책은 노인은 할 일이 없다, 육체적으로 허약하다, 즐거움이 없다, 죽음이 가까운 사람이다, 라는 네 가지의 관념(편견) 그 각각에 반론하는 형식의 책이다. 좋은 노후생활은 바람직한 청년기와 장년기의 연장선상에 있다는 것이 강조되어 있으므로 젊은 층에게 좋은 노후를 준비하도록 하는 성격도 가진다. 현대에 가까운 고전으로는 보부아르(1970. 홍상희 외 역, 2002)가 있다. 다만 이 책에는 사실오인이 다수 있다.[1] 미누아(박규현 외 역, 2010)는 노년에 관심 가진 독자에게 권하고 싶은 책이다. 데인(Thane, 2005)에는 풍부한 사료가 포함되어 있어 도움이 되며, 그녀의 공저(데인 외, 안병직 역, 2012)는 번역되어 있다.

원시사회에서 장수는 극히 드물었다. 지금까지 발견된 선사시대의 인류 두개골 파편의 주인은 모두 30세를 넘기지 못했다고 한다. 그러나 고대사회가 되면 비록 평균수명은 짧았지만 고령자층은 일정 비율 존재했다. 미누아(제4장)는 그리스의 유명 철학자 48명의 평균수명과 사망원인을 밝혔는데 100세 이상 혹은 90세 이상의 고령자도 드물지 않았다. 로마와 동로마에 살았던 24,989명의 기록분석을 보면, 60세 이상의 경우, 남성이 여성보다 2배 이상 많았다. 현대사회와는 반대로 여성고령자가

1 보부아르는 노인이 성인 범주에 포함되어 있었기 때문에 노인만을 대상으로 한 역사기술은 불가능하다고 기술했다. 그러나 그리스나 로마 시대에도 노년은 성인과는 따로 분류되어 있었다. 로마의 연령 구분에 의하면 46~60세가 초로(senior), 61세 이상이 노년(senex)이었다. 미누아나 데인 등은 고대에까지 거슬러 올라가서 노인의 역사를 기술하여, 노년 연구를 한층 전진시켰다.

상대적으로 적었던 이유는, 출산과 관련된 높은 사망률 탓도 있지만, 어린 시절부터 행해진 여성차별의 영향이 있다.

2024년 한국 고령자는 993.8만 명, 전 인구의 19.2%다(「고령자통계」, 2024). 이 많은 사람들에게 공통적 속성이 있다고 보는 것 자체가 편견일 수 있다. 고령자차별(ageism) 역시 그 속의 다양성을 인정하지 않는 태도에서 발생하는데, 인종차별(racism)이나 여성차별(sexism)과 달리, 차별의 근거가 되는 연령 그 자체가 변하는 것이 특징이다. 따라서 고령자차별은 누구에게나 피해 가능성이 열려 있다. 에이지즘의 명명자 버트러(Butler, 1969)는 고령자차별이 여성 및 인종적 마이노리티에게 더욱 심각한 경향이 있다고 지적했다. 오늘날에도 고령-여성-장애인-경제상황 등의 다양한 차별이 중첩되는 복합차별(intersectionality)이 여전하다.

고령자에 대한 편견 중 하나가 연령규범(age norm)이다. 그것은 '사람에게는 나이에 어울리는 행동양식이 있다'라는 사회통념이다. 연령규범은 원래 부모 동의없이 결혼할 수 있는 연령, 음주연령 등 일정 연령에 달했을 때 비로소 합법화되는 행위를 규정하는 것이었다. 그러나 고령자 연령규범은 '고령자에게 어울리지 않는 행동은 하지 않아야 함'을 강요한다. 규범이라고 불리는 것은 그 구속력 때문이다. 고령 나이에 어울리는 옷이나 언행이 무엇인가는 완전히 다수자에 의해 규정되지만, 그것에서 일탈한 경우에는 해당 고령자에게 비난과 제재가 가해진다.

두 개의 고령자관: 아리스토텔레스형과 플라톤형

고령자는 지혜를 많이 가진 사람이라는 측면과, 과거에는 할 수 있었던 많은 것들을 할 수 없는 사람이라는 측면이 있다. 전자의 측면을 먼저 보는 대표적 견해는 플라톤이며 후자를 먼저 보는 견해는 아리스토텔레스가 그 대표격이다(보부아르, 홍상희 외 역, 2002; 미누아, 박규현 외 역, 2010; 瀨口, 2011; 朴·村岡他, 2023). 플라톤은 대표작 『국가』에서 다음과 같이 기

술한다: "고령자들과의 이야기는 즐겁다. 왜냐하면, 그들은 우리들이 앞으로 거쳐가지 않으면 안 되는 길을 앞서 걸었던 사람이기 때문에, 그 길이 어떤 길인지를 물어서 들어 두는 것은 유익하기 때문이다."

플라톤에게 있어서 훌륭한 통치란 노인정치(gerontocracy)였다. 플라톤은 연로한 부모에 대한 자식의 의무를 되풀이하여 강조했다. 그리고 아무런 쾌락도 욕심도 없는 생활을 즐길 수 있다는 것은 고령자만이 가지는 특권이라고 찬양했다. 확실히 그리스신화에 등장하는 노년의 신 제라스(Geras)는 명예와 보상이라는 의미를 가지고 있었고, 노년을 의미하는 'gera, geron'에는 노년의 특권과 권리의 의미도 있었다고 한다. 법률해석이나 쟁송의 중재 등의 일은 고연령자가 아니면 해 낼 수 없는 일이라고 간주되었다. 예를 들어 공적 중재인[2]이라는 직책 혹은 법률 해석자도 60세 이상의 사람으로 지정되었다.

하지만 이러한 노인관은 고대 그리스시대에도 소수의견이었다고 한다. 플라톤의 제자인 아리스토텔레스는 고령자의 부정적 측면을 강조했다. 그는 청년·장년·노년의 세 시기 중 노년은 '자기중심저, 비굴함과 두려움증' 등의 특징을 가진다고 지적했다(瀨口, 2011: 8-9). 그는 인간은 육체와 영혼이 결합된 존재인데 영혼은 육체의 형식에 지나지 않는 것이라고 보았다. 그래서 만약 질병이 육체를 침범하면 그것이 인간 전체에 영향을 주고, 병약한 몸이 되면 아름다운 노년은 어렵다고 생각했다. 아리스토텔레스의 노인관은 그 후 그리스 희극이나 문학, 그리고 서양문화의 부정적 노인관에 큰 영향을 미쳤다고 알려져 있다.

위의 두 가지 고령자관은 각각 플라톤형과 아리스토텔레스형이라고 이름 붙일 수 있겠다. 다만 이 두 가지 생각의 차이는 '먼저 노인의 어떤 측면에 착안했는가'라는 차이에 유래한다. 아리스토텔레스의 노인관은

2 공적 중재인이란 일정 이상 금액의 거래에 관련된 쟁송 일을 보는 사람이다. 추첨으로 정해지는데, 결정에 따르지 않는다면 시민권과 정치권이 박탈되었다고 한다(미누아, 박규현 외 역, 2010: 제3장).

그가 생물학적 연구를 배경으로 하여 신체적 노화에 주목했기 때문에 형성된 것이다. 그도 연로한 노인에 대한 공경을 강조했다. 따라서 이 두 사람의 노인관을 부정적 견해와 긍정적 견해의 양극에 있다고 파악하는 것은 적절하지 않을 수 있다. 플라톤은 고령자의 풍부한 정신세계의 측면을 중시했고, 아리스토텔레스는 신체능력의 저하라는 측면을 중시했기 때문에 발생한 견해 차이라고 받아들여야 할 것이다. 두 사람의 생각을 종합한다면 고령자관은 다음과 같이 기술될 수 있겠다.

> 고령자는 한편에서는 신체능력의 저하와 질병에 수반되는 다양한 생활곤란을 안고 있는 존재이며, 다른 한편에서는 그들이 가진 풍부한 경험 및 정신세계를 사회를 위해 활용하는 것이 기대되는 존재다.

노인돌봄과 관련된 현실적 문제: 유산상속

돌봄과 관련된 사회문제는 다양하다. 근래에는 돌봄사고에 관한 논의도 많아지고 있다. 노인요양시설에서는 돌봄사고가 발생하는 일이 있고 그것이 소송으로 번지기도 한다. 일본의 경우(古笛編, 2019; 横田, 2012) 소송이 많고 그것은 시설운영의 중대한 리스크다. 소송이 될 정도면 경찰이 개입하는 경우도 있다. 내가 면담한 어느 시설장은 경찰 개입은 수사 수준이었고 그로 인해 막대한 업무 손실이 발생했다고 말한다.

한편, 고령자의 유산상속에 있어서도, 헌신적인 돌봄을 한 자녀 등에게 보다 많은 유산증여를 하려는 데에서 갈등과 소송이 발생하기도 한다. 만약 상속권자가 상속에 관한 유언에 동의하지 않으면 소송으로 번지기 때문이다. 다수의 잠재적 돌봄인 중에서 '누가 주돌봄인(primary caregiver)이 되는가'는 가족관계, 사회적 요인, 심리적 요인, 물질적 요인 등이 작용하는 교섭에 의해 결정된다(Ungerson, 1988). 어느 한 사람이 주돌봄인이 되면 그 부담으로 인해 당사자는 취약한 입장이 된다. 고령자는 그에 대한 보상으로서 더 많은 상속을 배려하려는 것이다.

일본 가정법원 조정위원의 기록(槇村, 2004)을 보면 고령자가 자신의 개호에 헌신한 특정 자녀에게 보다 많은 유산을 남기려는 마음, 혹은 장애를 가진 자식이 있을 때 그 자녀를 끝까지 돌보아 줄 자녀에게 많은 유산을 남기려는 마음의 절박함을 읽을 수 있다. 다음 사례는 그 같은 절박함과 고령자가 인생의 마지막까지 주체적으로 살아간다는 것이 어떤 것인가를 보여 준다.

일본의 사정이므로 이해를 위해, 먼저 다음 세 가지를 간략히 설명해 둔다. 첫째, 일본 민법에서는 원칙적으로 상속인을 혈족에 한정하고 있어서 혈족이 아닌 사람에게 유산을 남기려는 사람은, 유산증여를 위해 양자관계를 맺는 일이 더러 있다고 한다. 둘째, 일본에서는 결혼한 아들이 자식을 남기지 않고 사망한 경우, 그 며느리와 시부모와의 관계는, 며느리의 재혼 여부에 관계없이 완전 남남의 관계가 된다. 셋째, 고령자가 특정인에게 모든 유산 상속을 유언한다 하더라도, 다른 상속권자가 그 유언을 받아들이지 않고 유류분감쇄청구를 행하는 경우가 있다. 유류분이란 법정 상속인에게 부장되어 있는 상속권이다. 그 경우 유류분은 법정 상속분의 2분의 1 정도가 된다.[3] (이하는 槇村, 2004: 184-218의 요약)

노인 타나베(가명)는 뇌경색으로 쓰러진 후 두 번째의 수술을 앞둔 사람이다. 그를 수발하는 며느리(이하 노부코)는 결혼 후 동거해왔다. 노부코의 남편(타나베의 장남)은 자식을 남기지 않고 40세에 사망했으므로 타나베와 노부코는 민법상 남남의 관계다. 노부코는 남편 사후에도 시부모와 계속 동거하면서 시어머니가 임종할 때까지 수발했다. 이제는 홀로된 타나베를 헌신적으로 돌보고 있다. 타나베는 그 며느리에게 가능한 한 많은 유산을 남기려고 고심했다. 타나베의 장녀와 차남은 어머니 임종 시에도 타나베의 개호에도 전혀 협력하지 않았다.

타나베가 노부코에게 더 많은 재산을 유증하기 위해서는 그녀를 양자로 들이

3 참고로, 한국에서는 최근 헌법재판소가 유류분제도가 유산증여의 권리를 제약한다는 취지에서 단순위헌 및 헌법불합치 결정(2024년)을 내린 것을 계기로 제도 존속 여부가 논의되고 있다.

는 방법이 있었다. 그러나 타나베는 그것은 부족하다고 판단하여 고뇌의 결단을 내렸다. 법적으로 남남의 관계가 된 노부코와 서류상 혼인을 맺은 것이다.[4] 그리고 배우자가 된 노부코에게 모든 재산을 유증한다는 유언을 남겼다: "나의 모든 재산을 처인 상속인 노부코에게 유증한다… 노부코는 전 남편(=타나베의 장남)의 사망 시 10년간 헌신적 개호를 했고, 나의 전처에 대해서도 마찬가지였다. 더욱이 몸을 자유로이 움직일 수 없는 나를 돌보느라 잠잘 시간을 아낄 정도였다. 이 유언은 그 긴 세월 동안 그녀의 노고에 보답하기 위한 것이다."

타나베는 장녀와 차남에게는 이미 생활기반을 잡을 수 있도록 원조를 행해 왔다는 것, 그리고 두 자식은 부디 아버지의 심정을 헤아려서 "유류분감쇄청구를 하지 않기를 바란다"고 유언장에 명기했다. 그러나 유언은 무시되었고 두 자녀는 유류분 감쇄 신청을 했다.

2. 임종과 관련된 문제와 케어

임종장소의 변화가 보여 주는 과제

임종문제는 고령자 및 가족이 직면하는 현실적 문제다. 한국의 2024년 사망자수(잠정치) 358.4천 명(통계청, 「2024 사망통계」) 중 60세 이상 사망자는 313천 명으로 전체 사망자의 87%에 이른다. 연령별 사망률(해당인구 1천 명당 사망자 수)은 고령일수록 높아져서 90세 이상은 190.4명이다. 건강보험공단(2025)의 2023년 장기요양사망자 169,943명의 사망 전 1년간 급여이용실태 분석을 통해 고령자의 좋은 죽음 인식과 생애말기 장소 및 연명의료 선호를 살펴보자.

좋은 죽음에서 중요한 것은 '스스로 정리한 임종'(85.8%), '고통 없는

---

4 만약 양자로 들이면 법정 상속분은 양자, 장녀, 차남 각각 1/3이다. 양자에게 전 재산을 유증한다는 유언을 하고 장녀와 차남이 유언에 따르지 않고 유류분감쇄청구를 하면, 장녀와 차남은 그 절반인 1/6이 되고 양자는 4/6를 상속받는다. 그러나 결혼이 되면, 배우자 1/2, 장녀와 차남 각각 1/4이 되므로 자녀들이 유류분감쇄청구를 하더라도 그들에게 돌아갈 상속분은 각각 1/8이 된다.

임종'(85.4%), '가족에게 부담 없는 임종'(84.7%), '가족이 지키는 임종'(76.8%), '집에서 맞는 임종'(53.9%)으로 되어 있다. 연명의료에 대해서는 '반대'가 84.1%였다. 이 응답에는 한편으로는 가족에게 부담을 주지 않는 임종을 중하게 여기면서도, 다른 한편에서는 자택임종을 선호하는 상호모순적 측면이 있다. 희망 임종장소에 대해서도 의견차이가 있다. 고령자의 선호는 자택(67.5%), 병의원(43.4%), 의료복지시설(43.4%) 순인데 가족돌봄자는 병의원(59.6%), 자택(51.5%), 의료복지시설(21.9%) 순으로 선호한다.

그림 8-1은 '2023년 장기요양 사망자의 암/비암 구분별 사망장소 비율'이다. 암환자로서 장기요양서비스를 받은 경우, 의료기관 사망은 84.7%, 비암환자의 경우는 70.8%였다. 한편, 비암환자의 경우, 복지시설에서 사망한 경우가 13.9%를 차지했으며 자택사도 15.3%였다. 2010년 센서스 등을 기초로 65세 이상 노인 1만 6천명 이상을 대상으로 한 조사에 의하면 병원사망률(사고사 제외)은 69.6%(계소신, 2012)였으므로 지난 10여 년간 병원사가 크게 늘었다. 그동안 장기요양보험이 시행되었음에도 그러하므로 바람직하지 못한 방향성이라고 판단된다. 특히 요양병원사망은 매우 높아서 암환자의 경우 32%, 비암환자는 36.7%를 차지한다.

건강보험공단(2025)에 의하면 2023년 장기요양사망자의 경우, 처음 장기요양등급을 인정받은 후 임종까지의 기간은 평균 3.84년이었다. 사망 전 1년까지의 진료질환은 고혈압(78.4%) 다음으로 치매가 68.7%였다. 주목할 것은 임종 전 1개월만을 본다면 적극적 치료(Aggressive Care)를 받은 비율이 75.5%에 이른다는 점이다. 2014년에 37%였으므로 두 배 이상 증가한 수치다. 이것은 적극적 치료에 대한 의료기관의 경제적 인센티브가 환자 및 가족의 의향보다 훨씬 강함을 보여 준다. 인위적 영양공급은 14.9%에서 38%로 증가했고, CT는 14.6%에서 31.7%, 초음파검사는 0%에서 15.3%로 늘어났다. 이미 1970년대부터 의료윤리문제로서 지적되어 오던 사망 전 수혈도 0.2%에서 15.1%로 급증했다. 존엄을 가진 편안한 죽음과는 더욱 멀어지는 양상이다. 이것은 국민의료비와 깊이 관련되는 중대한 문제인데, 나의 눈에는 정부가 너무나 안이하게 대처하는 것으로 비친다.

필요한 것은 사망장소와 관련된 국민의 바람을 반영한 병원 요양병원 요양시설 자택의 역할분담에 관한 정부의 비전 제시다. 병원의 호스피스 실천에 보다 높은 건강보험수가를 적용하고, 장기요양시설의 터미널케어 실천에 대해서도 보다 높은 보험수가를 적용하는 등의 정책적 궁리를 거듭해야만 할 것이다. 내가 방문조사에서 확인한 한 노인요양시설에서 임종케어를 행하더라도 요양보험의 부가적 지원은 없다. 정부(건강보험공단, 2025)는 사망장소에 관련된 정책과제로서, 장기요양보험 안에서 임종케어를 제공하는 체제 구축, 임종케어에 관한 법적 절차 마련, 요양시설 및 재가에서의 임종케어 모델 개발 등을 제시하고 있을 뿐이다.

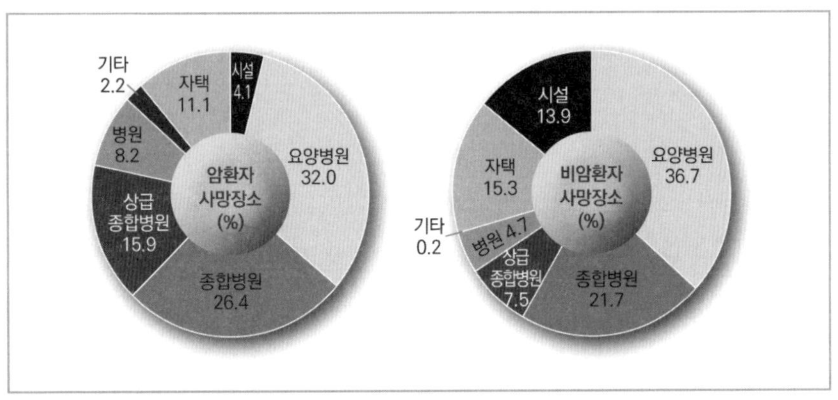

자료: 건강보험공단(2025)

그림 8-1 **2023년 장기요양사망자 암환자 및 비암환자의 사망장소**

임종케어에 대한 요구

고령자가 자택임종을 선호하고, 요양시설 입소자가 시설임종을 선호하더라도 그 실현은 쉽지 않다. 자택이나 요양시설에서 임종케어(terminal care, end-

of-life care)를 받기 위해서는 요양서비스의 정비뿐만 아니라 재가의료의 보급 등의 조건 구비가 필요하기 때문이다. 임종장소의 선택에는 많은 요인들이 작용한다. 13개국 150만 명을 대상으로 한 분석(WHO, 2011: 8-10)에 의하면 암환자의 임종장소의 경우(자택 혹은 병원) (1) 질병에 관련된 요인, (2) 개인 사정의 요인, (3) 보건의료 및 사회적 요인으로 분류할 때 모두 17가지의 요인이 작용한다. 주목할 것은 보건의료 및 사회적 요인이다. 거기에는 다시 헬스케어 상황(재택의료의 유용성, 재택의료의 강도, 입원병실 확보 등), 사회적 지지망(친척의 동거, 가족의 서포트, 배우자 유무, 돌봄인의 의사) 등이 작용한다. 즉 자택사에는 반드시 보건의료 및 사회환경의 정비가 필요하다.

우리사회에는 말기환자 의료철수에 관련된 재판들을 계기로 임종과정이나 말기환자 문제가 사회적 의제가 되어 왔다. 2016년에는 「호스피스·완화의료 및 임종과정에 있는 환자의 연명의료결정에 관한 법률」(약칭: 연명의료결정법)이 제정되었다. 그러나 오진탁(2011: 134-136)이 지적하듯이 그 논의는 죽음판정 기준에 대한 논의에 중점이 두어져 그것이 죽음에 대한 준비교육이나 죽음에 대한 바른 이해로 확산되지 않고 있다.

호스피스 완화의료는 주로 의료계의 과제로 여겨져 왔다. 그러나 근자에는 사회복지나 요양보호 영역도 터미널케어에 관련되고 있다. 그것은 의료기관에서 소셜워커가 하나의 전문직으로 자리 잡기 시작했고 요양보험이 시행되면서 요양시설에서 사망하는 비율이 높아지고 있으며, 재택사를 선호하는 당사자의 목소리가 커지고 있음을 반영한다. 예를 들어 미국소셜워커협회(NASW, 2004)는 임종기의 환자에 대한 심리사회적 정서적 지원과 임종계획의 작성 등을 소셜워커의 직무에 포함시키고 있다. 한국에서도 임종에 관련된 경험을 가진 사회복지사가 증가하면서 그 방향성을 모색하는 연구(김은경, 2022; 권성애 외, 2015 등)도 발표되고 있다.

WHO는 2000년대에 들어서 터미널케어나 완화의료가 보건의료시스템의 높은 우선순위를 차지한다는 것을 강조해 왔다.[5] 그 배경에는 다음 네 가지가 있다: 첫째, 고령인구의 증가, 둘째, 만성질환 증가 등 질병패

턴의 변화, 셋째, 고령자니즈의 복합화, 넷째, 여러 전문직의 팀 어프로치가 요구되는 현실.

임종케어 실현을 위해서는 마지막까지 인간존엄을 유지한 죽음이 중요하다는 사회적 합의를 만드는 것이 중요하다. 그 합의형성을 위해서는 임종을 멀리서 관찰한 이야기가 아니라 임종에 몸을 둔 케어실천사례를 발굴하여 보다 많은 사람들이 그 문제를 구체적으로 생각할 기회를 제공하는 것이 전문직의 임무다. 히노하라(日野原重明, 1983)는 일본에서 터미널케어를 제창하기 시작하던 40여 년 전, 그가 처음으로 임종 입회했을 때 대응이 미숙했음을 다음과 같이 기술했다.

> 그 환자는 16세 소녀 여공이었다. 홀어머니는 생계비와 병원비 마련에 쫓겨서 2주일에 한 번 정도 면회할 정도였다. 그녀는 결핵성 복막염 등으로 인한 장폐색 증상을 보이며 상태가 급변했다. 그녀는 주치의인 나에게 감사와 결별, 부탁이 섞인 다음의 인사를 전하며 합장을 했다(이하 요약): "선생님 오랫동안 감사합니다. 일요일인데 병실에 오시게 해서 송구합니다… 나는 이대로 죽을 것 같은 기분이 듭니다. 어머니도 만나지 못하고… 어머니께는 걱정만 계속 끼치게 해서 죄송한 마음 뿐이라고, 선생님께서 내 마음을 어머니께 잘 전해 주세요…" 히노하라는 "당신 병은 다시 좋아집니다. 죽지 않으니 기운을 차리세요"라고 말했다. 혼수상태가 되자 의료 처치를 계속하면서 그녀의 귀에 대고 "정신 차리세요. 죽지 않아요. 곧 어머니도 올 겁니다"라고 소리치는 것이 고작이었다.

이 경험 후 그는 후회와 반성을 공개했다. 나는 왜 그때 "잘 알았어요. 어머니께는 당신의 마음을 내가 대신 잘 전하겠어요"라는 말을 해 주지 못했는가, 왜 의료기기를 내려놓고 그녀의 손을 잡아주지 못했는가하고.

---

5 WHO(2011)는 완화의료를 다음과 같이 정의한다: "임종문제에 직면하게 하는 질병과 관련된 문제에 직면한 환자 및 그 가족의 삶의 질을 향상시키기 위해, 통증 및 기타 신체적, 심리사회적, 영적 문제의 조기발견, 정확한 사정과 치료를 통해 고통을 예방하고 완화하는 것." 그 실천은 다음을 포함한다. 즉 삶을 긍정하고 죽음을 정상적인 과정으로 받아들이는 것, 죽음을 앞당기거나 인위적으로 연장하지 않는 것, 필요한 경우, 사별 상담을 포함하여 환자와 그 가족의 요구를 해결하기 위해 팀 접근 방식의 활용.

연명의료문제와 사회문화

존엄한 죽음에 관한 요구가 증가하는 사회환경 변화는 다양한 주체들에게 임종케어에 관한 과제를 던지고 있다. 정부가 요구받는 것은, 존엄한 죽음을 보장하는 보건의료 및 장기요양체제, 의료기관과 장기요양시설 및 가족의 적절한 역할 분담, 보건의료자원의 적절한 사용을 통한 국민의료비 부담 경감 등이다. 의료계는 임종의료에 관한 의료윤리의 확립과 실천, 호스피스와 그 커리큘럼의 개발, 다른 전문직과의 협업 등을 요구받는다. 그리고 사회복지나 장기요양 영역은 존엄한 죽음을 지원하는 전문직에 어울리는 윤리 확립과 더불어 임종문제에 실제적으로 대응하는 실력 쌓기를 요구받는다. 실제로 임종케어 경험을 가진 소셜워커일수록 임종케어의 제공의향이 높다(권성애 외, 2015; 김은경, 2022)는 것이 밝혀져 있다.

임종케어나 연명의료, 임종장소의 선택에서는 문화적 요인이 크게 작용한다는 것을 지적한 선행연구들이 적지 않다. 그에 대한 신중한 해석을 위해 두 가지를 지적해 둔다.

먼저 종교와의 관계다. 종교는 '있고', '없음'뿐만 아니라, 있다고 하더라도 종교에 어느 정도 관여되느냐가 임종케어에 영향을 준다. 선행연구들은 일반적으로 종교를 가지지 않은 사람들이 종교를 가진 사람들보다 임종케어에 긍정적인 태도를 보인다고 말한다. 한국 사회복지사를 대상으로 한 연구(원성애 외, 2015)에서도 임종케어 제공의사는 비종교인이 종교인에 비하여 높은 것으로 나타난다. 세계의 기독교국가 중 가장 비종교적 국가라고 일컬어지는 스웨덴에서 한 호스피스간호사(43세)는 종교적 성향이 강한 사람일수록 불안과 공포 속에서 죽음을 맞이하는 경향이 있다고 말한다.[6] "죽은 후에 어떤 일이 벌어진다고 생각하는가?"라는 질문

6 스웨덴인 대부분은 국교회에 가입하고 기꺼이 국교세를 납부한다. 그러나 실생활에서는 종교적 색채가 거의 없기 때문에 '신 없는 사회'라고 불리는 것이다. '내세를 믿는다'는 응답은 33%(미국은 81%)이며 '지옥을 믿는다'는 응답은 10% 이하다(주커만, 김승욱 역, 2012). '기독교 신자'의 의미에 대해서는 "타인에의 배려, 빈민이나 병인 보살

에 대하여, 34세의 한 여성은 다음과 같이 답한다: "아무 일도 일어나지 않는 것 아닌가요?… 만약 죽음이 끝이 아니라면 그것이야말로 정말 걱정스러운 일 아닌가요?"(주커만, 김승욱 역, 2012)

두 번째는, 한국인은 백인들에 비해 임종기에 편안한 죽음을 위한 통증관리 및 심리상담에 초점을 둔 완화의료보다는 연명치료에 관한 선호를 가지고 있다는 연구결과다.[7] 강조해 두고 싶은 것은 그것을 "문화적 차이"만으로 해석하는 것은 위험하다는 것이다. 왜냐하면 이 문제의 배경에는 노후소득보장 및 케어보장 수준이라는 경제적 요인과 보건의료에의 접근성이라는 사회적 요인이 있기 때문이다.

미국에서 사전연명의료 의향서(Living Will)의 초기 보급과정을 보면 백인 중산층에게는 순조롭게 받아들여진 반면, 흑인사회에의 보급은 어려웠다고 보고된다. 그 이유는 흑인사회는 대체로 높은 의료비 부담으로 인해 의료서비스 이용경험이 적고, 따라서 임종 시 연명의료를 가족으로서 해 줄 수 있는 마지막 도리라고 받아들이는 경향 때문이었다. 연명의료를 '인생 마지막에 누리는 사치'와 같이 여긴다는 것이다. 이와 유사한 경향은 한국 사회에도 남아 있다고 본다. 2025년 현재 고령자는 대부분 의료 이용 경험을 많이 가지고 있지만, 과거는 그렇지 않았기 때문이다. 여러 선행연구들이 '아시아 문화에서는 자기결정의 원리가 존중되지 않는 경향'이 있다고 지적하는데, 사실 이 문제는 의료비 부담의 현실과도 관련된다.

한국은 의료보장 및 케어보장의 수준이 향상되어 가는 과정에 있고 본인 부담의 몫은 복지국가에서는 상상하기 힘들 정도로 무겁다. 부모부양의식이 보다 강한 중국의 경우 현장조사를 통해 확인한 것이지만, 확실히 고령 당사자의 결정뿐만 아니라 자식이나 친인척의 의사가 크게 작용한다. 고령자가 진심으로 재가임종을 원하더라도 다른 가족이나 친인척

피기, 도덕적 인간이 되려고 노력하는 것"을 들고 있고, 많은 면접대상자 중 '신의 존재'를 언급한 사람은 없었다고 한다.

7 대개 15년 이상 전의 이 선행연구들은 권성애 외(2015: 226)에 소개되어 있다.

의 의향을 의식하지 않을 수 없는 자식이 병원입원을 결정하는 경우가 있다. 병원입원을 주저하면 '병원비 걱정 때문인가?'라는 친인척의 눈길을 의식하지 않을 수 없다는 것이다.

중국 연변지역 조사에서는 조선족의 노인요양시설을 소개하는 지역유선TV 방송 혹은 요양시설 관계자로부터 "요양시설 입소를 원하지만 자식이 강하게 반대한다. 나를 좀 데리러 와 달라"는 고령자의 전화상담이 가끔 있다는 말을 들은 적이 있다. '부모가 요양시설에 들어가면 주위 사람들이 나를 비난한다'는 것을 이유로 자식이 요양시설 입소를 반대하는데 정작 고령자는 재가생활이 몹시 어렵다고 호소한다는 것이다. 사실 약 26년 전 나는 한국에서 성인 여성으로부터 같은 고민을 들은 적이 있다. 오빠가 부모를 근근이 모시는데, 딸이 모시겠다고 하면 반대한다는 것이다. 장남을 두고 딸이 부모를 모신다면 주위사람이 나를 어떻게 보겠느냐가 그 이유였다. 그동안 요양시설의 질은 크게 높아졌고 요양시설에 대한 인식도 달라져 가고 있다. 하지만 한국의 요양시설 입소자 중에도 시설에 맡겼다는 이유로 자식을 원망하는 노인(김은경, 2022: 510)이 있다는 것이 현실이다.

임종과 관련된 가산제도와 그 명암: 일본의 경우

일본의 개호보험은 복지국가 중에서는 민간주도형의 대표격이다. 하지만 그 시행 이전에 구축한 공비시스템을 기본바탕으로 출범했기 때문에 한국에 비하면 공공성 확보 수준이 훨씬 높다. 무엇보다 관련 인력들의 공공성에 대한 가치관이 공유되어 있다. 요양시설은 개인사업자가 운영할 수 없고, 거의 사회복지법인에 의해 운영되고 있으며, 법인은 단기보호를 포함하여 재가사업센터를 운영한다. 그래서 돌봄영역에서 '민간'이라고 하면 종종 '사회복지법인'을 지칭하는데, 민간에서 새로운 서비스가 개척되어 그것이 전국적 시행으로 제도화되는 경우가 적지 않다. 거기서

정부는 '가산제도'라는 인센티브를 적극 활용하여 민간의 서비스 개선을 유도하는데 거기에는 교사의 측면도 반면교사의 측면도 있다.

우선 배워야 할 것은 가산제도가 생기는 과정이다. 먼저 민간의 선구적 실천이 행해지면 정부가 그것을 높이 평가하여 제도화하는 형식을 취한다. 그것은 보험자나 정책당국이 현장의 목소리에 늘 귀를 기울이고 의사소통의 채널을 상시로 가지고 있다는 증거다. 무엇보다 현장의 실천자들을 공통의 목표를 가진 소중한 파트너로 여긴다는 의미다. 보험사업자의 서비스 제공의 대가로서 보험자가 사업자에게 지급하는 보수를 개호보수라고 한다. 일본에서는 그 보수 중 원칙적으로 10%가 본인부담이다(소득에 따라 20% 혹은 30%까지 부담하는 제도를 근래에 도입했다). 만약 민간사업자가 보다 좋은 서비스를 제공하면 개호보수에 일정 금액을 가산 지급하여 서비스 개선을 독려한다.[8]

가산의 종류는 매우 많지만 임종케어와 관련된 대표적인 것은 다음 두 가지다. 먼저 터미널케어 가산이다. 터미널케어 체제를 갖추고, 후생노동성이 제정한 가이드라인에 따라 대응할 것, 관련 기록을 유지할 것 등의 조건을 구비한 경우, 다음과 같이 가산한다: 사망 전 45~31일은 하루 72엔 가산, 사망 전 30~4일은 하루 160엔 가산, 사망 전 2~1일 전은 910엔 가산, 사망당일은 1,900엔 가산.

다음은 미토리(看取り) 가산이다. 미토리는 임종 입회를 말한다. 특별양호노인홈(=한국의 전문요양시설)의 평균 체재일수는 2020년 1,177일(3.2년)이다. 고령자는 대부분 자택임종을 원하지만, 일단 개호시설에 입소한 경우는 오랫동안 생활한 시설에서의 임종을 선호한다. 그래서 개호시설의 임종케어를 장려하는 취지로 터미널케어를 제공하는 경우 개호보수에 가산하

---

8 이하 내용은 厚生労働省(2008; 2023), 『介護保険事業状況報告』 2024年 4月, 『令和5年度介護給付費実態統計の概況』(2023年 5月 審査分~2024年 4月 審査分), 그리고 필자가 2025년 1월 16일 행한 사회복지법인 키타오지(きたおおじ)에 대한 방문조사 등에 근거한다. 가산금액은 '엔'으로 표기하지만 정확하게는 '단위'이며 1단위는 지역에 따라 1엔보다 약간 많을 수도 적을 수도 있다.

는 것이다. 물론 미토리 가산을 받기 위해서는 조건이 있다. 24시간 임종케어 체제, 임종실이나 정양실을 갖출 것, 임종지킴에 관한 지침을 정하고 직원연수를 실시하며 입소 시 본인이나 가족에게 설명 후 동의를 얻을 것 등이 그것이다. 가산내용은 다음과 같다: 사망일 30~4일 전은 하루 144엔 가산, 사망 3~1일 전은 하루 680엔 가산, 사망일은 1,280엔 가산.

확실히 가산제도는 민간영역에 케어공급을 의존하는 시스템하에서 새로운 서비스의 보급을 촉진할 수 있다는 장점이 있다. 그러나 이 정책경향에는 우려할 만한 일도 있다(朴, 2023: 제6장). 우선 그것은 제도를 복잡하게 만든다는 문제를 가진다. 하지만 더 주의해서 보아야 할 것은 인센티브 정책이 전체 사회의 복지마인드를 약화시키는 결과, 즉 '몰아내기' 현상을 가져올 수 있다는 점이다. 인센티브정책을 몰아내기의 전형으로서 드는 연구자(Bowles, 2016)도 있을 정도다.

단기적으로 보면 인센티브는 이기적인 사업자를 공익에 이바지하도록 유도하는 효과가 있다. 그러나 인센티브는 경제적 이익에 관심을 집중하는 사업자에게 상대적으로 더 많은 이익을 준다. 자신에게 경제적 이익이 없음에도 불구하고 다른 이를 케어하는 시민, 호모 리시프로칸스나 호모 쿠란스는 상대적으로 인센티브에 대한 관심이 적기 때문이다. 그래서 근본적 정책혁신 없이 인센티브 정책만 거듭되면, 바람직한 인간상이 줄어들 가능성이 높아지고, 상호성이나 신뢰와 같은 이타적 동기, 도덕감정의 약화의 리스크가 커진다.

일본사회에는 미토리에 집착하는 문화가 있다. 나는 10여 년 전 니이가타(新潟県)의 호스피스 전문병원에서 1,500명의 임종을 지켜본 임종소셜워커와 정기적 학습을 행한 적이 있다. 그의 네 살 위 형은 초등학교 때부터 근위축증을 앓았고 18세에 사망할 때까지 그는 매주 일요일 형을 면회했다. 하지만 중학생 때 클럽활동 때문에 형의 임종을 보지 못했다. 그는 오랫동안 죄책감에 시달렸고 임종기의 사람을 도와주는 일을 하고 싶다는 생각을 하게 된 것이 현직의 동기였다고 한다.

그러나 그는 지금은 임종 순간 입회 그 자체는 집착할 만한 것이 아니라고 말했다. 그 집착은 환자의 위안이 아니라 가족 위안을 위한 것이라고 판단하게 되었다는 것이다. 호스피스병원에서 일하면서 가족들로부터 가장 많이 듣는 말은 "용태가 악화되면 미토리 할 수 있도록 꼭 빨리 알려 주세요"라는 말이라고 한다. 그럴 때 그는 "임종을 지켜보는 것도 중요하지만 의식이 있을 때 얼굴 보는 것, 그 시간이 소중하고 환자도 그것을 좋아합니다"라고 말해 준다고 한다.

3. 인생의 마지막 성숙을 지원하는 케어

'망각의 호수에 잠수하기'라는 교훈

앞서 소개한 덴마크 케어전문직은 워크숍에서 일본개호시설 견학 중의 목격담을 소개했다. 늦은 오후 현관 근처에서 밖으로 나가려는 입소자를 한 직원이 제지하고 있었는데, 그 직원이 쩔쩔매고 있으니 직원 두 사람이 더 나와서 그 노인을 안으로 데려갔다. 일본직원에게 "저 노인은 왜 밖으로 나가려고 합니까?"라고 물었더니, "그건 모릅니다. 매일 이 시간이면 나가려고 해요. 치매(인지증) 환자니까요"라는 대답이었다고 한다. 이 상황을 소개하면서, 그들은 "일본 개호시설 가는 곳마다 케어인력이 부족하다는 말을 들었는데, 그 말이 거짓말이라고 느꼈다"라고 말했다. 그들은 **밖으로 나가려는 이유를 모른다는 것이 그렇게 당연한가**라고 반문했다. 그 이유를 알면 말이나 행동으로 당사자를 납득시킬 수 있으니 매일같이 서너 사람이 동원될 필요가 없다는 뜻이었다.

그들은 덴마크의 요양보호사 사이에 지침과 같이 알려져 있는 '망각의 호수에 잠수하기'를 소개했다. 요양보호사들은 망각의 호수에 수시로 잠수해야 한다는 이야기다. 그것을 듣고 내가 이미지로 만든 것이 그림 8-2이다.

사람에게는 수많은 기억이 있다. 인생에서 큰 의미를 가진 기억도 있고 그렇지 않은 기억들도 있다. 기억의 의미와 크기는 오직 그 사람 고유의 것이다. 치매 증상이 오면 망각의 호숫물이 차올라 많은 기억들은 수면 아래로 잠긴다. 하지만 수면 밖의 큰 기억만으로는 치매인의 언행을 이해할 수 없다. 그래서 실천자들은 망각의 호수 밑으로 수시로 잠수해서 그 기억들을 살펴보아야 한다. 잠수는 망각의 수위를 낮추어 그들의 기억을 찾아주고 소생하게 하는 실천이다. **기억 한 조각이라도 찾아내면 불완전하지만 대화가 가능**하다. 앞의 그 일본노인의 행동도, 그의 망각의 호수 속으로 잠수해 보면 밖으로 나가려는 이유를 알 수도 있다는 이야기다.

덧붙여 그들은 덴마크 요양시설 입소 면담 때, 입소자나 가족에게 행하는 **첫 질문은 "당신은 누구입니까? 당신은 어떤 사람입니까?"**라고 했다. 그 답을 귀기울여 듣는 것이 케어의 시작이라는 것이다. 덧붙여서 실격의 질문도 소개했다. 그것은 "당신은 자기 힘으로 어떤 것을 할 수 있고, 어떤 것을 할 수 없습니까?"였다.

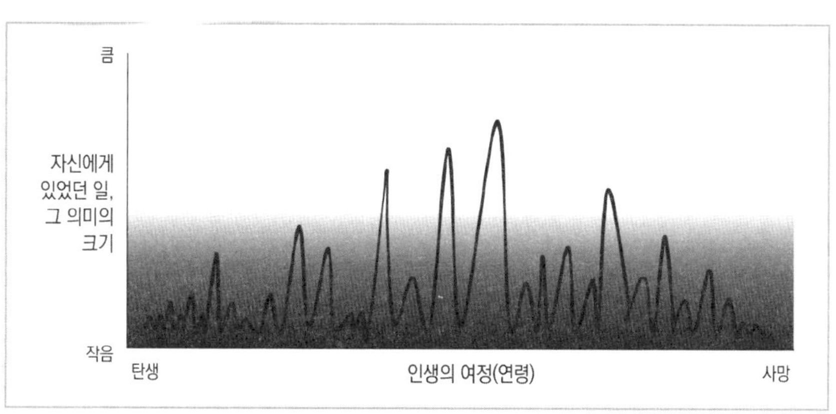

자료: 덴마트 케어전문직 그룹의 설명에 근거하여 저자 작성.

그림 8-2 망각의 호수 속으로 잠수하기

치매라는 용어에 대해서

치매는 뇌기능의 쇠퇴에서 비롯된 인지기능, 언어소통능력, 사물을 판단하는 능력 등에 문제가 발생해서 일상생활에 어려움이 발생하는 증상 혹은 상태를 말한다. 즉 치매 그 자체는 병명이 아니며, 의식장애를 수반하지 않는다는 것도 그 특징의 하나다. WHO는 치매를 신경세포를 파괴하고 뇌를 손상시키는 여러 가지 질병으로 인하여 발생하는 증후군이라고 정의한다. 한자 '痴呆'의 '痴'와 '呆'는 둘 다 어리석음을 뜻한다. 중국의 전통의학서에 '치매'라는 병명이 기록되어 있다고 하므로 그 용어의 역사는 깊다. 다만 오늘날 중국과 타이완은 '치매증'이라는 용법도 일부 사용되지만, 주로 '판단력(지혜)을 잃었다'는 의미에서 실지증(失智症)이라는 용어가 사용되고 있다.

2018년 제정된 「치매관리법」에 의하면 치매는 "퇴행성 뇌질환 또는 뇌혈관계 질환 등으로 인하여 기억력, 언어능력, 지남력(指南力), 판단력 및 수행능력 등의 기능이 저하됨으로써 일상생활에서 지장을 초래하는 후천적인 다발성 장애"(제1조 제1항)이다. 그런데 그에 이은 제3항에는 "경도(輕度)인지장애"가 규정되어 있다. 그것은 "기억력… 등의 기능이 객관적인 검사에서 확인될 정도로 저하되어 있으나 일상생활을 수행하는 능력은 보존되어 있어 치매가 아닌 상태"라고 규정되어 있다.

이 정의 규정은 좀 부자연스럽다. 왜냐하면 치매를 정의하면서 그보다 가벼운 증상을 '경도치매'가 아니라 '경도인지장애'라고 규정하기 때문이다. 그러므로 이 법은 치매를 사실상 '인지장애' 혹은 '중도(重度) 인지장애'라고 판단하고 있다. 그렇다면 인지장애라는 용어를 쓰는 것이 보다 자연스럽지 않을까 의문이 드는 것이다.

치매는 영어 'Dementia'에 해당한다. 'Dementia'는 'de(박탈)+mentia(정신)'의 의미로 그 어의는 정신 기능이 박탈되는 증상이다. 이 용어 자체는 19세기 초 프랑스인 연구자에 의해 처음 사용되었다고 한다(Feil &

Klerk-Rubin, 2015). 일본은 19세기 말 서양의학이 도입될 때 전광(癲狂. 텐쿄)이라는 명칭을 도입했다. 그 환자를 위한 시설과 병원을 각각 전광원과 전광병원이라고 불렀다. 다만 '癲'과 '狂' 두 글자 모두 미치다는 뜻이므로 이 용어에는 강한 스티그마가 부착되어 있었다.

그 부정적 이미지를 개선한다는 취지에서 1909년 독일 정신의학의 영향을 받은 학자에 의해, 독일어 Demenz의 번역어로서 공식화된 명칭이 치매였다. 이 용어는 당시부터 다양한 질병의 증후군이라는 의미로 쓰였다. 예를 들어 조현병(일본은 통합실조증)은 조발성(早発性) 치매라고 했고 노인성치매는 노모성(老耄性) 치매라고 불렀다. 그 후 치매는 일본에서 약 100년간 사용되었다.

하지만 치매라는 용어 역시 부정적인 뜻의 글자로 되어 있다는 지적이 많았다. 특히 노인개호문제가 확대되면서 용어개선의 목소리가 커져서 이미 1990년대 개호현장에서는 치매를 부드럽게 표현한 '치매증'이 통용되었다고 한다. 그 후 후생노동성은 용어 개선을 위한 위원회의 권고를 받아들여 치매는 2004년부터 '인지증'이라는 용어로 대체되었다. 한국에서도 치매 용어를 개선하기 위한 위원회가 2023년 설치된 것으로 알려져 있다. 치매는 한국의 전통의학에서도 사용되지 않았던 용어다. 인지장애 등 적절한 용어로 바꾸는 것이 좋다고 생각한다.

용어 선택 이상으로 우리가 중시해야 할 것은, **치매란 기억이나 지혜를 완전히 잃은 것이 아니라 선별적으로 잃거나 약화된 증상**이라는 사실이다. 기억도 부분적으로 남아 있고 따라서 증상 역시 다양하다. 더구나 적절한 케어를 통하여 증상의 악화를 늦출 수 있음은 물론 그 증상이 개선되는 일이 허다하다.

목적지를 가진 '배회'

치매 증상의 하나로서 '배회'(徘徊)라는 용어가 사용되고 있다. 중앙치

매센터 홈페이지에는 치매환자의 특징의 하나인 배회를 다음과 같이 해설한다: "치매환자의 배회는 **아무런 목적지도 계획도 없이** 계속적으로 돌아다니는 것을 말하며 피곤해도 쉬지 않고, 쉽게 단념시키거나 다른 일로 전환할 수 없는 것이 특징이다."(강조는 인용자) 치매에 대처하는 공적 전문기관이 이렇게 해설하고 있음은 매우 안타까운 일이다. 치매 증상의 본질적 이해가 있다고 보기 어렵고 심지어 치매에 대한 편견을 조장할 수 있는 부적절한 해설이라고 생각되기 때문이다.

나는 치매인에게는 '가고자 하는 목적지가 있다'라고 생각한다. 당사자는 가도 가도 보이지 않는 목적지를 찾아 돌아다니는데, 우리가 제멋대로 목적지가 없다고 정해버리는 것이다. 그리고 그 목적지는, 알려고 노력한다면 알 수도 있다고 생각한다. 당사자의 인생을 보다 많이 알게 되면 그 목적지를 찾아낼 가능성이 생긴다. 그래서 "당신은 어떤 사람입니까?"라는 질문이 중요하다는 것이다. '인지능력을 상실한 사람의 언행을 어찌 알겠는가?'라는 태도와, '그들의 인생을 알면 그 목적지가 어딘지 알 수 있다'라는 태도로 갈리게 하는 근본적 차이는 무엇일까? 그것은 인간관의 차이다.

배회는 비유하자면 등산 중의 조난과 같은 것이다. 눈 내린 산에서 조난 당한 사람은 어느 한 곳을 중심으로 계속 맴도는 경향이 있다. 배회에도 그 중심 장소가 있는 것이 보통이다. 몇 년 전 일본에서 초등학생 아침 등굣길에 경트럭이 돌진하여 여러 사상자가 발생한 불행한 사고가 있었다. 그 후의 보도에 의하면 사고를 낸 고령 운전자는 그 전날 밤부터 쉬지 않고 그 일대를 운전했던 것 같다. 아마도 그는 아무리 해도 자기 집을 찾지 못해 밤새 운전을 계속했고 다음날 아침에는 이윽고 모든 힘이 소진되었음에 틀림없다.

치매 증상의 하나에 일몰(석양) 증후군이 있다. 해 질 녘이 되면 상태가 나빠지거나 흥분하거나 밖으로 나가려는 경향이다. 밖으로 나가려는 것은 자신만이 기억하는 '자기집'으로 돌아가려는 의도일 것이다. 오래 전,

출가한 지 얼마되지 않은 스님은 해 질 녘 방에서 나오지 않도록 한다는 어느 사찰의 규칙을 들은 적이 있다. 석양은 돌아가고 싶은 감정을 자극한다는 뜻이겠다.

치매를 일으키는 리스크

영국 의학잡지 『Lancet』 위원회는 지금까지의 연구결과를 바탕으로 인지장애 발생의 리스크를 높이는 요인들 중 생활습관의 개선 노력을 통해 낮출 수 있는 리스크 요인을 발표해 왔다. 2017년 발표에서는 저학력, 청력저하 등 9가지 리스크가 발표되었는데, 2020년 연구발표(Livingston *et al.*, 2020)에서는 거기에 외상에 의한 두뇌손상, 과음, 대기오염이라는 세 가지 요인이 추가되어 모두 12개 요인이 되었다. 그 요인들을 구체적으로 보여주는 것이 그림 8-3이다.

그림에는 인생이 초기(45세까지), 중기(46~64세), 후기(65세 이상)의 세 시기로 구분되어 있다. 그리고 각 시기에 치매를 일으키는 리스크가 제시되어 있고, "그 리스크가 해소되었을 때 낮출 수 있는 치매 유병률"이 %로 표시되어 있다. 저학력 7%, 청력상실 8%, 두뇌 외상 3%, 고혈압 2%, 과음(주당 21유니트 이상[9]) 1%, 비만 1%, 흡연 5%, 우울증 4%, 사회적 고립 4%, 운동부족 2%, 대기오염 2%, 당뇨 1%로 합하면 40%가 된다. 이 요인들은 개인적 사회적 노력에 의해 개선될 수 있는 수치다. 하지만, 여전히 그보다 더 많은 60%의 몫이 밝혀지지 않은 리스크다.

가장 높은 리스크는 저학력과 청력상실이다. 청력상실은 후술하는 수녀연구에서 시사되는 것처럼 말하지 않는 것에서 오는 리스크와 관련되어 있다고 생각된다. 저학력은 교육기간이 11~12년 정도에서 그치는

---

[9] 알코올 1단위(unit)는 순 알코올 환산 20g이다. 알코올 20g을 주류로 환산하면 맥주 1병(500ml), 청주 와인(14~15도) 180ml, 위스키 더블 1잔(43도 60ml), 소주(25도) 110ml에 해당한다. 하루 3단위 이상 음주는 유병률을 1% 높인다는 것이다.

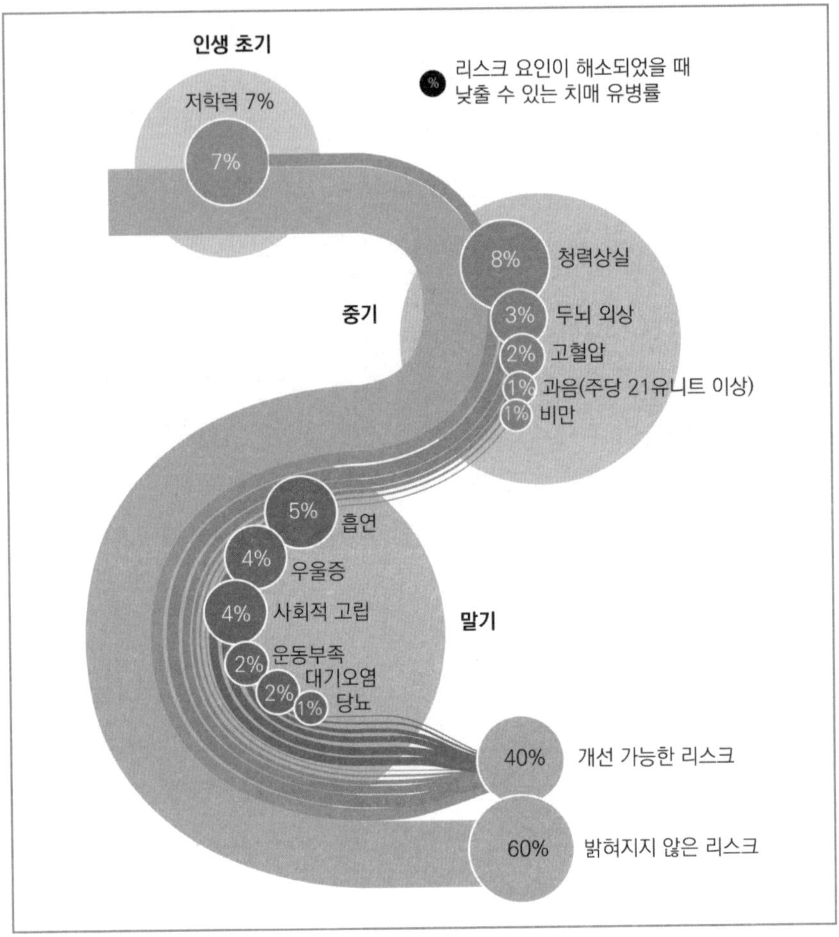

자료: Livingston *et al*.(2020)

그림 8-3 치매 리스크 요인과 그 리스크 배제를 통해 줄일 수 있는 유병률(%)

경우를 뜻하는데, 이 요인으로 인해 인지장애 리스크는 1.6배가 되고, 만약 이 문제가 해결된다면 치매유병률의 7%(2017년 연구에서는 8%)가 낮아진다고 되어 있다. 저학력 리스크가 특히 중요한 이유는 그것이 인생초기의 리스크인 만큼 거의 일생 동안에 걸쳐 영향을 미치기 때문이다.

저학력자의 치매유병률이 상대적으로 높다는 연구결과는 한국에서도 여러 연구에 의해 증명되어 있다. 「2023년 치매역학조사 및 실태조사」

(보건복지부)에 의하면 2023년의 치매 유병률(65세 이상 인구 중 치매환자 수의 비율)은 9.23%였다. 2016년 조사에서는 9.50%였기 때문에 상당 수준으로 낮아진 것이다. 여기에는 7.8년 전에 비해 고령자층의 치매 리스크 중 건강수준 개선, 흡연 및 과음 비율의 저하, 우울증 감소 등이 부분적으로 반영되어 있다. 그러나 아무래도 **중시해야 할 것은 고령자층의 교육수준 향상**이다. 고령자층의 2017년 고졸 이상 학력자(「2023년 노인실태조사」)는 24.8%였지만 2023년에는 38.2%로 높아졌기 때문이다. 사실 서구 선진국가에서 치매유병률이 계속 낮아지고 있는 것도 교육수준 향상의 영향으로 해석되고 있다. 같은 교육수준의 경우에도 후술하는 수녀연구에서 보는 것처럼 지능을 사용할수록 치매발생은 억제된다.

4. 인지장애의 이해와 수녀연구

알츠하이머에 대한 획기적 연구

뇌는 신비한 조직이어서 그 작동구조와 거기서 발생하는 문제에 대해서는 아직 해명되지 않은 부분이 많다. 독일 정신과의 알츠하이머(A. Alzheimer)는 51세로 사망한 여성환자의 뇌 사후 해부조사에 근거하여 신경원섬유의 현저한 변화 등이 특별한 질병과정이라는 것을 1906년 학회에 보고했다. 그것이 후일 알츠하이머병으로 명명되었다. 치매증상의 절반 이상을 차지하는 알츠하이머병이 이 의사 이름에 연유한다는 것은 그 질환을 일으키는 원인 규명이 되어 있지 않다는 뜻이다.

병원에서는 통상 기억장애, 인지장애, 그리고 생활기능장애를 가진 사람 중 뇌 검사결과 해마부분의 위축, 노인성반점의 축적, 신경세포의 접합부분인 시냅스(synapse)의 결락 등의 병리적 변화가 보이는 경우 알츠하이머병으로 진단한다고 한다. 후술하는 알츠하이머 연구자 스노든

(Snowden, 2001: Chap.6)은 2000년 시점에서도 알츠하이머를 유발하는 것으로 알려진 원인이 60가지나 보고되어 있다고 하면서도, 정작 그 요인들이 어떻게 작용하는지는 해명되어 있지 않다고 말한다. 그는 알츠하이머는 진행이 매우 느리고 뇌의 손상이 일정 수준에 달하지 않으면 증상이 나타나지 않는, 말하자면 인생 그 자체의 과정이라고 말한다.

그런데 알츠하이머의 첫 증례가 보고되고 거의 1세기 동안, 즉 20세기 대부분 기간 동안 뇌연구에는 큰 진척이 없었다. 뇌 기증자가 적었던 것이 그 원인의 하나라고 한다. 노화와 알츠하이머의 관계 해명에 획기적 계기가 된 것은 1986년부터 미국 켄터키대학에 본부를 두고 시작된 수녀연구(Nun Study)였다. 스노든 등에 의한 이 연구는 75~106세 수녀 678명에 대한 20년 이상의 추적 연구다.

연구대상은 노틀담 교육수녀회[10] 수녀들이었다. 그녀들은 1년에 한 번 정신 및 신체능력에 관한 검사를 받고 질문표에 답하며, 수녀원에 보관된 개인기록과 의료기록을 제공하고, 무엇보다 사후 뇌의 기증 및 해부조사에 동의했다. 그것이 이 획기적 연구를 가능하게 했다. "나는 죽어서 영혼은 천당으로 가고 뇌는 켄터키로 간다"라거나 "나는 켄터키에서 태어났는데, 죽은 후 뇌가 켄터키로 돌아가는 것은 멋진 일이다"라는 등의 유머 섞인 말은 그 수녀들의 밝은 성격과 인류애를 보여 준다. 대상자 대부분은 대졸 학력이었다. 특히 그들 중 18%는 자매 수녀였으므로 연구결과에 더 많은 시사를 제공했다.

연구결과는 상식을 뒤엎는 것이었다. 사후 뇌 해부에서 뇌의 위축이나 노인성반점이 현저했음에도 불구하고 생전에 전혀 치매증상이 없었던 경우가 적지 않았기 때문이다. 예를 들어 89세에 심장병으로 사망한 도로

---

10 빈곤 가정의 소녀들을 교육할 목적으로 1833년에 창설된 후 모든 빈곤층의 교육을 위해 주로 활동하는 수녀회. 뇌 기증을 약속한 어느 수녀는 다음과 같이 말한다: "우리 수녀회는 가난한 사람, 약한 사람과 더불어 살기 위해 만들어졌습니다. 알츠하이머병을 앓고 있는 사람만큼 약한 사람이 또 있을까요?"(Snowden, 2001: 39)

시 수녀는 1년에 한 번의 인지검사에서는 물론 사망 당일에도 정신이 말짱했다. 그녀는 휠체어 생활을 하면서도 매일 신문을 읽고 신문의 낱말퀴즈를 풀었다. 하지만 사후 뇌 해부 결과 신경원섬유의 변화는 크지 않았지만 신피질은 거의 남아 있지 않았음이 밝혀졌다.[11] 반대로 경미한 뇌의 손상이 있었을 뿐인데 생전에 치매증상을 보인 수녀들이 있었다.

요컨대 사후 해부에서 밝혀진 뇌의 상태와 생전의 언행은 반드시 일치하지 않았던 것이다. 알츠하이머는 생활습관과 깊은 상관관계를 가진다는 것, 그것이 수녀연구의 무엇보다 큰 성과였다. **인생에 대한 낙관적 자세, 어려움에 대처하는 적응력, 감정의 표출, 다양하고 긴 음절을 가진 단어의 사용** 등이 습관화된 사람은, 뇌의 손상이 있다 하더라도 생전에 알츠하이머 언행을 보이는 경우가 드물었다. 90세 이상이 되면 알츠하이머가 되는 가능성이 크게 줄어들었다.

사실 뇌 검사에서는 알츠하이머의 특징이 있음에도 불구하고 인지능력에는 전혀 문제가 없는 사례는 다른 연구에서도 보고된다. 다음은 일본의 한 의학사가 세시하는 사례다(이하 今堀, 1993의 요약).

> A라는 103세 할머니가 병원을 찾아왔다. 뇌 단층촬영 결과 뇌 위축 등 알츠하이머의 전형이었다. 의사는 곧바로 치매 테스트를 시작해서 "1년은 며칠입니까?"라고 물었다. 대답은 "그것은 한마디로 말할 수 없다"였다. 이유를 물었더니 그녀는 "윤년이 있기 때문이지. 그러니 1년은 365일도 366일도 된다"고 답했다.
>
> 그녀는 오히려 의사에게 "윤이라는 한자를 써 보면 그 의미를 알 수 있다"고 하면서 다음과 같은 독자해석을 내 놓았다. "옛날 중국에서는 왕이 정치를 논하는 방이 12개 있었고 정해진 달에 정해진 방에서 국사를 논의했다. 그런데 음력에는 1년에 13개 달이 있는 경우가 있다. 그 윤달에는 정사를 논의할 방이 없기 때문에 왕이 문 앞에 정사를 논의했다. 윤(閏)은 왕이 문 앞에 있다는 뜻이다."

11 신경원섬유변화는 신경세포에 있는 가는 섬유구조인 신경원섬유가 굵게 밀집해서 뚱뚱해지거나 공형태가 생기는 경우를 말한다. 신피질이란 대뇌피질 중 가장 최근에 진화된 부위이다. 운동, 청각과 시각, 정신작용 등의 역할에 관여한다(『간호학대사전』 및 『실험심리학 용어사전』).

필자는 중국의 관련 문헌을 찾아보았으나 이 설명을 뒷받침하는 사료를 찾지 못했다. 다만 이 사례는 수녀연구 결과로도 해석이 가능하다. 즉 A할머니의 뇌는 알츠하이머와 같은 큰 손상이 있었지만 치매증상은 나타나지 않았는데, 그 이유의 일단은 보통 사람과는 다른 그녀의 긴 이야기에서 찾을 수 있다고 생각되기 때문이다.

어휘사용 습관과의 관련성

수녀연구의 연구방법의 특징 중 하나는 뇌의 맹검(盲検, blind examination)이었다(Snowden, 2001: 83). 뇌구조분석 연구원이나 수녀들의 기록분석 연구원에게는, 뇌기증자의 생전 건강상태나 인지상태에 관한 정보가 일체 제공되지 않았다는 뜻이다. 생전의 인지상태에 관한 정보가 뇌 해부 분석에 영향을 줄 여지를 없앴던 것이다.

주목할 만한 생활습관은 생전의 어휘사용 습관 및 능력이었다. 수녀들은 수도회 입문 전에 자신의 생에 관한 간단한 자서전을 써서 제출하였고, 그 기록은 수도원에 보관되어 있었다. 1995년 기록이 남아 있는 93명의 자서전이 처음 어휘사용의 분석 대상이었다. 그중 85명이 대학교 졸업자였으므로 학력요인의 영향은 적었다.

수녀들이 자서전을 쓸 때의 평균나이는 22세, 연구가 개시되어 인지검사를 받기 시작했을 때의 평균나이는 80세였다. 그러므로 58년 전에 작성한 자서전 기술에서 나타난 언어사용의 특징과 약 60년 후의 인지능력 그리고 사망 후의 뇌 구조의 특징이 서로 깊이 관련되어 있었던 것이다. 구체적으로 보면, 어휘력이 높고 형용사나 부사를 많이 사용하며 음절이 긴 단어를 많이 사용하는 사람일수록 알츠하이머의 리스크가 현저히 줄어들었다. 언어 사용에서 매우 대조적인 두 수녀(H수녀와 엠마수녀)가 수녀 입문 시에 작성한 자서전 중, 출생과 부모 형제에 관한 기술을 보자(pp. 111-112).

H수녀

(출생) 나는 1913년 5월 24일 위스콘신주 오클레어에서 태어났습니다. 그리고 성제임스 성당에서 세례를 받았습니다.

(부모) 아버지 L.M.하란셔는 아일랜드의 코트주 로스라는 고을에서 태어났습니다. 지금은 오크레어에서 판금공 일을 하고 있습니다.

(형제자매) 아이는 10명으로 남자아이가 6명, 여자아이가 4명입니다. 남자아이 2명은 죽었습니다.

엠마수녀

(출생) 내가 이 세상에 태어나 죽음을 향하여 살기 시작한 것은, 윤년인 1912년 2월 28일에서 29일로 넘어가려는 자정 한 시간 전의 일이었습니다. 나는 세 번째 아이로, 어머니의 혼인 전 이름은 힐다 호프만, 아버지는 오토 슈미트였습니다.

(부모) 아버지는 여러 가지 일에 손대고 있습니다만, 그 중심에 있는 것은 목수일입니다. 그 일은 어머니와 결혼하기 전부터 이미 하고 있던 일이었습니다.

(형제자매) 나는 이미 오빠와 언니가 있었습니다만 가족이 점차 늘어서 8명 형제자매가 되었습니다… 내가 4학년 때 죽음이 우리집을 덮쳐서 내가 특히 귀여워했던 동생 칼을 생후 겨우 1년 반 만에 빼앗아 갔습니다. 칼은 3주 동안을 앓다가 성금요일 아침에 천국으로 갔습니다…

두 사람의 문장에 큰 차이가 있음은 일반인도 금방 알 수 있을 정도다. 이 두 사람은 사실 인지검사에서 각각 최저점과 최고점을 받은 경우다. H수녀는 1993년 80세로 사망했고 사후 치매확진을 받았다. 반면 엠마수녀는 장수했고 생전에 인지기능 등의 문제가 없었다. 자서전 분석은 언어학자 등의 자문하에 이루어졌고, 주로 의미밀도(idea density)[12] 분석, 그리고 문법적 복잡성도 고려되었다.

12 의미밀도는 한글문장으로 설명하기는 어려운 개념인 것 같다. 이것은 언어처리능력이나 전반적 지식을 의미하는 것으로 각 단어의 연결성과 형용사 등의 활용 정도로 측정된다고 한다. 단순하고 직접적인 문장, '재산목록작성'(이 책의 용어임)과 같이 단어 사이의 연결성이 약한 경우, 의미밀도가 낮다고 간주되는 것으로 보인다.

인지적 비축: 인지능력 차이의 설명

수녀연구 결과를 보자. 연구팀은 의미밀도 측정 점수에서 하위 3분의 1과 기타 상위 3분의 2로 대상자를 나누었다. 이때 하위그룹에서 정신기능 약화 우려를 가진 사람은 35%였지만 상위그룹은 2%에 불과했다. 사망자 분석에서는 후일 발견된 자서전이 추가되었는데, 의미밀도에서 하위그룹 11명 중 10명이 알츠하이머, 알츠하이머 이환율은 90%였다. 건강하게 살았던 수녀 중 하위그룹에 속하는 사람은 13%에 불과했다. 이 결과를 토대로 연구팀은 "한 페이지에 불과한 문장이 약 60년 후의 인지능력을 85~90% 수준으로 명확하게 예측하게 한다"(p.114)라고 결론지었다.

확실히 나이 들어도 인지능력을 유지하는 사람들은 다음절의 단어('particularly', 'privileged', 'quarantined')를 보다 많이 사용했고 일반화되어 있지 않은 단어들을 많이 사용하는 경향이 있었다. 반대의 사람들은 단음절 단어('girls', 'boys', 'sick' 등) 사용이 빈번했다(p.107). 그런데 정작 연구팀뿐만 아니라 일반인이 알고 싶은 것은, '언어 사용의 습관이나 능력이 어떻게 인지능력 유지에 작용하는가'라는 의문, **20대 초의 언어능력이 어떻게 60년 후의 인지능력에 영향을 미치는가**라는 의문이다.

이것을 설명하는 개념의 하나가 인지적 비축(cognitive reserve)이다. 그것은 노화에 의해 뇌기능이 저하되어도 인지능력을 유지하게 하는 능력이다. 뇌손상이 있음에도 치매증상이 나타나지 않는 것은 바로 이 인지적 비축에 의한 것이라고 추정된다. 시냅스는 신경세포 사이의 연결부분이다. 인간 뇌에는 1천억 개 이상의 뉴런(신경세포)에 수백 조 이상의 시냅스가 존재한다고 한다. 기억이 저장되어 있는 시냅스가 끊어지면 인지능력에 문제가 생긴다.

그런데 읽기, 쓰기 등 인지적 활동을 활발히 행하거나 새로운 것을 배우면 시냅스 수가 늘어나고 인지적 비축이 늘어나서 기억이나 정보를 저장할 능력이 커진다. 하나의 시냅스에 문제가 생기더라도 그 시냅스를

우회해서 새로운 시냅스로 연결함으로써 기억의 차단이 해소될 수 있다는 것이다. 초고령이 되어도 높은 인지능력을 가진 수녀들은 오래전부터 활발한 인지활동을 해 왔고 따라서 많은 시냅스를 가지고 있었다는 뜻이 된다.

하지만 스노든은 의미밀도가 알츠하이머 발병에 어떻게 영향을 미치는가는 아직 밝혀지지 않았다고 말한다. 생각할 수 있는 것은, 후일 알츠하이머 증세를 보였던 수녀들은 **이미 20대 나이에 뇌의 손상이 발생했을 가능성**이 있다는 것이다. 스노든은 실제로 이 가설을 뒷받침하는 선행연구가 있다고 말한다(Chap.7). 20세부터 104세까지 887명의 뇌를 해부한 한 선행연구가 그것이다. 그 연구에 의하면 신경원섬유 변화는 20세 전후의 사람에게 나타나고, 그것이 50년 정도의 시간에 걸쳐서 점차로 확산되어 간다는 것이다.

그렇다면 언어사용에 관한 능력을 높이려면 어떻게 해야 하는가? 수녀 연구가 발표된 후 이 질문이 많이 쏟아졌다고 한다. 연구진은 '아동기에 부모의 책 읽어 주기'가 가장 중요하다고 답했다. 의미밀도에 영향을 미치는 어휘력과 독해력은 후천적 능력인데, 아동의 뇌발달이 가장 활발한 어린 시절에 새롭고 다채로운 단어를 들려주어 아이가 기억하게 하는 것이 중요하다는 것이다.

5. 새로운 관점에 선 치매 케어

프라이빗 언어의 발견

과학철학자 해킹(Hacking, 1975)은 '언어는 왜 철학의 관심사인가'라는 문제를 제기한 바 있다. 치매나 발달장애를 앓는 사람들에게는 내면적 케어가 불가결한데, 내면적 케어를 위해서는 당사자의 프라이빗 언어(이하 프라이빗어)와 퍼블릭 언어(이하 퍼블릭어) 그 양자를 잘 이해할 필요가 있다는 취지다. 언어는 인간이 어떤 의도를 가지고 그 의도를 표현하는 수단이다. 문자는 그중 하나일 뿐이다. **프라이빗어는 목소리 없이 마음에서 생각한 것, 즉 머릿속에서 떠오른 언어**다. 한편 퍼블릭어란 흔히 말하는 의사소통 언어다. 전자는 내언(內言) 후자는 외언(外言)이라고 표현할 수 있겠다.

생각해 보면, 가까운 사람끼리의 의사소통에서 타인에게는 전혀 의미가 통하지 않는 말이나 몸짓 등이 온전한 의사소통수단이 되는 경우가 흔하다. 가까운 지인끼리 '거시기'라는 말 한마디로 잘도 의사소통을 하는 모습을 흔히 목격하지 않는가? 만약 퍼블릭어만을 의사소통수단이라고 여기면 치매환자의 말은 헛소리로 치부될 수 있다. 그러나 프라이빗어를 알아듣는다면 당사자의 말은 의사소통수단이 된다.

의학철학자 무라오카(村岡, 2020)는 퍼블릭어는 사회의 공공생활의 장에서 그 사회문화에 기초한 가치관이나 세계관이 강요하는 언어라고 말한다. 그렇기 때문에 퍼블릭어만을 의사소통 수단이라고 보는 태도는 상대방에 대한 내면적 케어로 연결될 수 없다고 지적한다. 만약 케어전문직이 프라이빗어를 헛소리라고 여긴다면 그것은 자신의 이해능력의 부족을 자인하는 셈이다. 걸어 다니는 행동을 배회라고 치부해 버리는 것과 마찬가지로, 그 본질은 '누구도 알 수 없다'라는 닫힌 판단이기 때문이다.

반면, 케어전문직이나 케어러가 치매인의 언행의 의미를 알아내려고 하고, 급기야 그 의미의 한 조각이라도 발견한다면 그것은 프라이빗어의 이해로 연결된다. 당사자의 라이프스타일이나 생활조건을 개선하기 위한 적절한 케어의 조건은 이 프라이빗어에 대한 이해다. 또한 치매 당사자의 입장에서 보면 프라이빗어 이해가 있는 케어러의 케어에 대해서는 거부행동이 줄고 케어에 협력적이 된다.

과거 어부였던 사람이 한밤중에 일어나 이곳저곳을 돌아다닌다고 하자. 그것을 그가 출어 준비를 하려고 항구나 어선을 찾으려는 행동이라고 이해한다면, 치매인의 행동은 비로소 프라이빗어 세계의 의미 있는 행동이 된다고 무라오카는 지적한다. 후술하는 벨리데이션에 관해서는 다음과 같은 사례가 있다(Feil & Klerk-Rubin, 2015): "남성 환자는 늘 침대 밑으로 들어가려고 했다. 그는 오랫동안 자동차 정비공으로 일했다. 그에게는 침대가 자동차였고 그래서 늘 그 밑에 들어가 침대를 고치려고 했던 것이다."

퍼블릭어의 세계에서는 자신이 듣기 싫은 말은 귀를 막아 듣지 않을 수가 있다. 그러나 소리가 자기 내부에서 나오는 프라이빗어 세계에서는 들려오는 소리를 막을 재간이 없다. 따라서 그 소리에 대해 언행으로 반응하는 것이다(村岡, 2020). 그 언행을 퍼블릭어 세계의 사람들은 단순히 환청이나 기성, 헛소리라고 흔히 부른다.

기억도 인체도 신비해서 오늘날 과학 수준으로 설명하기 어렵다. 하지만 원인을 모르면 대책이 설 수 없다는 말에, 케어실천의 장이 구애될 필요는 없다. 이해하려고 노력하는 것만으로도 이미 좋은 케어가 시작되기 때문이다. 외국어를 알아듣지 못할 때 우리는 스스로의 언어능력을 탓한다. 치매인의 언행을 이해할 수 없을 때, 그들의 프라이빗어를 알아듣지 못하는 스스로의 능력을 탓하는 것만으로도 좋은 케어다. 그러한 인식은 우리들에게 호기심과 열정을 자극한다. 인간을 좀 더 이해하면 흥분이 생겨난다. 스스로의 이해능력을 높이려는 노력, 그리고 가끔 체감되는 흥분이 있다면, 그것은 필경 우리를 상한선 없는 높은 질의 케어의 길을 열어 줄 것이다.

인지장애가 있는 고령자의 경우, 행동을 통제하는 것은 뇌만이 아니다(Verwoerdt, 1981)는 것은 이미 오래 전에 제시되었고 오늘날 대부분의 노년학 관련 학자들은 이에 동의한다. 즉 그들의 행동은 살아오면서 경험해 온 신체적 · 사회적 변화, 그리고 정신 내부 변화의 복잡한 조합에 의해 일어난다(Feil & Klerk-Rubin, 2015). 파일 등은 다음과 같은 사례를 제시한다: "인지장애를 가진 고령 여성은 수프에 거부반응을 일으켜 자주

토했다. 그녀는 유대인인데 제2차대전 중에 가택수색을 당했을 때, 뚜껑이 있는 수프 접시 바닥에 자신의 신원증명서를 숨겨 둔 경험이 있었다.”

유머니튜드

인지장애인에 대한 케어의 국제적 경향으로서 소개해 두고 싶은 것은 다음 두 가지다. 유머니튜드와 밸리데이션이 그것이다.

프랑스어 유머니튜드(humanitude)는 인지장애를 가진 사람에 대한 포괄적인 케어기법이다. 단어의 원뜻은 인간다움이라고 한다. 이 실천방법은 프랑스의 체육 전문가 두 사람(이브 지네스트/로렛 마레스코티, 이인숙 외 역, 2019)이 장기간 병원이나 요양시설에서 실천을 통하여 확립했고, 그 효과가 인정되어 전 세계 많은 국가가 도입하고 있다. 한국에서도 원저서 번역을 비롯하여 그에 대한 다수의 연구가 나와 있다. 지금은 ‘케어대상자를 소중히 여기는 태도를 대상자에게 전하는 기술 혹은 그 배경을 이루는 철학’이라는 의미로 사용된다.

지네스트는 케어러가 **상대의 자율을 실현시키는 보조자**라는 것을 다음과 같은 예를 들어 설명한다: “당신이 와상상태의 입원 환자라고 합시다. 나는 간호사고 당신의 병실에 들어갑니다. 당신으로부터 ‘티비를 켜 달라’는 부탁을 받고 티비를 켜고 ‘어떤 프로를 보시겠습니까’하고 묻습니다. 당신의 요망에 따라 나는 프로를 선택합니다. 이 경우, 자신의 손으로는 티비를 켤 수 없는 상태를 “자율적이 아니다”라고 판단하기 쉽습니다. 그러나 당신은 자율하고 있습니다. 티비를 보고 싶다고 한 것도 당신이고 어떤 프로를 볼까도 당신이 선택했기 때문입니다. 이 상황에서 간호사는 어떤 존재일까요? 간호사는 손을 사용할 수 없는 당신의 손이 됩니다. 케어러는 “당신 대신에 무엇인가를 결정하는 것”이 아닙니다. 당신의 자율을 보조하는 것입니다.

유머니튜드 실천의 ‘네 개의 기둥’은 ① 눈 마주쳐 보기, ② 말 건네기,

③ 손으로 접촉하기, ④ 일으켜 세우기의 과정이다. 즉 ① 사전에 누군가가 다가오고 있음을 충분히 파악할 수 있도록 정면에서 눈을 떼지 않고 느린 속도로 대상자에게 다가가는 것, ② 가까이 다가섰음을 상대방이 알고 있다고 판단될 때, 가능한 한 밝은 얼굴로 인사말을 건네기, ③ 상대의 반응을 보고 상대방과 손으로 접촉하기, ④ 마지막으로 상대방을 천천히 일으켜 세우기, 이 과정이 실천의 근간이다. 케어러의 유도에 따라 대상자가 일어선다는 것은 초기 케어가 성공했음을 뜻한다.

지네스트가 일본에 와서 유머니튜드를 소개하던 약 10년 전 NHK는 그를 대동하여 취재했고 그 내용은 방영되었다. 다음은 그 한 장면이다: 아침에 일어나면 단단히 팔짱을 낀 채 침대에 양반다리로 앉아서 간호사가 아무리 권해도 침대에서 내려오지 않는 남자 환자가 있었다. 간호사가 그 환자의 손을 잡으려고 하면 간호사의 손을 입으로 물려고 할 정도로 공격적으로 반응했다.[13] 그 환자에게 지네스트가 노크를 하고 정면에서 서로 눈이 마주친 채 천천히 그에게 다가갔다. 그리고는 "콘니치와"라고 인사를 건넸다. 그랬더니 그 환자가 밝은 얼굴로 "콘니치와"라고 대답했다. 지네스트가 "나는 당신을 도와주러 프랑스에서 왔습니다"라고 말하자, 그는 "샤큐"라고 답했다. 두 사람이 손을 잡고 있다가 "일어서서 침대 아래로 내려옵시다"라고 하니 "하이"라고 하면서 순순히 내려왔다. 병원관계자들에게는 마치 기적 같은 광경이었다.

나는 그즈음 졸업세미나에 참석하는 학생을 상대로 유머니튜드에 관한 간단한 자체연수 시간을 가지기도 했다. 그 직후에 중국 연변지역의 치매노인 요양시설 방문조사를 갔었다. 조사를 마칠 때쯤 식당에 가만히 앉아 있는 어느 할머니와 눈이 마주쳤다. 그래서 가능한 한 웃는 얼굴로 천천

13 병실에 들어온 간호사는 환자가 당연히 간호사가 병실에 들어왔음을 알고 있다고 생각하지만, 시야가 좁은 환자는 누가 자기 병실에 있는지 모른다. 그래서 옆에서 손을 내밀어 부축하려 하면, 갑자기 나온 팔이 자신을 덮치는 듯 착각해서 그에 반발하는 것으로 생각된다.

히 정면에서 그녀 곁으로 다가갔다. 그리고 "니하오"라고 인사말을 건넸다. 그 한족 할머니도 나를 보고 "니하오"라고 대답했고 간단한 이야기를 나누었다.

나는 곧 그 자리를 떴는데 멀리서 이 장면을 본 시설장이 나에게 의아스럽게 물었다. 그 할머니는 누구와도 말하지 않는 사람인데, 어떻게 이야기를 나누게 되었는지 매우 궁금해했다. 유머니튜드 운운할 상황이 아니었기에 긴 이야기는 못했다. 나중에 시설에서 나올 때 그 장면을 보지 못했던 나와 동행했던 연변대학 교수가 나에게 말했다: "선생님 무슨 일이 있었습니까? 어느 할머니가 "좀 전에 서방님이 오셨었는데 어디 갔느냐"며 찾는다고 합니다."(사실은 이 같은 일이 두 번 있었다)

유머니튜드도 미증유의 실천이 아니다. 그 이름이 나오기도 전에 그와 같은 이념에 근거한 케어실천은 있었다. 다음은 30여 년 전 일본의 한 치매전문 병원이 보고한, 기억을 되살리는 인간적 케어의 실천 사례다(『週刊文春』, 1992.11.19).

> 후지산 기슭의 노인병원, 고텐바고원병원은 1979년에 문을 연 치매노인 전문병원이다. 입원환자에게 약물이나 주사를 사용하지 않고 신체를 속박하지도 않는 자유로운 병원이다.
>
> 77세의 E씨는 아내를 암으로 잃은 후 3년쯤 지나서 인지장애가 발생하여 이 병원에 입원했다. 그는 입원 후 늘 병원 내를 돌아다니거나 밖으로 나가려고 했다. 그는 죽은 아내가 그 병원에 입원해 있고 자신은 간병하러 병원에 와 있는 것으로 착각하고 있었다. 이러한 사정을 안 병원에서는 오히려 적극적으로 "부인에게 문병하러 갑시다"라고 권유하여 케어직원을 대동하여 외출을 도왔다. 외출 중에는 이야기를 많이 하게 하여 조금이라도 기억을 회상할 수 있도록 도왔다. 어느 날 부인 문병을 가자며 한 직원이 외출을 권유했더니 그 노인은 풀이 죽은 채 다음과 같이 대답했다. "내 아내는 죽었다오."

벨리데이션

벨리데이션(Validation therapy)이란 인지장애를 가진 사람에 대한 케어 실천방법의 하나다. 벨리데이션이라는 용어 자체는 어떤 실행방법이 유효하다는 것을 문서 등으로 검정하는 것을 뜻하며 여러 분야에서 사용되는 것으로 보인다. 그 제창자 파일(Naomi Feil, 1932-2023)은 독일계 미국인 소셜워커였는데, 자신의 오랜 치매케어 경험을 통하여 개발한 실천방법 내지 실천윤리를 이론화하여 1982년 처음 책(*Validation-the Feil Method. How to Help Disoriented Old-Old*)으로 출간했다. 그래서 이 실천법은 흔히 파일 실천법(Feil Method. V/F Validation)이라고도 불린다(이하 V/F로 표기함).

이 책은 세계 10개국 이상에서 번역되어 있고(한국어 번역판은 없음) 그 효과성이 어느 정도 검증되었다고 하지만, 유머니튜드만큼은 잘 알려져 있지 않다. 그 실천내용도 이미 실천의 장에서 좋은 실천가에 의해 행해지던 실천방법을 이론적으로 재구성한 것처럼 보인다. 하지만 그 바탕에는 인간을 소중하게 보는 케어적 인간관이 있다. 게다가 벨리데이션의 다양한 사례는 치매 및 그 케어에 관한 새로운 시각을 제공한다. 그녀는 그 후 1992년과 2015년에 개정판을 출간했는데, 여기서는 2015년판을 중심으로 그 내용을 소개한다.

V/F란 인지장애를 가진 고령자가 그때그때 자신의 마음속에 있는 생각을 언어적 혹은 비언어적 방법으로 케어러에게 전할 수 있도록 원조하는 과정이다(Part.1). 마음속에 있는 것이 즐거운 기억이든, 자신이 행하지 못했던 것에 대한 안타까움이든, 자신에게 닥쳤던 힘든 기억에 관한 것이든 간에, V/F의 목표는 대상자가 누구도 나를 알아주지 않는다는 고립감에 빠지지 않도록 원조하는 것에 두어진다.

V/F는 그 사람의 마음을 인정하는 것, 그 사람이 느끼는 감정은 진정한 감정이며 그것은 그대로 수용해야 한다는 입장을 기본으로 한다. 그 감정을 부정하는 것은 그 인간을 부정하는 것이라고 간주한다. 당사자가

유일무이한 존재임에 경의를 표하기 위해 반드시 한 사람 한 사람의 이름으로 호칭한다. V/F는 **인지장애 가진 사람이 결코 거짓말을 하지 않는다**고 여긴다. 당사자는 의식의 어느 한 구석에 진실이 무엇인가를 알고 있다고 간주한다. 어머니 만난다며 밖으로 나가려는 고령자에게 어머니 계신 곳이 어딘가 물으면 '하느님 계신 곳'이라고 대답하는 경우가 있다. 이 대답은 당사자가 어머니 사망 사실을 알고 있음을 뜻한다고 본다. 그래서 어머니에게 가고 싶어 하는 그 감정에 거짓이 없다고 판단하고 그 **감정을 이해하려는 것을 케어의 출발점**으로 삼는다.

요컨대 V/F는 공감을 통해서 당사자의 마음상태에 파장을 맞추는 것이다. 그래서 그들의 숨겨진 감정을 말 등으로 표현할 수 있도록 원조한다. 현실세계에서 자신이 사랑받고 소중하게 여겨진다고 느낀다면 과거로 돌아가지 않아도 좋아지는 사람도 있다. 하지만 현재의 괴로움, 쓸모없는 인간이 되었다는 감정, 고독감 등으로부터 탈피하기 위해 과거로 돌아가려는 사람도 있다. 그렇게 인간은 다양하지만 어떤 경우라도 V/F의 대응을 받으면 행복감이 높아진다. 이러한 실천을 통해 당사자는 V/F에 반응하고 비록 시간이 걸리더라도 반드시 바람직한 변화가 기대된다는 것이다.[14]

V/F 워커(=V/F의 연수를 받은 사람)가 당사자를 이해하기 위해서는 그 사람의 과거를 알아야 한다. 다음은 그들의 실천사례들이다.

> 인지장애를 가진 고령자가 "어머니에게 가야 한다"고 나가려고 할 때, "어머니로부터 전화가 왔는데 여기서 기다리라고 했다" 등의 거짓말은 신뢰관계를 무너뜨리는 대응이다. 그 고령자는 어머니가 사망했다는 것은 알고 있고 나가려는 행동의 밑바탕에 있는 욕구가 해결되지 않기 때문에 계속 같은 행동이 되풀이된다.

14 자세히 소개할 지면은 없지만, V/F에서 필자가 주목하고 싶은 것은 "약년성"(65세 이하) 알츠하이머와 후기고령자의 알츠하이머의 성격을 완전히 별개로 본다는 점이다(Feil, 2015). 즉 전자는 질병으로 간주하지만, 후자는 신체적 · 정신적 쇠퇴에 더하여 극심한 심리적 · 사회적 상실에 대처하지 못하는 현실에 대한 반응으로 본다.

한 여성은 과거 타이피스트로 일했다. 지금도 자주 타이프치는 듯한 손동작을 한다. 그것은 타이피스트였던 자신의 존엄과 정체성을 유지하기 위한 행동이다. "직업이 없는 노인"이라는 현실이 견디기 힘든 것이다. V/F 워커는 이렇게 질문한다: "지금까지의 생애 동안 정말 많이도 타이핑을 해 오셨지요?" 그것이 견디기 힘든 현실에 대한 치유의 대처법이 될 수 있다.

식사를 막 끝낸 90세 여성이 '아침 밥 달라'고 한다. 이에 대해 V/F는 '조금 전 먹었다'고 말하지 않는다. 식사요구는 무엇인가 부족함을 의미한다고 받아들인다. V/F는 "무엇이 더 있으면 만족합니까?"라고 묻는다. 즉 V/F는 그 사람의 행동을 바꾸려고 하지 않는다. 그 행동을 수용하고 그 행동 속에 표현되어 있는 니즈를 만족시키기 위한 원조를 행한다.

어느 여성고령자는 매일 오후 3시 30분이 되면 집의 아이들에게 가려고 한다. V/F 워커는 다음과 같이 묻는다: "집에 돌아가지 않으면 아이들에게 어떤 일이 벌어집니까?" 이 질문에 그녀는 과거 아이를 집에 두고 외출했을 때 일어났던 생생한 기억을 이야기한다. 그녀는 V/F 워커에게 자신의 공포심을 토해냄으로써 마음이 안정된다.

대화의 기본, 듣기

확실히 V/F의 기본 전제와 같이 치매인의 말에 거짓이 없다는 인식은 중요하다. 다만 현장에서는 치매인과의 대화에서 '거짓말은 하나의 의사소통수단'이라는 인식이 있다. 그러나 치매인이 그럴듯한 거짓말을 모두 납득하는 것은 아니다. 케어현장에서 치매인에게 거짓을 말할 때마다 '목에 생선가시가 걸린 듯한 윤리갈등'을 느껴 온 어느 일본 케어러의 고백을 보자(出口, 2008: 203-204).

아카네씨(가명)가 내 곁에 와서 "집에 돌아가고 싶은데 돈이 없다"라고 말한다. 그는 "오늘은 여기서 주무세요. 돈은 내가 맡아 두고 있어요"라고 답한다. 속으로는 왠지 마음에 걸리는 대응이지만 그런 말이 쉽게 나왔다. 하지만 그녀는 내 말에 전혀 납득하지 않고 같은 말을 반복한다. 그래서 소파에 앉아 사정을 들어 보았다. 그녀는 공중목욕탕 주인에게 돈을 맡겼는데 어느 목욕탕인지

몰라서 돈이 없다는 것이다. 대화 중 어느 지역 목욕탕이었는지 물으니 시부야 근처라고 했다. 그러면서 돈이 없어 기념품도 못 사고 집에도 돌아가지 못한다고 한탄했다. 그녀는 돈을 맡긴 사람은 목욕탕주인이라는 것은 확실히 기억하므로 내가 돈을 맡았다는 말은 믿지 않았던 것이다."

이 사례를 소개하면서 그 케어직원은 자신의 윤리갈등을 다음과 같이 자문한다: "상대를 배려한 거짓말과 순간을 모면하려는 습관화된 거짓말은 확실히 다르다. 정중한 배려에 가득한 거짓말, 즉 따뜻한 연기는 어떻게 하면 가능할까?"

대화는 듣기와 말하기로 구성되지만, 말하기는 듣기를 바탕으로 할 때 비로소 대화가 성립된다. 그러므로 대화의 기본은 잘 듣기, **깊은 이해를 바탕으로 한 듣기**다.

일본의 의료관계자를 대상으로 환자의 언행에 어떻게 대응하는가에 관한 설문조사가 있었다. 조사대상 집단은 간호대학생과 간호사, 의과대학생과 내과의, 외과의, 암전문의, 정신과의, 간호사였다. 설문은 다음과 같았다. "나을 가능성이 없다고 생각한 통증 환자가 '이제 낫는 것은 포기해야겠지요?'라고 물어올 때, 당신은 어떤 말로 대응하겠습니까?" 대답은 다음 다섯 가지 중 하나를 고르게 했다.

① "그런 말씀 마시고 좀더 잘 견뎌 냅시다"라고 격려한다.
② "그렇게 걱정하지 않아도 됩니다"라고 대응한다.
③ "왜 그런 기분이 드나요"라고 되묻는다.
④ "이 정도 통증이 있으면 그런 기분이 들기도 하겠지요"라고 동정을 표한다.
⑤ "이제는 낫기가 어렵다... 그런 기분이 드는군요"라고 대응한다.

그런데 흥미롭게도 조사대상의 소속집단에 따라 응답경향이 달리 나타났다. 정신과의 외의 의사들 및 의대학생들은 ①을, 간호사와 간호대학생들은 ③을, 그리고 정신과의는 ⑤를 선택하는 경향이 있었다. 철학자 와

시다(鷲田清一, 2015: 13-14)는 이 응답경향에 대해, 정신과의가 주로 선택한 대답인 ⑤에 공감을 표하면서 다음과 같이 말한다.

> "이제는 죽는 수밖에 없구나 라는 기분이 드는군요"라는 말은 전혀 환자의 말에 대한 응답이 아니다. "당신의 말과 기분을 확실히 잘 알았습니다"라는 것을 환자에게 전하는 응답이다. 환자 입장에서 본다면, 이 양반이 내 말을 잘 들은 듯하니, 여러 가지 다른 이야기들도 해볼까 하는 기분이 들게 하는 응답이 아닐까?

다음은 앞서 소개한 V/F의 대화방식의 한 예다. 한 치매노인은 케어직원이 세면대의 물을 자기 옷에 적셨다고 화를 내고 있다. 그녀가 신뢰하는 V/F 워커는 리프레징(rephrasing. 반복확인. 감정을 넣어서 그 사람이 말한 키워드를 사용하여 전하고자 하는 의사를 거듭 확인하는 것)한 후 다음과 같이 문답한다.

> "그 사람이 매일 옷에 물을 적시나요?"
> "그래요, 매일"
> "그 사람에게 물 적심을 당하지 않는 날도 있나요?"
> "그래요. 젊고 아주 좋은 젊은 여자직원이 밤에 나를 보러 올 때요. 그녀는 나에게 혹 화장실에 가고 싶은가 물어 봐 줘요… 나이 들어서 소변보기가 어려울 때가 있어요."
> (여성이 요실금을 부끄럽게 여기는 마음이 있음을 이해하고, "진실"이 무엇인가에 집중하지 않고 그 사람의 "감정"에 초점을 두는 대화다.)

케어의 핵심적 요소는 케어러와 케어받는자 사이의 커뮤니케이션이라는 것, 케어의 대상은 인간이며 인간으로서 살아온 사람이라는 것을 항시 인정하고 존중하는 것이다. 절박한 니즈를 가진 사람이라도, 혹은 임종이 가까운 사람이라도, 그들은 주체적으로 살아가는 사람이라는 인식을 늦추어서는 안 된다. 그들의 말이 절박한 니즈 때문에 혹은 정신이 혼탁해서 하는 말이라고 속단하는 것은 극구 피해야 할 태도다.

마지막으로 임종케어에 있어서도 핵심적인 커뮤니케이션의 요체는 당사자의 말에 속단 없이 있는 그대로 잘 들어주는 것에 있음을 깨우치게 해 주는 오래된 사례 하나를 소개한다.

삼국지의 영웅 중 한 사람, 촉의 승상 제갈공명은 54세 중병의 몸으로 초가을의 오장원(五丈原)에서 조조의 대군과 대치하고 있었다. 성도(成都)에 있던 천자 유선(유비의 아들)은 이복을 칙사로 보내어 병문안을 하게 하면서 자신의 시호(諡号. 사후의 칭호)를 어떻게 지으면 좋을지 의견을 구했다. 공명은 민제(愍帝)라고 알려 주고는 곧 혼수상태가 되었다.

가끔 눈을 뜬 공명은 "이복은 아직 오지 않았는가?"라고 물었다. 측근들은 깊은 슬픔과 절망으로 눈물을 흘렸다. 한때는 날아가는 새도 떨어뜨린다는 신 같은 존재로 숭상 받던 공명이다. 그런데 방금 이복이 돌아갔다는 사실도 모를 정도로 정신이 혼미해 있다니. 신하들은 한편으로 슬퍼하고 또 한편으로는 패전 예감에 절망했다.

그런데 이틀이 지나자 그 이복이 되돌아왔다. 이복은 성도로 돌아가는 도중에 생각해 보았다. '승상의 병은 생각보다 중한 것 같다. 어쩌면 임종이 가까울지도 모른다. 황제에게 이 사실을 보고한다면, "공명의 후임으로 누구를 승상으로 삼으면 좋을지, 무슨 말씀이 있더냐?"하고 하문할지 모른다. 역시 되돌아가서 승상께 그에 관한 의견을 여쭈어야겠다.'

이복이 되돌아오자 공명은 이복에게 공염(公琰) 그리고 문위(文偉)라고 전했다. 자신의 후임 승상은 공염, 공염의 후임은 문위가 좋겠다는 뜻이었다("십팔사략" 등에 기초하여 필자가 재구성함.).

결언: 돌봄 능력 그리고 돌봄 받는 능력

돌봄의 질의 격차는 어디서 오는가

돌봄의 질은 국가정책 및 제도, 돌봄에 대한 커뮤니티의 가치에 의해 큰 영향을 받지만, 돌봄의 질을 결정하는 중요한 요인은 개개인의 돌봄 능력이다. **개인적 돌봄 능력의 차이는 어디에서 생기는 것일까?** 린치(강순원 역, 2016: 190)는 아일랜드의 다양한 케어러 대화기록을 소개하는데, 다음은 장애를 가지고도 혼자서 아버지를 종일 돌보는 톰이라는 독신 남성이 자신의 일과를 기술한 것이다.

> 아버지는 보통 사람과 좀 달라요. 식사 시중들 때에는 코스로 드려야 해요. 아침 식사 땐 맨 먼저 크랜베리 주스를 드려요. 가끔은 허브차를 끓여 드려요… 그리고 시리얼을 드세요. 시리얼엔 과일을 뭐든 넣죠… 그리고는 대개 빵과 치즈를 드세요… 저는 식사를 해 드리고 침대에 뉘어 드려요… 그리고 저도 한두 시간 누워 쉬다가 오후 5시경 일어나죠. 화장실을 쓰시려고 하면 시중들고 씻겨 드려요. 5시 30분쯤 차를 드리고 8시 반이나 9시경에 코코아나 초콜릿 음료를 드려요. 그리고 수면제와 진통제를 드리고 침대로 모셔서 잠드실 때까지 손을 꼭 잡아 드려요.

이 사례는 많은 이야기 사례의 하나일 뿐 특별한 케어로서 든 예가 아니다. 톰은 이 정도가 케어라고 생각하고 있음에 틀림없다. 그는 그것을 어디서 어떻게 배운 것일까? 이 케어를 가능하게 하는 경제사회적 조건, 주거적 조건, 지식적 조건은 무엇일까?

강도영의 경우를 다시 보자. 그는 돌봄에 앞서 우선 의료비와 생활비 마련에 온 힘을 다해야 했다. 주거환경도 열악했다고 생각되며 이용 가능한 제도마저 이용하지 못했을 가능성도 있다. 그는 자포자기였던 당시의 심경을 〈셜록〉에의 편지에서 다음과 같이 썼다(〈셜록〉 기사에 근거함): "세상이 너무 막막했고 집에 쉽사리 들어가지 못한 채 집 앞에서 한참을 생각했습니다. 당장 기저귀와 소변 줄 교체 등 나갈 돈은 많았는데 막막하고, 좌절감, 또 무능력한 제 자신에 대한 혐오감이 너무 컸습니다."

그를 비난할 일이 아니다. 만약 그에게 돌봄에 필요한 자원이나 개인적 돌봄지식이 부족했다면, 우리는 어떻게 하면 우리 모두의 돌봄 능력을 높일 수 있을까 고민해야 한다.

제2장에서 케어란 '① 관심을 보이고, ② 책임감을 가지며, ③ 돌보는 행위를 수행하고, ④ 대상자로부터 반응을 얻는' 일련의 과정임을 기술했다. 만약 케어 능력에 격차가 있다면 그 격차는 위의 각 과정에 따라 네 가지 차원에서 발생할 수 있겠다.

① 타인의 고통에 대한 감수성의 격차
② 개인 혹은 제도의 의무감 연대감의 격차
③ 개인적 대응능력 및 제도의 질의 격차
④ 케어에 관하여 개인과 사회가 성찰하는 수준의 격차

이렇게 각 과정별로 나누어 보면 우리의 과제가 보다 분명해진다. 그 각각에 사회나 국가 차원의 능력 문제가 있다. 개인은 자신의 돌봄리스크를 예측할 수 없지만, 국가는 그 리스크를 전체적으로 예측하고 리스크를 분산할 수 있으므로 그 역할이 중요하다. 다만 여기서는 케어전문직과 국민 개개인의 능력 측면에서 성찰해 보아야 할 문제만을 논의한다. 앞의 삼자는 돌보는 능력에 관한 것이고, 마지막은 돌봄 받는 능력에 관한 것이다.

반(反)공감에는 결연한 단절을

미국에서 9.11테러가 있었던 직후 한 미국 교민의 신문 기고문에는 '미국에 와서 그 건물 무너지는 모습을 빗대어 농담하지 말 것'을 주문하는 내용이 있었다. 아마도 엄청난 희생자를 가져온 그 상황을 미국에서 농담처럼 말하는 한국인이 있었기 때문일 것이다. 또한 천안함 침몰 사건이 있었을 때, 배가 두 동강 나는 모습을 빗댄 건배를 행하는 사람들이 있다고 알려져 큰 비난이 일었던 적이 있다. 정말 믿기 어려운 반공감의 행태다.

반공감의 언행도 전염된다. '저렇게 살고 싶을까', '요양시설은 현대판 고려장이다'라는 등의 말이 그러하다. 다음은 한 연구(김은경, 2022: 510)에서 소개된 사례인데, 요양시설에 입소한 가족을 면회한 어느 연구참여자의 말을 그대로 옮긴 것이다.

> 전신은 마비되었지만 항상 가면 "어르신 저 왔어요. 더우신데 어떠세요?" 그렇게 물어요. 그러면 눈을 껌벅이세요. 그러면 전 항상 그래요. 이 분이 과연 그렇게 살고 싶으실까?

이 문장만으로 그 진의를 완전히 파악하기는 어렵고, 또 화자 개인을 비난할 의도는 없지만, 가족의 입에서 나왔다고는 믿기 어려울 정도로 공감과는 동떨어져 있다. 당사자에게 다가가 절박한 심경이나 무언가 전하고자 하는 게 있는지 들어보려는 자세가 아니라 그냥 결말에만 관심을 가진 그런 태도다. "마비된 몸의 피부 밑 모세혈관에는 환자의 의식과 감정이 흐르고 있음을, 환자가 흘리는 땀의 종류를 통해 알 수 있다"(제2장)라고 말하는 케어러의 태도와는 대극에 있다. 아마 이 화자도 아마 '저렇게 살고 싶을까'라는 말을 흔히 들어왔고 그래서 그 말이 나왔을 것이다. 비공감적 언행이 쉽게 전파되는 기묘한 사회분위기를 타파하려면, 의식적인 노력이 필요하다.

치매인을 '자기가 누군지도 모르는 사람'이라는 표현도 많아진 느낌이

다. 치매증상은 누구나가 두려워하는 것이지만 자신이 그 당사자가 된다 한들 전혀 이상하지 않을 만큼 치매 이환율은 높다. '자신을 아는지 모르는지'가 중요한 것이 아니라 **'그 몸이 살아 있는 한 존엄한 사람'**으로 보는 것이 소중하다.

좀 철학적인 질문을 제기해 보자: "치매증상이 없는 사람은 정말 자신이 누군지 아는 것일까?" 사실 '진정한 자기는 누구인가'는 불교인의 오래된 화두다. 인간의 모습과 구실은 어느 한순간 머물지 않고 달라짐은 마치 태어날 때 모습과 임종 시 모습이 다른 것과 같다. 자기 이름을 기억하고 주위 사람을 기억한다고 자신을 아는 것이 아니다. 어느 한순간에 생각한 자신은 이미 과거의 자신이다. 정신세계는 육체에 기반해서 존재하는 것인데, 정신세계가 잘 작동하지 않더라도 사람은 존엄하다.

제8장에서 소개한 수녀연구에 참여한 로라 수녀는 초기 알츠하이머 진단을 받고 큰 충격을 받았다. 여동생 수녀가 "무슨 일이 있어도 언니를 잘 돌보겠다"라는 말에 큰 위안을 얻었다고 하는데, 그녀가 연구책임자에게 한 말이 다음이다: "내가 가장 두려워하는 것이 무엇인지 아세요? 그건 예수님을 잊어버리는 것이에요. 하지만 이제는 깨달았어요. 내가 그분을 생각해 내지 못한다고 하더라도, 그분이 나를 기억해 주실 것이니까요."(Snowdon, 2001: Chap.8) 그녀의 말은, 자기에게 가장 소중한 존재를 잊어버린다고 하더라도, 몸이 살아있는 한 존엄한 존재라는 깨달음을 보여 준다.

죽음에 이르는 과정은 험난하다. 끝까지 살아낸다는 것이 어렵고, 누구도 '그렇게 살고 싶지 않았던 모습'을 경험하게 될 가능성이 크다. 그렇게 살고 싶든 그렇게 살고 싶지 않든, 자신이 예측하지 못한 방식으로 죽음에 다가가는 것이 인간사다. 인생은 의존에서 시작하여, 또 다른 형태의 의존이나 혹은 상호의존의 모습으로 끊임없이 옮겨 다니는 과정이다. 손택의 비유처럼, 인간은 건강국과 질병국이라는 두 개의 여권을 가지고 태어나서 그 두 나라를 오가며 살아가는 과정이다. 그 두 나라 중

인간에게 '선(善)의 완성'의 기회를 주는 곳은 질병국이라는 것이 쿠라신화(제1장)의 교훈 아닐까?

언제까지나 이상적인 죽음을 기준으로 삼고 그에 가까워야 인간다운 죽음이라고 간주하는 공상에서 벗어나야 한다. 이상적 삶과 죽음은, 흔히 죽음 직전까지 활발하게 움직이는 연어에 비유된다. 그런데 따져 보자. 연어는 바다로 나가 3~5년을 자라다가 부화한 곳으로 돌아와서 산란하고 암수 모두 7~10일 정도에 사망한다고 한다(산란 후에도 생존하는 예외적인 종도 있다고 함). '4년 생존 후 8일간에 걸친 죽음'을 인생 80세에 대입해 보면 '80세 생존에 160일 와상상태로 죽음을 맞이하는 것'이 된다. 만약 그 6개월 정도의 와상기간이 끔찍할 만큼 길다고 느낀다면, 죽음을 현실 문제로 생각하지 않는 사람일 수 있다.

돌봄 지식은 곧 돌봄의 대처능력

지식은 생활문제에 대한 대응능력이다. 나는 원통하게도, 세월호 사고로 많은 사상자가 발생했을 때 바다에 뛰어들지 않았던 사람이 왜 많았을까라는 각도에서 희생자 문제를 생각해 본 적이 있다. 무엇보다 수영을 못하는 사람은 깊은 바다에 뛰어들기 어려웠을 것이다. 지식을 넓게 보면 어떤 과정에 관한 지식이며 수영도 지식이다. 물에 빠지면 그 지식의 여부가 생사의 갈림길이 되기도 한다.

돌봄능력 역시 돌봄과정에 관한 지식이요 따라서 돌봄의 기술도, 그리고 이용가능한 제도에 관한 정보도 모두 지식이다. 사회구성원의 돌봄능력은 돌봄 전반에 관한 지식의 보급을 통해서 가능하다. 질 높은 돌봄을 자연스레 당연시할 수 있도록 이른 시기부터 돌봄지식을 보급해야 한다. 다른 한편, 지식을 실생활에 활용하려면 지적 관심에서 얻어진 추상적 지식을 실제 문제의 해결로 연결하려는 태도와 능력이 필요하다.

나이팅게일은, 간호인에게는 "삼중(三重)의 관심"(早野訳, 2021)이 필요하다고 말했다. 첫째 지적 관심, 둘째 인간에 대한 진심이 담긴 관심, 셋째 실천적 기술적 관심이 그것이다. 이것은 케어에는 지속적인 배움이 필요하다는 것, 그리고 지식의 습득에 멈추지 않고 그것을 실제의 케어에 어떻게 적용할 것인가를 끊임없이 궁리하라는 가르침이라고 나는 생각한다. 사실 이 세 가지는 케어전문직뿐만 아니라 건전한 시민에게 필요한 관심사다. 안타깝게도 이 세 가지의 관심을 연결하는 능력, **지식을 실생활의 문제해결에 활용하는 능력**이 우리사회에는 비교적 부족하다고 본다. 나야말로 그러했다.

나는 1996년 여름 2개월 동안 초빙연구원 신분으로 도쿄 노인종합연구소(현, 건강장수 의료센터연구소)에 가 있었는데, 그때 연구소의 배려로 도쿄가스라는 회사가 운영하는 '노인체험관'에서 시니어 시뮬레이션을 체험했다. 여러 가지 기구를 장착한 '노인의 몸'이 된 후 다양한 형태의 문손잡이, 가스레인지, 목욕탕, 계단, 다양한 밝기의 방 등등에서 어떤 것이 가장 이용하기 쉬운지를 체험하게 하는 시설이었다. 그곳 직원은 나를 곧 '75세, 약간의 백내장과 난청이 있는 사람'으로 만들어주었다. 특수 안경을 끼자마자 주위가 크게 어두워졌고, 난청의 귀가 되자 바이올린 음악이 그냥 '깽깽깽'으로 들렸다.

그런데 정작 내 기억에 더 선명히 남아 있는 것은, 그 체험을 주선해준 연구소 사무직원이다. 체험 후 감사인사를 전했더니 40대의 독신여성인 그녀는 다음과 같이 말했다: "좋은 경험이 되었지요? 나도 그곳 다녀와서 새집 지을 때, 집안 곳곳에 필요한 전등을 세 개씩 달았답니다". 이유를 물었더니 그녀는 다음과 같이 대답했다. "아마 65세 정도가 되면 등 밝기가 두 배 정도 필요하니 두 번째 등을 켜고, 85세 정도가 되면, 만약 그때까지 살아 있다면, 세 번째 등을 켜야 되겠지요."

이 말에 내가 크게 반성했던 것은, 그 4~5년 전에 65세로 퇴직하는 부모님 살 집을 지을 때, 건축일은 모두 업자에게만 맡기고 고령자에게 편리한 내부 공간을 궁리하고 조언하는 일은 생각조차 하지 않았기 때문이다. 하물며 명색이 사회복지를 전공한다는 아들 아닌가? 결국 나에게 부족했던 것은 새로운 배움을 실제적인 문제해결의 활용에 연결시키는 습관과 힘이었다. 거주공간의 내부구조는 동일한 재가서비스를 받는다고 하더라도 케어의 질에 큰 차이를 가져온다. 국민 대다수가 그 사무원 같이 자신의 일에 스스로 구체적으로 대비한다면, 국가는 작은 원조만으로도 그런대로 질 높은 케어를 실현할 수 있다.

고통의 몸에 다가가서 듣기

가능한 일이라면 고통(suffering)은 피하고 싶지만, 고통은 예측이 불가능하다. '마음의 고통' 즉 '괴로움'(苦)을 의미하는 산스크리트어 두카(duhkha)는 '자신의 마음 먹은 대로 되지 않는 것'을 뜻한다. 종말기는 몸이 마음대로 움직이지 않는 괴로움에다가, 육체적 고통까지 흔히 따른다. 인간의 몸인 이상 고통을 피할 방도가 도무지 없다면, 고통을 달래가면서 잘 사귀어 가는 삶, 존엄을 지키면서 고통에 대처하는 삶을 논의해야 한다. 약물의 힘을 빌릴 때도 있겠지만, 가장 큰 힘이 되는 것은 돌봄의 믿음일 것이다.

고통은 무엇보다 자신이 평범하고 약한 존재라는 겸손을 준다. **예고 없이 찾아오는 고통이 없다면, 인간은 어디까지 오만할 것인가?** 삶에서 가지는 고통의 중요성은 여러 철학자들이 주의환기해 왔다. 고통에 맞서 저항하고 고통으로부터 배우려는 의지에 의해 행복한 삶이 달성될 수 있다는 것이다. 철학자 이반 이리치는 "의학이 가진 문화적 권위가 고통과 통증과 죽음을 없애 주겠노라는 가짜 약속을 하면서, 서구 사람들이 존엄을 지키면서 의미 있게 고통을 겪을 수 있는 능력을 빼어 갔다"(번팅, 김승진 역, 2022: 376-377)라고 말한다.

만성통증에서 벗어나기 위해 마약성 진통제인 메타돈을 장복했던 대학교수 아리는 그 약을 복용하고 통증이 가시자 세상이 꿈만 같았다고 말했다. 하지만 그 약을 복용하고 6년이 지나자 그는 다음과 같이 생각이 바뀌었다(선스트럼, 노승영 역, 2010: 264): “나 자신에게 소중한 나의 일부를 잃어버렸다는 것을 깨달았다. 마약성 진통제는 몸을 피하고 싶을 때 몸을 감싸는 따뜻한 담요 같았다. 하지만 폭풍우와 맞서야 할 때도 있다”. 아리는 즐겁고 몽롱하고 통증 없는 상태에 안주해서는, 자기가 되고 싶은 미술가가 될 수 없을 것 같았다고 술회했다. 예술 분야뿐만 아니라 성장이나 돌파구는 괴로움이나 방황 속에서 발견되기 쉬운 법이고, 모든 게 편안할 때 사람이 퇴보한다는 진리는 옛사람으로부터 자주 설해져 왔다.

앞에서 여러 차례 언급한 클라인먼은 의료인류학의 선구자 중 한 사람으로서 1980년대에 하버드의대에 의료인류학 과정을 개설하여 여러 세계적인 학자와 실천가들의 배출에 공헌했다. 의료인류학은 인류학의 이론과 연구방법을 활용하여 인간의 질병과 건강, 치유 등을 연구하는 학문이다. 클라인먼이 초기에 주목했던 것은 질환 내러티브(illness narrative. 질환[질병]서사 등으로 번역됨. 여기서는 ‘질환 이야기하기’로 사용함)이다.[1]

환자가 스스로 겪는 고통이야기는 의료가 흔히 놓치기 쉬운 병자의 주관적 경험이다. 그것을 질병에 관한 과학적 지식만큼이나 중요한 또 하나의 고려 사항으로서 임상의 중심에 두자는 시도였다. 그것이 의사와 환자의 거리를 메워주고 좋은 치료나 케어의 실현을 이끈다는 것이다. 고통 이야기하기는 약자가 되기 쉬운 환자의 고통을 의료의 주요 주제로 설정한다는 의미다. 그 배경에는 전문직의 권력문제나 의사-환자 간의 권력 불균형관계에 대한 비판적 성찰이 있다. 그렇기 때문에 의료인류학은 환자의 권리신장에 공헌했다고 일컬어진다. 다만 그 후 환자의 이야

1 한국에서는 ‘disease’(질병)는 의학적 진단에 의해 밝혀진 병이며 객관적 개념, ‘illness’(질환)은 앓는 본인이 느끼는 “아프다는 상태”이며 본인의 경험에 근거한 주관적인 것이라고 정의되는 것 같다. 그러므로 “질병이 없어도 질환이 있는” 것으로 느낄 수 있다. 그래서 ‘illness narrative’를 “질병서사”로 번역하는 경우도 있는 것 같다. 재미있는 것은, 일본에서는 그 반대의 용법이 정착되어 있다는 점이다. 즉 ‘disease’가 질환(疾患)이며 ‘illness’가 질병으로 번역된다.

기하기에 의해 비판의 대상이 되기 쉬운 의사 측의 고뇌를 고려한 다양하고 중요한 시도들 역시 의료인류학계에서 시도되어 왔다고 생각된다.

이야기하기의 본질은 클라인먼의 초기 저서(Kleinman, 江口他訳, 1996: 序文)(한국어 번역 있음. 아서 클라인먼, 이애리 역, 2024, 『우리의 아픔엔 서사가 있다』, 사이)에 소개된 자신의 경험이 전해준다. 이 책 첫머리에는 "의사가 질병에 무지한 사람에게 자신의 말을 이해시키지도 납득시키지도 못한다면, 의사는 진실을 잘못 알고 있는 것이다"라는 히포크라테스의 말이 명기되어 있다.

클라인먼은 자신이 의대 학생이었을 때 만났던 소녀환자와의 경험을 술회한다. 심한 화상을 입고 피부치료를 거듭하는 소녀는 의사들이 환부의 붕대를 떼어내고 다시 붙이는 치료 중에는 늘 고통으로 발버둥쳤고, 그동안 그녀의 성한 손을 잡아주는 역할을 했던 그는 소녀의 고통에 절망할 수밖에 없었다. 그러던 중 그는 소녀에게 "아가님은 어떻게 이 심한 고통을 이겨내나요? 매일매일의 아픈 치료를 어떤 마음으로 견디나요?"라고 물었다. 그랬더니 그녀는 처음에는 이 질문에 놀라 당황했으나, 치료받으면서도 아프다는 반응도 잊은 채 자신의 심경을 똑똑하고 솔직하게 이야기하기 시작했다. 그 고통을 이야기함으로써 그 소녀는 고통스러운 치료를 참아낼 수 있었다. 한편 클라인먼은 '어떤 고통 속의 환자라도 자신의 고통에 대해 이야기할 수 있다는 것, 그 이야기를 할 수 있도록 도우며 또 이야기를 들어주는 것이 치료적 의미가 있다'라는 중요한 교훈을 얻었다. 후일 그의 아내가 치매를 앓게 되었을 때의 경험을 통해 저술한 『케어』(노지양 역, 2020)에는 클라인먼의 이러한 문제의식이 그대로 나타나 있다.

이야기하기의 본질은 다음 두 가지라고 나는 판단한다. 첫 번째는 그것이 '듣기'이며 그 이전에 '묻기'라는 것이다. 당사자의 주관적인 감정이 질병에 관한 객관적 지식만큼이나 중요하며, 그것을 일부러 물어서 알아두어야 비로소 치유가 가능하다는 전문직의 의지가 그 본질인 셈이다.

두 번째 본질은 번팅(번팅, 김승진 역, 2022: 340-341)의 표현을 빌리면, "누군가의 삶에서 가장 고통스러운 순간에 곁에 있어 주는 것"이다. 고통의 긍정적 목격자가 되어 주는 것, 존엄을 유지하면서 고통에 견디는 그 현장에 같이 있는 것이다.

이 두 가지의 본질은 클라인먼(江口他訳, 1996)의 통찰에 종합되어 있다. 그는 인간에게 깊은 소외감을 가져오며 자주 무시되거나 숨겨지는 고통을 겪는 당사자에게 제공할 수 있는 헌신은, 그들의 고통 경험이 가진 의미와 가치를 발견할 수 있도록 이야기할 기회를 만들어 주는 것이라고 말한다. 당사자의 입장에서 보면 **자신의 이야기를 들어주는 사람은 자신이 겪는 고통을 긍정해 주는 목격자**가 되는 셈이며 그래서 최상의 헌신자가 되는 것이다. 나는 환자의 고통이야기를 많이 들어온 의사일수록 진정한 의미의 '상처 입은 치유자'에 가까운 사람이라고 믿고 있다.

전문직은 무엇을 도구로 삼는가?

우편 비행기 조종사였던 생텍쥐페리의 자전적 에세이 『인간의 대지』는 깊은 성찰을 주는 글들로 가득 차 있다. 그 서문은 다음 문장으로 시작된다: "대지는 우리 자신에 대해 저 많은 책들보다 더 많은 것을 가르쳐 준다. 이는 대지가 우리에게 저항하기 때문이다. 인간은 장애물과 맞서 겨룰 때 비로소 자신을 발견한다. 하지만 이를 이루기 위해서는 연장이 필요하다. 대패나 쟁기가 필요한 것이다. 농부는 땅을 갈면서 자연의 비밀을 조금씩 조금씩 캐낸다… 이와 마찬가지로 인간은 항공노선의 연장인 비행기를 통해 모든 오래된 문제와 맞서 겨루게 된다."

농부에게 쟁기는 당연한 연장이다. 조종사에게 항공기가 연장인 것처럼. 그렇다면 **교육자에게 교육의 진실과 그에 종사하는 자신의 진실을 발견하도록 도움을 주는 도구란 무엇인가?** 그것은 나의 오래된 화두다. 아마도 그것은 마주하는 학생이요 그들이 가진 문제일 것이다. 해결하고 싶은 문제를 가진 학생과 마주한다는 것은, 그의 비밀을 푸는 것임과 동시에 나 자신의 비밀을 풀어가는 과정이기도 하다.

수년 전에 다른 학생들과 함께 수업하기가 고통스럽다고 호소하는 학생 한 사람을 위해 개설된 세미나 수업을 담당한 적이 있다. 3학년 학생 M군이었다(이 사례는 졸저 『초기불교』, 2020: 401-414 내용을 요약한 것임). 그가 고통스러워하는 문제는 말더듬이였다. 어린 시절 말더듬이로 심한 집단 따돌림을 당했고, 그로 인하여 사람을 피하게 되었고 친구가 없었으며, 강의실에서 모두 앞쪽만을 바라보는 강의와는 달리, 마주 앉아 진행되는 세미나 수업에는 고통을 느낀다고 했다. 그는 대학을 1년 휴학하고 말더듬이를 고쳐보려고 여러 병원을 다녔으나 더 이상 개선될 여지가 없다는 진단을 받았다고 했다. 첫 만남은 그 직후였고 그는 희망을 잃은 상태였다.

첫 면담에서 나는 그의 어려움을 한 시간 정도 들었다. 그리고 그 자리에서 솔직하게 내 생각을 전했다: "20년간의 말더듬이 고통이 병원치료로 말끔히 나을 것이라고 기대하는 것 자체가 어리석은 일 아닐까? 이 문제를 해결할 수 있는 사람은 오직 자네뿐이다. 스스로 궁리하여 어제보다는 오늘, 오늘보다는 내일, 듣는 이가 좀 더 잘 알아들을 수 있는 발음에 노력하는 것, 그것이 중요하지 않을까? 평생 노력해도 생각대로 개선되지 않을 수도 있다. 하지만 죽을 때까지 조금이라도 자기 말이 잘 전해지도록 노력하며 살아 가는 것, 그것이 가치 있는 인생 아닐까? 다음 주 만날 때, 자네가 좀 더 편안히 말할 수 있게 된다면 그것이야말로 중요한 발전이라고 생각하네."

다행히 그는 나의 조언에 납득했다. 만남이 거듭되면서 나는 그가 특별히 발음하기 어려워하는 단어가 있다고 느꼈다. 예를 들면 의료, 병원, 치료 등이었다. 그는 자기 뜻대로 발음되지 않는 자신의 뇌와 입과 혀 등이 때론 저주스러워진다고 했다. 그에 대해 나는 다음과 같이 말했다: "자네가 자신의 몸을 저주스럽다고 생각하는 한 고통은 해결될 수 없다. 고통은 자네가 자신의 몸이 사랑스럽다고 여길 때 비로소 완화될 것이

네. 나는, **병원이라는 낱말 발음에 자네 몸이 저항**하고 있다고 생각하네. 마지막 의지처였지만 문제를 해결해 주지 못했던 곳, 그 병원이라는 단어를 입에 담는 것에 자네 몸과 자네 입과 자네 혀가 저항하는 것 아닐까? 나는 자네 몸이 아주 솔직하다고 생각하네. 자네 스스로가 그런 반응을 보이는 자신의 몸이 저주스럽기는커녕 오히려 사랑스럽다고 느끼고 이해할 때, 그때 고통은 비로소 해결이 가능하다고 생각하네."

M군은 한 학기 혼자 수업 후에는 일반 세미나에 참가할 수 있었고 또 그 후 1년간 나의 졸업세미나에 들어와서 취업을 결정짓고 졸업했다. 단 둘이서 진행한 한 학기 수업은, 나에게는 교육의 비밀과 나의 비밀을 조금씩 캐어가는 시간이었고, 그에게는 자신의 몸과 자신의 비밀을 캐어가는 과정이었다.

개개인의 돌봄 받는 능력

돌봄지식은 돌봄 받는 능력도 높여 준다. 돌봄지식은 기본적으로 성숙한 인간관에 기초하는 것이므로 **돌봄을 제공하는 가족이나 요양보호사를 존엄한 인간으로 보는 것이 곧 돌봄에의 협력의 시작**이다. 돌봄에 협력적인 태도는 돌봄부담을 줄여주며 돌봄노동의 지속가능성을 높인다. 이 점을 새삼 지적하면서, 마지막으로 그에 덧붙여 보다 장기적인 관점에서 돌봄 받는 능력 키우기의 문제를 거론한다.

약 10여 년 전 나는 고치(高知県 高知市)에서 주로 케어 관련 직업인을 대상으로 한 하루 종일의 집중강의를 맡은 적이 있다. 주제는 케어의 사회적 부담을 줄이는 데에 개개인이 할 수 있는 역할이었다. 다음이 내 이야기의 요지였다.

> 중국 동북지방 케어조사에서 확인된 것인데, 그곳 중소도시에는 맞벌이 부부가 타인의 도움 없이 요양보호가 필요한 부모를 돌보면서 직장생활을 계속하는 가정이 적지 않다. 그것이 가능한 것에는 다음과 같은 사회문화적 요인이

있다.

우선 돌봄부담 자체가 비교적 가벼웠다. 이 지역은 겨울은 춥고 여름은 건조한 지역인 탓인지 목욕은 1주일에 한 번, 의자에 앉은 채로 샤워 물로 끼얹는 식이었다. 욕조에 몸을 담그는 목욕을 자주하는 일본과는 목욕 케어 하나에서도 부담에 큰 차이가 있다. 흑룡강성의 한 요양시설에서는 1주일 한 번 샤워도 입소 고령자가 매우 성가셔한다는 시설장의 말도 들었다. 게다가 조식은 묽은 죽으로 하는 습관이어서 출근 등으로 바쁜 아침 시간의 돌봄부담이 가벼웠다.

계획경제체제의 영향이 남아 집과 직장이 근거리여서 통근 시간이 짧았으며 노동자 점심시간이 2시간 보장되어 있었다. 그래서 점심시간을 이용해 잠시 귀가하여 돌보는 것이 가능했다. 더구나 직장 및 동료들은 부모 모시기의 가치를 공유하고 있어, 업무에서도 당사자를 배려했다. 그러한 요인들이, 비록 돌봄수준이 충분하지는 않지만, 일자리와 노인돌봄의 양립을 가능하게 했다.

중국 사례는 생활습관과 케어부담의 관계에 관해 생각하게 한다. 이에는 '붓다의 삶' 또한 중요한 시사를 준다. 붓다는 하루 한 끼 식사(아침식사)를 실천하여 정오가 지나면 과일이나 음료 외의 음식을 들지 않았다. 만약 불교인 중에서 붓다를 본받아 하루 한 끼 혹은 두 끼를 실천하는 사람이 5%라도 생긴다면, 그에게 돌봄이 필요할 때 돌봄 부담을 줄일 수 있고 사회 전체의 케어부담을 상당수준 경감하는 일일 수 있다.

이 이야기 후에, 이 사례들이 돌봄인력 확충 혹은 국가의 재정부담 확충이 어려워진 일본사회에 어떤 시사를 주는지 소그룹별 의견교환을 하도록 했다. 그랬더니 토론이 시작되기도 전에 중년으로 보이는 한 여성이 다음과 같이 자신의 경험을 이야기했다.

나는 어릴 때부터 병약했어요. 특별한 병명은 없었지만 늘 아픈 몸이었어요. 그런데 몇 년 전 '하루 한 끼 식사'를 통한 건강회복 방법을 알게 되어 하루 한 끼를 시작했고 덕분에 몸도 건강해졌어요. 외동딸인 나에게는 나와 사이가 아주 나쁜 홀아버지가 있어요. 그가 몇 년 전 돌봄이 필요하게 되었을 때, 나는 아버지와 담판을 지었어요. "나는 아버지를 집에서 돌보기 어려워요. 다만 아버지가 나처럼 하루 한 끼 식사를 한다면, 내가 힘닿는 한 집에서 돌보겠어요. 그게 어려우면 개호시설을 알아보려 합니다." 이렇게 제안했더니 정말 의외로 그 고집 센 아버지가 "그렇다면 나도 그렇게 해 보겠다"고 하지 않겠어요? 그렇게 해서 재가서비스도 이용하면서 아직 둘이서 살고 있는데, 아버지 상태도 더 나빠지지 않았고, 아버지와 사이도 좋아졌어요. **아무에게나 권할 수 있는 일은 아니지만,** 나는 기회 있을 때마다 중년의 지인들에게 식사 횟수를 줄이는 것이 자신을 위해서도 사회를 위해서도 좋은 일이라고 말하고 있습니다.

장차 소속하게 될 집단의 일원에게 요구되는 사회적 역할이나 집단의 가치 규범 등을 미리 학습하는 것을 예기사회화(anticipatory socialization)라고 부른다. 인간은 미리 사망하지 않는다면 반드시 고령자가 된다. 사실 예기사회화는 장래를 위하여 무엇인가 새로운 것을 배우거나 지니거나 하는 것만을 의미하지는 않는다. 그보다는 오히려 오랫동안 지녀온 무엇을 '버리는 것'이 포함되어 있다. **진정한 도전이란 무엇인가를 새로 시작하는 것에 있기보다는, 오랫동안 가져온 무엇을 '버리는 것', '멈추는 것'에 있다**고 나는 믿고 있다. 자신을 위해서 그리고 케어사회를 앞당기기 위해서 자신에게 버릴 만한 습관이 없는지를 생각해 볼 때다.

참고문헌*

계소신, 2012, 『고령 한국인의 사망장소에 영향을 미치는 요인』, 서울대학교 대학원 석사학위논문.

골딘(Gouldin, C.), 김승진 역, 2021, 『커리어 그리고 가정』, 생각의힘.

권범철 외, 2023, 『돌봄의 시간들』, 모시는 사람들.

권성애 외, 2015, "사회복지사의 임종케어 제공의향에 미치는 영향요인: 한국과 미국 비교연구 중심으로", 『보건사회연구』, 35-3.

김소민, 2022, 『나의 아름답고 추한 몸에게』, 한겨레출판.

김수지, 2010, 『사랑의 돌봄은 기적을 만든다』, 비전과리더십.

김승섭, 2018, 『우리 몸이 세계라면』, 동아시아.

김영옥, 류은숙, 2022, 『돌봄과 인권』, 코난북스.

김유담 외, 2023, "나만의 방식으로 엄마가 되기를 선택한 여자들", 『돌봄과 작업 2』, 돌고래.

김윤태, 2016, "리차드 티트머스와 복지국가: 가치선택과 사회정책의 결합", 『사회사상과 문화』, 19-4.

김은경, 2022, "노인 장기요양기관에 종사하는 사회복지사의 임종케어경험과 역할에 관한 질적 연구", 『한국콘텐츠학회 논문지』, 22(5).

김지미, 모리가와 미에, 2025, "노인장기요양보험에서 가족돌봄노동에 대한 금전적 보상 제도가 초래한 변화에 관한 연구", 『사회복지정책과 실천』, 11-1.

김지혜, 2019, 『선량한 차별주의자』, 창비.

김찬호, 2014, 『모멸감』, 문학과지성사.

김창엽 외, 2022, 『돌봄이 돌보는 세계』, 동아시아.

김현미, 2022, 『국경을 넘는 여자들』, 동아시아.

김형숙, 윤수진, 2022, 『아픈 이의 곁에 있다는 것』, 팜파스.

김휘원, 김정아, 2016, "한국에서의 의사 자율규제 현황과 발전방안", 『대한의사협회지』, 59-8.

김희강, 2022, 『돌봄민주국가』, 박영사.

낸시 폴브레(Folbre, N.), 윤자영 역, 2007, 『보이지 않는 가슴』, 또하나의문화.

* 본문 중의 출전을 명기한 정부 공식문서, 신문기사 등은 제외

낸시 폴브레(Folbre, N.), 윤자영 역, 2021, 『돌봄과 연대의 경제학』, 에디토리알.
낸시 프레이저(Fraser, N.), 장석준 역, 2023, 『좌파의 길』, 서해문집.
다이엘 슈라이브, 한재호 옮김, 2020, 『수전 손택: 영혼과 매혹』, 글항아리.
더 케어 컬렉티브, 정소영 역, 2021, 『돌봄선언』, 니케북스 .
데이비드 하비(Harvey, D.), 김동근 외 역, 2010, 『신자유주의 세계화의 공간들』, 문화과학사.
도메 다쿠오(堂目卓夫), 우경봉 역, 2010, 『지금 애덤 스미스를 다시 읽는다: 도덕감정론과 국부론의 세계』, 동아시아.
라셀 파레냐스(Parrenas, R), 문현아 역, 2009, 『세계화의 하인들』, 여이연.
로버트 사스먼(Sussman, R.), 김승진 역, 2022, 『인종이라는 신화』, 지와사랑.
마경희, 2011, "보편주의 복지국가와 돌봄", 『페미니즘연구』, 11(2).
마사 누스바움(Nusbaum, M.), 한상연 역, 2015, 『역량의 창조: 인간다운 삶에는 무엇이 필요한가』, 돌베개.
맹광호, 2003, "한국의과대학에서의 의료윤리교육현황 분석", 『의료윤리교육』, 6-1.
메들린 번팅(Bunting, M.), 김승진 역, 2020, 『사랑의 노동』, 반디.
메이 편, 2022, 『새벽 세 시의 몸들에게』, 봄날의책.
멜러니 선스트럼(Thunstrum, M.), 노승영 역, 2010, 『통증연대기』, 에이도스.
무라오카 기요시, 2014, 「'생활습관병'의 정체를 밝힌다」, 이노우에 요시야스 편, 김경원 역, 『건강의 배신』, 돌베개.
미하엘 쾰마이어(Kohlmeier, M.), 김희상 역, 2005, 『한권으로 읽는 셰익스피어』, 작가정신.
박광준, 2002, 『사회복지의 사상과 역사』, 양서원.
박광준, 2018, 『조선왕조의 빈곤정책: 중국 일본과 어떻게 달랐나?』, 문사철.
박광준, 2020, 『초기불교: 붓다의 근본가르침과 네 가지 쟁점』, 민족사.
박광준, 2022, 『여자정신대, 그 기억과 진실』, 뿌리와이파리.
박석건, 정유진, 2018, "개정된 의사윤리지침과 의학전문직업성에 기반한 자율규제", 『한국의료윤리학회지』, 21(1).
박윤재, 2005, 『한국 근대의학의 기원』, 혜안.
비비아나 젤라이저(Zelizer, V.), 숙명여대 아시아여성연구소 역, 2009, 『친밀성의 거래』, 에코리브르.
새뮤엘 볼즈(Bowles, S.), 박용진 외 역, 2020, 『도덕경제학』, 흐름출판.

생텍쥐페리, 안응렬 역, 2004, 『인간의 대지』, 신원문화사.
석재은, 2018, "돌봄정의 개념구성과 한국장기요양보험의 평가", 『한국사회정책』, 25(2).
손준규, 1983, 『사회보장 사회개발론』, 집문당.
송다영 외, 2018, "중고령 이중돌봄자의 소진에 관한 연구", 『가족과 문화』, 30-1.
송병기, 김호성, 2024, 『나는 평온하게 죽고 싶습니다』, 프시케의숲.
수잔 손택(Sontag, S.), 이제원 역, 2002, 『은유로서의 질병』, 도서출판이후.
시몬 드 보부아르, 홍상희 외 역, 2002, 『노년』, 책세상.
시부야 도모코(澁谷智子), 박소영 역, 2021, 『영케어러』, 황소걸음.
신동원, 1999, "허준의 성홍열 연구-동아시아 최초의 보고서", 『한국과학사학회지』, 21-2.
신동원, 2000, "한국의료윤리의 역사적 고찰", 『醫史學』, 제9-2.
신승철, 2023, 『관계로서의 돌봄』, 권범철 외, 『돌봄의 시간들』, 모시는사람들.
실비아 페데리치(Federicci, S.), 황성원 역, 2013, 『혁명의 영점』, 갈무리.
아서 클라인먼(Kleinman, A.), 노지양 역, 2020, 『케어(care)』, 시공사.
알바 갓비(Gotby, A.), 전경훈 역, 2024, 『친밀한 착취』, 니케북스.
애덤 스미스, 김광수 역, 2016, 『국부론』, 한길사.
애덤 스미스, 박세일 외 역, 2009, 『도덕감정론』, 비봉출판사.
양난주, 2013, "가족요양보호사의 발생에 대한 탐색적 연구", 『한국사회정책』, 20-2.
양재진, 2008, 『한국의 복지국가정책과정: 역사와 자료』, 나남.
에밀 뒤르켐, 황보종우 역, 2019, 『자살론』, 청아출판사.
오정숙, 2022, 『흐르지 않는 시간을 찾아서』, 아마디아.
오진탁, 2011, "우리사회에 죽음에 대한 이해가 크게 부족하다", 『한국호스피스 완화의료학회지』, 14-3.
우치다(内田樹), 박동섭 역, 2012, 『스승은 있다』, 민들레.
유발 하라리(Harari, Y.), 조현욱 역, 2015, 『사피엔스』, 김영사.
유영규 외, 2019, 『간병살인, 154인의 고백』, 루아크.
이브 지네스트, 로젯 마레스코티, 이인숙 외 역, 2019, 『휴머니튜드 혁명』, 대광의학.
이은주, 2019, 『나는 신들의 요양보호사입니다』, 헤르츠나인.
이은주, 2023, 『돌봄의 온도』, 헤르츠나인.
이진숙, 2014, "노인장기요양보험은 가족의 돌봄부담을 완화하는가?: 현금급여와

가족요양보호사 이슈를 중심으로". 『가족과 문화』, 26(2).
이창곤, 2014, 『복지국가를 만든 사람들: 영국편』, 인간과복지.
잉스터(Engster, D.), 김희강, 나상원 역, 2017, 『돌봄: 정의의 심장』, 박영사.
장기려, 1980, "성공적 생활을 위하여", 『부산모임』, 제76호, 1980.4.
장지연 외, 2020, 『돌봄노동의 경제적 가치와 사회적 의미』, 한국노동정책연구원.
전계숙, 2020, 『돌봄이 아니라 인생을 배우는 중입니다』, 책익는마을.
정복례 조영화, 2017, "존엄한 죽음의 의미", 『한국호스피스 완화의료학회지』, 20-2.
정서경 외, 2022, 『돌봄과 작업: 나를 잃지 않고 엄마가 되려는 여자들』, 돌고래.
정유석, 2002, "세계의 의사파업에 대한 윤리적 논쟁", 『한국의료윤리학회지』, 4-2.
정유석, 2004, "의사의 프로페셔널리즘과 진료자율권", 『한국의료윤리교육학회지』, 7(2).
조기현, 2019, 『아빠의 아빠가 됐다』, 이매진.
조르쥬 미누아(Minua, J.), 박규현 외 역, 2010, 『노년의 역사』, 아모르문디.
조명아, 2023, "세대로서의 돌봄", 권범철 외 『돌봄의 시간들』, 모시는사람들.
존 러스킨(Ruskin, J.), 곽계일 역, 2020, 『나중에 온 이 사람에게도』, 아인북스.
존 롤즈(Rawls, J.), 황경식 역, 2003, 『정의론』, 이학사.
차이자펀(蔡佳芬), 우디 역, 2021, 『아프다면서 병원에도 가지 않으시고』, 갈라파고스.
채규태, 2019, 『의성 허준은 한센병을 어떻게 보았는가』, 교문사.
카트리네 마르살(Marcal, C.), 김희정 역, 2017, 『잠깐 애덤 스미스씨, 저녁은 누가 차려줬어요?』, 부키.
케슬린 린치(Rinch, C.), 강순원 역, 2016, 『정동적 평등』, 한울아카데미.
크리스티 왓슨(Watson, C.), 김혜림 역, 2018, 『돌봄의 언어』, 니케북스.
키케로(Kikero), 천병희 역, 2005, 『노년에 관하여』, 숲.
키테이(Kittay, E.), 김희강, 나상원 역, 2016, 『돌봄: 사랑의 노동』, 박영사.
트론토(Tronto, J.), 김희강, 나상원 역, 2021, 『돌봄민주주의』, 박영사.
티트머스(Titmuss, R.), 김윤태 외 역, 2019, 『선물관계』, 이학사.
팻 데인 외(Thane, P.), 안병직 역, 2012, 『노년의 역사』, 글항아리.
프롬(Fromm, E.), 김창호 역, 1983, 『마르크스의 인간관』, 동녘.
필 주커만(Zuckerman, P.), 김승욱 역, 2012, 『신 없는 사회』, 마음산책.
하이데거, 전양범 역, 2016, 『존재와 시간』, 동서문화사.
한나 아렌트(Harent, H.), 이진우 역, 2017, 『인간의 조건』, 한길사.

한병철, 김태환 역, 2012, 『피로사회』, 문학과지성사.

한병철, 김태환 역, 2015, 『심리정치』, 문학과지성사.

한희진 외, 2016, 「의료전문직업성의 역사와 철학」, 대한의사협회 의료정책연구소 연구보고서.

헬드(Held, V.), 김희강, 나상원 역, 2017, 『돌봄: 돌봄윤리』, 박영사.

황정아, 2021, "가치로서의 돌봄", 『개념과 소통』, 제28호, 한림과학원.

힐러리 코텀(Cottam, H.), 박경현 외 역, 2020, 『레디컬 헬프』, 착한책가게.

Alderidge, J. & Becker, Saul, 1993, *Children Who Care: Inside of the World of Young Carer*, Loughborough University.

Arrow, Kenneth, 1972, "Gifts and Exchanges", *Philosophy & Public Affairs*, Vol.1 No.4

Barber, W., 2007, *Gunnar Myrdal: An Intellectual Biography*, Palgrave.

Brugere, F.(ファビエンヌ・ブルゼール), 原山哲・山下えり子訳, 2014, 『ケアの倫理』, 白水社.

Butler, Robert, 1969, "Age-Ism: Another Form of Bigotry", *The Gerontorogist*, 9-4.

Caplow, Thedore, 1954, *The Sociology of Work*, University of Minnesota Press.

Cogan, Morris, 1953, "Toward a Definition of Profession", *Harvard Educational Journal*, Vol.33.

Daniels, Norman, 2002, *Justice and Long-Term Care: Need We Abandon Social Contract Theory? A Reply to Nussbaum*, WHO.

Darwin, Charles, 八杉龍一訳, 1990, 『種の起源(上・下)』, 岩波文庫.

Duman, Diniel, 1977, "The Creation and Diffusion of a Professional Ideology in Nineteenth Century England", *Sociological Review*, Vol.25 No.1.

Feil & Klerk-Rubin, 1982, 2014, Revised ed., 2015, *Validation-the Feil Method. How to Help Disoriented Old-Old*, Edward Feil Productions

Flexner, Abraham, 1915, *Is Social Work A Profession?*

Folbre, N. L., 2015, *Informal and Formal, Unpaid and Underpaid: Theorizing the Care Penalty*, Paper presented at joint ASGE/IAFFE session.

Fraser, Nancy, 2008, *Scales of Justice*, 向山恭一訳, 2013, 『正義の秤』, 法政大学出版局.

Fraser, Nancy, 2016, "Contradictions of Capital and Care", *New Left Review,* 100.

Gilligan, C., 1982, *In a Differrent Voices*, 캐롤 길리건, 허란주 역, 1997, 『다른 목소리로』, 동녘; 川本他訳, 2022, 『もう一つの声で』, 風行社.

Gisborne, Thomas, 1770, "On the Duties of a Physician", in *Enquiry into the Duties of Men in the Higher and Middle Classes of Society in Great Britain.*

Granovetter, Mark, 1973, "The Strength and Weak Ties", *American Journal of Sociology*, Vol.78 No.6.

Greenwood, Ernest, 1957, "Attributes of a Profession", *Social Work*, No.2.

Haakonssen, Lisbeth, 1997, *Medicine and Morals in the Enlightenment: John Gregory, Thomas Percival and Benjamin Rush*, Brill Academic Pub.

Hacking, Ian, 1975, *Why does Language Matter to Philosophy?* Cambridge University Press.

Hrdy, S., 2009, "Meet the Alloparents", *Nature History Magazine*, April 2009.

ILO, 2018, *Care Work and Care Jobs for the Future of Decent Work.*

ILO, 2019, *A Quantum Leap for Gender Equality: For a Better Future of Work for All.*

ILO, 2024, *Decent Work and Care Economy.*

Jenks, Craig, 1977, "T. H. Green, The Oxford philosophy of duty and English middle class", *British Journal of Sociology*, Vo.28, No.4.

Kleinman, Arthur, 江口重幸他訳, 1996, 『痛いの語り: 慢性を痛いをめぐる臨床人類学』, 誠信書房.

Leake, Chauncey, ed., 1927, *Percival's Medical Ethics*, Williams & Wilkins Company.

Leu & Berger *et al.*, 2022, "The 2021 cross-national and comparative classification of in-country awareness and policy responses to 'young carers'", *Journal of Youth Studies*, 26-5.

Livingston, Gill *et al.*, 2020, *Dementia Prevention, Intervention, and Care*: 2020 Report of the Lancet Commission.

MacGregor, M, 1971, Strike and the Physician, *Canadian Medical Association Journal*, 105.

Marshall, T. H., 1939, "The Recent History of Professionalism in relation to Social Structure and Social Policy", *The Canadian Journal of Economics and Political Sciences*, Vol.5.

McDonald, L., 島田将夫他訳, 2015,『実像のナイチンゲール』, 現代社.

Mcintyre, R. P., 2008, *Are Worker Rights Human Rights?*, The University of Michigan Press.

Myrdal, Alva, 1941, *Nation and Family: The Swedish Experiment in Democratic Family and Population Policy*, London: Harper & Brothers.

Nietzshe, Friedrich, 1888, 村井則夫訳, 1994,『遇像の黄昏』, ちくま学芸文庫.

Nightingale, Florence, 薄井坦子他訳, 1974, 1975, 1977,『ナイチンゲール著作集(1・2・3)』, 現代社.

Nightingale, Florence, 湯槙ます他訳, 1977,『ナイチンゲール書簡集』, 現代社.

Nightingale, Florence, 湯槙ます訳, 1993,『看護覚え書: 看護であること・看護でないこと』, 現代社.

Nightingale, Florence, 薄井坦子編, 1995,『ナイチンゲール言葉集: 看護への遺産』, 現代社.

Nightingale, Florence, 早野ZITO真佐子訳, 2021,『ナイチンゲールと「三重の関心」』, 日本看護協会出版会.

Noddings, Nel, 1984, *Caring: a famine approach to ethics and moral education*, University of California Press.

Noddings, Nel, 2002, *Starting at Home: Caring and Social Policy*, University of California Press.

OECD, 2023, *Reporting Gender Pay Gaps in OECD Countries*.

Oliner, S. & M., 1988, *Altruistic Personality: Rescuers of Jews in Nazi Europe*, Touchstone.

Percival, Thomas, 1772, *On the Disadvantages of Inoculating Children in Early Infancy*.

Percival, Thomas, 1774, *Observation on the State of the Population in Manchester and other Adjacent Places*.

Percival, Thomas, 1803, *Medical Ethics; or a Code of Institutes and Precepts, Adapted to the Professional Conduct of Physicians and Surgeons*.

Reich・森岡崇訳, 1995,「ケア」,『生命倫理百科事典』II, 丸善株式会社.

Roach, Simone, 2002, *Caring, Human Mode of Being*, CHA Press.

Ruddick, Sara, 1989, *Maternal Politics: Toward a Politics of Peace*, Beacon.

Sandel, Michael, 2012, "How Markets Crowd out Morals", *Boston Review*, 20.

Sara, Patuzzo *et al.*, 2018, Thomas Percival. Discussing the Foundation of Medical Ethics, *Acta Biomed*, 89-3.

Sen, A., 1993, "Capability and well-being", In M, Nussbaum & A, Sen, *The quality of life*, Oxford: Clarendon Press.

Singer, Peter, 1973, Altruism and Commerce: A Defense of Titmuss against Arrow, *Philosophy and Public Affairs*, Vol.2 No.3.

Slote, Michael, 2007, *The Ethics of Care and Empathy*, Routledge.

Snowdon, David, 2001, *Aging with Grace: What the Nun Study Teaches Us About Leading Longer, Healthier, and More Meaningful Lives*, Bantam.

Sontag, Susan, 北條文緒訳, 2003, 『他人の苦痛へのなまざし』, みすず書房.

Sylvia *et al.*, 2004, Professionalism for Medicine: Opportunities and Obligations, *IOWA Orthopaedic Journal* 24.

Tronto, J., Okano, Y., Who Cares? 岡野八代訳, 2020, 『ケアするのは誰か』, 白澤社.

UN, 2023, *The Purple Economy*.

UNESCO, 1950, *Statement by Expert on Race Problems*, 1950.7.20.

Ungerson, Clare, 1988, *Sex, Gender and Informal Care*, Routledge.

Verwoerdt, Adrian, 1981, "Psychotherapy for the Elderly, Arie, Tom ed.", *Health Care of the Elderly: Essays in Old Age Medicine, Psychiatry, and Services*, Routledge.

Webb, Sidney, & Beatrice, 1917, Special Supplement on Professional Associations, *The New Statesman*, Vol.Ⅸ, No, 211.

WHO, 2002a, *Current and Future Long-Term-Care Needs*.

WHO, 2002b, *Ethical Choices in Long-Term Care*.

WHO, 2011, *Palliative Care for Older People: Better Practices*.

Wilensky, Herald L., 1964, "The Professionalization of Everyone?", *American Sociological Review*, Vol.LXX, No.2.

World Economic Forum, 2024, *The Future of the Care Economy*.

阿部浩之, 2019, 「医師労働を考えるー感情労働の視点から」, 『ロバアト・オウエン

協会年報』, 43.
阿部正和, 1986,「サイエンスとアート」,『岩医大歯誌』, 11.
アマルティア・セン(Sen, A.), 池本幸生訳, 1999,『不平等の再検討: 潜在能力と自由』, 岩波書店.
アマルティア・セン(Sen, A.), 徳永澄憲他訳, 2016,『経済学と倫理学』, ちくま学芸文庫.
石田雄, 1984,『日本の社会科学』, 東京大学出版会.
上野千鶴子, 2011,『ケアの社会学』, 太田書店.
永和里佳子, 2010,『介護ひまなし介護日記』, 岩波書店.
大槻宏樹, 2020,『「依存」の思想』, 早稲田大学出版部.
岡檀, 2013,『生き心地の良い町: この自殺率の低さには理由がある』, 講談社.
折井美耶子, 1997,「近代日本における老人の扶養と介護」,『歴史評論』, No.565.
柏木哲夫, 1978,『死にゆく人々のケア』, 医学書院.
加藤晴美, 2009,「大崎下島御手洗における花街の景観と生活」,『歴史地理学野外研究』, 第13号.
加藤晴美, 2021,『遊郭と地域社会: 貸座敷・娼妓・遊客の視点から』, 清文堂.
金井一薫, 2023,『よみかえる天才ナイチンゲール』, ちくまプリマー新書.
川本隆史, 1993,「介護・世話・配慮」,『現代思想』, 11月号.
木村吉聡, 1981,「おちょろ船終えん記」,『山河』, 1981年12月号
ギャラファー・長瀬修訳, 2017,『ナチスドイツと障害者「安楽死」計画』, 現代書館
ケンペル・斎藤信訳, 1977,『江戸参府旅行日記』, 平凡社.
三時眞貴子, 2003,「18世紀末イングランドにおける医者の社会的活動」,『尚絅大学研究紀要』, 第26号.
瀬口昌久, 2011,『老年と正義: 西洋古代思想からみる老年の哲学』, 名古屋大学出版会.
ソウザ・岡美穂子, 2021,『大航海時代の日本人奴隷: アジア・新大陸・ヨーロッパ』, 中央公論新社.
多田羅浩三, 1984,「医と社会—イギリス薬種商の歴史から学ぶもの」,『季刊・社会保障研究』, Vol.20 No.2.
駄田井正・原田康平・王橋編, 2010,『東アジアにおける少子高齢化と持続可能な発展』, 新評論.
田中かず子, 2008,「感情労働としてのケアワーク」, 上野他編,『ケアすること』. 岩波書店.

田中洋子, 2020,「個人に合わせた働き方が進むドイツ . ドイツにおける働き方改革—日本との違い」,『現代の理論』, 22号.

デカルト(Descartes, R.), 落合太郎訳, 1967,『方法叙説』, 岩波書店.

出口泰靖, 2008,「ウソつきは認知症ケアのはじまり, なのか？」, 上野他編,『ケアすること』, 岩波書店.

常盤文枝他, 2022,「日本におけるヤングケアラーの概念分析」,『日本看護科学会誌』, 42.

トラベルビー(Travelbee, J.), 長谷川浩・藤枝知子訳, 1974,『人間対人間の看護』, 医学書院.

長瀬勝彦, 2008,「感情と理性の折り合いとしての意思決定」,『組織科学』, Vol.41 No.4.

新村拓, 2002,『痴呆老人の歴史: 揺れ.Zる老人のかたち』, 法政大学出版会.

新村拓, 2006,『日本医療史』, 吉川弘文館.

野村英樹, 2015,「専門職の倫理—プロフェショナリズムその期待と責務—医師の立場から」,『理学療法学』, 第42巻 第8号.

朴光駿, 2004,『社会福祉の思想と歴史:魔女裁判から福祉国家の選択まで』, ミネルヴァ書房.

朴光駿, 2010,「立ち遅れた所得保障と急速な高齢化の影響」, 小川全夫編,『老いる東アジアへの取り組み』, 九州大学出版会.

朴光駿, 2011,「文化的観点からみた東アジアの高齢者自殺」,『日中韓三国における人口問題と社会発展』, 中国社会科学院.

朴光駿, 2012a,「従社会文化観点分析東亜少子化: 与南欧之比較」, 王橋編,『東亜:人口少子高齢化与経済社会可持続発展—中国・日本・韓国比較研究』, 社会科学文献出版社(中国語).

朴光駿, 2012b,「韓国介護保険の財源構造と家族主義: 日本との比較」,『第17回社会経済国際研討会論文集』, 中国社会科学院.

朴光駿, 2016,「東アジア家族主義とは何か:概念を明確にするための比較研究」, 第12回国際社会保障フォーラム報告文, 大分大学.

朴光駿, 2017a,「東アジア家族主義と新しい社会的リスク」,『佛教大学総合研究所共同研究成果報告論文集』, 第5号.

朴光駿, 2017b,「共同体の哲学: 相互義務システムとしての共同体」,『第1回「東アジアにおけるケアと共生」, 国際学術会議in北京, 報告論文集』, 中国社会科学院.

朴光駿, 2020,『朝鮮王朝の貧困政策: 日中韓比較研究の視点から』, 明石書店.

朴光駿, 2022,「日韓比較の視点からみた高齢者介護システムと地域包括ケアの課題」, 協同組合の特徴を活かした地域包括ケア実践の日韓交流シンポジウム, 基調講演原稿.

朴光駿, 2023,「高齢者のケアとケアレジーム」朴・村岡他,『共生の哲学』, 明石書店.

朴光駿, 2025,「社会サービスの市場化は利他主義の価値を追い出すのか: ティトマスの市場化観とアローの反論が示唆するもの」,『佛教大学総合研究所研究成果報告論文集』, 16号.

朴光駿・村岡潔他, 2023,『共生の哲学』, 明石書店.

長谷川和夫, 2019,『ぼくはやっと認知症のことがわかった』, KADOKAWA.

パルモア(Palmore, E.), 鈴木研一訳, 2002,『エイジズム』, 明石書店.

日野原重明, 1983,『死者をどう生きたか』, 中央公論社.

藤木幸之助, 2013,『命が命を活かす瞬間』, 東本願寺出版.

藤木久志, 2005,『雑兵たちの戦争: 中世奴隷狩り』, 朝日新聞出版.

槇村脩平, 2004,『介護はしないが遺産はほしい』, 日本図書刊行会.

松岡寿夫, 1997,『「がん告示」をこえて』, 小学館.

丸山健夫, 2008,『ナイチンゲールは統計学者だった』, 日科技連出版社.

三富紀敬, 2008,「イギリスの在宅介護を担う児童」, 静岡大学学術リポジトリ.

宮坂道夫, 2023,『弱さの倫理学』, 医学書院.

宮田靖志他, 2024,「医師の資質・能力としてのプロフェッショナリズム」,『医学教育』, 55-1.

村岡潔, 2001,「病いの利他性に関する一考察: 犠牲者非難イデオロギー対代理苦イデオロギー」,『医学哲学・医学倫理』, 第19号.

村岡潔, 2020,「私祕的世界と公共的世界-クライエントの心身像をめぐって」,『佛教大学社会福祉学部論集』, 16号.

村岡健次, 1980,『ヴィクトリア時代の政治と社会』, ミネルヴァ書房.

村上靖彦, 2021,『ケアとは何か: 看護・福祉で大事なこと』, 中央公論新社.

メイヤロフ(Mayeroff, E), 田村真他訳, 1987,『ケアの本質』, ゆみる出版.

横田一, 2012,『介護と裁判』, 岩波書店.

鷲田清一, 2008,『死なないでいる理由』, 角川文庫.

鷲田清一, 2015,『聴くことの力』, 筑摩書房.

渡邊大門, 2021,『倭寇・人身売買・奴隷の戦国日本史』, 海声社.

찾아보기

인 명

내 용

[ㄱ]

[ㄴ]

[ㄷ]

[ㄹ]

[ㅁ]

[ㅂ]

[ㅈ]

[ㅎ]

[기타]

저자소개

박광준(朴光駿)

통영 출생.

현, (일본) 붓쿄대학(佛教大学, Bukkyo University) 사회복지학부 교수

(전직, 1990~2002) 부산여자대학교(현, 신라대학교) 교수

중국사회과학원 방문학자, (중국)시베이대학(西北大学) 객좌교수, 동국대학교(서울) 객원교수 역임

복지국가사상사, 동아시아 사상과 사회정책 비교연구, 동아시아 케어레짐 비교 등을 주된 연구주제로 삼고 있다.

노거수 찾아 사진찍기가 취미이며 은퇴 후에는 제주도 서귀포에서 새로운 삶을 계획하고 있다.

대표적 저술은 다음과 같다.

국내에서 출간된 것으로는, 『사회복지의 사상과 역사』(양서원, 2002), 『붓다의 삶과 사회복지』(한길사, 2010. 청호불교문화상학술상. 문화관광부 우수학술도서), 『조선왕조의 빈곤정책: 중국 일본과 어떻게 달랐나?』(문사철, 2018. 세종도서), 『초기불교: 붓다의 근본가르침과 네 가지 쟁점』(민족사, 2020. 세종도서), 『여자정신대, 그 기억과 진실』(뿌리와이파리, 2022. 세종도서) 등이 있다.

일본에서 출간된 것으로는, 『社会福祉の思想と歴史: 魔女裁判から福祉国家の成立まで』(ミネルヴァ書房, 2004), 『老いる東アジアへの取り組み』(九州大学出版会, 2006, 공저), 『ブッダの福祉思想』(法蔵館, 2013, 붓쿄대학학술상), 『朝鮮王朝の貧困政策: 日中韓比較研究に視点から』(明石書店, 2020, 사회정책학회상) 등이 있다.

중국에서 출간된 것으로는, 『東亜: 人口少子高齢化与経済社会可持続発展』(社会科学文献出版社, 2012, 공저), 『中日韓人口老齢化与老年人問題』(社会科学文献出版社, 2014, 공저), 「公共年金制度建立的国家間学習: 以東亜為例」(『社会保障研究』, 2009.3, 中国人民大学) 등이 있다.

돌봄과 케어의 철학

서로 돌보는 사회에의 염원

1판 1쇄 인쇄 2025년 7월 25일
1판 1쇄 발행 2025년 7월 30일

저　　자 | 박광준
발 행 인 | 박철용
발 행 처 | 양서원
주　　소 | 경기도 파주시 직지길 522 파주출판도시
전　　화 | 031-955-8000(代)
팩　　스 | 031-955-8005
홈페이지 | www.yswpub.co.kr
이 메 일 | yswgroup@naver.com
출판등록 | 1987년 11월 24일 제 406-2003-037 호

ISBN 978-89-994-1573-9

정가 20,000원